U0136144

蘭臺國學研究叢刊 第一輯
9

當僧人遇見易經

陳進益 著

蘭臺出版社

總 序

夫國學者，一國固有之學術思想也；此乃民族精神之所基，國家靈魂之所依，文化命脈之所寄。吾泱泱中華之所以卓然傲立於世數千載，端賴於此道統思想薪火相傳，燈燈無盡，代代傳衍，不絕如縷。故四大文明古國，獨中國存世於今，此誠世界文明之奇蹟，亦吾國歷代知識份子之功也。然自清末列強交侵，民初之「五四運動」以來，西潮如浪，澎湃洶湧，傳統之學術思想受到極大的衝擊，頗有「經書緒亂，書缺簡脫，禮壞樂崩」之勢。

中國自上古時代起即有史官記事之傳統，綿歷於今數千年不衰；歷代知識份子亦皆有傳承道統思想之自覺。傳統學術思想之傳承，有賴於斯。更切要者，乃在中國傳統之學術思想與人生關係密切，無一不可於日常生活中確實篤行，且隨其歲月歷練淺深之不同，而有不同之感悟，如張潮於《幽夢影》中所言：「少年讀書，如隙中窺月；中年讀書，如庭中觀月；老年讀書，如臺上玩月，皆以閱歷之淺深，為所得之淺深耳。」此乃吾國學術思想之特色和引人入勝處，亦是與西方之純哲學與人生決無關涉所不同者。

於今物質勃發，人心飄搖無著之際，中國哲學當有所裨益於世，所謂「求其放心」，進而能「為天地立心，為生民立命；為往聖繼絕學，為萬世開太平」。更有甚者，在於一國之復興，必先待國學之復興；一國之強盛，必先待國學之強盛！未見一國之富

強而國學不興盛者。國學興盛，民族精神方有基礎，
國家靈魂方有依憑，文化命脈方有寄託。

　　蘭臺於此時出版「蘭臺國學研究叢刊」，除傳承
固有之國學命脈，亦是為故國招魂，更深信東方哲學
是本世紀人類文化的出路，在舊傳統裡尋找新智慧，
將大有益於世。希冀此叢刊的出版，能收「雲蒸霧
散，興化致理，鴻猷克贊」之效。

蘭臺出版社

自　序

　　我要寫一篇祭文，哀悼這十三個在中國文學系做學生的春夏秋冬。

　　這塊蕞爾小島，何曾重視過人文？我又為了什麼，走入這從未為島民所在乎的世界？

　　青青子衿，攸攸我心，但為君故，沈吟至今。

　　開始是因為一個女子，讓我遇見了埋藏在血液深處的文學；然後是愛新覺羅的毓老王爺，他啟蒙了我對傳統中國學術的視野，也示現出做為一個清末民初中國人物的風範。我開始懂得身為一個男人應有的家國承擔，我開始為已然過去的歲月著迷。人們喚它為「歷史」，但，對我而言，它卻比任何的現在更當下。還記得那年歲末，寒風凜冽的陪著毓老師送尊南北朝時代，由金剛石所雕琢成的送子觀音到新店山上的寺廟供養。我從車子裏瞥見老師出門時，因一陣冬風襲來而揚起黑色披風的身影，鬢髮蒼蒼啊！我的毓老師。於是，偷偷的拭去不知為何自眼角滲出的淚水，我對自己如對神明祈禱般的嚴肅說著：「要做一個傳統的中國讀書人，不做老先生看不起的校園教授。」

　　是種前世的熟悉，無法言喻的感受。

「夢裏不知身是客，一晌貪歡。」然後，便走到了這裏。

　　碩士寫的論文是關於清代的《易》學，這當然是由於毓老師的影響。《易》為《五經》之首，我要從中國經學下手，才能原原本本看到屬於中國的一切，承擔毓老師所傳承下來的中國。

　　可是，因緣是如此不可思議，又怎是我這等凡夫所能了解於萬一。

　　在博士班就讀時，我的生命正經歷著極大的轉變。結婚、生子，生命的本身已然不再那麼單純。父親自市場做小生意退休後，一心念佛，以他只有小學畢業，且數十年不曾動筆寫字的陌生。他不僅念佛，並且辛苦的閱讀佛經，常常問我：「這個字怎麼唸？」然後辛苦的將注音寫在白紙上，再緩慢而莊重的夾進經書裏。看著父親因撫育長養我而日漸衰頹的身軀，日復一日虔誠的跪拜在慈悲的佛陀座下，我問著自己：「要如何與信仰佛陀的父親親近？要如何才能回報父親教養之恩於萬一？」

　　生命，到底是怎麼回事？以前家裏窮，為了長養四個孩子讀書，父親甚少有機會吃肉。如今家境較好了，孩子也都大了，他卻已然吃素，並且過午不食。父親不再需要任何世俗的財物，而我，身為人子，要怎樣接近這幾年來已然不同的父親？這就是因緣吧！父親示現以精進不已的在家菩薩相誘我接近佛教，並且在無數次的閒談言語裏，引領我為生命做學問，不再因學問而束縛自己的生命。

　　我終於完成了這本博士論文，今生第一次寫關於佛教的論文。

　　論文寫完的當下，沒有意想中的輕鬆感受。口考結束的那個

傍晚，極度的疲憊如潮水陣陣襲來，我似大病初癒的患者，身子虛浮的飄盪在台北霓虹街頭。妻高興的請我在五星級飯店吃晚餐，為我祝賀；而我，則宛若局外人般的沒有任何欣喜與悲痛。妻問我：「何以沒有很高興的模樣？」我，無從說起。

還好接著的是兩個半月的暑假，除了前面一個來月，偶因教授暑期班佛學概論的課而奔波於台北、中壢間的高速公路上，大多數的時間，都處在一種不知如何描述的狀態中。因為這論文初稿將近百萬字，在刪繁就簡後，仍存留如今二、三十萬字，且多半只能於孩子嬉鬧後的深夜一、兩點，才能開始書寫的生命狀態已持續數年，不論是身體還是心理，我都應該需要「休息」。然而，「休息」這兩個字，似乎又不是那麼能夠完整的描述這些日子的狀態。

生命是一種停滯，一種連呼吸都能免則免的索然。生活的滋味已然淡到無法分判苦辣甜酸，我需要另一種成長，但那與一切世俗的名位無關。旁人看著我一如往常的做著該做的事，而我卻越發的清晰，生命，或許要從此轉向。

我一直是個遠行者，與自己生命越行越遠的遠行者。

弘一大師的「悲欣交集」，此刻已略能感受。

認識我的同輩友人，或許會誤以為我是聰明的。這些誤會，多半來自上課及學術研討會時，我那自以為是的口才便給。當然，我也曾這樣的誤會自己。一直到論文完成後兩個月的停滯與靜止，我才如實看見，在過去的歲月裏，自己是多麼的無知。

我依然保持讀書的習慣，但，這兩個多月來，我未曾碰觸一個關於學術論文的字。

一個字我也不願碰觸。

在停滯的靜止中，雙眼似乎矇矓，心底卻異常清楚；在休息的無為裏，才知曉原來昔日的裝腔作勢，是如何的無明愚癡。我一心頂禮於菩薩的悲憫之下，愧悔著自己竟如此愚癡的過了四十個年頭。終於了然父親的安適與笑顏，乃是源於找尋自我生命時不斷湧出的喜悅；而春秋公羊的毓老師，或許會覺得青壯之人不該這般消極。但，老師，如今我可以無愧的向您說：「今生定不做您瞧不起的那種大學教授。」

逝者如斯，那是夫子周遊列國後，對於生命原來如此的慨嘆；菩提樹下苦坐多時，那是悉達多王子成為覺者的頓悟與釋然。聖者的境界如斯，我雖不能之，卻深嚮往之。

今生的成長，終於在這兩個多月的停滯與靜止中，開始。

論文的完成，該感謝父、母親不辭辛勞的長養照顧，而妻子瑜玲在這六年中陸續為我生出一雙可愛聰明的兒女～子默、語晴，他們的喧嘩笑語，更是我夜讀力量的源泉。至於靜如、幸儒，這兩位在清雲科大教過的學生，不憚煩瑣的在大量資料的找尋及影印上歡喜幫助，更是我在這炎涼世態的社會中，難得遇見無比珍貴的清泉。他們，都是助我完成論文最最重要的人。

而今，已然經歷半生風月，這一路上伴我助我的人呀！薄薄的紙片，又如何能表達我對你們衷心的感激呢？我已然不願再做

那心高氣傲，妄自尊大的無知小子，然而，回首這數十年的前塵往事，我何曾懂得感恩？何曾珍惜因緣？就請讓我以這篇短序表達對自己過去無知的懺悔於萬一吧！

我，要開始長。從生命的遠方，回航。

於是，就讓我感謝因緣吧！

是為序。

目　次

第一章 緒論

第一節 動機與目的

在進入這部書之前，我想說說這部書的寫作動機，因為對我而言，這本書的寫作動機實在有著和我生命存在感受與成長十分深切的關係。就分公私兩個部份來談：

在屬於公領域的學術方面，由於碩士期間為了理解整個中國《易》學發展面貌，因而選擇了清乾、嘉時期，兼通漢、宋《易》學的焦循做為鎖鑰，寫了一本名喚：《清焦循易圖略、易通釋之研究》的碩士論文，[1]主要寫作目的，乃是企圖透過對焦循《易》學著作的研究，了解傳統《易》學詮釋的三種主要模式，並且藉此做為將來繼續研究《易》學的基礎。這本碩士論文只是我在學術研究領域中的初次嘗試，所能觸及的廣度與深度，自然十分有限。然而也由於當時年紀尚輕，精力也較旺盛，的確也花了許多心力與焦循《易學

---

[1] 請參見本人所作：《清焦循易圖略、易通釋之研究》（國立中央大學中國文學研究所碩士論文，1994 年）。

三書》拼搏了好幾回。因此，對於傳統三種主要的《易》學詮釋方法，有了基本而完整的了解。後來，在博士班期間，蒙林師 慶彰之邀，有幸於中央研究院中國文哲所舉辦的「乾嘉學者的治經方法」會議中，發表〈焦循易學詮釋系統中的方法論及其易例的設立〉，[2]並藉此重新思考整個中國《易》學的發展面貌。面對三種傳統治《易》主要方法～象數、義理、圖書的當代研究已十分繁多的現狀，[3]腦中遂浮現出是否可能另闢治《易》蹊徑的念頭，不再單純的只想在傳統理解《易經》的三種模式中尋找研究主題。只是，除了象數、義理與圖書之外，在整個的《易經》詮釋史中，是否還存在著另一種資料夠多、範圍夠大且值得研究的《易經》詮釋模式？實仍是個未知數。

然而，或許是因緣吧！

父親在家中經濟稍可，且體力已衰，不再上市場做賣蛋的小生意之後，便在鄰居牽引下，開始念佛打坐的生活。除了在理性思考

---

[2] 本文已收入蔣秋華主編：《乾嘉學者的治經方法》（臺北：中研院文哲所籌備處，2000 年）下冊第一篇。

[3] 光就董金裕所編《十三經論著目錄・右周易論著目錄》（臺北：洪葉文化事業有限公司，2000 年 6 月，初版一刷）中所收的《易》學論著而言，（含單書及碩博士論文、單篇論文等）其所收入者共有 9008 條之多。由這仍非完全的記載來看，便可得知《易經》一直是受到學術界重視及關心的研究主題。然而在這 9008 條的著錄之中，對於《易經》與佛教關係的研究則僅有 10 條。（見該書頁 375－376）雖說此目錄所搜羅之《易》學論著並非完備，然而由小見大，亦可由此得知目前學術界中，對於佛學與《易經》間交涉問題的研究是多麼不足了。

上，我偶以知識份子的驕傲與無知，質疑父親這種連佛門經典為何都尚且不知，卻整日打坐、念經、修行，口口聲聲阿彌陀佛，心心念念觀音菩薩，市井小民式的宗教信仰，提出些許自以為是的批評。對於佛教的認知，實是除了昔日讀中國哲學史時，對於佛學思想有著淺薄的理解外，並無任何更進一步的研究，因而極為無知的看輕了實修在宗教與生命中的價值。

　　所謂知識分子的無知，實在莫此為甚。

　　也許是歲月使然吧！有了教書的工作，在終日面對各式各樣來自不同生長環境的學生後，我逐漸體會了教學相長的可貴。每每發生在學生身上的一椿小事，往往意外成為引發我思索生命既必然流向枯萎，那麼人做為宇宙中某種生命存在的形態之一，其價值與意義又是什麼？在不斷自我反省與思索的過程裏，單純的學術研究成果，已無法滿足我追問生命價值與意義到底為何的渴求。

　　教了兩年書，考上了博士班，然後結婚、生子，生命如一條默默向前流去的河水，它寧靜而平緩，卻不曾稍有停歇。為著長養兩個孩子昂貴的生活所需，也因家中父母皆已不再工作，我必須持續著專任的教職，日日奔波於台北與中壢的高速道路上，安靜讀書，遂成一件十分可貴且難得的事。每每夜讀至東方漸白，才意猶未盡的擁被入眠。

　　對於身處步調變易極快的現代臺北城中的我，深夜與清晨的靜謐，總是特別適於思考，也特別容易與自己的生命親近。

　　五年多來的博士生涯，看著一對子女從牙牙學語，到現在已能

童言童語的提問一些讓人不知如何回應的問題，除了欣喜於生命在
孩童身上所予人的希望與滿足外，同時也看到父親這些年來，學佛
之心不但未曾稍有退轉，甚至更加勇猛精進的情狀。他總在清晨四
點半起床打坐、經行，不論寒暑。然後，因只有小學畢業而顯吃力
的閱讀兩個鐘頭左右的佛書，接著吃飯、午睡，之後，依然是唸經、
打坐。晚上，則在客廳一旁靜靜的坐著，微笑的陪著家人（主要是
母親）看電視。十點以前，喝杯溫開水，然後，安靜的走回臥室，
就寢。

　　早已忘了父親吃了多久的齋，已有多久過午不食。

　　因父親這種平靜安然的生活方式影響，我開始用心翻閱佛學相
關書籍，探索佛教的一切。最主要的原因，乃是由於一個兒子對長
年辛勞工作的父親，其生命大幅轉變的深切關心。這之中有多少的
孺慕之情，我，心知肚明。

　　在這極為私人的情感因素，卻也極為真摯的生命感受下，我遂
將自己原本的學術研究主題～《易經》，與個人生命正在經驗的佛學
放在一起。「儒佛會通」既是中國思想史中一個極重要且普遍存在的
議題，那麼直接探討佛學與《易經》間的關係，或許更能落實的看
見「儒佛會通」的某種內在狀態。如此一來，在學術上，既可以試
圖去找尋另一種《易經》詮釋的模式，落實「儒佛會通」這個主題
的討論；另一方面，在個人情感需求中，又能夠滿足於自我生命價
值的追尋與理解父親佛教生命體驗的存在感受。「以佛解《易》」這
個研究主題於是形成。

　　因著這些年來寫作博士論文的真切生命體會，我願將《當僧人遇見易經～蕅益智旭易佛會通研究》這樣僅以一個重要僧人為研究範圍的著作出版，實是希望在這樣深入而細密的研究上，能夠為僧人以佛解《易》的歷史事實打下一個堅實的研究基礎。這部書存在的意義與目的，在個人情感的私領域中，無非是想藉由宗教典籍的接觸、閱讀、比較與分析，完成自我生命意義的追尋，了解父親生命何以如此轉變、滿足且平適之因；在學術追求的公領域上，經由這些年來不斷與佛教相關書籍的接觸，以及在寫作中國經學相關單篇論文過程中，佛教與《易經》間關係的密切程度，也逐漸地與我所收集、閱讀資料量的增加成正比，遂有了探究「第四種」《易經》詮釋方式的意圖。當然，在中國思想的研究領域中，一直被當做重要主題的「儒佛會通」，是否也將因此而得到另一個重要且紮實的佐證，亦將成為這部書完成後的附加價值之一。

第二節　範疇與方法

一、研究範疇

　　學術界對《易經》所作的研究，不論是以人、以書，還是以時代做為研究的範疇，基本上，仍多以象數、義理、圖書這三種方法探討過去《易》學的發展面貌。因此，如果依舊以這三種《易》學詮釋模式再多寫一本書，似不具有特別積極的意義與價值。然而，

當我們將《易經》放入自漢朝便傳進中國，[4]且在後來逐漸成為影響中國人生活態度、習慣、價值與思想的佛教發展歷史中，做仔細研究與分析後，就會發現一個有趣且重要的現象，那就是：佛教僧人

---

[4] 關於佛教初傳中土之時代與流行情況可參見湯用彤：《漢魏兩晉南北朝佛教史・上・第一分・漢代之佛教・第一章・佛教入華諸傳說、第二章・永平求法傳說之考證、第三章・四十二章經考證、第四章・漢代佛法之流布》諸章中之論述。（臺北：佛光文化事業有限公司，2001 年 4 月初版，頁 3－105）大體而言，湯先生以為：「漢明求法，見之於《牟子理惑論》，然上距永平之世，已過百年，其後乃轉相滋益，揣測附會，種種傳說，與時俱增。……」（頁 3）「漢明帝永平年中，遣使往西域求法，是為我國向所公認佛教入中國之始。……」（頁 21）「……依上所論，漢明求法，吾人現雖不能明當時事實之真相，但其傳說，應有相當根據，非向壁虛造。至若佛教之流傳，自不始於東漢初葉，……」（頁 33）「漢明求法事，因年代久遠，書史缺失，難斷其真相。但東漢時，本經（《四十二章經》）之已出世，蓋無可疑。」（頁 41）「……依上所言，可注意者蓋有三事：一、漢武帝開闢西域，大月氏西侵大夏，均為佛教來華史上重要事件。二、大月氏信佛在西漢時，佛法入華或由彼土。三、譯經並非始於《四十二章》，傳法之始當上推至西漢末葉。」（頁 61）綜上所引湯氏之言，可知其以為史傳中雖無確定佛教何時傳入中國的記載，但至晚亦可推斷到西漢末葉以前，較東漢明帝求法之說要早百餘年。然而呂澂於《中國佛學源流略講・第一講・佛學的初傳》（臺北：里仁書局，1998 年 1 月 15 日初版 3 刷）中，並不同意湯先生佛教於西漢末年便已傳到中國的看法，並否定湯氏所主張《四十二章經》為初傳經典之說，他認為此經非直接譯本，而是一種經鈔，並認定此經乃是東晉初抄出的。並主張佛教東傳應以公認的「明帝求法」（永平八年，公元 65 年）之說為準。（頁 21－33）學界對於佛教東傳中國的說法，至今仍以此二說為主。然而不論佛教是在西漢末還是東漢初傳入中國，其教義及教徒在兩晉南北朝已十分流行於中國士人與王族之中，與當時清談之風甚相呼應。這種看法與研究亦可參見湯用彤先生《漢魏兩晉南北朝佛教史》，其所論極詳，此處不再贅言。

對於《易經》似乎有著極大的興趣。自魏晉南北朝佛教逐漸在中土
盛行以後，僧人們不論是在言談舉止上，或者是在單篇著作中，都
或多或少、或深或淺的發表引用過一些與《易經》相關的語言文字
或概念，以作為其宣說教義的旁證。如（唐）李通玄（635－730）
的《華嚴經論》便是引《易》釋佛的有名例子。這種零散的、不具
系統的、依附佛家經典以為說的引述《易經》話語、觀念的方式，（基
本上都是將《易經》擺在方便傳教，為佛教服務的角度上來看待）
其實一直在佛門中流傳著。[5] 換個方式來說，《易經》一直是佛門中
流行的主要「外典」之一。

　　面對《易經》一直在佛門中流傳的史實，遂使我們有了跳脫固
有的以象數、義理、圖書解《易》的模式，建立另一種《易經》詮
釋方式的可能。又為了能有更精確詳細的研究，在《易經》與佛教
關係史的考察中，我們發現了明朝末年的蕅益智旭（1599－1655）
著有《周易禪解》一書，打破了佛教傳入中土以後，僧人為傳教方
便，以零散、隨機且無系統的引用《易經》觀念文字，對《易經》
發表看法的模式，企圖建立起一個完整的、有系統的，以佛教觀點
及方法從頭到尾詮釋《易經》的模式。這是中國僧人在「《易》佛會
通」的行為與思想上的一個巔峰。可惜的是，學界對於這部深具歷
史價值與意義的重要著作，似乎仍未能給予適當、完整的重視與評

5　關於整個佛教僧人與《易經》間的關係，本人會在〈第二章　僧史記載僧人
　　引用易語之考察〉中做詳細的說明，此處不多贅述。

價。[6]就一個學術思想研究，以及探索歷史全相的角度與企圖來看，

---

6   目前對於《周易禪解》所做的研究，在專書方面只有由陳德述注釋、施維點校：《周易四書禪解》（北京：團結出版社，1996 年 12 月 1 版），而這本書只是對於《周易禪解》做了隨文的點校及注釋，並沒有對此書做出任何理論性的探討及研究，所以只能把它看做是對《周易禪解》的一個基本點校，以方便一般人閱讀的書籍。另有夏金華：《佛學與易學》（臺北：新文豐出版公司，1997 年 4 月 1 版），只在〈第二章・禪學與易學・第五節・明末儒佛關係與周易禪解〉（頁 104—124），做了共 21 頁左右的論述。雖然此書為全面專論佛學與《易》學關係的專著，然而也因其主題在整個佛學與《易》學關係的討論，因此限於篇幅，只能提供大家對《周易禪解》的基本認知，而無法做深入全面的研究。還有王仲堯：《易學與佛教》（北京：中國書店，2001 年 7 月第 1 版），也因全書主題所限，只能在〈第九章・智旭的易佛同一論：佛性即乾道〉中花了 13 頁左右的篇幅，（頁 350－362）簡要的以「佛性即乾道」這個觀念，概述智旭的《周易禪解》。在單篇文章方面，則有陳英善：〈滿益智旭思想的特質及其定位問題〉，將智旭的思想特質言簡意賅的以「透過現前一念心性發揮的『理體論』及『心性說』」歸納之，並因智旭一生所努力的重心便在駁斥禪教二分之說，而對一般人將其思想特色定位在天台宗的說法，表示了不完全同意的看法。（《中國文哲研究期刊》，1996年 3 月第 8 期，頁 229－253）林文彬：〈試論智旭周易禪解天台學之特色〉一文，則歸納出《周易禪解》有「一念三千、隨緣不變、性具善惡」等三個智旭《易》學的天台特色。（《興大人文學報》，2002 年 6 月第 32 期，頁154－170）劉澤亮：〈周易禪解哲學智慧觀〉則謂《周易禪解》呈現出：「生佛體同的心性智慧、以修顯性的禪悟智慧、應病與藥的傳釋智慧、自利利他的解脫智慧、禪易互釋的圓融智慧」等五種智慧。（《哲學與文化》，2003年 6 月第 30 卷第 6 期，頁 64－77）上述六文，已是目前對《周易禪解》一書最最專門的討論與研究了。他們雖多能將智旭思想的特色標舉出來，卻又因字數篇幅的限制，而未能全面的將其《易》學成就做完整的研究。由此可知，對於《周易禪解》這部僧人會通《易》佛的重要著作，以及其在僧人「以佛解《易》」史上的重要地位，依然需要更普遍而全面的分析研究。

[7]將《易經》在佛門僧人間流傳與使用的情形做詳細的描述、理解、分析與說明，實是對於了解《易經》發展史的全貌，以及佛門僧人如何與中國經典相融的模式，有著十分積極的價值與意義。

當我們深入經藏，將主要僧史，如：《高僧傳》、《續高僧傳》、《宋高僧傳》、《補續高僧傳》、《五燈會元》、《佛祖統紀》、《佛祖歷代通載》、《釋氏稽古略》中，載錄僧人曾與《易經》發生過言語借用，或者思想比附的例子條列出後，發現僅以幾部主要僧史記載來看，曾與《易經》產生關係的僧人之例已經不少，而這還只是幾部主要僧史對僧人生平的不完全記載。[8]如果再深入每個僧人的個別著作當

7　對於所謂歷史的真相的看法，請參見本節註 17 的說明。

8　以今人喻昧庵所輯的《新續高僧傳》為例，其雖欲以此書補前人對僧人記載之不足，可是在他的書中，卻未能見到任何一個明代以前對《易經》有所研究的僧人。這當然說明了僧人傳記的作者往往因其所著重立場的不同，故其所選擇記錄的事件便有所不同的事實。舉例來說，在《新續高僧傳》中記錄了明代兩位對於《易經》十分有研究的僧人～憨山德清與蕅益智旭的生平，可是卻對他們在《易》學上的言論成就隻字未提。如《新續高僧傳·第一冊·卷第八·明廬山法雲寺沙門釋德清傳》中記載道：「釋德清，字澄印，晚號憨山，姓蔡氏，全椒人也。……通貫內外典籍……。」（臺北：廣文書局，1977 年 12 月初版，頁 213。）對於憨山德清只簡單的提及他是個「通貫內外典籍」的僧人，至於是那些內外典籍，就不再詳列了。然而僅看憨山德清的《憨山大師夢遊全集·憨山老人自序年譜實錄》中，他對自己的生平說道：「……（嘉靖）四十一年壬戌，予年十七。是歲講《四書》，讀《易》，并時藝及古文辭詩賦，即能詩述文，一時童子，推無過者。」（《卍續選輯·禪宗部·二十四，臺北：新文豐出版社，1973 年 2 月初版，頁 948。》可知憨山是一個對於《易經》早有認知的僧人。又如《新續高僧傳·卷第九·清青陽九華山華嚴菴釋智旭傳》中，對寫出現存中國有史以來第一部有系統的，

中,則有關佛門僧人與《易經》曾有過交涉的記載,則恐將增添數倍之多。因此,我們遂有將本書討論主題「《易》佛會通」的時代,定於《周易禪解》出現的明代的念頭。但當我們再度深入《大正藏》與《卍續藏》中,將所有有關明代僧人佛經著作以及平時的語錄雜著,從頭到尾檢閱一遍之後,發現光就明代僧人曾經引《易》、用《易》的資料來看,以「汗牛充棟」喻之,絕不誇張。是以若將「《易》佛會通」的研究時代設定在整個明朝,而欲詳細的研究分析,則恐會有失焦與龐雜之虞。因而,遂轉以《周易禪解》的作者藕益智旭為研究核心,將全書的力量集中於討論藕益智旭如何在千餘年來,中國僧人以零散的、片段的、無系統的,隨機引用《易經》模式的基礎上,完成一部首尾完整的、有系統的、有方法的以佛教教義詮釋《易經》的著作?其如何以《周易禪解》這部作品,將千餘年來僧人「《易》佛會通」的行為思想推到最巔峰,完整的融通《易經》與佛教?《周易禪解》的寫作模式、動機為何?其理論架構又為何?這種種疑問,遂成為本書中,最為重要的研究主題。當然,在進入《周易禪解》之前,對於藕益智旭其他佛經注疏相關著作,以及日常言論的書信雜著,我們也將做一地毯式的搜索與分析,期能因之而更完整的了解藕益智旭「《易》佛會通」的全部內涵。而對於其他朝代僧人與《易經》間關係的論述,則將以《高僧傳》、《續高僧傳》、

完整的以佛解《易》的《周易禪解》的僧人,則又僅云:「釋智旭,字素華,晚稱藕益老人,姓鍾氏,吳人也。……。」全傳竟皆不提《易經》二字。由憨山、智旭二例,足以使我們了解到僧人史傳記載的不足。

《宋高僧傳》、《補續高僧傳》、《五燈會元》、《佛祖統紀》、《佛祖歷
代通載》、《釋氏稽古略》等主要佛教史傳所記載的例子為說明對象，
以做為我們探討蕅益智旭「《易》佛會通」何以如此的歷史認識基礎。

　　此外，「《易》佛會通」的史實在中國歷史中，很早便已出現。
湯用彤先生在《漢魏兩晉南北朝佛教史・上・第九章・釋道安時代
之般若學》中，有一段說明佛教初至中土時，是如何與中國經典溝
通的話語，可做為談論「《易》佛會通」這個論題的背景說明。他說
道：[9]

> 大凡世界各民族之思想，各自闢途徑，名詞多獨有含義，往
> 往為他族人民所不易了解。而此族文化輸入彼邦，最初均牴
> 牾不相入。及交通稍久，了解漸深，於是恍然於二族思想，
> 固有相同處。因乃以本國之義理，擬配外來思想，此晉初所
> 以有格義方法之興起也。迨文化灌輸既甚久，了悟更深，於
> 是審知外族思想，自有其源流曲折，遂了然其畢竟有異，此
> 自道安、羅什以後格義之所由廢棄也。況佛法為外來宗教，
> 當其初來，難於起信，故常引本國義理，以申明其並不誕妄。
> 及釋教既昌，格義自為不必要之工具矣。……。
> 格義之法，創於竺法雅。雅，河間人。與釋道安同學於佛圖
> 澄，後立寺於高邑。《僧傳》曰：「竺法雅……少善外學，長
> 通佛義。衣冠仕子，或附諮稟。時依雅門徒，並世典有功，
> 未善佛理。雅乃與康法朗等，以經中事數，擬配外書，為生

9　同註4，頁294－296。

解之例，謂之格義。及毗浮、曇相等，亦辯格義，以訓門徒。雅風彩灑落，善於機樞。外典佛經，遞互講說。與道安、法汰，每披釋湊疑，共盡經要。」格義者何？格，量也，蓋以中國思想，比擬配合，以使人易於了解佛書之方法也。事數者何？據《世說・文學篇》注曰：「事數，謂若五陰、十二入、四諦、十二因緣、五根、五力、七覺之屬。」法雅之所謂事數，即言佛義之條目名相。其以事數擬比，蓋因佛經之組織，常用法數，而自漢以來，講經多依事數也。《僧傳》謂康法朗等以事數與外書擬配，因而生了解，然後逐條著以為例，於講授時用之訓門徒，謂之格義。竺法雅少善外學，長通佛義，乃最有以內外相比擬之資格者。其弟子並世典有功，未善佛理，則善誘之方，應在使其由世典以入佛理，故用格義，外典內書，遞互講說，以使生解也。……。

觀乎法雅、道安、法汰俱為同學，或格義之法在道安青年師佛圖澄時，早已用之。及其師死後，道安捨棄格義方法。《高僧傳・釋僧光傳》引安公言云：「先舊格義，於理多違。」則當因安公少年時，必常用格義。及在飛龍山，其學有進步，而知其多違理處。……。

格義既以經中事數，擬配外書，使得生解悟，並逐條著之為例，其迂拙牽強，可以想見，因此而為有識者之所不取。但格義用意，固在融會中國思想於外來思想之中，此則道安諸賢者，不但不非議，且常躬自蹈之。故竺法雅之格義，雖為道安所反對，然安公之學，固亦常融合老莊之說也。不唯安公如是，即當時名流，何人不常以釋教老莊並談耶？此證極

多，姑不詳舉。

由湯氏所言可知，大抵兩個不同的文化剛剛接觸時，必然是有其互不了解與牴牾之處。等到過了一段時間，則又進一步的發現其間亦有相同之處。爲了讓彼此的相同之處得以突顯出來，以做爲二者相互溝通的橋樑，乃以本國的義理擬配外來的思想，這便是何以在晉初會流行「格義」之說的原因。而佛門人士之所以須用這種「格義」之法，使人了解其所說的義理，除了如上述所謂「兩個文化間的溝通需要」的理由之外，還有一點不得不然的原因，那就是因爲佛經的組織，常用「法數」，而自漢以來，講經多依「事數」，如「五陰、十二入、四諦、十二因緣、五根、五力、七覺」等等。爲了讓非佛門人士對佛教義理中諸多「事數」能有所了解，便將此「事數」與非佛門書籍中相近之義擬配，然後再逐條寫下，以做爲日後宣說教義的條例，方便於對門徒講授，這便是晉時佛門「格義」之所以出現且盛行的原因了。

然而時日既久，對於外來文化了悟更深，則知其文化自有源流曲折，而能了然於彼此之間畢竟有異的差別。因此，「格義」這種硬將兩種不同文化所產生的義理相互擬配的詮釋方式，便逐漸爲人們所廢棄。更何況佛教作爲一個外來宗教，其初來時，爲了讓國人相信其所說義理，因而常引其國原有經典義理以申明、擬配之，自是理所當然。等到，佛教日漸昌盛，日漸強調其主體性，則「格義」這種曲折己說以擬配他人義理之法，其間的迂拙牽強，日漸明顯，

逐為有識者所不取。但「格義」的原意，本在融會中國思想與外來思想，所以儘管其確有其不妥之處，當時名流仍多將佛門義理與老、莊之說相互詮解比附。作為當時清談流行三玄之一的《易經》，自不可能獨立於此「格義」風潮外。而「格義」，便是僧人最初會通《易》佛的主要方法。[10]

對於「格義」為僧人會通《易》佛最初方法的歷史背景有所了解後，我們對於所謂「《易》佛會通」，可有下列三種理解模式：一

---

[10] 關於「格義」與《易經》的關係，可參見馮錦榮：〈「格義」與六朝周易義疏學－以日本奈良興福寺藏講周易疏論家義記殘卷為中心〉一文，其以日本奈良興福寺藏《講周易疏論家義記殘卷》為文本，探究孔穎達《周易正義・序》中所謂「論住內住外之空，就能就所之說」與書中所引「釋氏三論學之境－智」，其間與釋氏格義之法有著極大的關係。（《新亞學報・第 21 卷》，頁 1－24）由此可證魏晉以降，士人會通《易》佛時，或多有使用「格義」之法者。而僧人此時與士人時有論學往來的活動，故「格義」之風盛行於僧俗之間，亦可由此推見。另外，如夏金華在《佛學與易學・第一章・佛學與易學之交涉・第一節・以「格義」法牽合佛學與易學》（臺北：新文豐出版公司，1997 年 4 月 1 版）中說道：「格義，是中國初期的僧人（或佛教學者）所用的一種解釋佛經內容的方法。……佛學與《易》學相值，多半也是借用格義之風的盛行而得以實施的。」（頁 18）又在〈第一章・佛學與易學之交涉・第三節・帝王官僚士大夫之參與〉中說道：「上文論及之『格義』，是從廣義方面說的，即指以外學〔泛指除佛教之外的一切學問〕理論來詮釋佛教義理。實際上，狹義的『格義』卻指的是佛教事數的逐條擬配。……格義之用義，在於融合中土思想於外來佛法之中，適宜於本國人的接受習慣。唯其如此，佛法才為越來越多的中國人所理解，得以深入民眾。因而魏晉時代舉凡佛教講述、佛典注釋，皆引用《老子》、《莊子》和《周易》之用語，……。」（頁 34－35）讀者皆可參看之。

指佛門僧人以佛教義理詮解、借引《易經》，以達成其會通《易》佛的目的。這是最狹窄而嚴格的範疇，其人身份必須爲僧，其論《易》、引《易》，亦必須以佛教義理，或有其佛教目的。其次則指佛門僧人不以佛教義理詮釋《易經》，只是借引《易》語，以達成其個別的目的。這是指詮釋者的身份雖爲佛門僧人，但論《易》、引《易》時，則與佛教義理、目的無涉。故此處所謂「《易》佛會通」的「佛」，非指佛教義理，而是專指詮釋者的身份爲佛門僧人。最後，還可以指非佛門僧人以佛教義理詮釋《易經》，以達成其會通《易》佛的目的。這是指詮釋者的身份雖非爲佛門僧人，但其論《易》、引《易》時，皆以佛教義理、目的行之。故此處所謂「《易》佛會通」中的「佛」，則專指佛教義理，而與其詮釋者的身份無關。

在上述三種「《易》佛會通」的理解模式中，第三種非佛門僧人以佛教義理詮釋《易經》，以達成其會通《易》佛的目的者，其如何融通《易》佛，在學術研究上雖重要，然而由於其身份並非僧人，故在僧人《易》佛會通關係史的研究上，轉成非主要的核心。爲了避免論題失焦，在本書中，遂將此類暫置不論。是以本文在引述僧人史傳載錄與《易》關涉之資料，以做爲論述蕅益智旭「《易》佛會通」思想淵源理解時，亦只引述定義中的第一種及第二種。

二、研究方法

在討論本書的研究方法之前，我們想對所謂「會通」先做個立

場的說明。杜保瑞先生在〈蕅益智旭溝通儒佛的方法論探究〉中，特別提出他對「會通」這個名詞的看法，他說道：[11]

> 所謂「溝通儒佛」是指智旭僅只藉儒說佛，並非有義理上的儒佛融會，因此不以「會通」說之。通常對於不同體系間的哲學融合，總是充滿了方法論問題的挑戰趣味，本文即欲針對蕅益智旭「溝通儒佛」的方法論問題進行探究，並企圖說明，佛教內部諸宗融合的可能性絕對存在，但是儒佛之間其實只有溝通而無所謂的融合，即便是蕅益智旭自己的儒佛之間，也僅只是一種教化策略上的融通而不是真正的理論體系的融合。而這也正是本文論題之主旨，即主張蕅益智旭僅只是溝通儒佛而不是會通儒佛。

杜氏文中強調蕅益智旭只是在「溝通」儒、佛，而非「會通」儒、佛。其論點在於蕅益智旭「只藉儒說佛，並非有義理上的儒佛融會」，「僅只是一種教化策略上的融通而不是真正的理論體系的融合」。他在該文的結語中也說道：[12]

> 儒佛之間儘可有因教化之需要而兩教共同攜手之合作事業，其義理之可能性空間已在，然而就整個理論體系的會通而言，儒佛之間實難以相融，不若孔老，關鍵即在佛教所提出

---

[11] 杜保瑞：〈蕅益智旭溝通儒佛的方法論探究〉（臺北：《哲學與文化‧第30卷‧第6期》，2003年6月），頁79－80。

[12] 同上註，頁95。

的一大特殊的宗教世界觀及生命觀。

杜氏認為儒、佛之間最大的問題在於：「佛教所提出的一大特殊的宗教世界觀及生命觀」，這特殊的出世間宗教觀點，在根本上是無法與世間的儒家相融通的。杜氏這裏乃是以現代西方哲學思考模式，去做為「會通」或是「溝通」的定義判準，就現代嚴格的西方理論要求模式來看，這樣的看法似乎沒有錯；但與其以今日的學術標準去要求四百年前的人得合乎這個判準，以西方現代的標準去評判四百年前東方人的想法，我們寧可以「同情的理解」的態度，設身處地的盡力回到四百年前，理解智旭何以要會通儒家與佛教？如何的會通儒家與佛教？杜氏站在現代人的思惟上，要求智旭能否在「義理上融會儒佛」？能否做到「真正的理論體系融合」？以做為其能否稱為「會通」的判準，對想要深刻了解智旭學說內容者，自有助益；但若以杜氏文中所言，智旭處理儒、佛溝通問題的表現形式重點為：[13]

> 其一為以佛說儒、藉儒顯佛，其二為由心學溝通儒佛，其三為以儒學為世間學，佛為出世間學。

則蕅益智旭在做的就是藉由儒、佛共同在乎的「心」學，去「會通」世出世間的工作呀！其之所以要援佛解《易》，為的也正是要誘儒知禪呀！智旭這樣的嚐試與努力，除了有「溝通」儒、佛的事實之外，

---

[13] 同註 11，頁 84。

我們更願意視其所做的為較有思想、學術意義的「會通」儒、佛的工作。

類似我們以「會通」來看待蕅益智旭在儒、佛之間所做的努力的看法，蘇樹華先生在〈從儒與禪的比較上來看儒家的道統傳承〉中說道：[14]

中國文化被稱為心性之學，心性問題是研究中國文化首先遇到的根本大事，在這個問題上決不可以顢頇籠統，儘管可以用「現代觀念」對心性問題作出種種回答—「心是對客觀事物的反映」，但是，站在中國文化的立場來看，「反映」並不是中國文化所說的「心」，「反映」有千般，而「心」只有一個，故儒家謂之「一以貫之」，謂之「為物不二」，在佛家謂之「不二法門」，謂之「一心法」，皆是同義。……方之儒佛在施教中所運用的手段貌似千差萬別，而其歸宗義不別，皆是讓人識自本心見自本性。第三，學人悟道後，反過來再以儒家經典來自我印證，方知佛家所謂「即心即佛，心佛不二」之理在儒家也早有所言，衹是表達方式非宗教化而已。叫它道也好，稱它佛也罷，還是稱心性，這些都是給本無名相得自心本性安的假借之名，在歸宗義上，絕對沒有儒家與佛家的區別，因為自心本性人人皆同，……儒家以人倫道德引人悟本，佛家以宗教形式引人歸宗，教化手段有別，明心見性

---

[14] 蘇樹華：〈從儒與禪的比較上來看儒家的道統傳承〉（臺北：《哲學與文化・第30卷・第6期》，2003年6月），頁18－21。

之目的不二，所以說，在佛家一悟便通儒家，在儒家一悟也
通佛家。一悟兩家便是一家，一家也只是諸人之一心（此「心」
不是西方哲學體系中的「反映」或「思想觀念」，它是另有所
指。）

蘇氏在此不只說儒、佛二家的會通，他根本上以「心」的概念，視
二家爲一家，認爲「在歸宗義上，絕對沒有儒家與佛家的區別」了。
其文中已不斷的強調，只用「現代觀念」、「西方哲學體系」的思考
模式去分判、論斷中國的某些思想觀念，其實是大有問題的。

　　我們主張在引用某種理論觀點時，一定要注意其理論所形成的
背景與文化差異，（純粹客觀的自然科學分析不在此限）方不致有張
冠李戴，削足適屨的「誤解」出現。因此，除了類似杜氏因智旭無
法滿足於西方哲學體系要求的「會通」定義，（理論架構的完全相融）
故謂其只能稱作「溝通」外，我們更願意採取和蘇氏一樣，說智旭
是用「教化手段」、「表達方式」分別儒、佛二家形式上的差異，以
「此心此理」「會通」儒、佛二家的看法，而提供學人另一種設身處
地看待智旭在「會通」（或者「溝通」）儒、佛上所做努力。雖然儒、
佛二家是否如蘇氏認爲的，「在歸宗義上，絕對沒有儒家與佛家的區
別」，尚有討論的空間。但其注意到東西方文化思想和語言習慣形成
背景的差異，故所呈現的語言指涉模式與理論架構亦會有不同，而
不可斷然以西方哲學理論體系的定義去論斷中國思想理論體系的看

法，則是本文較願採取的角度的。[15]

我們認爲所謂「會通」，即是「融會貫通」的意思。「融會貫通」可以從欲「融會貫通」者的企圖上看，可以從其「融會貫通」的量與質的多寡上看，也可以從他「融會貫通」的程度深淺做分判。以僧人《易》佛「會通」的歷史來看，僧史中記載著某些僧人片段的、隨機引用《易》語，以申說己意的模式，固然可視做「溝通」。（因其真的毫無體系可言）但是當蕅益智旭從頭到尾，系統的以某種固定的方法論，藉佛教教義詮釋整部《易經》而寫出《周易禪解》時，實應將其所作視爲「會通」《易》、佛，方能顯出智旭這種系統性、理論性的援佛解《易》模式，與傳統僧人的隨機、片段的方式間重大不同的意義。更何況他除了以《周易禪解》會通《易》、佛之外，亦有以《四書蕅益解》會通儒、釋之說。[16]我們實應把智旭這種實

---

[15] 黃進興在《歷史主義與歷史理論·論「方法」及「方法論」》中說道：「假如把西方文化相對於中國文化作一鉅視的對比，則同屬於西方文化範疇中的學者，彼此了解都還可能產生這麼大的差距，那麼來自一個異文化的中國學者在介紹這些學術思想時是否更應謹慎小心呢？」（臺北：允晨文化實業股份有限公司，1999 年 11 月初版 4 刷，頁 284）其以相同文化背景的人，對同樣問題的認識與看法，還都存有著極大的差異，更遑論借用不同文化背景所生出的理論架構和語言指涉時，其間可能出現的問題有多少。這不是說不能借用，而是說在借用不同文化背景的理論架構，乃至於因之而生的價值判斷時，應要更加的小心謹慎，以避免發生不必要的專斷與暴力。

[16] 關於《四書蕅益解》的研究，讀者可參看：羅永吉：《四書蕅益解研究》（臺南：成功大學碩士論文，1995 年）及簡瑞銓：《四書蕅益解研究》（臺北：東吳大學碩士論文，1996 年）。

際上將儒家經典從頭到尾以佛教教義系統闡釋詮解的方式，以「會通」儒、佛視之。

　　因此，本書仍願以「會通」說明蕅益智旭在明末清初「融會貫通」《易》、佛兩家思想學說的用心與努力，深入他的著作中，站在他的角度與立場，同情的理解其所用心致力於「會通」《易》、佛二家的成果，並盡力呈現出他在《易》、佛會通上所做的一切。（這並不表示筆者反對杜氏所採的角度，而只希望能用另一種心態，更完整而不失真的呈現出智旭「會通」《易》、佛的成就）

　　在研究方法上，首先必須說明的是：在面對歷史真相無法完整重現的前題理解之下，[17]筆者盡可能的以客觀態度與自我警惕的方

---

[17] 對於所謂歷史的真相，在這裏我們願先引用美人柯文在《在中國發現歷史》中說的一段話做為立場說明。他說道：「非歷史學家的人，有時以為歷史就是過去的事實，可是歷史學家應該知道並非如此。當然事實俱在，但它們數量無窮，照例沈默不語。即使一旦開口又往往相互矛盾，甚至無法理解。史學家的任務就在於追溯過去，傾聽這些事實所發出的分歧雜亂、斷斷續續的聲音，從中選出比較重要的一部分，探索其真意。這件工作並非易舉，雖然有一些通行的求證規則使我們忠於史實，但是在所有的歷史研究中都不可避免地引進大量主觀成分，選擇什麼事實？賦予這些事實以什麼意義？在很大程度上取決於我們提出的是什麼問題和我們進行研究的前提假設是什麼。而這些問題與假設則又反應了在某一特定時期我們心中最關切的事物是什麼。隨著時代的演變，人們關切的事物不同，反應這些關切的問題和前提假設也隨之發生變化。因此，人們常說每一世代的史家都得把前一世代史家所寫的歷史重寫一遍。」（林同奇譯，臺北：稻香出版社，1991 年 8 月初版，頁 1）由於在歷史資料以及研究主題的選擇中，已不可避免的含有了大量的主觀成分，因此，我們在所謂「歷史真相」前是有著高度的警覺的。其實，所謂真

正的、完整的真相早已不可追尋，這也是做研究前所必須理解的一個事實。所以，我們所謂的歷史，在某個意義上來說，可以視作是在不同的時代，因為不同的觀點與需求，而被不斷重寫出來的「現代史」。對於如柯文所持歷史相對論者的看法，黃進興在《歷史主義與歷史理論‧歷史相對論的回顧與探討：從比爾德和貝克談起》中提出不同的意見，他說道：「綜結比氏的歷史相對論：他以為史家無法完全得知過去歷史的事實，史家據以研究的只不過是殘留的文獻和遺物，再經過史家的收集、選擇、組織、解釋的步驟，史家主觀的價值判斷，便不可避免的介入其中，因此無法產生純粹客觀的歷史知識；但是史家可以藉著對『指涉架構』的覺察和科學方法的運用，使歷史知識達到若干的徵信程度，所以他說：『當歷史的絕對真理被丟棄時，相對主義的絕對論也就被駁斥了。』……（貝克）他認為歷史有兩類：一是實質的歷史，一是史家的歷史；……史家如果對於過去事實的研究有興趣，惟有依靠既存的文獻，通過它們以獲悉若干過去的訊息。但此些文獻記載的歷史事實，常常是殘闕不全與概略化的，……所以貝克認為史家永遠無法得知歷史事實的真相，而科學派史家持之以為然的信條『呈現所有的事實，則史實自明』，則更屬無稽之談。……關於實質歷史本身和結構，貝克和比爾德是持相反意見的。比氏認為實質歷史不是雜亂無章，卻是具有延續性質的；然貝氏則以為歷史延續性的說法，不過是十九世紀保守派史家為了懼怕法國大革命與拿破崙戰爭復燃，所創造的說詞；……他把歷史定義為『歷史是記憶中所說所為的事情』，……所以準此定義，『人人皆是史家』。貝氏此種言論，不禁使我們憶起英國哲學家柯靈烏的幾句話：『每一個現在都有它自己的過去，任何想像地重建過去，都是以重建現在的過去為旨歸。』……總之，貝氏和比氏虧欠於克羅齊便是『任何真正的歷史都是當代史』。曼氏（曼德爾保恩）以為歷史相對論者的錯誤，在於預設瞭解知識必須從產生知識的環境著眼。……相對論者強調歷史知識的形成，不可避免的必定滲透了史家主觀的價值判斷，可是我們對歷史作品的瞭解，主要是涉及表達史書內容的『述語』（statement），而非史家的『判斷』（judgment）；因為歷史事實的真確與否端賴史書『述語』的真偽，並非史家的藉以『判斷』的原因。……其次，歷史相對論者抱怨歷史知識無法與實際的事實相符合，意謂史家不能直接觀察歷史事實，以驗證歷史知識的正確性；然而驗證（verifiability）並非發現真

理的決定因素，……驗證的程序只不過是獲得真確知識的一個步驟而已，……。」（同註 15，頁 175－184）黃氏在敘述了歷史相對論大師，如比爾德、貝克，以及克羅齊、柯靈烏等人的看法後，又引述了許多如曼德爾保恩反歷史相對論者的意見後，作出了「歷史相對論的缺點非常顯」的結論，他說道：「(一)在認知過程中，我們首先感覺到事實的存在，然後再加以判斷，而非判斷呈現於事實之前。事實有其客觀獨立的地位，不容個人的心態任意予以塑造。……(二)對於第一項的答覆，相對論可能提出如是的反駁：我們固然承認事實的客觀性，然而一俟史家陳述事實的時候，史家的價值判斷自然地就滲透其中。……只要史家保持應有的職業責任感和求知的警覺心，則即可將偏見減少至最低的成分。至於無意識的偏見，在學術自由與開放的社會裏，當可由學者互相的批評和糾正，獲得甚大的啓示和改善。以此視之，除非史家有意把歷史作品當作宣傳工具，否則個人的價值觀並不會牴觸研究結果的客觀性。……(三)即使將歷史視作整體，也不必要包括全部歷史事實，或窮盡事實的每一角落。史家研究歷史，一如其他學者，對於材料必須有所選擇，以決定與研究問題相關與否，而不必包羅全部的事實，因爲如此是不需要而且不可能的，歷史知識的目的，並不是呈現一切事實的義蘊，而是從某一個角度，來探討事實的意義。……(四)歷史知識驗證的問題，作者以爲原則上能夠驗證（verifiability in principle）即可，史家研究的材料主要依靠人類在過去時間裏活動的痕跡－文獻與遺物；這些東西即能構成史家驗證的依據，因爲它們和史實是相關聯的，從中可顯示若干過去的信息，雖說有些問題仍舊懸而未決，但我們保持多少樂觀的傾向是不爲過的；從現時生活的體驗或將來考古的發掘，都有助於彌補現時證據的不足。」（同註 15，頁 188－190）黃氏所贊同的反歷史相對論者的說法與歷史相對論者的看法，其最重要的價值並非孰是孰非的問題，（事實上，我們認爲二者之間的是非仍很難判斷）而是他們的說法，提醒了我們這些研究學術問題者，在面對歷史資料，探尋歷史真相時，是需要十足的自我提醒與充分小心的態度，因而盡可能避免不必要的錯誤認知、引用與判斷的。我們在這裏長篇大論的提及這些歷史學者對於歷史真相的爭論，並不是要說明自己的立場或者相信那一種看法，而是想要借此呈現以各種角度所作的學術研究，只要保持客觀的提醒，其所做出的描述與判斷，都有永恒普世的價值。也正因爲如此，不論是身處於任何時

式面對資料，並做適當的分析判斷。（當然這種所謂的「客觀」，其中已含有不可避免的主觀成份了）又由於在我國正史中，只有《魏書·釋老志》記載了少許僧人的生平資料，其他正史皆未能見有僧人專章之記錄。因此，本書在〈第一章　緒論〉談完研究的動機、目的、範疇與方法之後，在〈第二章　僧史記載僧人引用《易》語之考察〉中，將以記載僧人生平事蹟為主的史傳，如：《高僧傳》、《續高僧傳》、《宋高僧傳》、《補續高僧傳》、《五燈會元》、《佛祖統紀》、《佛祖歷代通載》、《釋氏稽古略》等，為主要參考資料。引述其中記載僧人曾發表過關於《易經》的言語，加以分析歸納，以做為了解蕅益智旭「《易》佛會通」思想的基礎歷史認知。這是就僧人「以佛解《易》」「縱」的歷史因素論述。在〈第三章　蕅益智旭佛經著作《易》佛會通考〉中，除了論述蕅益智旭的生平及其主要觀念外，並將今日可見《大正藏》、《卍續藏》所收蕅益智旭所有佛經注疏相關著作裏，與《易經》有所關涉的語言文字羅列出來，並且加以分析歸納，以理解其在嚴肅的佛經著作中，是如何看待、運用《易經》這個外典的。在〈第四章　蕅益智旭日常雜著《易》佛會通考〉中，由於其平時書信雜論皆已收入《靈峰宗論》，故本章以《靈峰宗論》為核心，將《靈峰宗論》從頭至尾翻閱數遍，疏釋其中引《易》之語，並加以歸納分析，以觀察智旭在日常生活中，會通《易》、佛的

代，任何地點，所有專家學者對任何相同事件、主題所做的研究探討，皆有其一定的價值與意義。

情形與內涵。在〈第五章　《周易禪解》基本觀念與方法論〉裏，
先對歷史中僧人是否曾試圖以佛解《易》，以及佛門《易》與心學《易》
間的關係為何做個說明；再將這部今日唯一可見，僧人從頭到尾，
以佛教義理系統的詮釋整部《易經》的典籍——《周易禪解》，其基
本觀念與主要方法論，做詳細的說明、分析。在〈第六章　《周易
禪解》寫作形式、語言模式之分析〉中，特就《周易禪解》的寫作
形式、架構與其特有的語言模式加以分析歸納，以補足學界討論此
書時，多只在思想觀念上分析、比對、說明，[18]而不涉及其論述模
式與所試圖建立起的「以佛解《易》」的主要架構。希望能藉此而補
足對《周易禪解》的認識，並進而了解整個佛教僧人「《易》佛會通」
發展史的完成模式，而給予其適當的歷史評價。最後在〈第七章　結
語〉中，總結前面各章討論分析之所得，正確的呈現出蕅益智旭的
《易》學，在中國僧人「《易》佛會通」史及佛門《易》的完成上，
其應有的價值與地位。

　　簡單的說，正如同黃進興先生在《歷史主義與歷史理論・論「方
法」及「方法論」》中所說的：[19]

> 史家不能迷信方法及方法論，因為它們既不是實際歷史研究
> 的充分條件，也不是必要條件，……只有從實際研究工作中

---

[18]　如註 6 所引諸書、諸文，由於限於其內容與字數，對《周易禪解》的論述，
　　多似只重在某幾個思想觀念的特別提出與說明而已。

[19]　同註 15 頁 281－283。

逐漸累積經驗，才能真正掌握其間的奧秘。

蓋某種特殊的「方法論」，或許能夠帶給我們不同的「洞見」，卻也極可能因之而有更多的「不見」伴隨而來，反而爲我們造成一些不必要的「偏見」。更何況，若就一個已爲學術界所熟悉且研究極豐的論題而言，其或許需要某些特殊觀點，爲這個人們已經極爲熟悉的論題，找到新的、不一樣的看法與視野，因之而需要所謂特殊的「方法論」的借用。然而就本書所要探討的僧人「《易》佛會通」這個主題來說，今日佛門僧人借引《易》語的研究仍十分貧乏，基礎研究的建立尚且不足，遑論是在基礎資料仍十分缺乏的情況下，貿然的借用特殊「方法論」的研究方式，其爲我們帶來「不見」與「偏見」的機會，恐怕遠較所謂的「洞見」要來得更有可能。

這裏我們要插題討論一下由黃馨儀所著：《釋智旭援佛解易思想研究》這本最新寫出專門對蕅益智旭援佛解《易》思想做出專著。[20]（其論文雖於 2003 年即已完成，可是國家圖書館直至 2004 年寒假左右方才上架，故筆者見及此文時，本書幾已近完成之際）由於黃氏碩士論文共有 125 頁，篇幅較註 6 所引諸文更長更大，故對於蕅益智旭援佛解《易》的思想有著更爲深入、普遍的研究與說明。她基本上是站在指導教授林文彬先生在〈試論智旭周易禪解天台學之特色〉一文中，（見註 6）所歸納出《周易禪解》有「一念三千、隨

---

[20] 黃馨儀：《釋智旭援佛解易思想研究》（臺中：中興大學中文所碩士論文，2003 年）。

緣不變、性具善惡」等三個天台特色的基礎上，更進一步的對某些智旭佛學觀念，如：「對待絕待」、「跡本權實」、「四悉檀」、「草木有性，不斷性惡」、「一念三千，界界互具」、「全性起修，全修在性」的申說。其於結論中歸納出智旭援佛解《易》的思想特色爲：「一、異於儒家心學的以心解《易》—入門大同，到家者別。二、異於華嚴宗的援佛解《易》—開權顯實，真妄相即。」智旭援佛解《易》在學術史上的地位爲：「一、從《易》學史的脈絡來考察—推介完整的援佛解《易》思想。二、從佛學史的脈絡來考察—推動教內教外的思想融合。三、從智旭思想的脈絡來考察—展現會相歸性的演變歷程。」他認爲「智旭將天台的圓教理論，推至教外，也爲傳統文化提供了一個獨特的整合方式。」（頁 113—120）該文對智旭援佛解《易》的特色與地位所下的結論，皆能十分肯切的展示出智旭佛門《易》的特色。然而，其與本文註6所引諸文處理智旭《易》學特色的方法，都同樣的類似先有一固定的認知，（如以天台教義爲主要理論框架）再進入智旭其他文本，揀擇其相應之語言文字，加以鋪陳，以證成其所謂智旭援佛解《易》之（天台）特色。這樣的處理方式並不能說一定會造成錯誤的結論，（事實上智旭援佛解《易》的確有許多天台教義的引用，上引諸文皆多有所論，此處不再贅述）但是，他們對於智旭著作中引用《易》語處，以及《周易禪解》全書的形式、結構和語言模式的建立，皆未能做出詳細、完整而充分的分析與說明。他們多只是挑出某些資料，再加以證成自己的看法，這之中是否存有「以偏概全」，或者是「洞見外的不見」的危險，實

是很難預料。也因為這種先揀擇某些特有資料，以證成自己看法的研究方式，遂導致其結論往往無法突顯出蕅益智旭援佛解《易》，及《周易禪解》在整個《易》、佛會通史及佛門《易》學中，獨一無二的重要貢獻與價值。（其重要貢獻與價值，本書結論將加以說明）蓋僧人以某些佛教特有的名詞觀念解說比附《易經》，（即類似格義之法）自魏晉康僧會即已開始，而僧史中亦載有不下數十人做著類似的事情，更別說僧人個別著作中，會有多少借引《易》語以申說己意、比附佛義的例子了。如果智旭的價值也只在這些佛學概念（如上述諸文所挑揀出的各種天台教義）和《易經》概念的比附、申說上，那他不過也只是說的比其他僧人多一些、深一點而已，又有什麼特別而不可不提的價值與地位呢？是以我們捨棄上引諸文研究智旭佛門《易》學特色時，所慣用的「揀擇某些特有資料，再援之以天台宗等特殊佛門思想，以證成己見」的方法，而採取看似較為繁瑣、傳統，甚至愚笨的方式，將智旭所有文本（含佛經注疏著作與一般書信雜著及《周易禪解》）中，凡引及與《易》相關之語，皆挑揀出來，盡力做到讓資料自己說話，自己呈現的特有面貌。再就這些智旭引用《易》語的資料所呈現出的東西，加以分析歸納，以盡力避免目的論的危險。（當然這也只能說到盡力，其中不可避免的，亦有著「我」「自己」的主觀成份）

我們之所以特別加以說明這些看法，並不是說上引諸文對智旭援佛解《易》思想的研究沒有價值，而是想要讓讀者知道本書之所以仍有存在的意義，正是基於上引諸文既已對智旭佛門《易》學特

色有了一些個別部份的深入探索之後，更就智旭佛門《易》的研究
中所欠缺的，全面性的、從頭到尾的、完整的面對智旭文本所有引
用《易》語的資料，加以詳細的分析、討論。也許在我們將智旭所
有引用《易》語的資料挑揀出來，並且加以分析說明之後，我們對
於智旭佛門《易》的特色，方能有更為完整的、全面的、十足的認
識，也因之可以避免掉「以偏概全」、「洞見外的不見」的危險。

　　因此，本書主要研究方法，亦只試圖從看似沒有秩序的大量資
料中，經由找尋、閱讀、分析、比較與歸納後，看看是否存有一個
不為人知的架構，潛藏在某種神秘難解的語言模式裏，而不借用其
他所謂特殊的「方法論」。也許，因為這樣大量且看似瑣碎的閱讀分
析，可以看出明末蕅益智旭是如何在前代僧人引《易》、用《易》的
語言模式裏，完成一個可以被理解的、有組織的、有方法的，系統
的以佛教義理詮解《易經》的理論模式，並因為這個「以佛解《易》」
理論系統的完成，達到了僧人「會通《易》佛」的巔峰。

第二章
僧史記載僧人引用《易》語之考察

第一節　佛教初傳中土及本書引用佛門僧史

一、佛教初傳中土之概述

　　湯用彤先生在《漢魏兩晉南北朝佛教史・下・第十四章佛教之北統》中有一段對佛教東傳初期簡明扼要的論述，可做為理解佛教初來與我國學術關係之基礎。他說道：[1]

> 總之中國溯自漢興以來，學術以儒家為大宗，文化依中原為主幹，而其所謂外來之瞿曇教化，方且附庸圖讖陰陽之說，以爭得地位於道術之林。漢末以來，世風漸變，孔教衰微，莊老興起，中朝文物經亂殘廢，北方仕族疊次渡江。於是魏晉釋子襲名士之逸趣，談有無之玄理，其先尚與正始之風，

---

[1]　湯用彤：《漢魏兩晉南北朝佛教史》（臺北：佛光文化事業有限公司，2001年4月初版），頁131－132。

留跡河洛，後乃多隨永嘉之變，振錫江南。由是而玄學佛義，
和光同流，鬱而為南朝主要之思想。返觀北方，王、何、嵇、
阮本在中州，道安、僧肇繼居關內，然疊經變亂，教化衰熄，
其勢漸微，一也；桓、靈變亂，以及五胡雲擾，名士南渡，
玄學骨幹，不在河洛，二也；胡人入主，漸染華風，而其治
世，須翻經術，三也。以此三因，而自羅什逝世，北方玄談，
轉就消沈。後魏初葉，仕族原多託身於幽燕，儒師抱晚漢經
學之殘缺於隴右，而燕、隴者，又為其時佛法較盛之地，則
佛教之與經學，在北朝開基已具有因緣。及北方統一，天下
粗安，乃獎勵文治，經術昌明。而昌明經術之帝王，又即提
倡佛學最力之人，於是燕、齊、趙、魏，儒生輩出，名僧繼
起，均具樸質敦厚之學風，大異於南朝放任玄談之習氣。蓋
其所謂儒學，仍承炎漢通經致用之義，終成北周之政治。而
致用力行，乃又北方佛子所奉之圭臬也。元魏經學，上接東
都，好談天道，雜以讖緯，而陰陽術數者，乃北方佛子所常
習，則似仍沿漢代「佛道」之餘勢者也。及至隋帝統一中夏，
其政治文物上接魏周。而隋唐之佛理，雖頗採取江南之學，
但其大宗，固猶上承北方，於是玄學漸盡，而中華教化以及
佛學，乃另開一新時代。夫佛學在北之與經學，固不如其在
南與玄學之密契，然俱起俱盛，其間轉移推進最相同，故在
全體文化上，此一大事因緣，實甚可注意也。

從湯氏這段話，我們可以將初來的佛教分成幾個時期來看，首先是
佛教剛至的西漢末至東漢，這個時期的佛教是附庸在當時流行的讖

緯之學、陰陽之說中的，是用佛道不分的面貌以便於其在中土爭得一定的地位，所以此時的佛教尚無強烈的主體性，而是一種附屬於中國文化的狀態；其次則是漢末至魏晉時期，在南方，此時莊老之說興起，清談之風盛行，釋子與名士並談有無之玄理，玄學佛義，和光同流，此時佛教已漸將教理融入談說之中，不似上一時期只爲單純附屬之狀態。而北方則因胡人入侵、爭戰不斷，加之以名士皆已南下，玄談之風消沈。及至北方統一，治國須用經術，故帝王提倡經學，而這些提倡經學之帝王又正好是提倡佛學之人，所以北方佛學遂與北方經學漸成樸質敦厚之態，與南方清談之風迥然不同，而通經致用遂爲北方儒生與釋子共有之特質。[2]到了隋唐大一統時期，則是雖有南方清談之風，但主要則在承續北方質樸致用之義，故玄學漸盡，而佛學與儒學又進入另一個講究通經致用，有組織、有架構的大一統時期。如經學有《五經正義》之出，佛門則天台、華嚴並起。

　　從這三個時期，佛學與中華文化間相互影響與轉變的情形可知，當兩個不同文化剛碰觸時，必然會發生某些衝突或者融合的狀況。而兩個不同文化之間的衝突與融合，通常都是透過相互尋找彼此可以對話的主題，以做爲其溝通與表達彼此思想理念的途徑。如

---

[2]　同上註，如其云：「……蓋魏帝信佛，始於道武，而道武即重經學。北方佛義之興由於孝文，而孝文益由益崇儒術。北方佛教信仰與南迥異，其經學崇尚與南方亦不同，南方學術之主流爲玄學，而北方經學則亦較江左爲盛。……。」云云（頁129）讀者可參看。

此，則兩個不同文化的對話平臺於焉形成，而外來文化與原有文化
方得以在同一平臺上，以其不同的立場發言，並且達到溝通的可能。
在彼此表達思想與溝通的過程中，相互間的影響遂在有意無意之
間，以借用、轉化等各種方式，進行著某種程度的衝突與融合，最
後以一種彼此接受的狀況存活下來。（若不能達到這種彼此接受的狀
態，則外來文化自然逐漸消失。）而自漢朝傳入中國的佛教，亦不
可避免的必須與中國主流文化——儒家及道家藉由借用、轉化等模
式，發生某些衝突或者融合的狀況，形成彼此間相互影響的對話。

在這樣的理解基礎下，我們可以知道，佛教之所以在歷史中不
斷的與《易經》發生對話，除了是因為其初來中土時期，外在大環
境正好是魏晉南北朝流行清談三玄的時候，而《易經》又是三玄中
唯一的儒家經典之外；[3]其內在因素，則是《易經》和佛教雖然是在
不同的文化土壤中孕育出來，可是，卻又因為它們同樣都是立足於
對生命及自然世界不斷變化的觀察、描述、理解、分析及省思的角
度上，逐漸形成了一套理解生命與自然世界的方式與法則，為兩個
不同民族提供了生命本質的思考，因而二者之間便有了共同的對話
場域與主題。因為上述內外兩種主要因素影響之下，在眾多儒家經

---

[3] 同註 1，湯氏於〈第十八章・南朝成實論之流行與般若三論之復興〉中引《顏
氏家訓》「洎乎梁世，茲風復闡。《老》、《莊》、《周易》，總謂三玄，
武皇、簡文躬自講論。元帝召置學生，親為教授，廢寢忘食，以夜繼朝。」
而云：「三玄興於晉代，而《般若》之學盛行；清談盛於梁、陳，而三論再
起。」（頁 390）可知大環境中清談三玄與佛學間相互影響關係之密切。

典中，佛教自然的先找上了與其同樣在觀察生命世界變化、對未知發出探索渴求的《易經》，以求能藉《易經》為橋樑，快速進入中國人的生命世界，讓中國人了解佛教談的是什麼？因此，在佛教已然成為海峽兩岸乃至於世界各地華人的主要宗教信仰之一的時刻，對於佛教東傳之後，它是如何與以思索生命變化與探索未知世界發展趨勢為主題的《易經》發生對話，應是十分值得我們深入探討的主題。

　　準此，本章主要是想透過佛教僧人史傳所留下的資料，以呈現出僧人對《易經》曾不斷發表其看法的歷史現象。[4]

二、本章引用佛門僧史概說

　　就佛教史傳所留下的記載來看，除了少數所謂的大師之外，能將其生平事蹟或語言文字存留下來的，大多都是禪宗門人，其他僧

---

[4] 我們之所以主要透過僧人史傳記載之搜尋，以企圖建立佛門僧人與《易經》間的發展關係，乃是因為在吾國正史之中，僅《魏書》中有一篇〈釋老志〉稍微談及佛門僧人，其他正史皆未有對僧人專門之記載，因而要了解僧人生平事蹟，只有透過僧人史傳之書以窺其大略了。亦正如湯氏於《漢魏兩晉南北朝佛教史·上·第七章·兩晉之際名僧與名士》中所感嘆的：「……按《高僧傳》所據史料，多為南方著述，故僅於南渡後特詳。而正史又缺載僧事，洛都名士與名僧之交情遂少可考。」（同註 1，頁 207）然豈洛都名士與名僧之交情遂少可考，由於正史缺載僧事，而僧人史傳記載者又多有為宣傳其教而神妙其僧人生平事蹟者，遂使僧人生平可信可考者既少且難矣！故吾人於此狀況而欲建構出僧人與《易經》的關係史，亦非易事矣！

人的記載資料顯然少了許多。這當然和佛教自唐、宋以後，禪宗因
其說法較為直捷簡易，故讓自視高超及原本就只是想藉佛教以謀生
的人有了依附的地方，因而教派特盛，弟子眾多，勢力龐大。而其
宗派平時亦有隨機施教的特殊傳統，故言語行為可資記載者便較他
宗更多，因此自然留有較其他宗派更為豐富的資料。就如同（元）
虞集（1272－1348）在《佛祖歷代通載・序》中所說的：[5]

> ……記載之書，昔有《寶林》等傳，世久失傳。而《傳燈》
> 之錄，僧寶之史，僅及禪宗。若夫經論之師，各傳於其教，
> 宰臣外護，因事而見錄，豈無遺闕？近世有為《佛祖統紀》
> 者，儗諸《史記》，書事無法，識者病焉。時則有若嘉興祥符
> 禪寺住持華亭念常，得臨濟之旨於晦機之室，禪悅之外，博
> 及群書。乃取佛祖住世之本末，說法之因緣，譯經弘教之師，
> 衣法嫡傳之裔，正流旁出，散聖異僧，時君世主之所尊尚，
> 王臣將相之所護持，論駁同異，參考訛正，二十餘年，始克
> 成編，謂之《佛祖歷代通載》，凡二十二卷。……。至正元年
> 六月十一日微笑菴道人虞集序。

明白的說出了傳統中對於僧人的生平記載，不論是已然失傳的《寶
林傳》等書，[6]或者是各種以「燈」為名的僧史，[7]主要都是記錄禪

---

[5] （元）釋念常：《佛祖歷代通載》（卍續藏經・第壹輯・第貳編・第 132 冊・
支那撰述史傳部），頁 122。

[6] 今可在《卍續藏經・第壹輯・第貳編・第 137 冊・支那撰述史傳部》中，見
到（宋）慧洪：《禪林僧寶傳》三十卷，（宋）祖琇《僧寶正續傳》七卷及

宗僧人的事蹟，而其他譯經宏教的經論之師，其生平便多有所闕了。
元代僧人釋念常（1282－1341）本身雖爲禪門臨濟宗人，但卻也作
《佛祖歷代通載》，以補其他宗派僧人生平事蹟記載之不足。此外，
由這篇序文也可以得知，在釋念常的《佛祖歷代通載》之前，還有
一部意圖模擬《史記》與《資治通鑑》，且不只著重於禪宗僧人生平
事蹟記載的佛教史傳——《佛祖統紀》存在，其序云：[8]

> ……志磐手抱遺編，久從師學，每念佛祖傳授之迹，不有紀
> 述，後將何聞？……斷自釋迦大聖託於法智，一佛二十九祖，
> 並稱〈本紀〉，所以明化事而繫道統也。至若諸祖旁出爲〈世
> 家〉，廣智以下爲〈列傳〉，名言懿行，皆入此宗。而〈表〉、
> 〈志〉之述，非一門義，具在通例，可以類知。既又用編年
> 法，起周昭王，至我本朝，別爲〈法運通塞志〉。儒釋道之立
> 法，禪教律之開宗，統而會之，莫不畢錄，目之曰《佛祖統

（清）自融撰、性磊補輯的《南宋元明禪林僧寶傳》十五卷，讀者可自行參
　看。

[7]　關於禪宗門人的燈史著作，讀者可參看《卍續藏經・第壹輯・第貳編・第 135
　－147 冊・支那撰述史傳部》。其中載有《天聖廣燈錄》、《建中靖國續燈錄》、
　《聯燈會要》、《嘉泰普燈錄》、《五燈會元》、《五燈嚴統》、《五燈全
　書》、《續傳燈錄》、《增集續傳燈錄》、《續燈正統》、《錦江禪燈》、
　《黔南會燈錄》、《禪燈世譜》、《繼燈錄》等等禪門燈史，卷秩十分龐大，
　雖有許多燈錄中的記載不斷重複，但也可因此看出禪宗門人僧史記載之風的
　熾盛，與佛教其他宗派相比，其多寡可謂有如天壤之別。

[8]　（宋）釋志磐：《佛祖統紀》（《大正新脩大藏經第四十五冊　N0.2035》），
　頁 129。

紀》。凡之為五十四卷。〈紀傳〉、〈世家〉，法太史公；〈通塞
志〉，法司馬公，書成即負笈，詣白雲堂，仰求佛光法師為之
考校，而同志之士，共謀鋟版以期流布，將令家藏其本，人
觀此書，開人心之性靈，資國政之治化，豈不曰大有益於世
哉！自寶祐戊午，首事筆削，十閱流年，五謄成薰，夜以繼
晝，功實倍之，仰報佛恩，上酬帝力。不負所學，其志在茲。
宋咸淳五年歲在己巳八月上日，四明福泉沙門志磐寓東湖月
波山謹序。

由此可知，志磐（？）以《史記》、《通鑑》等正史體例為參考，並
兼採紀傳、編年體例，而分為一佛二十九祖的〈本紀〉，諸祖旁出的
〈世家〉，其他值得記載事蹟的為〈列傳〉，又有所謂〈表〉、〈志〉，
幾乎全依《史記》體例。而〈法運通塞志〉則依司馬光（1019－1086）
《資治通鑑》編年體的方式，自周召王始，至其所生存的宋朝為止，
凡是儒釋道之立法，禪教律之開宗，皆統而會之，莫不畢錄，夜以
繼日的歷經十多年，才完成這部作品。（雖說《佛祖統紀》作於宋咸
淳五年，然在〈法運通塞志〉中已收至元朝之事略）雖然虞集他們
認為《佛祖統紀》「書事無法」，因而對它有所不滿。但不論如何，《佛
祖統紀》亦為我們留下除了禪宗之外許多僧人的事蹟，足以讓人們
更為全面的了解佛門僧人其生平與《易》有所關涉的歷史。在這個
需求上，其對本書亦提供了不少的幫助。

　　另又有元僧寶州覺岸（1286－？）所撰的《釋氏稽古略》一書，

[9]其所記載的僧人亦不分宗派。（元）李桓在〈釋氏稽古略序〉中說道：[10]

> 吳興大比丘曰寶洲岸公，博學通古今，嘗考釋氏事實上下數
> 千載，年經而國緯，著書一編，曰《稽古手鑑》。既又以為未
> 備，復因其舊，輯而廣之為《稽古略》。至正十四年秋九月，
> 太原劉堯輔為之持其書，請於余為序，以冠其編首，因取而
> 閱之。蓋自有佛以來，凡名師大德之行業出處，以及塔廟之
> 興壞，僧侶之眾寡，靡不具載。本之內典，參之諸史，旁及
> 於傳記，而間以事之著顯者為之據，將以侈歷代之際遇而寓
> 勸誡於其間，歲月先後，改覈精審，無所遺闕，可謂瞻且詳
> 矣！然猶以略名之，寶州自謙也。……。

由此序，亦可知寶州覺岸《釋氏稽古略》，對於自佛祖以來，名師大
德行業出處，塔廟興壞，僧侶眾寡，靡不具載。並且是本之內典，
參之諸史，旁及於傳記，且對於歲月先後，改覈精審，無所遺闕。
這雖是時人所作之序，未免有過譽之處，然而就吾人欲更為全面的
了解佛門僧人是否曾與《易經》有所交涉，亦有著十分重要的貢獻。

　　當然，我們必須加以說明的是：在歷史中曾經發生過的事實，
能被人們「恰巧」用文字記載下來的人物或事件，其實已是不多。
而這些本已不多的記載，如果又得經歷許許多多的歷史紛擾（如：

9　見《大正新脩大藏經第四十九冊　NO.2037》。

10　同上註，卷一，頁737。

人為的戰爭或大自然的災難）而存留下來，為人所知，則與歷史曾發生過的實際事件相較，在數量上不知又少了多少。更何況這之中的記載，不免也存有著許多人為的有意或無意的錯記。因此，我們如果以為只要透過前人所留下的資料，並且加以詳細的閱讀、分析，便可以讓歷史還原，真相重現，這無寧是一種對於歷史真相的無知與自大。然而，在無法超越生命時間及實體限制的前題下，想要無所障礙的參與或了解每個歷史事件的發生經過，卻又是根本不可能的事。所以，我們只好在前人所存留下的歷史記錄中，（儘管這些記錄只是歷史事實的千百萬分之一，而且這之中或許也存有著一些有意與無意的偏見與誤解）去重建一個在現有資源下，盡可能保持客觀，減少誤解，接近真相的歷史。儘管，這幾乎是不可能的事。但歷史的意義，其實是在當代人們的解說與意義的賦予下才存在的。如果沒有後人的理解與說明，歷史也只能沈默不語，且無法為人所知。準此，在現存資料下，做盡可能而無所遺漏，且保持客觀的理解與說明，又具有著不可忽視的當代意義。[11]

在下面的論述中，我們將打破以單書記載僧人引用《易》語的模式，而把《高僧傳》、《續高僧傳》、《宋高僧傳》、《補續高僧傳》、《五燈會元》、《佛祖統紀》、《佛祖歷代通載》、《釋氏稽古略》等主要僧史中，記載僧人與《易》相關之行事言語，依其觀點和語言模

---

[11] 相關論述請參見（美）柯文：《在中國發現歷史·前言》（林同奇譯，臺北：稻香出版社，1991 年 8 月初版），頁 1－10。其除了作為全書觀點與方法論的說明之外，對於吾人面對所謂歷史真相的追尋時，有著重新省思的助益。

式，分門別類的歸納、分析，以呈現出歷史中，佛門僧人引用《易》語的真實面貌與意義。

第二節　佛門僧人與《易》相涉的幾種主要模式

　　本節將討論《高僧傳》、《續高僧傳》、《宋高僧傳》、《補續高僧傳》、《五燈會元》、《佛祖統紀》、《佛祖歷代通載》、《釋氏稽古略》等主要僧史中，僧人引用《易經》的語言模式與目的。爲了避免對僧人與《易經》關係的考察有所遺漏，除了分析直接記載僧人引用《易》語的資料外，我們也討論其中涉及陰陽五行占驗吉凶而與《易經》相關的言語。[12]

---

[12] 關於占驗吉凶與《易》是否相關，高懷民：《兩漢易學史》（臺北：中國學術著作獎助委員會，1983 年 2 月 3 版）中有幾段文字提及此二者的關係。其說道：「《易》與災異在漢以前不相干涉。……象數《易》的興起，是藉解說災異而興起的。《漢書・五行志》引京房《易傳》論災異事凡七十二見，簡直成了一篇京房論災異的專論文章。初期象數《易》與災異的密切關係由此可見。」（〈第三章・第三節・四・災異與易〉，頁 89－94）又說道：「雖然，孟喜爲了要創建一個龐大的以卦象配合月日節候的卦氣系統，配日的工作勢在必行，六日七分法可以說是強爲配合。後來，清代《易》學家焦循對此曾作嚴厲的批評，……焦氏批評六日七分法爲『別有用意』，站在注經的立場是對的。……但是我們不應該說這套占驗術『無關於《易》』，因爲前期象數《易》諸家，都是以占驗災異言《易》，占驗災異是是象數《易》興起時的本來面目，至於將這一套占驗之學用於解經，是東漢馬、鄭、荀等倡起來的《易》風。……卦氣原是一套占驗術，至東漢荀爽、鄭玄、虞翻以後，

一、引《易》語以證儒佛皆談因果報應者

在佛教教義中,因果報應是十分重要的一個主題。蓋宗教主要目的之一,在於消解人們對於現世生活所無法理解的絕望與苦痛。由於有些絕望與苦痛無法在現世的因果關係中,找到令人能夠接受的解答,因此,佛教教義遂將這個現世無法解答的因果關係,延長到不可知的前世與來生,而有了「三世因果」之說。將今生的善行而得惡報,或惡行而有善終,與所謂因果關係不合的理由,給予了或者前世所種之因,故今生所受者是;或者今世所種之因,雖不能在當世顯示,亦能期望於來生。因果關係於今生的矛盾,遂因此得以解決,而人們對於現世生活所無法了解的絕望與苦痛,亦得以因前世所造之業而接受,並在今生不斷努力的善行之中,預見了來世的美好,這是佛教消解生命苦痛的重要教義之一。身為佛門僧人而欲在中國境內宣揚其教,則結合其教與中國傳統原有的因果報應之說,遂為首要工作之一。

(一)以坤卦「積善之家必有餘慶,積不善之家必有餘殃」論佛教因果報應說

《高僧傳・卷第一・譯經上・魏吳建業建初寺康僧會》中記載

乃用以注經。……」(〈第四章・第一節・孟喜易〉,頁 116－125)又云:「焦延壽《易林》一書,完全是占驗時的斷語。」(〈第四章・第二節・焦延壽易〉,頁 128)讀者可參看之。

道：[13]

　　康僧會，其先康居人，世居天竺，其父因商賈移于交趾。……
至孫皓即政，法令苛虐，廢棄淫祀，乃及佛寺，並欲毀壞。
皓曰：「此由何而興？若其教真正，與聖典相應者，當奉其道。
如其無實，皆悉焚之。」諸臣僉曰：「佛之威力，不同餘神，
康會感瑞，大皇創寺，今若輕毀，恐貽後悔。」皓遣張昱詣
寺詰會。昱雅有才辯，難問縱橫，會應機騁詞，文理鋒出。
自旦之夕，昱不能屈。既退，會送于門，時寺側有淫祀者，
昱曰：「玄化既浮，此輩何故近而不革？」會曰：「雷霆破山，
聾者不聞，非音之細。苟在理通，則萬里懸應，如其阻塞，
則肝膽楚越。」昱還，歎會才明，非臣所測，願天鑒察之。
皓大集朝賢，以馬車迎會。會既坐，皓問曰：「佛教所明，善
惡報應，何者是耶？」會對曰：「夫明主以孝慈訓世，則赤烏
翔而老人見；仁德育物，則醴泉涌而嘉苗出。善既有瑞，惡
亦如之。故為惡於隱，鬼得而誅之；為惡於顯，人得而誅之。
《易》稱：『積善餘慶。』《詩》詠：『求福不回。』雖儒典之
格言，即佛教之明訓。」皓曰：「若然，則周孔已明，何用佛
教？」會曰：「周孔所言，略示近迹，至於釋教，則備極幽微。
故行惡則有地獄長苦，修善則有天宮永樂。舉茲以明勸阻，
不亦大哉！」皓當時無以折其言。

---

[13]　（梁）釋慧皎撰，湯用彤校注，湯一玄整理：《高僧傳》（北京：中華書局，
1997 年 10 月第 3 次印刷），頁 15–17。

這裏記載著孫皓（243－283）對於一切信仰崇拜活動，都採取著懷疑排斥的態度，而身爲宗教之一的佛教，自然也無法置身於外。孫皓以爲，這些宗教的教義如果與中土的經典所說相同，那麼自然應當奉行其說。可是，如果這些宗教所說不是實際攸關民生的問題，則要全部銷毀。這樣的說法在朝中遇到了臣子的勸阻，勸阻的理由並不是以宗教的義理爲主，而僅是以爲佛的威力和其他各種神祇不同，勸阻的對象也只有針對佛教來說。並謂佛教中的康僧會（？－280），具有感應神奇的力量。因此，如果輕言毀壞佛教，恐怕會有意想不到的事情發生。這之中與佛教教義似無重要干涉，而只是恐懼其神力而已。康僧會在與孫皓碰面時，謂爲善之事自有祥瑞之物應而出之，如：「明主以孝慈訓世，則赤烏翔而老人見；仁德育物，則醴泉涌而嘉苗出。」爲惡之事，則亦自有不祥的報應會接續而來，如：「爲惡於隱，鬼得而誅之；爲惡於顯，人得而誅之。」並引《易經‧坤‧文言》（䷁）所謂的「積善之家必有餘慶，積不善之家必有餘殃」[14]的說法，以「《易》稱積善餘慶」來增加說服孫皓的力量，讓孫皓知道佛教與儒家一樣，而與一般宗教的怪力亂神不同。這種將佛典與儒家經典相比附的做法，正也應了孫皓所說：「若其教真

---

[14] 〈坤‧文言〉（䷁）曰：「坤，至柔而動也剛，至靜而德方，後得主而有常，含萬物而化光。坤道其順乎？承天而時行。積善之家必有餘慶，積不善之家必有餘殃。臣弑其君，子弑其父，非一朝一夕之故，其所由來者漸矣！由辯之不早辯也。」《十三經注疏‧一‧周易、尚書》（臺北：藝文印書館，1989年1月11版），頁20。

正，與聖典相應者，當奉其道」，而力圖阻止孫皓對佛教的傷害。又面對孫皓更進一步質疑，如果佛教所說的內容與周公、孔子所說的相同，又何需佛教呢？康僧會則以「周孔所言，略示近迹，至於釋教，則備極幽微」的說法，將儒、釋二家的上下高低做了分判。以儒家所說只是「近迹」，而佛家所詮說的則為備極幽微的真理。因此，儒家所說的意義雖與佛教相同，然此二者之間卻是有著高下與究不究竟的差別。

　　在這段對話中，除了可以看出在佛教剛傳進中國不久的魏晉南北朝時期，僧人對於儒、佛之間的溝通與上下高低的分別，已有了一種基本的論證與分判之外；也可以由康僧會能在與孫皓的辯難之中，隨口引述《易經》中的文字來支持自己所說的佛教義理得知，康僧會必然對於《易經》是十分熟悉的，否則，他是無法隨口引述《易經》原文的。這也證明了當時名僧對於《易經》應已十分關注。[15]

---

15 同樣的史實，在《佛祖歷代通載・卷七・西晉》中亦載之，其云：「吳孫皓始即位，改甘露元年，下令偏毀神祠，波及梵宇。……會曰：『明主以孝慈治天下，……故為惡於隱，鬼得而誅之；為惡於顯，人得而誅之。《易》稱積善餘慶，《詩》美求福不回，雖儒典之格言，即佛教之明訓。』……。」（同註5，頁169）《釋氏稽古略・卷第一・西晉》亦云：「……吳主皓始即位，遍毀神祠，波及梵宇。臣僚諫曰：『先帝感瑞刱寺不可毀也。』皓乃遣張昱往告康僧會，會挫其辭，理辯鋒出，昱不能屈，歸以會才高聞。皓詔至，問曰：『佛言善惡報應可得聞乎？』會曰：『明主以孝慈治天下，則赤鴉翔而老人（星名）見；以仁德寓萬物，則醴泉洌而嘉禾茁。善既有應，惡亦如之，故為惡於隱，鬼得而誅之；為惡於顯，人得而誅之。《易》稱積善餘慶，

(二)以〈繫辭傳〉「原始要終、无思、无為、寂然不動、感而遂通天下之故」論佛教輪迴生死觀

　　康僧會雖以《易經‧坤‧文言》（䷁）所謂的「積善之家必有餘慶，積不善之家必有餘殃」，謂儒門亦談因果報應，但卻無法解決現世因果報應不合於這個規則的矛盾，亦不能滿足佛教為解說現世常出現「善有惡報，惡有善果」的情況，而發展出配合其教義中「輪迴生死觀」的「三世因果報應」的理論。這個不足，在唐朝大顛和尚（？）與韓愈（768－824）的對話中，得到了解決。《佛祖歷代通載‧卷二十一》說道：[16]

> 己亥，元和十四年，潮州勒史韓愈到郡之初，……遇禪師大顛而問：……（愈）曰：「愈何暇讀彼之書。」大顛曰：「子未嘗讀彼之書，則安知不談先王之法言耶？……夫輪迴生死，非妄造也。此天地之至數，幽明之妙理也。……孔子曰：『原始要終』，故知死生之說。夫終則復始，天行也，況於人而不死而復生乎？……且子以禍福報應為佛之詐造，此尤足以見子之非也。夫積善積惡，隨作隨應，其主張皆氣焰熏蒸，神理自然之應耳！《易》曰：『積善之家必有餘慶，積不善之家必有餘殃。』又曰：『鬼神害盈而福謙。』……事固有在方之內者，有在方之外者。方之內者，眾人所共守之；方之外

《詩》美求福不回，雖儒典之格言，即佛教之明訓。』……。」（同註9，頁774）

[16] 同註5，頁280－281。

者，非天下之至神莫之能及也。故聖人之為言也，有與眾人
共守而言之者，有盡天下之至神而言之者，彼各有所當也。
孔子之言道也，極之則無思無為，寂然不動，感而遂通，此
非眾人所共守之言也。眾人而不思不為，則天下之理幾乎息
矣！此不可不察也。佛之與人子言，必依於孝；與人臣言，
必依於忠，此眾人所共守之言也。及其言之至，則有至於無
心，非唯無心也，則有至於無我；非唯無我也，則又至於無
生。無生矣！則陰陽之序不能亂，而天地之數不能役也。……」

此為唐僧大顛與韓愈間的對話。大顛引《易經·繫辭下》：[17]

《易》之為書也，原始要終，以為質也。六爻相雜，唯其時
物也。其初難知，其上易知。本末也，初辭擬之，卒成之終。

中的「原始要終」，來說明佛教的輪迴生死觀。又引《易經·坤·文
言》（☷☷）曰：[18]

坤，至柔而動也剛，至靜而德方，後得主而有常，含萬物而
化光。坤道其順乎？承天而時行。積善之家必有餘慶，積不
善之家必有餘殃。臣弒其君，子弒其父，非一朝一夕之故，
其所由來者漸矣！由辯之不早辯也。

中的「積善之家必有餘慶，積不善之家必有餘殃」，及《易經·謙·

---

[17] 同註 14，頁 174。
[18] 同註 14。

彖曰》（䷎）：[19]

> 謙，亨。天道下濟而光明，地道卑而上行。天道虧盈而益謙，
> 地道變盈而流謙，鬼神害盈而福謙，人道惡盈而好謙。謙尊
> 而光，卑而不可踰，君子之終也。

中的「鬼神害盈而福謙」，來做爲佛教善惡報應之說的旁證。其又以
爲事有在方之內與在方之外的差別。方之內者，是眾人所共守之的；
而方之外者，則非天下之至神，莫之能及也。因此，聖人所說的話，
便因人事時地之不同，而有方內方外之異。並引《易經・繫辭上》
所謂：[20]

> 《易》无思也，无為也，寂然不動，感而遂通天下之故。非
> 天下之至神，其孰能與於此？夫《易》，聖人之所以極深而研
> 幾也。唯深也，故能通天下之志；唯幾也，故能成天下之務。

來說明孔子之言道，亦是「无思，无爲」、「寂然不動，感而遂通」
的方外之言，一如佛言道，則曰：「無我、無心、無生。」然對人子
則言孝，與人臣則言忠，則又是所謂眾人共通的方內之言。是以聖
人之言有方外、方內之別，而俗儒只知孔子方內之言，不知孔子寓
於方外「无思、无爲」之深意也。

　　在大顛這個例子中，除了呈現出其仍以康僧會引坤卦「積善之

---

[19]　同註 14，頁 47。
[20]　同註 14，頁 154。

家必有餘慶，積不善之家必有餘殃」及謙卦「鬼神害盈而福謙」之語，以談因果報應之說非佛家獨有之意。然坤卦、謙卦此語只能談現世因果關係，合乎「善有善報，惡有惡報」的報應情況，卻無法解決經常出現的「善得惡報，惡有善果」的情形，亦無法與佛教論三世因果報應之說充分配合。是以他更進一步的把《易經·繫辭上》「无思，无爲」與「寂然不動，感而遂通天下」，視爲孔子論「方外」之語，其情狀與佛教所謂「無我、無心、無生」極爲近似。由無而有，由不動而通天下，此正孔子與佛祖所能通的不可知之處，亦爲後世如韓愈輩的儒者所不能知者。故《易經·繫辭下》謂「原始要終」，是知死生之說，正是孔子借一卦之終始喻佛教輪迴生死觀之言。

　　至此，佛門僧人遂將佛教三世因果報應之說與儒門《易經》相互配合完成，以坤卦「積善之家必有餘慶，積不善之家必有餘殃」及謙卦「鬼神害盈而福謙」論現世報應，以《易經·繫辭傳》「无思，无爲」、「寂然不動，感而遂通」及「原始要終」，配佛教三世因果報應之說。[21]

21　關於大顛與韓愈的這段對話記載，又可見於《釋氏稽古略·卷第三·唐憲宗》中，其云：「……護國真身佛骨。己亥元和十四年正月，帝遣中使杜英奇持香華往鳳翔府法雲寺護國真身塔所，請釋迦文佛指骨入內，帝御安福門迎拜，留禁中供養，三日五色光現，百僚稱賀，歷送諸寺，釋部威儀，太常長安，萬年音樂，旌旛鼓吹，偉盛特殊。刑部侍郎韓愈上表陳諫，引古言今，稱帝壽國祚之不延永。帝大怒，以表示宰輔，將抵以死。裴度、崔群爲解之，貶潮州刺史。愈到郡之初，以表哀謝勸帝東封泰山，久而無報，鬱鬱不樂。聞

而在《佛祖歷代通載・卷十一》中則記載道：[22]

> 是年（壬子）李士謙卒。士謙字約少，喪父，事母以孝聞。
> 其族長伯瑒每歎曰：「此子吾家顏子也。」善天文術數，自以
> 少孤，未嘗飲酒食肉，如此積三十年，雅好舉止，約以戒定。
> 有謂其修陰德，士謙笑曰：「夫陰德其猶耳鳴，唯已知之人，
> 無得而知者。今吾所作，仁者皆知，何陰德之有？」最善玄

郡有大顛禪師，道德名重，以書招之，三招而大顛至。顛之言論超勝，留數
十日，或入定數日方起，愈甚敬焉。師辭去，愈祀神海上，乃登靈山造師之
廬，問曰：「弟子軍州事繁省要處乞師一句。」師良久不顧，公罔措。……
愈曰：「余謂佛者口不道先王之法言，而妄倡乎輪迴生死之說；身不踐仁義
忠信之行，而詐造乎報應禍福之故。無君臣之義，無父子之親，賊先王之道，
愈安得默而不斥之乎？」顛曰：「甚哉子之不達也。有人於此，終日數十而
不知二五，則人必以爲狂矣！子之終日言仁義忠信，而不知佛之言常樂我淨，
誠無以異也。且子誦佛書，其疑與先王異者可道之乎？」曰：「愈何暇讀彼
之書。」顛曰：「子未嘗讀佛之書，則安知不談先王之法言耶？……夫輪迴
生死非妄造也，此天地之至數，幽明之妙理也。以物理觀之，草木根荄槁而
復生，則其往復又何怪焉？孔子曰：『原始要終，故知死生之說。』莊子曰：
『萬物出於機入於機。』賈誼曰：『化爲異類兮又何足患。』此皆輪迴之說，
不竢於佛而明也，焉得謂之妄乎？且子又以禍福報應爲詐造，此尤足見子之
非也。夫善惡之報皆神理自然之應。《易》曰：『積善有餘慶，積惡有餘殃。』
又曰：『鬼神害盈而福謙。』曾子曰：『戒之！戒之！出乎爾者反乎爾者也。』
此皆報應之說也。……事固有在方之內者，有在方之外者。方之內者，眾人
所共守之；方之外者，非天下之至神莫之能及也。故聖人之爲言也，有與眾
人共守而言之者，有盡天下之至神而言之者，彼各有所當也。孔子之言道也，
極之則無思無爲，寂然不動，感而遂通。此非眾人所共守之言也。眾人而不
思不爲，則天下之理幾乎息矣！……。」（同註9，頁833－834）

[22] 同註5，頁214。

言，客有疑佛報應之說，士謙喻之曰：「積善餘慶，積惡餘殃，
豈非休咎之徵耶？……」又問三教優劣，士謙曰：「佛日也，
道月也，儒五星也。」客不能難而去。

此段雖記李士謙以孝順聞名，善天文術數及玄言，而當有人以爲論
陰德、談報應爲佛家之說時，他則引《易經・坤・文言》（☷）所云：
「積善之家必有餘慶，積不善之家必有餘殃」語，[23]說明休咎之徵、
報應之說，在儒家《易經》之中早已言之。蓋李氏爲魏晉南北朝時
人，此時正是《老、莊、易》三玄盛行之際，佛門僧人此時與士人
接觸亦極爲頻繁。故李氏雖非僧人，然其論休咎之徵、報應之說非
佛家專有，亦可與上舉孫皓、康僧會之對話同而觀之，以推見當時
會通儒、佛之人，其論因果報應之說時，慣引《易經・坤・文言》
「積善之家必有餘慶，積不善之家必有餘殃」之語，並似已形成風
氣。再看唐大顚和尚引《易經・繫辭傳》「原始要終」等語，喻佛教
輪迴生死觀，而與佛門三世因果報應之說相配合，則可見中國僧人
在《易》佛會通上第一步努力的成功。

二、引《易》語作爲禪門話頭

要說明《易經》是否在佛門大爲流行，最好的證據便是其在日
常生活中，是否留有引用《易》語習慣的記載？如果可以找到許多
這類的資料，則可證明僧人已在自覺或者不自覺的狀態下，於日常

23　關於引坤卦「積善餘慶」之語，請參見本章註 14。

生活中，從事著會通《易》佛的工作。

　　在《五燈會元》裏，我們便可看到許多師徒在對話或者上堂開示時，借引《易經》中的語言文字，作爲相互勘問的用語。如《五燈會元・卷第四・南嶽下四世・黃檗運禪師法嗣・睦州陳尊宿》中記載道：[24]

> 睦州陳尊宿，諱道明，江南陳氏之後也。……師問秀才：「先輩治甚經？」才曰：「治《易》。」師曰：「《易》中道：『百姓日用而不知。』且道不知箇甚麼？」才曰：「不知其道。」師曰：「作麼生是道？」才無對。

這是陳尊宿（？）因一位秀才的父祖輩治《易經》，而以《易經・繫辭上》：[25]

> 一陰一陽之謂道，繼之者善也，成之者性也。仁者見之謂之仁，知者見之謂之知。百姓日用而不知，故君子之道鮮矣！

中的「百姓日用而不知」，問此秀才不知的是什麼？秀才顯亦曉《易》，便以〈繫辭傳〉中接著「百姓日用而不知」的「故君子之道鮮矣」之意，而回云：「不知其道。」以《易經》文意而論，秀才所說並沒有錯，但是陳尊宿卻再追問「作麼生是道？」秀才此時卻已

---

[24]　（宋）普濟：《五燈會元》（臺北：文津書局，1995 年 4 月初版），頁 229－233。

[25]　同註 14，頁 148。

無法再回應。其實這陳尊宿問的未必與《易經》內容真的有關，其或只欲藉《易經》中的言語，逼問儒門士子是否真知其所謂的道的深刻內涵，並藉此來宣說佛教教義而已。

　　普濟（1179－1253）記載這段對話，不知是否有暗指士人只是死讀書，死背經文，而不在生命本身用力之意？然而當陳尊宿追問經文中沒有再說明的「道」是什麼時，儒門士子只能呆立無對，則其是否以此例暗喻儒釋二者高下，就不得而知了。

　　在《五燈會元・卷第九・南嶽下四世・潙山祐禪師法嗣・仰山慧寂禪師》中又記載道：[26]

> 袁州仰山慧寂通智禪師，韶州懷化葉氏之子。……師閉目坐次，有僧潛來身邊立。師開目，於地上作此○相，顧視其僧，僧無語。師攜拄杖行次，僧問：「和尚手中是什麼？」師便拈向背後，曰：「見麼？」僧無對。師問一僧：「汝會什麼？」曰：「會卜。」師提起拂子，曰：「這箇六十四卦中阿那卦收？」僧無對。師自代云：「適來是雷天大壯，如今變為地火明夷。」問僧：「名甚麼？」曰：「靈通。」師曰：「便請入燈籠。」曰：「早箇入了也。」

這是仰山慧寂通智禪師（807－883）與其他僧人的幾段對話，其間充滿禪意。慧寂通智閉目靜坐，有僧人偷偷到他的身邊。僧人之所以潛行至慧寂通智身旁，顯然別具目的，或為刻意要試試慧寂通智

---

[26] 同註24，頁526－535。

的工夫淺深亦未可知。然此僧人之潛行，顯然沒有成功，慧寂通智睜開眼睛後，在地上畫一圓形，然後看著這個潛至身旁的僧人。這自然是慧寂通智刻意要試試這潛行至身旁的僧人，看看其工夫深淺，然而僧人卻無言語。僧人潛行，是爲試慧寂通智之工夫；慧寂通智於地上作○形，亦是爲試潛行僧人之工夫。這是一種禪門師徒的隨機勘點與測試。

接著慧寂通智拄杖行走，有一僧人問他：「和尚手中是什麼？」慧寂通智將杖子放在身後，反問僧人：「看到了嗎？」問者又無言以對。這又是另一種禪門師徒的隨機勘點與測試。

第三個例子則因一位名喚靈通的僧人，他回答慧寂通智自己「會卜」，於是慧寂通智提起拂子，問僧人曰：「這箇六十四卦中阿那卦收？」僧人又無言以對。與前兩例子不同的是，慧寂通智並不像上兩例，在僧人無對之後，便不再言語。反而自問自答的說道：「適來是雷天大壯，如今變爲地火明夷。」蓋其能隨口將《易經》大壯（䷡）爲上雷下天之卦，明夷（䷣）爲上地下火之卦的卦象說出，（筆者以爲此二卦之所以能夠相互變化，或與大壯〈象曰〉：「君子以非禮弗履。」王弼（226－249）注云：「壯而違禮則凶，凶則失壯也，故君子以大壯而順體也。」明夷〈象曰〉：「君子以莅眾用晦而明。」王弼注云：「莅眾顯明，蔽僞百姓者也。故以蒙養正，以明夷莅眾。」二卦之〈大象〉皆討論君子之行爲有關。[27]又或者慧寂通智以大壯

---

[27]　同註14，頁86－88。

爲天雷之卦象，正與明夷爲地火之卦象，專就「天之雷」與「地之火」之象意近而言也。又可能是禪門應對，本在消解語言文字的束縛，故其謂大壯、謂明夷，皆與卦爻變化無涉也未可知。）亦可見禪門僧人於《易經》的熟悉與慣用。

在《五燈會元・卷第十二・南嶽下十世・大愚守芝禪師》中又記載道：[28]

> 瑞州大愚山守芝禪師，纔陞坐，僧問：「如何是和尚家風？」師曰：「一言出口，駟馬難追。」問：「如何是城裏佛？」師曰：「十字街頭石幢子。」問：「不落三寸時如何？」師曰：「乾三長，坤六短。」曰：「意旨如何？」師曰：「切忌地盈虛。」問：「昔日靈山分半座，二師相見事如何？」師曰：「記得麼？」僧良久，師打禪床一下，曰：「多年忘卻也。」乃曰：「且住！且住！若向言中取則，句裏明機，也似迷頭認影。若也舉唱宗乘，大似一場寐語。」

這也是一段典型禪家答非所問的對話，不論是「如何是和尚家風？」與「一言出口，駟馬難追。」還是「如何是城裏佛？」和「十字街頭石幢子。」或者是「不落三寸時如何？」與「乾三長，坤六短。」都是禪師藉答非所問的方式，以消解未悟者在語言文字上的束縛和執著。普濟引述這個故事，其意雖在說明守芝禪師教導僧人真正的道，不可從文字語言中求。所以守芝禪最後乃云：「且住！且住！若

---

[28]　同註 24，頁 708。

向言中取則，句裏明機，也似迷頭認影。若也舉唱宗乘，大似一場
囈語。」即是要僧人別再執著於他的問話之中。可是當僧人問他：「不
落三寸時如何？」時，他因俗謂「三寸之舌」，而引《易經》乾（☰）、
坤（☷）二卦的卦畫特徵分別為三連、三斷，說道：「乾三長，坤六
短。」當這個僧人繼續追問：「意旨如何？」守芝禪師便以乾、坤二
卦在《易經》中分別為極陽至盈與極陰至虛的象徵，來說明過與不
及皆非道，而謂：「切忌地盈虛。」守芝禪師在與僧人問答之中，一
邊消解問者在言語文字上的泥滯，卻也一邊展現其對《易經》主旨
的掌握──「消息盈虛」，而以虛之極的坤卦和盈之極的乾卦來說
明。可見守芝禪師對於《易經》應有一定深入的認知。另外，在禪
師借引《易》語以勘點僧人的情況之下，從學僧人對於《易經》，亦
應有著一定的認識，否則這師徒間的溝通便轉成不可能。

又在《五燈會元・卷第十五・青原下八世・清涼明禪師法嗣・
祥符雲豁禪師》中亦記載道：[29]

> 吉州西峰雲豁禪師，……嘗有問《易》中要旨者，師曰：「夫
> 神生於無形，而成於有形，從有以至於無，然後能合乎妙圓
> 正覺之道，故自四十九衍，以至於萬有一千五百二十，以窮
> 天下之理，以盡天下之性，不異吾聖人之教也。」

從有人問雲豁禪師（？）關於《易經》的要旨，即可得知雲豁禪師

---

[29] 同註24，頁984。

在當時很可能是以《易經》聞名的佛門僧人之一，否則不會有人特地以《易》中要旨爲何來問他。而他在說明《易》中要旨時，基本上是引《易經·繫辭傳》所謂：[30]

> 大衍之數五十，其用四十有九。分而爲二以象兩，掛一以象
> 三，揲之以四以象四時，歸奇於扐以象閏，五歲再閏，故再
> 扐而後掛。天數五，地數五，五位相得而各有合。天數二十
> 有五，地數三十，凡天地之數五十有五。此所以成變化而行
> 鬼神也。乾之策二百一十有六，坤之策百四十有四，凡三百
> 有六十，當期之日。二篇之策，萬有一千五百二十，當萬物
> 之數也。是故四營而成《易》，十有八變而成卦。八卦而小成，
> 引而伸之，觸類而長之，天下之能事畢矣！顯道神德行，是
> 故可與酬酢，可與祐神矣！子曰：「知變化之道者，其知神之
> 所爲乎！」

將《易經·繫辭傳》中大衍之數五十，其用四十有九，經由卜筮一定的規則變化之後而成萬有一千五百二十的過程，來說明《易經》由四十九變化成一萬一千五百二十，這樣窮盡天下之理、天下之性的變化方式，與其佛教教義中的妙圓正覺之道是相同的。因爲當《易經·繫辭傳》談完大衍之數的變化之後，接著便說顯道神德行；且又引孔子之語而謂：「知變化之道者，其知神之所爲乎。」正爲其所謂：「神生於無形，而成於有形，從有以至於無」之義也。

---

[30] 同註 14，頁 152−154。

在《五燈會元・卷第十八・南嶽下十六世・育王諶禪師法嗣・天童了朴禪師》中又記載道：[31]

> 慶元府天童慈航了朴禪師，福州人。上堂：「久雨不晴，半睡半醒，可謂天地合其德，日月合其明，四時合其序，鬼神合其吉凶。」遂喝曰：「住！住！內卦已成，更求外象。」卓柱杖曰：「適來擲得雷天大壯，如今變作地火明夷。」

這是天童慈航了朴禪師（？）上堂開示語，他在「久雨不晴，半睡半醒」後，突然引《易經・乾・文言傳》(䷀) 的「天地合其德，日月合其明，四時合其序，鬼神合其吉凶。」[32]從文字表面來看，這顯然是禪宗一貫要人不著滯於文字語言表象的作法，所以倒也不必硬要說這兩段話語之間一定有著什麼必然的關係。但若仔細研究他下頭所說的話，則又可肯定其對《易經》是十分熟悉。因他接著喝道：「內卦已成，更求外象。」又柱杖說：「適來擲得雷天大壯，如今變作地火明夷。」大壯（䷡）爲上震下乾之卦，故說是雷天大壯。雷爲震之象，天爲乾之象；明夷（䷣）爲上坤下離之卦，故說是地火明夷。地爲坤之象，火爲離之象。而大壯（䷡）要如何變做明夷（䷣）呢？當大壯（䷡）的九二爻與九四爻皆變時，便成爲了明夷（䷣）。若以所謂當不當位來看，則明夷（䷣）之內卦爲離，三爻皆已當位，

31　同註 24，頁 1223－1224。

32　同註 14，〈乾・文言傳〉(䷀) 云：「夫大人者，與天地合其德，與日月合其明，與四時合其序，與鬼神合其吉凶。」（頁 17）

所以叫做「內卦已成」；而外卦爲坤，其六五爻爲陰爻居陽位，仍不當位。若變六五爻爲九五爻，則陽爻居陽位，是當位矣！而大壯（䷡）下卦爲乾，三爻皆爲陽爻，則九二爻爲陽爻居陰位，位不當也。若其九二與明夷（䷣）六五相易，則地火明夷（䷣）成水火既濟（䷾）而當位矣！就其隨口便能引《易經》卦爻象及變化來做譬喻，又可見禪門僧人是如何的精熟於《易》了。

從這天童慈航了朴上堂而謂：「適來攛得雷天大壯，如今變作地火明夷。」與上引仰山慧寂通智所云：「適來是雷天大壯，如今變爲地火明夷。」可見「適來攛得雷天大壯，如今變作地火明夷」，似已成爲禪門僧人話頭用語之一了。

三、引《易》語做其日常用語行文

除了禪門僧人引《易》語以做話頭之用外，在其日常生活，行文用語之中，亦多有借引《易》語之例者。

《五燈會元・卷第六・未詳法嗣・東山雲頂禪師》中記載道：[33]

> 福州東山雲頂禪師，泉州人。……九龍觀道士并三士人請上堂。「儒門畫八卦，造契書，不救六道輪回；道門朝九皇，鍊真氣，不達三祇劫數。[34]我釋迦釋尊，洞三祇劫數，救六道

---

[33] 同註24，頁356。

[34] 所謂三祇劫數爲菩薩修行成滿至於佛果所須經歷之時間，又作三大阿僧祇劫、三無數劫、三劫等。劫，爲極長遠之時間名稱，有大、中、小三劫之別。

> 輪迴。以大願攝人天，如風輪持日月；以大智破生死，若劫
> 火焚秋毫。入得我門者，自然轉變天地，幽察鬼神，使須彌、
> 鐵圍、大地、大海入一毛孔中，一切眾生，不覺不知。我說
> 此法門，如虛空俱含萬象，一為無量，無量為一，若人得一，
> 即萬事畢，珍重。」

這是福州東山雲頂禪師（？）因受到九龍觀道士之邀上堂開示，其
謂儒道二家皆無法跳脫世間無窮無盡的苦難，只有佛祖能洞悉三大
阿僧祇劫的苦難，能救六道輪迴之苦。這雖是一般佛門僧人對於外
道的貶抑，然而其所謂儒門「八卦」，便是引自《易經・繫辭傳》中：
35

> 是故《易》有太極是生兩儀，兩儀生四象，四象生八卦，八
> 卦定吉凶，吉凶生大業。……古者包犧氏之王天下也，仰則
> 觀象於天，俯則觀法於地，觀鳥獸之文與地之宜，近取諸身，
> 遠取諸物，於是始作八卦，以通神明之德，以類萬物之情。

中可以「定吉凶，生大業」，可以「通神明之德，類萬物之情」的八
卦。

又如《佛祖歷代通載・卷十五》中記載道：36

（中宗改神龍）丙午，大通禪師神秀入寂，中書令張說制碑

---

35 同註 14，頁 156－166。
36 同註 5，頁 242。

曰:「……禪師尊稱大通,諱神秀,……少為書生,游問江表。老莊玄旨,《書、易》大義,三乘經論,四分律儀,說通訓詁,音參吳晉。爛乎如襲孔翠,玲然如振金玉。既獨鑒潛發,多聞旁施。逮知天命之年,自拔人間之世。企聞蘄州有忍禪師,禪門之法胤也。……服勤六年,不捨晝夜。大師歎曰:『東山之法盡在秀矣!』命之洗足,引之並座,於是涕辭而去,退藏於密。儀鳳中,始隸玉泉,名在僧錄。寺東七里,地坦山雄,目之曰:『此正楞伽孤峰,度門蘭若,蔭松藉草,吾將老焉。雲從龍,風從虎,大道出,賢人覩。……。』」

此為中書令張說(667－730)為大通禪師神秀(?)入滅後所作的碑文,其中有謂神秀對於「老莊玄旨,《書、易》大義,三乘經論,四分律儀」皆所擅長。亦記載神秀於五祖弘忍處得道後,謂己欲終老玉泉寺,而嘆道:「此正楞伽孤峰,度門蘭若,蔭松藉草,吾將老焉。雲從龍,風從虎,大道出,賢人覩。」此語便是引自《易經‧乾‧文言‧九五》(☰):[37]

飛龍在天,利見大人,何謂也?子曰:「同聲相應,同氣相求。水流濕,火就燥,雲從龍,風從虎,聖人作而萬物覩。本乎天者親上,本乎地者親下,則各從其類也。」

中的「雲從龍,風從虎,聖人作而萬物覩。」而將「聖人作而萬物覩」改為「大道出,賢人覩。」由上舉東山雲頂禪師及神秀之語,

---

[37] 同註14,頁15。

亦可略見僧人於日常生活，借引《易》語以申說己意的情況。

四、引《易經》用語作爲自己名字者

除了上述引《易》語以明佛教因果報應之說、以作禪門話頭及以申說己意的模式外，更有僧人因喜好《易經》，而乾脆以《易經》中的文字以名己者。

在《補續高僧傳‧卷第三‧義解篇‧與咸圓智二師傳》中記載道：[38]

> 與咸，字虛中，黃巖張氏子。……所著有《菩薩戒疏》。師精
> 於《易》，因名以卦，別號澤山叟。

釋與咸（？－1163）對於《易經》不僅十分精熟，而且其名號皆依《易經》咸卦（䷞）而取。其名己爲與咸，又因咸（䷞）爲艮下兌上之卦，艮爲山，兌爲澤，故又別號爲澤山叟。再因咸卦（䷞）〈象曰〉：[39]

> 山上有澤，咸。君子以虛受人。

中的「君子以虛受人」，故字爲「虛中」。可見其名「與咸」，其字「虛中」，其號「澤山叟」，皆來自《易經》咸卦，其醉心於《易》之情

---

[38] （梁）釋寶唱、（明）釋明河撰：《名僧傳鈔、補續高僧傳》（臺北：新文豐出版公司，1995 年 4 月一版二刷）），頁 75。

[39] 同註 14，頁 82。

狀，可見一般。[40]

在《補續高僧傳・卷第二十五・雜科篇・復見心傳》中記載道：
[41]

> 來復，字見心，豫章豐城王氏子，以日南至生，故取《易》
> 卦語識之。有志行清淨行，欲絕塵獨立，遂歸釋氏。……師
> 在定水時，手度弟子，曰如筏者，戒行端謹，通內外典，善
> 書能吟。

由此可知，來復和尚（1319－1391）其因《易經・復》（䷗）卦辭：
[42]

> 復，亨。出入无疾，朋來无咎。反復其道，七日來復。利有
> 攸往。

中的「七日來復」，而名己為「來復」。又因《易經・復・彖曰》（䷗）：
[43]

> 復，亨。剛反，動而以順行。是以出入无疾，朋來无咎。反
> 復其道，七日來復，天行也。利有攸往，剛長也。復，其見

---

[40] 釋與咸之例，亦可見《佛祖統紀・卷第十六・諸師列傳第六之六》所云：「（宋）
　　法師與咸，字虛中，……素精於《易》，折衷諸解。以自名取諸咸，因號
　　澤山叟。（隆興元年五月卒）」（同註 8，頁 231－232）
[41] 同註 38，頁 373－374。
[42] 同註 14，頁 64。
[43] 同註 14，頁 64－65。

> 天地之心乎。

中的「復，其見天地之心乎！」而取字「見心」，可知其亦深愛《易經》。

又如《佛祖歷代通載・卷十九》記載道：[44]

> （代宗）癸未，隱士陸羽卒。羽字鴻漸，初為沙門得之水濱，畜之既長，以《易》自筮得蹇之漸，曰：「鴻漸于陸，其羽可用以為儀。」乃以陸為姓氏，名而字之。……。

這是記載陸羽（？）因其自幼被僧人在水邊拾得而撫養長大，並無自己姓名。故以《易經》自筮，得蹇（䷦）之漸（䷴），蹇、漸二卦只有上爻不同，故得漸卦上九。漸卦上九爻辭為：[45]

> 鴻漸于陸，其羽可用為儀，吉。

因而以陸為姓，以羽為名，並字為鴻漸，全以所筮得之《易經・漸・上九》之辭為姓、名與字。陸羽本身雖非僧人，然其自小便在佛門中受僧人扶養長大，並於長大後就能以《易經》自筮，可見沙門僧人日常應有學《易》占筮之風，否則陸羽從何學得《易經》卜筮之法，並以此自名之。

由上舉與咸虛中、來復見心與陸羽鴻漸之例，又可見佛門僧人

---

[44] 同註 5，頁 268。
[45] 同註 14，頁 118。

除了日常引用《易》語之外，更有因喜愛《易經》而爲自己命名、字、號者。

五、僧人善《易經》卜筮之法者

卜筮本爲《易經》主要目的與作用之一，故僧人是否有習《易》傳統，自可藉其是否習以《易經》預示未來，占卜吉凶來做判斷。

《續高僧傳・卷第十八・習禪三・隋西京禪定道場釋曇遷傳一》中記載道：[46]

> 釋曇遷，俗姓王氏，博陵饒陽人。……年十三，父母嘉其遠悟，令舅氏傳授，即齊中散大夫國子祭酒博士權會也。會備練《六經》，偏究《易》道，剖卦析爻，妙窮〈象〉、〈繫〉，奇遷精采，乃先授以《周易》。初受八卦相生，隨言即曉。始學文半，餘半自通，了非師受，悟超詞理，會深異也。曾有一嫗失物，就會決之，得於兌卦。會告遷曰：「汝試辯之。」應聲答曰：「若如卦判，定失金釵。」嫗驚喜曰：「實如所辯。」遷曰：「兌是金位，字腳兩垂似於金釵象耳。」舅曰：「更依卦審悉盜者爲誰。」對曰：「失者西家白色女子，奉口鬢角，可年十四五者。將去，尋可得之。」後如言果獲。有問其故，遷曰：「兌是西方少女之位，五色分，（西）方爲白也。兌字上點表鬢之象，內有尖形，表奉口之相。推而測知，非有異

46　（唐）釋道宣：《續高僧傳》（《大正新修大藏經第五十冊　N0.2060》，臺北：白馬精舍印經會，1992 年），頁 571－572。

術。」舅乃釋策而歎曰:「吾於卜筮頗工,至於取斷,依稀而已。豈如汝之明耶?老舅實顧多慚,方驗宣尼之言後生可畏也。」乃更授以《禮》、《傳》、《詩》、《尚》、《莊》、《老》等書。但經一覽,義無重問。于時據宗儒學,獨擅英聲。每言大、小兩〈雅〉,當時之諷刺;左右二史,君王之事言;《禮》序人倫,《樂》移風俗,無非耳目之翫,其勢亦可知之。未若李、莊論大道,《周易》辯陰陽,可以悟幽微,可以怡情性。究而味之,乃玄儒之本也。當時先達頗蔑其幼年,致或抗言褒貶者,遶辯對縱橫,詞旨明爛,無不抿謝其聲實。自爾留心《莊》、《易》,歸意佛經,願預染衣,得通幽極。……惟有國子博士張機,每申盡禮,請法餘景,時論《莊》、《易》,竊傳其義,用訓庠序。

由此可知,釋曇遷(542－607)自小便由時為中散大夫國子祭酒博士的舅舅權會教他讀書。而權會本身就是個《六經》皆熟的讀書人,且對於《易經》尤其用心,不論是卦爻的剖析,還是〈象傳〉、〈繫辭〉的解釋,都十分精妙。權會因見釋曇遷與一般孩童不同,便先傳授他《六經》之中變化最多,也最精采的《易經》,以求能與其生命情調結合。權會才剛教釋曇遷八卦相生之道,釋曇遷便隨聽隨懂;才教他經文一半,其餘一半便可自通,和一般學人完全不同。釋曇遷幾乎不需要老師的教授,便可以對於文詞之外的義理有所了悟,因此權會這名當時位居國子祭酒、精通《六經》、且深究《易》道的博士,也不得不對釋曇遷這個侄子另眼相看了。有一次有個老太太

丟掉了一樣東西，請權會幫忙卜卦尋找。權會爲這件事卜得了一個
兌（☱）卦，於是便藉此機會測試釋曇遷，要他對這個卦做個解釋
分析，看他解卦的功力如何？釋曇遷回答說這人所掉的物品一定是
金釵，並解釋道：「兌（☱）是金位，字腳兩垂似於金釵象耳。」他
不僅從八卦的方位分析出兌（☱）卦在西方屬金，再從兌字字形下
垂的兩撇與金釵的外形相近，因而推論出所失之物必是金釵。權會
又更進一步的追問，依此卦來看，可以知道偷竊的人是誰嗎？釋曇
遷便再回答說：「失者西家白色女子，奉口鬟角，可年十四五者。將
去，尋可得之。」後來就如他所推斷的找到了失物。有人問他爲什
麼知道這麼多的訊息？釋曇遷回答說：「兌是西方少女之位，五色
分，（西）方爲白也。兌字上點表鬟之象，內有尖形，表奉口之相。
推而測知，非有異術。」他一方面以《易經》所言，兌（☱）位在
西方，在八卦中爲少女之象，在五色中爲白色。又以兌字的外形，
上面兩點表鬟髮之象，而「兌」字若寫成這樣時，是內有尖形，中
又有一口字，是以有奉口之象。把這些訊息加總起來，便可得到「失
者西家白色女子，奉口鬟角，可年十四五者」的答案。權會聽完了
釋曇遷的分析之後，感嘆的說自己在卜筮上還算不錯，但就卦象的
分析研判上，也只能依稀彷彿的說一些可能的方向，實無法像釋曇
遷那樣的明確，而深深的體會到孔子所謂後生可畏的感慨。

　　由這段記載與說明，可以知道釋曇遷在《易》學上的造詣極爲
精湛。權會除了《易經》之外，又傳授他《禮》、《傳》、《詩》、《尙》、
《莊》、《老》等書。這些對他人而言，十分難懂的經典，釋曇遷只

要看過，便能完全知曉其中深義。他當時在儒學上已經獨擅英聲，認爲〈大雅〉、〈小雅〉，只是春秋戰國當時的諷刺之語；左右二史，也不過是君王所說的話，所做的事；《禮》主要的是要使人倫有序，《樂》的主要功用則在移風易俗，這些無非只是耳目之翫，日用平常之間即可知道的道理。不像是老、莊所談論的生命大道與《易經》所辯析陰陽變化之理，既可以曉悟幽微，也可以怡情養性，可見釋曇遷對於《易經》是如何的看重了。這種特別重視《老》、《莊》、《易》的態度，實是受到魏晉以來所留下玄談風氣的影響。後來國子博士張機對他極爲有禮，在請教佛法之餘，也時常與他談論《莊子》、《易經》的學問，並在學校教書時，引用釋曇遷所告訴他的義理。今雖未能看到釋曇遷在《易經》上的專著，然而以這段記載來看，他是個對於《易經》極有研究的僧人，自是毫無疑問的。

又如《佛祖統紀‧卷第四十七‧法運通塞志第十七之十四》云：[47]

> （宋‧紹興）三十一年，禮部侍郎吳子才奏，乞頒行度牒，言事者以佞佛斥之，罷歸田里。七月，金虜主，元顏亮徙居汴京，九月自將入寇，兵號百萬。中竺寺沙門曇瑩學禪悟《易》，屢對禁中，至是策以《易》數，謂亮當斃於江北。十月下，詔親征浙西，總管李寶舟師敗之，密州中書舍人虞允文收都統王權散卒敗之采石，亮欲渡瓜州，令於眾曰：「三月

不渡江，當盡殺諸將。」眾苦其虐，夜半諸酋射帳中，殺之而遁。

由此知宋代沙門釋曇瑩（？）因學禪而悟《易》，並且屢對禁中，因紹興三十一年七月元顏亮徒居汴京，九月自將入寇，兵號百萬，而策以《易》數，謂亮當斃於江北，其後應驗。此例說明釋曇瑩因學禪而悟《易》，則《易》佛會通在宋僧釋曇瑩的身上，亦可見其蹤跡。

由上舉僧人史傳所見之例，可知僧人與《易經》相涉的幾種主要模式有：如康僧會與大顛和尚等人，引《易》語以證儒佛皆談因果報應者；亦有像陳尊宿、仰山慧寂、大愚守芝、祥符雲豁和天童了朴等人，引《易》語作為禪門話頭者；還有像東山雲頂與神秀和尚等人，引《易》語於其日常用語行文之中；也有像與咸虛中與來復見心等人，引《易》語為自己命名字號者；亦有如釋曇遷、釋曇瑩之善以《易經》占卜未來者。這些例子，在在都顯示著《易經》一直在佛門僧人間，以各種不同面貌與目的流行的史實。它雖多半是以片斷的、無系統的、隨機的模式出現，卻透顯出僧人會通《易》佛的普遍存在事實。

第三節　其他佛門僧人善《易》之記載

除了上節所述各種僧人與《易經》相涉的主要模式外，在僧人史傳中，仍有許多僧人善《易》、讀《易》的記載。又因占卜吉凶本是《易經》主要目的與作用之一，而僧人史傳裏，亦載有許多僧人

以占卜吉凶做爲勘點話頭之用語。由於這兩類資料皆可彰顯《易經》在佛門流行的情況，故本書再列此節以論述之。

一、僧人史傳關於僧人善《易》之記載

在主要僧人史傳中，有關僧人善《易》的記載很多，如：《高僧傳・卷第六・義解三・晉廬山釋慧遠》中記載道：[48]

> 釋慧遠，本姓賈氏，雁門婁煩人也。弱而好書，珪璋秀發，
> 年十三隨舅令狐氏遊學許洛，故少為諸生，博綜《六經》，尤
> 善《莊》、《老》。性度弘博，風覽朗拔，雖宿儒英達，莫不服
> 其深致。……殷仲堪之荊州，過山展敬，與遠共臨北澗論《易》
> 體，移景不勌。見而歎曰：「識信深明，實難為庶。」

這裏記載慧遠（334－416）與殷仲堪（？－399）共論《易》體，並且樂之不疲，以至移景不倦的程度。至於慧遠的《易經》造詣，亦可由殷仲堪所讚嘆的「識信深明，實難爲庶」而見之。

關於慧遠與殷仲堪共論《易》體的記載，《世說新語・文學第四》所記更詳，其云：[49]

> 殷荊州曾問遠公：「《易》以何為體？」答曰：「《易》以感為
> 體。」殷曰：「銅山西崩，靈鍾東應，便是《易》耶？」遠公

---

[48] 同註 13，頁 211－215。

[49] 徐震堮：《世說新語校箋・文學第四》（臺北：文史哲出版社，1989 年 9 月再版），頁 132。

笑而不答。

可知慧遠與殷仲堪所共論的「《易》體」，詳細的情況是：殷仲堪問慧遠「《易》以何爲體？」而慧遠答以「《易》以感爲體」。蓋慧遠所謂「《易》以感爲體」，正與上節大顛以〈繫辭傳〉「寂然不動，感而遂通天下之故」及「原始要終」，配合釋氏的輪迴生死觀，而謂此爲孔子論方外之言者相同。由「不動」以至「感而遂通」，正可與釋氏強調的體與用、定與慧、性與修、寂與照、一與一切的相應關係而論。體、定、性、寂、一，其特性皆爲「不動」，而用、慧、修、照、一切，其特性則爲動的「通天下之故」，問題是如何從「不動」而「通天下之故」？體用、定慧、性修、寂照、一與一切之間，是如何發生作用的？這個如何，便是慧遠此處回應殷仲堪的「《易》以感爲體」的「感」。蓋以「感」爲體，是以可從寂然不動而至感而遂通，可以即體即用、定慧兼具、即性即修、寂照雙運，乃至於一切即一，一即一切的。這便是《高僧傳》中，殷仲堪之所以讚嘆慧遠「識信深明，實難爲庶」的原因了。

　　這是慧遠作爲一個僧人，會通《易》佛思想的一次重要表現。而這個發生在晉朝名僧身上的歷史事件，想必亦影響了唐朝大顛和尚引〈繫辭傳〉「寂然不動，感而遂通天下之故」，而謂此爲孔子方外之言的看法。在後來各代僧人語錄雜著之中，不斷的出現僧人引〈繫辭傳〉「寂然不動，感而遂通天下之故」以申說己意之例，更可見慧遠對後世僧人的影響；亦可見佛門之中，對於《易經》的學習，

一直是沒有間斷的。

又如《高僧傳‧卷第七‧義解四‧宋吳虎丘山釋曇諦》云：[50]

> 釋曇諦，姓康，其先康居人。……諦後遊覽經籍，遇目斯記。
> 晚入吳虎丘寺，講《禮》、《易》、《春秋》各七遍，《法華》、《大
> 品》、《維摩》各十五遍。

可知釋曇諦（？）晚年在虎丘寺時，曾講授《易經》七遍。

《高僧傳‧卷第七‧義解四‧宋京師靈根寺釋僧瑾》謂：[51]

> 釋僧瑾，姓朱，沛國人。……遊學內典，博涉《三藏》。……
> 復有沙門曇度，續為僧主。度本瑯琊人，善《三藏》及《春
> 秋》、《莊》、《老》、《易》，宋世祖、太宗並加欽賞。

可知釋曇度（？－488）擅長於《老》、《莊》、《春秋》、《易》等經典，
並且受到了宋世祖及太宗兩個皇帝的讚賞，可見他的《易經》造詣
亦非等閒。

其他以《易》聞名，或善《易》的僧人，還有如：《高僧傳‧卷
第八‧義解五‧齊京師天保寺釋道盛》：[52]

> 釋道盛，姓朱，沛國人。幼而出家務學，善《涅槃》、《維摩》，
> 兼通《周易》。始住湘州，宋明承風，勅令下京，止彭城寺。

---

[50] 同註 13，頁 278－279。
[51] 同註 13，頁 294－295。
[52] 同註 13，頁 307。

謝超宗一遇，遂敬以師禮。迺著〈述交論〉及〈生死本無源論〉等。

《續高僧傳・卷第一・譯經篇初・梁揚都莊嚴寺金陵沙門釋寶唱傳二》：[53]

釋寶唱，姓岑氏，吳郡人。……乃從處士顧道曠、呂僧智等，習聽經史《莊》、《易》，略通大義。

《續高僧傳・卷第二・譯經篇二・隋東都上林園翻經館沙門釋彥琮傳四》：[54]

釋彥琮，俗緣李氏。……及周武平齊，尋蒙延入，共談玄籍，深會帝心。敕預通道觀學士，時年二十有一，與宇文愷等周代朝賢，以大《易》、《老》、《莊》陪侍講論。

《續高僧傳・卷第八・義解篇四・齊鄴東大覺寺釋僧範傳一》：[55]

釋僧範，姓李氏，平鄉人也。幼學群書，年二十三，備通流略，至於七曜九章，天竺咒術，諮無再悟。……每法筵一舉，聽眾千餘，逮旋趾鄴都，可謂當時明匠。遂使崔覲注《易》，諮之取長；宋景造曆，求而捨短。大儒徐遵明、李寶頂等，一對信於言前，授以菩薩戒法，五眾歸之如市。

---

[53]　同註 46，頁 426－427。

[54]　同註 46，頁 436。

[55]　同註 46，頁 483。

《續高僧傳‧卷第十‧義解篇六‧隋丹陽仁孝道場釋智琳傳六》：[56]

> 釋智琳，姓閭丘氏。……琳弱齡，淑聞彰於鄉黨，處士卜詮擅名當世，年在幼學，服膺請業，《禮》、《易》、《莊》、《老》，悉窮幽致。

《續高僧傳‧卷第十三‧義解篇九‧唐京師普光寺釋道岳傳十》：[57]

> 釋道岳，姓孟氏，河南洛陽人也。家世儒學，專門守業，九歲讀《詩》、《易》、《孝經》，聰敏強識，卓異倫伍。

《續高僧傳‧卷第十三‧義解篇九‧唐蒲州栖巖寺釋神素傳十四》：[58]

> 釋神素，姓王，字紹則。……少與道傑結張范之好，相攜問道。儒學之富，《禮》、《易》是長。

《續高僧傳‧卷第十四‧義解篇十‧唐越州弘道寺釋慧持傳十三》：[59]

> 釋慧持，姓周，汝南人也。……兼善《老》、《莊》、《易》、史，談玄之次，寄言洗理。

---

[56] 同註 46，頁 503。
[57] 同註 46，頁 527。
[58] 同註 46，頁 530。
[59] 同註 46，頁 537。

《續高僧傳・卷第十六・習禪初・齊鄴中釋僧可傳六》：[60]

> 釋僧可，一名慧可，俗姓姬氏，虎牢人。外覽墳素，內通藏
> 典，……有那禪師者，俗姓馬氏，年二十一，居東海，講《禮》、
> 《易》，行學四百，南至相州，遇可說法，乃與學士十人出家
> 受道。

《宋高僧傳・卷第十四・明律篇第四之一・唐會稽開元寺曇一傳》：
[61]

> 釋曇一，姓張氏，蓋韓人也。……時兼外學，常問《周易》
> 於左常侍褚無量，論《史記》於國子司業馬貞。

《補續高僧傳・卷第二・義解篇・令觀傳》云：[62]

> 令觀，莆田黃氏子，十三出家廣化寺，十八受具。通《易》、
> 《孟子》、《莊》、《老》諸書。已而撥去，聽講大乘經論。

《佛祖統紀・卷第四十五・法運通塞志第十七之十二》：[63]

> （宋）洛陽沙門鑒律深於《易》，述《韻總》五篇，歐陽修為
> 之序曰：「推子母輕重之法，以定四聲，考求前儒之失，辨正

60　同註 46，頁 551－552。

61　（宋）釋贊寧撰，范祥雍點校：《宋高僧傳》（北京：中華書局，1997 年 10
　　月第 4 次印刷），頁 352。

62　同註 38，頁 67－68。

63　同註 8，頁 413。

五方之訛，儒之學者，莫能難也。」

《佛祖歷代通載·卷十六》：[64]

（玄宗隆基改開元）己巳，是年太師燕國公張說薨。……製法池院二法堂贊并序曰：「法池西三歸院二法堂，茲院長老初上禪師所造也。禪師姓彭氏，名知至，性篤孝，執親之喪，七日不食。微言密行，志道探玄，究《易》、《老》、《莊》太一之旨。……。」

《佛祖歷代通載·卷十八》：[65]

（代宗）壬子，魯郡公顏真卿撰〈撫州寶應寺律藏院戒壇記〉曰：「……至元魏法聰律師始闡四分之宗，聰道傳覆，覆傳慧光，……（慧）澄傳慧欽，皆口相授受，臻於壺奧。……欽雖堅持律儀而志在弘濟，好讀《周易》、《左傳》，下筆成章，著《律儀輔演》十卷。……。」

《釋氏稽古略·卷第四》：[66]

（宋）大覺璉禪師，名懷璉，……修撰孫覺梓老以書問宗教，師答之，其略曰：「妙道之意，聖人嘗寓之《易》，至周衰，先王之法壞禮義亡，然後奇言異術間出而亂俗……。」

---

[64] 同註5，頁248－249。
[65] 同註5，頁260。
[66] 同註9，頁867－868。

《五燈會元‧上‧卷第一‧東土祖師》：[67]

> 時有僧神光者，曠達之士也。久居伊洛，博覽群書，善談玄
> 理。每歎曰：「孔老之教，禮術風規；《莊》、《易》之書，未
> 盡妙理。近聞達磨大士住止少林，至人不遙，當造玄境。」
> 乃往彼，晨夕參承。

由上舉諸例來看，不論是：（齊）釋道盛（？）的「兼通《周易》」，
（齊）那禪師（？－502）的「居東海，講《禮》、《易》」，（梁）釋
寶唱（？）的「習聽《莊》、《易》」，（隋）釋神光（487－593）的「《莊》、
《易》之書，未盡妙理」，（隋）釋彥琮（557－610）以「《大易》、《老》、
《莊》」陪侍講論，（隋）釋智琳（544－613）的「《禮》、《易》、《莊》、
《老》，悉窮幽致」，（唐）釋道岳（568－636）的「九歲讀《詩》、《易》、
《孝經》」，（唐）釋神素（572－643）的「儒學之富，《禮》、《易》
是長」，（唐）釋慧持（575－642）的「兼善《老》、《莊》、《易》、史」，
（唐）釋曇一（692－771）的「常問《周易》於左常侍褚無量」，（唐）
初上禪師（？）的「深究《易》、《老》、《莊》太一之旨」，（唐）釋
慧欽（？－1068）的「好讀《周易》、《左傳》」，（唐）釋令觀（1003
－1093）的「通《易》、《孟子》、《莊》、《老》諸書」，（宋）釋鑒律
（？）的「深於《易》」，（宋）大覺璉禪師（？）的「妙道之意，聖
人嘗寓之於《易》」；還是（齊）釋僧範（476－555）到了鄴都之後，

---

[67] 同註24，頁44。

連身爲當時《易》學名家的崔覲注《易》，亦來向他請教。而當時大儒如徐遵明等，也都來向他學法受戒，可見釋僧範學養之深厚。[68]由這些資料可知，從魏晉南北朝到宋朝，佛門論《易》之風，是極爲流行的。這種學《易》風氣的流行，就內聚力極強，極爲講究師承關係的佛門來說，前輩祖師之擅長於《易》，自然對於傳承法統的後輩僧人影響極大。

二、引陰陽五行占卜吉凶語爲禪門話頭

占卜吉凶本爲《易經》主要目的與作用之一，而僧人史傳裏，亦載有許多僧人以陰陽五行占卜吉凶做爲勘點話頭之用語，可視爲僧人慣引《易》語之佐證。

在《五燈會元·卷第四·南嶽下四世·子湖蹤禪師法嗣·漳州

---

[68] 關於徐遵明與崔覲之學，讀者可參見李威熊《中國經學發展史論·上冊·第五章經學中衰與南北對立·七·南北朝經學》中所說的：「鄭玄注經，對北朝具有很大的影響力。所以北朝的許多經學家，走的仍是兩漢箋注的路線。如當時學界泰斗徐遵明，即講鄭玄所注之《周易》，並傳鄭氏注《尚書》，三《禮》亦不例外，只有《左傳》遵服虔。當時王公大儒，多出自遵明。……召崔覲《周易注》十三卷。崔覲，北魏人。其學出自徐遵明，今所見遺文不多，其論《易》有簡易、不易、變易三名，即從鄭玄之說。」（臺北：文史哲出版社，1988 年 12 月初版，頁 232－233）可知徐遵明在當時是最重要的儒者，而其《易》學則傳自鄭玄；崔覲之《易》又是學自遵明，可謂其注《易》乃是學有所專且一脈相承。以此二人《易》學之精，尚且曾向釋僧範請教，可見釋僧範《易》學造詣之深厚了。

浮石和尚》中記載道：[69]

> 漳州浮石和尚，上堂：「山僧開箇卜鋪，能斷人貧富，定人生死。」僧問：「離卻生死貧富，不落五行，請師直道。」師曰：「金木水火土。」

浮石和尚（？）上堂，開口便說自己開個卜鋪就能斷人貧富與生死，而堂下僧人有故意難之者，云：「離卻生死貧富與五行之後，禪師請直說還能卜什麼？」結果浮石和尚的回答，一如禪家話頭之不可以言語意想解的說道：「金木水火土。」此無異當頭棒喝，要發問僧人莫自以為聰明的只在語言文字上頭用功，反而失卻了其本心本性。

又如《五燈會元‧卷第六‧青原下五世‧石霜諸禪師法嗣‧肥田慧覺禪師》中記載道：[70]

> 潭州肥田慧覺伏禪師，僧問：「如何是未出世邊事？」師曰：「髻中珠未解，石女欲雙眉。」曰：「出世後如何？」師曰：「靈龜呈卦兆，失卻自家身。」

僧人問慧覺伏禪師（531－620）未出世與出世後事，而其在回答「出世後如何？」這個問題時，便謂：「靈龜呈卦兆，失却自家身。」這樣的藉占卜之事，以說明一味向外追求答案，便如同世人向靈龜去尋求答案一樣，當卦兆顯現之時，也就是人們開始迷失之時。此又

---

[69] 同註 24，頁 247－248。
[70] 同註 24，頁 312。

爲佛門僧人引占卜做話頭勘點之例。

又如《五燈會元・卷第六・青原下五世・夾山會禪師法嗣・洛浦元安禪師》中記載道：[71]

> 澧州洛浦山元安禪師，鳳翔麟遊人也。……上堂：「孫臏收鋪
> 去也，有卜者出來。」僧曰：「請和尚卜。」師曰：「汝家爺
> 死。」僧無對。……問：「法身無為，不墮諸數，是否？」師
> 曰：「惜取眉毛好。」曰：「如何免得斯咎？」師曰：「泥龜任
> 你千年，終不解隨雲鶴。」

元安禪師（834－898）上堂便謂：「孫臏收鋪去也，有卜者出來。」
因而引發座下僧人請元安禪師爲之占卜。然而元安禪師並未有任何
占卜動作，就直接說那僧人家中有人過世，一時僧人亦不知如何應
對。元安禪師謂其能卜，要孫臏可以收鋪，這當然是禪家話頭，那
僧人卻認做死事，要其占卜，是以落得一場當頭棒喝。

又有僧人問及如何能免法身墮落之咎？元安禪師亦用禪家譬喻
之法，隨口說道：「泥龜任你千年，終不解隨雲鶴。」泥龜千年指的
自是占卜之事。其意爲儘管泥龜有千年修行，也無法得知飛翔在天
空的雲鶴之事，以此說明若要在言語文字話頭機鋒中找得本心本
性，便也只是緣木求魚，白忙一場。

又如《五燈會元・卷第六・青原下六世・九峰虔禪師法嗣・同

---

[71] 同註 24，頁 316－319。

安常察禪師》中記載道：[72]

> 洪州鳳棲同安院常察禪師，……問：「遠趨丈室，乞師一言。」
> 師曰：「孫臏門下，徒話鑽龜。」曰：「名不浪得。」師曰：「喫
> 茶去。」

僧人請常察禪師（？）開示一語時，他隨口便謂：「孫臏門下，徒話
鑽龜。」以孫臏善占卜之事做為話頭機鋒。

　　而《五燈會元・卷第十・青原下九世・清涼益禪師法嗣・報恩
玄則禪師》中的記載，則更是鮮活，其云：[73]

> 金陵報恩院玄則禪師，滑州衛南人也。初問青峯：「如何是學
> 人自己？」峯曰：「丙丁童子來求火。」後謁法眼，眼問：「甚
> 處來？」師曰：「青峯。」眼曰：「青峯有何言句？」師舉前
> 話。眼曰：「上座作麼生會？」師曰：「丙丁屬火而更求火，
> 如將自己求自己。」眼曰：「與麼會又爭得？」師曰：「某甲
> 祇與麼，未審和尚如何？」眼曰：「你問我，我與你道。」師
> 問：「如何是學人自己？」眼曰：「丙丁童子來求火。」師於
> 言下頓悟。

這是一段極為精彩典型的禪家對話。玄則禪師（？）曾問青峯禪師
（？）：「如何是學人自己？」而青峯的回答為：「丙丁童子來求火。」

72　同註 24，頁 334－336。
73　同註 24，頁 593。

後來玄則又去見了法眼禪師（885－958），法眼知道玄則從青峯處來，便問玄則青峯曾告訴他怎樣的話？玄則回答後，法眼問他的體會，玄則說道：「丙丁屬火而更求火，如將自己求自己。」這表示玄則本身是懂得陰陽五行之理，知道天干與五行相配時，丙丁爲火，故知青峯所謂「丙丁童子來求火。」是要他將己求己，不要向外追求之意。但此時的玄則也只是會得字面上的意思，並未真能進入了悟的境地，方會再謁法眼。法眼是悟道之人，因而當玄則又以同樣的話語「如何是學人自己？」問法眼時，法眼又以與青峯相同的話「丙丁童子來求火」做回應，而玄則此刻便當下頓悟了。因爲當玄則再度追問法眼與青峯相同問題，而法眼竟又以相同的答案應之時，便已告訴玄則其已多此一問。同時，也認可了玄則之前所謂「丙丁屬火而更求火，如將自己求自己」的體會。

其他僧人引占卜吉凶語做話頭之用者，還有如：《五燈會元·卷第十·青原下九世·清涼益禪師法嗣·歸宗義柔禪師》：[74]

> 廬山歸宗義柔禪師，……問：「靈龜未兆時如何？」師曰：「是吉是凶。」問：「未達其源，乞師方便。」師曰：「達也。」曰：「達後如何？」師曰：「終不恁麼問。」

《五燈會元·卷第十二·南嶽下十一世·石霜圓禪師法嗣·翠巖可真禪師》：[75]

---

[74] 同註 24，頁 578－579。
[75] 同註 24，頁 728－729。

> 洪州翠巖可真禪師，福州人也。……上堂：「先德道，此事如爆龜文，爆即成兆，不爆成鈍，爆與不爆，直下便捏。」

《五燈會元・卷第十二・南嶽下十五世・淨因成禪師法嗣・冶父道川禪師》：[76]

> 無為軍冶父實際道川禪師，崑山狄氏子。……上堂：「群陰剝盡一陽生，草木園林盡發萌。唯有衲僧無底鉢，依前盛飯又盛羹。」

《五燈會元・卷第十八・南嶽下十三世下・黃龍清禪師法嗣・博山子經禪師》：[77]

> 信州博山無隱子經禪師，歲旦，上堂：「和氣生枯梓，寒雲散遠郊，木人占吉兆，夜半露龜爻。諸禪德，龜爻露處，文彩已彰，便見一年十二月，月月如然；一日十二時，時時相似。到這裏直似黃金之黃，白玉之白，自從曠大劫來，未嘗異色。還見麼？其或未然。且徇張三通節序，從教李四鬢蒼浪。」

上舉諸例中，不論是僧人問義柔禪師（？）「靈龜未兆時如何？」義柔禪師僅謂：「是吉是凶。」可真禪師（？－1064）上堂謂：「此事如爆龜文，爆即成兆，不爆成鈍，爆與不爆，直下便捏。」冶父實際道川禪師（？）上堂引《易經》的概念而云：「群陰剝盡一陽生。」

---

[76] 同註 24，頁 774－775。
[77] 同註 24，頁 1185。

（「群陰剝盡一陽生」應指《易經》中的復卦（䷗），一陽初生於五陰之下）博山子經禪師（？）上堂道「木人占吉兆，夜半露龜爻。龜爻露處，文彩已彰」等等，皆為禪門僧人慣引陰陽五行占卜吉凶之例。

第四節　小結

　　《易經》與佛教雖在不同文化土壤中孕育出來，卻又因為它們同樣都立足於對生命及自然世界（即後來討論儒〔《易》〕佛會通時，必得面對的「本體論」與「宇宙論」的爭論）不斷變化的觀察、描述、理解、分析及省思的角度上，逐漸形成一套理解生命與自然世界的方式與法則，為兩個不同民族提供關於生命本質的思考，因而二者之間有了共同的對話場域與主題。佛門僧人面對當時外在世界盛行清談三玄中的儒家經典《易經》，與其同樣的關切內在生命與外在世界的變化，因而選擇了《易經》做為溝通儒佛的橋樑，期能快速進入中國人的生命世界，讓中國人更簡易的了解佛教教理。

　　由本章對主要僧人史傳中，有關僧人與《易經》相涉資料的分析與說明來看，可以看到僧人在《易》佛會通上的各種姿態。在《易》佛思想會通的層次上，佛門僧人首先由晉朝康僧會提出以《易經‧坤‧文言》（䷁）「積善之家必有餘慶，積不善之家必有餘殃」與佛門因果報應之說相配合。再由唐代大顛和尚加之以《易經‧謙》（䷎）「鬼神害盈而福謙」論現世報應，以《易經‧繫辭傳》「无思，无為」、

「寂然不動，感而遂通」及「原始要終」，與佛門三世因果報應的輪迴生死觀之說相配，成爲影響後代僧人在《易》佛會通上的一個重要思考。

此外，晉慧遠回應殷仲堪所問，而謂「《易》以感爲體」之語，則更在會通《易》佛思想理論基礎上，做出了重大的貢獻。慧遠所謂「《易》以感爲體」，乃引自《易經・繫辭傳》「寂然不動，感而遂通天下之故」中的「感」。由「不動」以至「感而遂通」，正可與釋氏強調的體與用、定與慧、性與修、寂與照等相應關係而論。蓋以「感」爲體，故可從「寂然不動」而至「遂通」，可以由體而用、定慧兼具、即性即修、寂照雙運也。後世僧人引用《易》語時，常可見「寂然不動，感而遂通天下之故」語，可見他們受慧遠以「感」字會通《易》佛的深遠影響。

在佛門僧人引用《易》語的模式上，則有引《易》語以爲禪門話頭者，如：天童慈航了朴與仰山慧寂通智同引《易經》卦爻變化的：「適來攙得雷天大壯，如今變作地火明夷」；有在其日常生活的行文用語中引《易》語者，如：神秀引《易經・乾・文言・九五》（☰）中的「雲從龍，風從虎，聖人作而萬物覩。」而將「聖人作而萬物覩」改爲「大道出，賢人覩」；有以《易經》用語而爲自己命名字者，如：與咸虛中以咸卦（☶）命己名字，來復見心以復卦（☷）命己名字；有善以《易經》占卜未來而知名者，如：釋曇遷、釋曇瑩。

在關於僧人善《易》、讀《易》的記載上，則有如：1.（齊）釋

道盛的「兼通《周易》」，2.（齊）那禪師的「居東海，講《禮》、《易》」，3.（梁）釋寶唱的「習聽《莊》、《易》」，4.（隋）釋彥琮以「大《易》、《老》、《莊》」陪侍講論，5.（隋）釋智琳的「《禮》、《易》、《莊》、《老》，悉窮幽致」，6.（唐）釋道岳的「九歲讀《詩》、《易》、《孝經》」，7.（唐）釋神素的「儒學之富，《禮》、《易》是長」，8.（唐）釋慧持的「兼善《老》、《莊》、《易》、史」，9.（唐）釋曇一的「常問《周易》於左常侍褚無量」，10.（唐）釋令觀「通《易》、《孟子》、《莊》、《老》諸書」，11.（宋）釋鑒律「深於《易》」，12.徐遵明、崔覲等《易》學名家，向齊釋僧範請教學問。由這些僧人史傳中的資料可知，從魏晉南北朝到宋代，僧人學《易》論《易》之風，一直在佛門中默默進行著。

最後在考察僧人引用陰陽五行占卜吉凶之語做為禪門話頭的例子中，處處可見「山僧開箇卜鋪，能斷人貧富，定人生死」、「金木水火土」、「靈龜呈卦兆，失却自家身」、「孫臏收鋪去也，有卜者出來」、「泥龜任你千年，終不解隨雲鶴」、「孫臏門下，徒話鑽龜」、「丙丁童子來求火」、「靈龜未兆時如何」、「是吉是凶」、「此事如爆龜文，爆即成兆，不爆成鈍，爆與不爆，直下便捏」、「群陰剝盡一陽生」、「木人占吉兆，夜半露龜爻。龜爻露處，文彩已彰」等話語，可見禪門僧人在日常對話之中，是多麼習慣於借引陰陽五行占卜吉凶之語了。（共有9例）

再以這些主要僧人史傳中，佛門僧人引用《易經》的內容來分，其中引用《易經》經文本身者有：1.（唐）大顛和尚以《易經‧謙》

（䷦）「鬼神害盈而福謙」論現世報應；2.天童慈航了朴與仰山慧寂通智同引《易經・大壯、明夷》（䷡、䷣）二卦而云：「適來攔得雷天大壯，如今變作地火明夷」；3.與咸虛中以《易經・咸》卦（䷞）命己名字；4.來復見心以《易經・復》卦（䷗）命己名字；5.大愚守芝禪師引乾（䷀）、坤（䷁）二卦的卦畫特徵分別爲三連、三斷，而說道：「乾三長，坤六短」。引〈易傳〉者有：1.晉朝康僧會及唐大顚以〈坤・文言〉（䷁）「積善之家必有餘慶，積不善之家必有餘殃」論佛教因果；2.唐朝神秀引〈乾・文言〉（䷀）中的「雲從龍，風從虎，聖人作而萬物覩」；3.天童慈航了朴禪師引〈乾・文言〉（䷀）中的「天地合其德，日月合其明，四時合其序，鬼神合其吉凶」；4.晉朝慧遠引〈繫辭傳〉「寂然不動，感而遂通天下之故」中的「感」；5.唐代大顚和尚以〈繫辭傳〉「无思，无爲」、「寂然不動，感而遂通」及「原始要終」，與佛門三世因果報應的輪迴生死觀相配；6.雲豁禪師引〈繫辭傳〉「大衍之數五十，其用四十有九」；7.東山雲頂禪師引〈繫辭傳〉中可以「定吉凶，生大業」，可以「通神明之德，類萬物之情」的「八卦」；8.釋曇遷引兌（䷹）在西方屬金，五色爲白等〈說卦傳〉語而爲人尋得失物。共計引用《周易》經文與卦爻本身的有：乾（䷀）、坤（䷁）、謙（䷧）、大壯（䷡）、明夷（䷣）、咸（䷞）、復（䷗）、兌（䷹）等 8 卦；引《周易》傳文有〈乾・文言〉2 例、〈坤・文言〉2 例、〈繫辭傳〉4 例，以及〈說卦傳〉1 例，共 9 處。

　　單從這些僧人史傳資料的分析來看，不論是在思想理論的相互套引上，還是各式各樣的引用模式上，在在都顯示著《易經》雖然

多半以片斷的、無系統的、隨機引用的模式,在佛門中流傳著,卻也同時透顯出僧人會通《易》佛的行為,在佛教初傳中土後,實已一直默默進行著的歷史事實。

第三章
蕅益智旭佛經著作《易》佛會通考

　　經由上章對於《易經》在特重師徒傳承及內聚力極強的佛門中，其流傳與引用情形的分析說明後，可以知道，《易》佛會通這個歷史現象，遠自佛教初傳中土的魏晉南北朝時，康僧會與慧遠便已在思想、理論上做了有效且對後世會通《易》佛影響深遠的嘗試，身為明末四大師之一的蕅益智旭，自不可能獨外於這些名僧的影響。有了這個佛門僧人本有學《易》、傳《易》淵源的基本認知後，本章將直接進入論題核心，討論明末蕅益智旭在會通《易》佛上的成就與努力。

　　在本章的研究進路上，因整個時代的外在環境及蕅益智旭的生平，其他學者的相關論著已多有說明，[1]所以本文僅對蕅益智旭重要

1　學界對蕅益智旭的研究專著，如：釋聖嚴：《明末中國佛教之研究》（臺北：臺灣學生書局，1988 年 11 月初版），這是聖嚴法師的博士論文，也是台灣最早對智旭做研究的專書。其書名雖是《明末中國佛教之研究》，然其全書皆

的佛教觀念做說明，其他日常瑣事則不多贅述；其次則將收入《大
正藏》與《卍續藏》中，所有蕅益智旭疏釋佛經（含律、論）的相
關著作，全部從頭到尾加以歸納分析，研究他在嚴格的佛經注疏著
作中，是否也有引《易經》及陰陽五行占卜吉凶語，以疏釋佛教教
義的習慣？是否在嚴格的佛經注疏中，也進行著會通《易》佛的工
作？最後總結各節所論，呈現蕅益智旭在佛經注疏中，會通《易》
佛的現象與意義。

第一節　蕅益智旭的生平與主要觀念

一、由儒入釋，以釋說儒

　　蕅益智旭（1599—1655）生於明神宗萬曆二十七年，卒於清世
祖順治十二年，在這五十七年的歲月中，他面對的是明朝末年的頹
敗與朝代嬗遞時的變動與混亂。相應於明末國家民生的敗壞與佛教

在探討蕅益智旭的一切。他在〈第一章　智旭的時代背景〉中，已將智旭的
生存時代做了基本且清楚的描述，而對於智旭的生平，更是花了整個〈第二
章　智旭的生涯〉去做仔細的說明，讀者可參看之。此外，還有鄧繼盈的《蕅
益智旭淨土思想之研究》（臺北：國立政治大學中國文學研究所碩士論文，
1980 年），他在第二章中對於智旭的生平亦做了概略的描述。張瑞佳的《明
末蕅益大師之生平及其佛學思想研究》（臺北：華梵大學東方人文思想研究
所碩士論文，1990 年），則在第一章中對其所存在的時代背景做了清楚簡要
的描述，而在第二章中也對智旭生平做了說明，讀者皆可參考之。

叢林衰頹的存在感受，其一生行事作為的基調，與這種存在感受有著密切的關係。

在《靈峰宗論‧卷首‧八不道人傳》中，記載其出家前，如何由儒入佛的大概，其云：[2]

> 俗姓鍾，名際明，又名聲，字振之。先世汴梁人，始祖南渡，居古吳木瀆。母金氏，以父岐仲公，持白衣〈大悲呪〉十年，夢大士送子而生，蓋萬曆二十七年己亥五月三日亥時也。七歲茹素，十二歲就外傅，聞聖學，即千古自任，誓滅釋老。開葷酒，作論數十篇闢異端，夢與孔顏晤言。十七歲，閱《自知錄‧序》，及《竹窻隨筆》，乃不謗佛，取所著闢佛論焚之。二十歲，詮《論語》，至「天下歸仁」，不能下筆。廢寢忘食三晝夜，大悟孔顏心法。冬喪父，聞《地藏本願》，發出世心。二十二歲，專志念佛，盡焚窻藁二千餘篇。二十三歲，聽《大佛頂經》，謂世界在空，空生大覺，遂疑何故有此大覺，致為空界張本？悶絕無措，但昏散最重，功夫不能成片，因決意出家，體究大事。

蕅益智旭因父母持白衣大士〈大悲呪〉十年後，夢到大士送子而生，由此知其雙親亦為信佛之人。大約也因為這份因緣，所以他自七歲開始就茹素，不似一般兒童之喜肉惡菜。又在十二歲時出外讀書，因所受為儒家傳統教育，故誓滅釋道二家，開葷酒而食之。並以聖

2　蕅益大師：《靈峰宗論》（臺中：青蓮出版社，1997 年），頁 28–29。

學為己任，寫了十數篇闢斥釋道異端之文，以示其與釋道不同之決心。也因為他如此決心致力於闢斥異端，故日有所思，夜有所夢的夢到與孔子、顏淵晤面論道。由此可見智旭自幼就即知即行，勇猛精進，是以日後在學佛修行的道路上，其刻苦奮力，超絕一般僧人的自我要求，在這青少年時期的闢佛道異端之舉中，已約略可見矣！

到了十七歲時，因見雲棲袾宏（1535—1615）的《自知錄·序》及《竹窗隨筆》後，開始不敢謗佛，並取其年少時所著闢佛諸論焚之，這是他由儒入佛的轉折處。到了二十歲，因詮釋《論語》無法下筆而廢寢忘食三晝夜，乃悟所謂「孔顏心法」，這又是其未來以佛解儒的開端。二十歲的多天，因喪父，聞《地藏本願經》而發出世心。二十二歲開始，專志念佛，並盡焚窗稾二千餘篇。由此焚稿二千餘篇，可見他在專志學佛之前，在傳統儒家的學習上，是多麼的努力用功，而這也為他在將來融通儒釋之道上，奠定了堅實的基礎。到了二十三歲，聽《大佛頂經》「世界在空，空生大覺」而生大疑，因而決意出家，這是他決志出家的因緣。

在同文中，他對自己出家經過亦有所描述，他說道：³

> 二十四歲，夢禮憨山大師，哭恨緣慳，相見太晚。師云：「此是苦果，應知苦因。」語未竟，遽請曰：「弟子志求上乘，不願聞四諦法。」師云：「且喜居士有向上志，雖然不能如黃蘗臨濟，但可如巖頭德山。」心未足，擬再問，觸聲而醒。因

3　同註 2，頁 29—30。

　　思古人安有高下，夢想妄分別耳！一月中，三夢憨師，師往
　　曹谿，不能遠從，乃從雪嶺師剃度，命名智旭。雪師，憨翁
　　門人也。

智旭對於當代的憨山大師（1546—1623）是十分傾心的。他在二十
四歲時夢見憨山，因覺相見太晚而哭，（此可與上述其十餘歲時，因
學儒誓滅釋老，夢與孔顏晤言同看）正欲多問而醒，當月之中，三
夢憨山德清，因憨山往曹谿（蓋憨山德清與紫柏尊者〔1543—1603〕
之約也）而不能隨之，故從憨山門人雪嶺（？）剃度。蓋其雖從雪
翁剃度，心中卻只以憨山為榜樣。此又可見智旭日後學佛特為勇猛
精進，不斷的以血書經，責己求懺悔，[4]一方面雖與他的本性有關，
另一方面，也受到憨山德清行事一向入世勇猛，甚至因道入獄亦無
所懼悔的行為影響。

---

[4] 智旭學佛之勇猛精進，責己之嚴，可由其於《靈峰宗論・卷二之五・法語五・
示用晦二則》所言：「且如朽人，二十四歲出家，父未葬，母乏養，毅然薙
髮染衣，作務雲棲，坐禪雙徑，住靜天台，心真正，志遠大，誓勇猛。將出
家，先發三願：一未證無生法忍，不收徒眾；二不登高座；三寧凍餓死，不
誦經禮懺，及化緣以資身口。又發三拌：拌得餓死，拌得凍死，拌與人欺死，
終不出一言理是非，競得失，何況有報怨復仇之事？故數年行腳，不敢亂走
一步，輕發一言，動大眾念頭。特因少年，稍通文墨，未幾，為道友所逼，
輒為商究佛法，遂致虛名日彰，於三願中違卻不高座願。又因初出家時，急
要功夫成片，不曾依薙度師作務三年之訓，始意功夫成片，仍可作務。豈料
虛名所誤，竟無處可討務單，一蹉百蹉，福輪欠缺。三十年來，自利既不究
竟，利他又無所成，雖種種著述，僅與天下後世結般若緣，而重新正法之志，
付諸無可奈何矣！豈不大可慟哉！」窺見。（同註 2，頁 389—390）

　　除了紫柏尊者與憨山德清勇猛入世的行事作爲的影響之外，蕅益智旭生存於明末清初的歲月裏，他面對的是國計民生的頹敗與朝代遞嬗的變動與混亂。在《靈峰宗論・卷一之四・願文四・鐵佛寺禮懺文》中，他說道：[5]

> 菩薩戒沙彌智旭，自惟障重不逢盛時，目擊時艱，倍增愀愴。斗米幾及千錢，已歎民生之苦；病死日以千計，尤驚業報之深。

目睹著「斗米幾及千錢」，而慨嘆民生之苦；眼看著「病死日以千計」，而驚知業報之深。他一方面因明末人們生存的辛苦而感到痛苦，一方面也爲著死亡的暴增而感到業報的恐怖。

　　在同書〈卷一之四・願文四・甲申七月三十日願文〉中，又記載道：[6]

> ……悲佛法之衰亂，五逆橫作；痛國步之艱難，朝野無改過之心。

爲著佛法衰亂而感到悲哀，爲國家朝野皆自以爲是，毫無改過之心的情況而悲痛。一爲出世間而悲，一爲世間而痛。

　　而在〈卷一之四・願文四・禮千佛告文〉中，他則說道：[7]

---

[5]　同註 2，頁 165。
[6]　同註 2，頁 167。
[7]　同註 2，頁 175。

……乃至幸獲人身，仍遭劫濁。疾疫饑荒洊至，已足寒心；干戈兵革頻興，尤堪喪膽。父母妻孥莫保，骨肉身首分離。百骸潰散，誰思一性常靈；萬鬼聚號，冝信三緣自召。悠悠長夜，淚與血而俱枯；漠漠荒郊，魂與魄而奚泊。哀哉！同體之痛，慘矣！切膚之悲，憾道力未全，徒懷悽愴，思拯援無策。……。

既爲疾疫饑荒洊至而寒心，又爲干戈兵革頻興而喪膽。就一家而言，是「父母妻孥莫保，骨肉身首分離」之狀；就國家社會來看，是「百骸潰散，萬鬼聚號」之況。他的感受是：「悠悠長夜，淚與血而俱枯；漠漠荒郊，魂與魄而奚泊。」其字字句句，皆是痛徹心扉之言；心心念念，無非國家民生之事。

然而世法與佛法又豈是二途呢？他在《靈峰宗論・卷二之四・法語四・示朝徹》中說道：[8]

佛法中行佛法，非難也；世法中行佛法，乃爲難事。又佛法，仍不壞世法，名難中之難。然第患佛法不真不切耳！世法佛法，何嘗不同一緣起哉？

只要識得真切，則佛法世法，豈有二致？

在這種面對自我生命存在極爲深切的感受下，一方面因雲棲袾宏的書與憨山德清的行，由儒入釋；卻同時也在成爲佛子之後，極

爲關心國計民生，並且做著「以禪入儒，誘儒知禪」會通儒佛，[9]溝通世間的儒與出世間的佛的工作。[10]

二、不昧本心，三教皆同；論至究竟，佛仍最高

明代三教合一之說極盛，以明末四大師爲例，除了雲棲袾宏沒

---

[9] 蕅益智旭：《周易禪解・卷六之二・序二・周易禪解自序》（臺北：自由出版社，1996 年 1 月再版），頁 927。

[10] 陳永革在其博士論文《晚明佛學的復興與困境・結語》（《法藏文庫・中國佛教學術論典・39》，高雄：佛光山文教基金會，2001 年初版）中，談論到晚明佛教救世目的的特色時，說道：「佛法救世的根本關鍵在於救法、拯教。……佛教救法拯教的現實，必須落歸於修證成佛出世之學。爲此，智旭一方面表達了對叢林現狀『言之可恥，思之可傷』的失落與無望；另一方面則身處佛法淪隱的叢林現實，痛感『唯諸佛與菩薩能知，亦唯諸佛菩薩能救耳』。……智旭一生力救末世佛法，但晚年卻時常流露出獨隱深山的念頭。……他曾稱述說：『羨蓮師而私淑，綱宗急辨；每懷紫柏之風，護法忘身。』而自己卻由於時際而不得不選擇了另一條學佛之路，『深痛末世禪病，方一意研究教眼，用補其偏。』……在智旭看來，世道淪喪，在於聖學隱晦；而聖學隱晦，又歸因於學者追逐世俗功利。由惟有豪傑之士方能振儒家聖學之頹，智旭更進一步聯想到惟有豪僧才能救叢林之頹。……智旭對豪傑人格的認同和推崇，反映了晚明佛教涉世入俗的現實性格。」（頁 429–431）他在論述晚明佛教涉世入俗的現實性格時，亦提及了智旭因見世道淪喪，而以爲惟有豪傑之士方能振儒家聖學之頹，進一步的聯想到，亦惟有豪僧才能救佛教叢林之亂。故其對明末四大師中，性格較爲積極的，與政治牽涉較多的紫柏尊者及憨山德清的豪僧作風，十分崇拜。而這種將世出世間敗壞之因，都期以同樣的方法解決的態度，亦與我們所引智旭既驚痛出世之業報，又悲傷世間民生之疾苦的，既入世又出世的生命存在感受，其源頭是一致的。而這也是我們論智旭性格學問極爲重要的基本理解之一。

有直接主張三教同源論的看法外，其他三位大師，（紫柏尊者、憨山德清、蕅益智旭）都在其文集中，提出關於儒、釋、道三家可以會通的看法。如紫柏尊者在《紫柏尊者全集・卷四・法語・示阮堅之》中說道：[11]

> 審名以精義，精義以入神，入神以致用，此東方聖人，西方聖人，必由之道也。故顏子則墮肢體，黜聰明。老氏則曰：「吾有大患，為吾有身。若吾無身，何患之有？」又曰：「介然有之，行於大道，唯施是畏。」老氏亦東方聖人也，若究其所歸，本與儒同宗。昔人曰：「老氏之學源，《易》謙卦也。」雖然，窮生死之故，窮性靈之極，設不學佛，終難徹了。

由「審名」而「精義」，由「精義」而「入神」，是將外在事物不斷內在化、生命化的過程；當將外在的「名、義」轉化成內在的「神」時，其內化的作用已然完成。而所謂的「聖人」，在紫柏尊者的眼中，不僅是內化生命的完成，更須由內再次的轉化而外，去影響、感化他人，使他人的生命也因之而有神聖的可能，故於「入神」後，再加之以「致用」。此由外而內，再由內至外的迴返過程與作用，便是紫柏尊者眼中東西方聖人所共通的。若單純以此段言語觀之，則紫柏尊者在論述儒、道，並且在給予評價時，其心中實已存有一個基本的標準，那便是佛教教義。所以，他謂儒、道同宗，而儒、道二

---

[11]　（明）德清閱：《紫柏尊者全集》（《卍續藏經・第壹輯・第貳編・第 126 冊・支那撰述・禪宗語錄別集部》），頁348。

家若不學佛，則對於生死之故，性靈之極的理解，終究是不夠徹底的。儒、道二家在紫柏心中，終究是要低於佛家一層，且要以佛為依歸的了。

而憨山德清在《憨山大師夢遊全集・卷四十五・觀老莊影響論・論教乘》中則云：[12]

> 或問：「三教聖人，本來一理，是果然乎？」曰：「若以三界唯心，萬法唯識而觀，不獨三教本來一理，無有一事一法，不從此心之所建立。……良由眾生根器大小不同，故聖人設教，淺深不一，無非應機施設，所謂教不躐等之意也。由是證知，孔子人乘之聖也，故奉天以治人。老子天乘之聖也，故清靜無欲，離人而入天。聲聞緣覺，超人天之聖也。……佛則超聖凡之聖也，故能聖能凡，在天而天，在人而人，乃至異類分形，無往而不入。」

就佛教「三界唯心，萬法唯識」的觀點來看，不只儒、釋、道三教本為一理，世出世間無一事無一法不是皆同此心同此理的。但三教間的差別，在於聖人應機設教，因其所應之機不同，而設教淺深自有所差異。孔子為人設教，故為人乘；老子則離人入天而為天乘。但不論孔子也罷，老子也罷，皆非究極，而只是隨機施設而已。只有佛祖方是「能聖能凡，在天而天，在人而人」，無往而不入者。如

---

12 侍者福善日錄，門人通炯編輯：《憨山大師夢遊全集》（《卍續藏經・第壹輯・第貳編・第 127 冊・支那撰述・禪宗語錄別集部》），頁 410。

此說三教，則雖似謂三教同源，但佛高於一切之意已藏於其中。

　　憨山德清類似的意見很多，如在《憨山大師夢遊全集・卷四十五・道德經解發題・發明體用》中，他說道：[13]

> 或曰：「三教聖人教人，俱要先破我執，是則無我之體同矣！奈何其用，有經世忘世出世之不同耶？」答曰：「體用皆同，但有淺深小大之不同耳！」

以「體用皆同，但有淺深小大之不同耳！」以別三教高低。

　　在同書〈卷四十五・道德經解發題・發明工夫〉中，他也說道：[14]

> 第門庭施設，藩衛世教，不得不爾。以孔子專於經世，老子頗於忘世，佛頗於出世。然究竟雖不同，其實最初一步，皆以破我執為主，工夫皆由止觀而入。

亦以「門庭施設」，說明三教的不同。以孔子經世，老子忘世，佛陀出世分別三教門庭。以「破我執」及「止觀」為三教相同之工夫，而仍云究竟不同也。蓋所謂究竟，即三教之終極目的，一為經世，一為忘世，一為出世也。

　　在《憨山大師夢遊全集・卷四十五・觀老莊影響論・論去取》

---

[13]　同上註，頁 415。
[14]　同註 12，頁 415。

中，他特別針對道家提出看法，說道：[15]

> 蓋中國聖人之言，除《五經》束於世教，此外載道之言者，
> 唯《老》一書而已。然《老》言古簡，深隱難明。發揮老氏
> 之道者，唯莊一人而已。焦氏有言，老之有莊，猶孔之有孟，
> 斯言信之。然孔稱老氏猶龍，假孟而見莊，豈不北面耶？……
> 閒嘗私謂：「中國去聖人，即上下千古，負超世之見者，去老
> 唯莊一人而已。載道之言，廣大自在，除佛經，即諸子百氏，
> 究天人之學者，唯《莊》一書而已。」

憨山德清這裏所謂的焦氏，指的是作《老子翼》的焦弱侯（1540—
1620）。在晚明時期談三教合一論的人，他們所著重談論的，多是儒、
佛二家，而道家一直只是聊備一格的，焦竑則是當時少數能引用《道
藏》的學者。其所作《老子翼》、《莊子翼》、《陰符經解》、《道德經
元翼》等書，對於道教的學說，常有獨特見解。就連他解《易》之
作──《易筌》一書，也常有引用《列子》、《黃帝內景經》、《抱朴
子》等道教之書。因此，當憨山引焦氏之言來論三教時，可見憨山
在觀察儒、釋、道三家的立場與角度上，是與一般只著重於儒、釋
二家的論者有所差異的。

那麼焦弱侯是什麼樣的人呢？研究焦氏的人固然不少，可是能
夠以學術的方式，將焦氏心理深層的想望與期盼說的真切的，還是
以　龔鵬程師在《晚明思潮‧攝道歸佛的儒者‧焦竑》一文中所說

---

[15] 同註 12，頁 415。

的：[16]

> 生死情切乃是焦竑這類儒士的根本問題意識核心，也是他們
> 與羅近溪等仍順著王陽明良知學，講定性識仁的儒者之不同
> 處。他們參禪學佛，並非隨順風氣，或好奇逐異，也不是要
> 以此對抗什麼，封建禮教，程朱官學，而是為著解決他們自
> 己存在的焦慮。他們在處理這個問題時，會與宋代不同，不
> 再認為道教之說可不予理會，也是為著更妥善地解決生命之
> 基本焦慮。

生死情切，其實才是焦竑這類晚明學人生命中最最深刻的焦慮。為
了解決這種無法逃脫的生命焦慮感，他們在儒、釋、道三家學說中
尋找解答。他們不再像一般的學者，傳統的先將道教的學說置於無
可無不可的立場，他們一視同仁的觀察、理解、分析三家的說法。
然後，以他們生存的真實感受做判斷，而他們之所以將生死問題的
答案放在佛家義理上去追尋，也只是因為「死生情切」這真實的生
命感受而已。因為，儒者自孔子以來便不喜說生道死，對於鬼神敬
而遠之，六合之外是存而不論的。而佛家心心念念，時刻不敢或忘
的，便是出離生死了。所以　龔師說：[17]

> 他們最後將此問題之解決，歸於佛理。三教合一，歸於佛說

---

[16] 龔鵬程師：《晚明思潮・第三章・攝道歸佛的儒者——焦竑》（臺北：里仁書
局，1994年11月30日初版），頁127。
[17] 同上註。

　　性體本空，似乎也是非常自然的。

有了對焦竑的基本理解後，再看憨山大師所引焦氏之言，先將孔、孟與老、莊做一對比，再以《史記》中言孔子見老子，而謂其「神龍見首不見尾」，並說孔稱老氏猶龍，則可以推論，倘孟子與莊子相見，則亦只能北面稱臣而已。這種將孔、孟置於老、莊之下的看法，無寧是將三教同源論的看法，從一般只著重儒、釋二家的情形，轉而向佛、道二家靠近。因爲，在面對世間的基本態度上，道家無疑是比儒家更近於佛家的。因此，憨山大師接著說，中國上下千古以來，唯有老、莊是有超越世人一般見解的聖人，那是再自然不過了。同時，《莊子》一書遂成爲他眼中除了佛經與《老子》之外，諸子百家中，唯一能夠究天人之學的書了。

　　這樣的看法，其實是因爲憨山大師看見了儒、釋兩家在看待人生的基本態度上，有著無法消融的差異，（一爲極入世，一爲離世棄世，視人間爲苦）因而做了一次將討論重心更向佛家靠近的試探。而這些佛教徒由於生存在一個充滿儒道思想的環境裏，爲了要能好好向外宣說教義，因而善巧方便的，或者迫於無奈的，提出了三教同一論。在這一個無奈善巧的前題下，憨山大師將討論三教的重點做了一個十分隱密的轉移，這實在是我們理解他的三教合一論時，所應特別注意的地方。

　　智旭生於明末三教合一說盛行之際，而其欽羨的前輩僧人如紫柏與憨山，又不斷的申說著他們對於三教合一的見解，故智旭對於

他們的三教合一論，自應不陌生。又由於他青少年時曾熱衷於儒家之學，作了數千文論，誓滅釋、道二教，則對儒學自有深刻的浸淫。再加之以二十餘歲出家之後，勇猛精進更勝往常，習佛之心較習儒之心又更勝數倍。是以其論儒、佛異同時，又有著與一般士人分外不同的體會與感受。

　　智旭論儒、釋、道三家異同，最基本的觀念只在本心之昧與不昧而已；本心不昧，則三教皆同。所以有三教之分，實因後人昧於本心所致，與三教聖人無涉。他在《靈峰宗論・卷二之三・法語三・示潘拱宸》中，明白揭示此一基本看法：[18]

> 三教聖人，不昧本心而已。本心不昧，儒、老、釋皆可也。若昧此心，儒非真儒，老非真老，釋非真釋矣！且喚甚麼作本心？在內外中閒邪？過去現在未來邪？有無亦有亦無非有非無邪？果直知下落，百千三昧，恒沙法門，不啻眾星拱月。如或不然，堅持三歸五戒，以為緣因，時節若到，其理自彰。

他直接明說「三教聖人，不昧本心而已。本心不昧，儒、老、釋皆可也。」是以三教之分，乃由本心所昧。故昧其本心而謂有儒、釋、道之分者，則儒非真儒，老非真老，釋亦不是真釋了。

　　在同書〈卷七之四・疏二・金陵三教祠重勸施棺疏〉中，他重申不昧此心則三教無異之旨：[19]

---

[18]　同註2，頁267—268。
[19]　同註2，頁1186。

> 三教深淺，未暇辯也，而仁民愛物之心則同。夫仁愛非外爍
> 也，行於荒原曠澤，見骸體縱橫，枯骨狼藉，未有不怵惕惻
> 隱者。充惻隱之心，仁不可勝用。儒以之保民，道以之不疵
> 癘於物，釋以之度盡眾生。如不龜手藥，所用有大小耳！故
> 吾謂求道者，求之三教，不若求於自心。自心者，三教之源。
> 三教皆從此心施設，苟無自心，三教俱無。苟昧自心，三教
> 俱昧。苟知此心而擴充之，何患三教不總歸陶鑄也哉？

將三教皆歸於此心施設而來，故儒、釋皆談仁民愛物，皆充其惻隱
之心，儒謂之保民，釋則謂度盡眾生，雖有小大深淺之異，然歸其
根本，仍在此心。故謂：「苟無自心，三教俱無。苟昧自心，三教俱
昧。苟知此心而擴充之，何患三教不總歸陶鑄也哉？」

　　他或以儒家忠恕一貫之旨會通儒、釋，在〈卷二之三‧法語三‧
示行恕〉中云：[20]

> 儒以忠恕為一貫之傳，佛以直心為入道之本。直心者，正念
> 真如也。真如無虛偽相，亦名至誠心。真如生佛體同，亦名
> 深心。真如遍一切事，亦名回向發願心。此三心者，即一心
> 也。一心泯絕內外謂之忠，一心等一切心謂之恕，故曰：「心
> 佛眾生，三無差別。」

以佛之以直心為入道之本，直心為至誠心、為深心、為回向發願心，
三心即為一心。而此一心，泯絕內外之分謂之忠，等一切之心謂之

---

[20] 同註2，頁275。

恕，直與儒之忠恕一以貫之相配而說。

其將儒家忠恕一以貫之與佛教教義同論者，尚有如〈卷二之三‧法語三‧示日唯〉云：[21]

> 世出世法，皆解行相須。解如弈棋眼，行如弈棋子。有子無眼，著著皆死棋；有眼無子，喚棋盤作眼可乎？孔子曰：「吾道一以貫之。」曾子曰：「唯！」此指活棋勢也。曾子忠恕二字，此於一局活棋中，指點做眼之高著也。《金剛般若》指活棋勢云：「應如是住，如是降伏其心。」唯然世尊，又於一局活棋中指點高著，一則云：「有持戒修福者，於此章句能生信心。」一則云：「以無我人眾生壽者，修一切善法。」此忠恕之旨，而學般若者，於心枰中下手方便也。當知五度如子，般若如眼。有五度無般若，恕而不忠，棋死矣！錯認般若而廢五度，則不忠不恕，破壞心枰，無處下手，安問般若智眼哉？

謂世出世法皆要解行相須，解如棋眼，行如棋子，並將孔子吾道一以貫之，曾子釋之為「忠恕」二字，看做是世法解行相須的活棋勢。《金剛經》云：「應如是住，如是降伏其心。」則為出世法的活棋勢。以下棋之子與眼，比喻世出世法皆要解行相須，而謂「當知五度如子，般若如眼。有五度無般若，恕而不忠，棋死矣！錯認般若而廢五度，則不忠不恕。」

---

[21]　同註 2，頁 311–312。

　　智旭論儒、釋之同，又或以對生命的態度做比喻，如其在〈卷六之三・序三・放生社序〉中說道：[22]

> 佛以殺生為首戒，儒以好生為大德。成湯解網，子產畜魚，凡全吾惻隱而已。充惻隱之心，仁不可勝用。引伸觸類，便是大慈大悲。人心佛心，有二心哉？

以佛之戒殺生與儒之以好生爲大德相互證明，將儒者「仁愛、惻隱之心」引伸觸類，而云此即佛教所謂「大慈大悲」，以說明儒、釋豈有二心？因無二心，故不昧本心，則三教皆同也。

　　其或以對孝順的重視而說之，如他在〈卷四之二・說・孝聞說〉中說道：[23]

> 世出世法，皆以孝順為宗。……夫世間孝，以朝夕色養為最小，以不辱身不玷親為中，以喻親於道為大。出世孝亦如是。勤心供養三寶，興崇佛事，小孝也。脫離生死，不令佛子身久在三淪溺，中孝也。發無上菩提心，觀一切眾生無始以來皆我父母，必欲度之令成佛道，此大孝也。

謂世孝有色養、不辱、喻親的小中大之分，而出世之孝亦有供養三寶，興崇佛事之小孝；脫離生死，不墮輪迴的中孝，以及發無上菩提心，將所有眾生皆視爲父母的大孝之別。將世間與出世間的孝道，

---

22 同註 2，頁 981。

23 同註 2，頁 638─639。

一樣分為小中大三者，不論世出世間，皆以孝貫通之。

又在〈卷七之一・題跋一・題至孝回春傳〉中說道：[24]

> 儒以孝為百行之本，佛以孝為至道之宗，蓋報恩心出於萬不
> 可解之情。如黃會卿，以刲股療母痼疾，母享年八十有二，
> 皆真情所感也。是情也，謂為世法，實是菩提之基。謂為出
> 世，不過愛欲之妄。君子於此，不可不學，不可不達。昔曾
> 母齧指而子為心痛，達此可悟同體法性，知唯心法門，即世
> 孝成出世孝矣！

將儒視孝為百行之本，佛以孝為至道之宗，同等視之，而謂若能悟
同體法性，知唯心法門，則可知曾母齧指而曾子心痛之深意，而世
孝轉成出世孝也。

在〈卷七之四・疏二・建盂蘭盆會疏〉中亦談及孝道，其云：[25]

> 予觀世出世，至德要道，皆無有勝於孝慈者也。世閒非孝慈，
> 無以成聖賢。出世非孝慈，無以作佛祖。

「非孝無以成聖賢，非孝無以作佛祖」，以孝慈作為世出世間共通的
至德要道。

又或以佛之戒、定、慧與儒之智、仁、勇同看，其於〈卷八之

二‧壽序‧壽姚廣若居士三衮序〉中說道：[26]

> 佛法之要，在戒、定、慧。儒門之德，在智、仁、勇。淨土
> 之訣，在信、願、行。此三非三，三祇是一。此一非一，一
> 必具三。能知戒、定、慧之缺一不可者，智也。躬行戒、定、
> 慧者，仁也。不被貪、瞋、癡所奪者，勇也。知三德之在物
> 在我，本來平等者，信也。以我因中三德，仰企果上三德者，
> 願也。直將果上三德，成我因中三德者，行也。此所謂三法
> 妙也。孔子三十而立，立乎此也。釋迦三十成道，亦不過成
> 乎此也。

謂孔子三十而立與釋迦三十成道，其所立、所成，便也只是這三而
一，一而三的「戒定慧、智仁勇、信願行」。此三者之所以能謂為一
者，蓋因此不昧之本心也。

不昧本心則三教聖人皆同而沒有分別，故他在〈卷二之四‧法
語四‧示石耕〉中說道：[27]

> 佛法之盛衰，由儒學之隆替。儒之德業學問，實佛之命脈骨
> 髓。故在世為真儒者，出世乃為真佛。

將佛法之盛衰相應於儒學之隆替，直謂「儒之德業學問，實佛之命
脈骨髓。」能在世間為真儒，方能為出世間的真佛。

---

[26] 同註 2，頁 1254—1255。
[27] 同註 2，頁 345。

所以他在〈卷三之三・答問三・答準提持法三問〉中，回答旁人問及「儒佛異同」時說道：[28]

> 問：「稱體起願，名發菩提。上求下化，不相捨離。今持法中所明發菩提心，皆儒宗世教，與佛法同否？」
>
> 答：「上古儒宗，皆佛菩薩示現。為師為導，接引迷流。所立世教，無非佛法。後儒拘虛，不能引伸觸長，遂有門庭之隔。剋實思之，聖人先得我心同然，寧非三無差別之旨？樂堯舜之道，若己推而納諸溝中，寧非上求下化之懷？但犬牛人性皆同，告子自不敢承當耳！孟子又謂人禽幾希，豈非習雖遠，性仍近之證邪？」

直以「上古儒宗，皆佛菩薩示現」，以明儒、釋本同也。而今之所以有儒、釋之分，乃是因為「後儒拘虛，不能引伸觸長，遂有門庭之隔。」

故其於〈卷七之四・疏二・敷先開士守龕助緣疏〉中明白說道：[29]

> 噫！惟學佛然後知儒，亦唯真儒乃能學佛。

直將儒、佛同看。

是以智旭等視儒、佛二家的態度，不論是從以儒家忠恕一貫之

---

[28]　同註 2，頁 586—587。
[29]　同註 2，頁 1175。

旨而謂「泯絕內外之分謂之忠，等一切之心謂之恕」；或者是以佛之
戒殺生與儒之好生相比而喻；又或者謂儒視孝爲百行之本，佛以孝
爲至道之宗，孝慈爲世出世間共通的至德要道；又或者以佛之戒、
定、慧與儒之智、仁、勇比而喻之，皆只是在舉例說明，從儒、釋
二家所強調尊崇的許多行爲來看，只要能「不昧本心」，則儒、佛是
沒有差異的。

智旭雖然認爲三教之分，乃因吾人昧其本心之故，但談到究竟，
依然是站在佛家立場，認爲佛祖之教方爲究竟。他在《靈峰宗論・
卷二之四・法語四・示劉詣昭》中說道：[30]

> 夫豪傑者，聖賢之基址也。聖賢者，佛祖之階梯也。不能為
> 豪傑，而能為聖賢，吾所不信。不能為聖賢，而能為佛祖，
> 吾尤不信。然真豪傑，決不以豪傑自局。真聖賢，決不以聖
> 賢自滿。真佛祖，豈復以佛祖自命哉？

他雖說「真豪傑，決不以豪傑自局。真聖賢，決不以聖賢自滿。」
然而畢竟豪傑爲聖賢之基址，而聖賢則爲佛祖之階梯，其間自有高
下分判也。當然，這是因爲吾人分別心所致，若求其本心，又豈有
豪傑、聖賢、佛祖之別？雖與其所謂「本心不昧，則三教皆同」的
原意沒有衝突，但一爲究竟，一爲階梯，高下已分。

所以他雖在同書〈卷二之一・法語一・示范啓明〉中說道：[31]

---

[30] 同註 2，頁 324。
[31] 同註 2，頁 198。

> 三寶深理，非庸儒所知。大智丈夫，乃能諦信。余少時亦拘
> 虛於程朱，後廣讀內典，稍窺涯畔，莫窮源底，方知有真實
> 心性之學。唯以超方眼，觀究竟理，庶不墮井蛙夏蟲之誚也。

以他自己年少時，曾站在儒家立場誓滅佛老爲例，說明當時拘於程
朱之說，未見真實心性之學，好比是井蛙夏蟲也。但卻也只說「三
寶深理，非庸儒所知」，倘是其所定義的真儒，則自又不同。

在〈卷五之一‧書一‧寄萬韞玉〉中又說道：[32]

> 當知宣尼大聖，若比於佛，的如小星比滿月，爝火比燎原，
> 川瀆比大海，中尊比朝廷。

明白的說出儒之孔子比於釋之佛祖，只如小星之於滿月，川瀆之於
大海。由此可知蕅益智旭雖以「不昧本心」之旨，會通三教，然而
求至究竟，則儒、釋也亦仍有階梯與究竟，小星與滿月，川瀆與大
海之分也。

三、世孝非真，悟同體法性，世孝與出世孝爲一

(一)佛教孝觀的兩種主要看法

孝道一直是儒、佛交涉的重要議題之一，這自然與中國傳統上
極爲重視孝道，視孝道爲個人倫理價值之極至有關。然而，就佛教

---

[32] 同註 2，頁 740。

信仰本身而言，離世出家卻爲其達成度脫生死輪迴的重要行爲與價
值。對於中國人根深蒂固的孝道觀念，這無非是極大的挑戰。因此，
以孝道爲一切價值基礎的儒家信仰者，當然也就起了無法坐視的急
迫感，對於佛教，有了必欲除之而後快的責任。唐朝韓愈等人排斥
佛教的心情，基本上便來自於這種急迫的責任感，所以就算拼了官
位性命也義無反顧。因爲在維持了儒家孝道傳統的重要價值時，個
人小我之德性生命便隨之完成，一時的榮辱富貴就非其所考量的
了。宋人對於佛教的反對方式，則又是另一種更爲複雜的心情與態
度。[33]

對於佛教談論孝道的問題，前人主要有兩種意見，一種是以爲
佛教本身就有著能發展出重視孝道的系統，並不是爲了要適應中國
的國情，所以才發展出重視孝道的看法。另一種則以爲佛教傳入中
土後，爲了要適應中國國情的需要，方逐漸發展出對孝道格外尊重
的教義。

第一種看法，可以古正美在傅偉勳先生主編《從傳統到現代—
—佛教倫理與現代社會》中發表的〈大乘佛教孝觀的發展背景〉一
文所說爲代表，其云：[34]

---

[33] 相關論述，可參考蔣義斌先生所著《宋代儒釋調和論及排佛論之演進》（臺
北：臺灣商務印書館，1997 年 10 月初版第 2 次印刷）及《宋儒與佛教》（臺
北：東大圖書股份有限公司，1997 年年 9 月初版）二書。

[34] 古正美：〈大乘佛教孝觀的發展背景〉（傅偉勳主編：《從傳統到現代—佛教
倫理與現代社會》，臺北：東大圖書股份有限公司，1990 年 10 月初版），頁

向來學者都認為，大乘佛教孝觀的主要特色即是「報恩思想」的信仰。事實上，「報恩思想」即是孝的定義。中國儒家的孝觀也是一種「報恩思想」的信仰，但是佛教孝觀所側重的內容和行法卻與中國儒家孝觀的行法，在信仰上有很大的區別。中國儒家認為行孝不是只是行供養父母的行法，還有許多行法都是行孝必須注意的事項。大乘佛教在談「報恩思想」時，特別重視供養父母的思想，認為供養父母不只是一種人間行孝的實踐，也是一種佛教倫理的修行方法。大乘佛教「報恩思想」或孝觀的特色，因此是供養父母的思想。大乘佛教為什麼會以供養父母的思想作為其孝觀的內容及實踐方法呢？這個題目一直來就沒人問過，原因是，至今大乘佛教崛起的原因在學界尚無定論，學者們對大乘的發展情形還沒有明確的瞭解，因此，一談到佛教的孝觀，不是說受到中國儒家思想的影響，就是說佛教的孝觀在印度佛教思想中已見。這些含糊不清的說法，都沒有真正地釐清大乘佛教為什麼會提出孝觀的理由。

古氏雖然認為中國儒家的孝觀思想與大乘佛教的孝觀思想，同樣都著重於「報恩思想」這個主題上，可是大乘佛教在「報恩思想」中，主要強調的乃是「供養父母」的方法，而中國儒家對孝的要求，則似乎有著比「供養父母」還來的多的要求。[35]因此，二者的孝觀本

61。

[35] 如《十三經注疏・孝經・卷第一・開宗明義章第一》便說道：「身體髮膚，受之父母，不敢毀傷，孝之始也。立身行道，揚名於後世，以顯父母，孝之

身是有著不同要求的。所以，直接說大乘佛教孝觀是受中國儒家思想的影響，顯然不是十分正確的說法。

古氏在文中認為，大乘孝觀或孝行之所以會在中國出現及發展，絕對不純然由於儒家或中國文化的原因，而使之步上歷史的舞臺。其孝道觀的出現，完全是大乘文化本身發展模式在中國運用的結果。大乘孝觀或許因為中國有著特別重視孝道的傳統，因而更加茁壯，但這個中國儒家傳統的影響，也只是一個不重要的助因。沒有中國這個重孝的傳統，大乘孝觀亦自可如今日所見的情形發展下去。因而，他對中外學者，無論是持大乘佛教孝觀是中國佛教發展特色的看法，或持佛教孝觀是印度佛教原有思想的看法，又或持佛教並不重視孝道的看法等意見，都不予苟同。他認為這些看法，都是因為不清楚大乘佛教崛起、發展及其信仰內容所產生的誤解，因而做出了許多對大乘佛教離譜而錯誤的判斷。大乘佛教孝觀，即為其中一項。

其實，縱觀他整篇文章所要說明的是：在佛教本身的發展中，大乘佛教一系本就有世俗化的走向，他們與原始佛教或部派佛教最大的差別，在於他們將原本只側重出世法的佛教發展，轉向了出世法與世法並重的方向。這種轉變，自佛教內部的教理來說，是伴隨

終也。夫孝始於事親，中於事君，終於立身。」（臺北：藝文印書館，1989年1月11版），頁11。在這裏，《孝經》至少已將孝道推展至「揚名於後世，以顯父母」，這樣的外在事功上。且以為孝道已不只是如何對待自己雙親的問題，也不只是個人的立身處世的問題而已。

著政治活動而來的外部力量使然。然而，如果從中國傳統與佛教傳統這兩大立場來看，大乘佛教這種並重出世法與世法的轉變，又可以說是來自於佛教本身。至少，與傳入中國並沒有多大的關係。大乘佛教這種轉變，實與轉輪王（Cakrovartin）邱就卻（Kujula）他政教合一的要求，使得同時期大乘學者所作的佛教經典，開始為這樣政教合一的治世之法找尋合理的解釋，從而形成了「一轉輪王一佛」的供養護法有關。在這個護法模式中，又以所謂「法施」與「財施」，即「法身供養」與「生身供養」的相互依存模式為其主要的發展方式。大法師的法施需要一般人的財施，以便法施能廣為宣傳；而一般人也能經由他們的財施，得到他們所需大法師的法施，以求能成佛成菩薩。於是，這種並重世出世法的護法模式逐漸穩固形成，而佛教中的孝道觀念，便也在這種世出世法並重的前題下，在大乘經典中獲得了沒有矛盾的重視。這種世出世法並重，且極重孝道的發展，是來自大乘佛教本身的自然發展，是與轉輪王制度有關，而與中國重孝的儒家傳統，沒有什麼重要或實質的關係。

另外，認為佛教注重孝道乃是因為受到中國孝道觀影響，而成為中國佛教特色的看法，可以同樣收錄在傅偉勳主編《從傳統到現代──佛教倫理與現代社會》中，冉雲華先生所作〈中國佛教對孝道的受容及後果〉一文為代表。他總結前輩學者的看法云：[36]

---

[36] 冉雲華：〈中國佛教對孝道的受容及後果〉（傅偉勳主編：《從傳統到現代──佛教倫理與現代社會》，臺北：東大圖書股份有限公司，1990 年 10 月初版），頁 107─108。

中國佛教特別重視孝道，是一件為人所熟知樂道的事。經過
幾位名家如陳觀勝、道端良秀等人的討論，學術界幾乎公認
注重孝道是中國佛教的特點之一。這種看法一直被保留下
來；直到近數年來，研究印度佛教的學者，如邵朋、史太朗
的研究發表，重孝是中國佛教特點的說法，才受到挑戰。這
兩位學者從印度的經典中，徵引證據，特別是地下出土的金
石資料，說明印度的佛學徒，早已重視孝道。因此，孝道是
中國佛教特點的說法，是偏頗的意見。

自從上引的兩篇論文出版以後，據筆者所知，從事佛學研究
的學者，對這個問題再沒有作進一步的討論。……從整個問
題著眼，作者仍然覺得中村元氏的說法，較為公允：他認為
孝道在印度佛教中，只被看作是次要道德行為的一種；不像
多數中國佛教領袖，視孝為佛教思想與實踐的，最高的德行。

冉先生表示雖有如邵朋、史太朗等印度佛學學者，徵引證據，並以
地下出土的金石資料，說明印度的佛教徒，早已重視孝道，故不以
為孝道是中國佛教的特色。但他仍然是比較贊成日人中村元等人，
將孝道看作是中國佛教特點的看法。因孝道在印度佛教中，只被看
作是次要道德行為的一種，而多數中國佛教領袖，則視孝道為佛教
思想與實踐中的最高德行。

　　冉先生在該文最後說道：[37]

一、雖然研究印度佛教的學者，近年指出印度佛教早已含有孝行；但是孝道在印度佛教中的地位，遠比不上它在中國佛教中所佔的份量。中國佛教重視孝道，有其內在的原因，也有外來的壓力。

二、外來的壓力來自儒家重孝的傳統、皇室的提倡、刑罰的威脅與鎮壓、家族組織的監督，與通俗文化推波助瀾所造成的形勢。……據作者所知，還沒有一個印度帝王，將「孝」的同義字，加入他的稱號之內。如果把這一情形，與漢代中國皇帝以孝為號，世代如斯長達四百年的事實相比較，中、印兩國政治倫理重點的不同，就已非常明白。而政治倫理對佛教的壓力，自然也有很大的差別。

冉先生認為中國佛教重視孝道的程度不是印度佛教所能比擬的，而這樣的發展，除了有其本身的內在因素外，是和佛教在中國所受到包含來自儒家重孝的傳統、皇室的提倡、刑罰的威脅與鎮壓、家族組織的監督，與通俗文化等等的外在壓力有著密切的關係。就像是他在該文一開頭所說的：[38]

在漫長的歷史過程中，佛教為了本身的傳佈，不得不對其本身的教義及實踐形式，作不斷的修改，以適應新的社會環境及文化壓力。佛教倫理價值的變更，就是一個最佳的例證。這一種倫理價值的改變，在同一文化圈子裏面，還表現得不太明確；但是當佛教傳入一個新的地區，其原有的倫理價值

---

[38] 同註 36，頁 107。

與位置，就受到當地原有社會文化的壓力。為了佛教的傳播
與成長，佛教界的領袖人物，不得不對傳統中的若干教義、
實踐方法及其在佛教中所佔的地位等，作合適的修改。中國
佛教對孝道的受容與重視，就是一個很好的例子。

任何一件事物的發展，都無法自外於整個大環境的影響。有的事件
或者明顯，有的事件或者不那麼清楚。然而，以歷史的角度去觀察，
有些我們以為的突發事件，其實往往在更長的時間裏，更廣的視角
中，它的發生常常也可能是一種歷史的必然。中國佛教的發展，當
然也不可能自外於它所存在的大環境的影響。

總結上述兩種對於佛教孝觀發展的看法，不論是古氏所認為大
乘佛教孝觀本就在其自身與轉輪王政教合一的發展中，在出世法與
世法並重護法觀的發展下，自然被提升至與供養佛僧同等重要的地
步。因此，大乘佛教注重孝道與它進入中國沒有多大的關係。還是
冉先生所主張，佛教在中國因受到包括來自儒家重孝的傳統、皇室
的提倡、刑罰的威脅與鎮壓、家族組織的監督，與通俗文化等等的
外在壓力，因而特別重視孝道的看法。其實都同樣強調了孝道觀在
佛教中有其極為重要的地位。

其次，冉先生以為佛教傳入中國之後，由於中國特重孝道的傳
統，導致中國僧人在便於宣揚教義及其他的外在壓力之下，形成了
孝道在中國佛教中，特別受到重視的說法，固然已是十分的周全。（因
為如果將佛教的發展完全自外於它所存在的環境，就無法說明為何
同是佛教，今日印度、日本、韓國、西藏等地的佛教，何以會有各

種不同發展面目的現象？）可是，如果我們能夠在外在環境影響某
一事件發展的基礎認知下，再進一步的追問事件本身內在發展線索
為何？則古正美的研究讓我們了解，大乘佛教在還未進入中國之前
的中亞地區，就已發展出在大乘系統中，極受重視的佛教孝觀了。
孝觀在印度原始佛教之中，固然如再先生他們所主張的，只是一個
次要的德行。可是，在佛教孝觀離開印度，而又仍未傳到中國之前，
亦已有了融合世出世法的變化。若能先有上述兩種佛教孝觀發展的
基本認知，再去觀察佛門中個別人物對於孝道的看法與實踐，則應
會有更深切正確的體會與認知才是。[39]順著這樣的理解，我們將在
下文對蕅益智旭的孝道觀做出分析與說明。

---

[39] 關於談論儒、佛之間的問題及論孝的同異，讀者可參看由張曼濤先生所主編
的《現代佛教學術叢刊・90・佛教與中國思想及社會》（臺北：大乘文化出
版社，1978 年 12 月初版）中所收 21 篇泛論儒、佛問題的論文。其中，慧天：
〈中國社會的佛教倫理形態〉一文，則幾乎專注於孝道在儒、佛之間異同的
研究。其文舉出了許多中國傳統社會注重孝道的證據，如史書中常有為表彰
孝子而可三世免稅之例；唐律疏則對不孝之人和謀逆的罪名並列為十惡之
一；罵祖父母者絞，歐者斬等例子，更可見孝道在中國的被重視的程度。而
佛教為了符合中國的社會倫理形態，因而在各方面都有了某些的改變，如：
偽經《孝子經》、《盂蘭盆經》、《父母恩重經》的出現，（唐）宗密、（宋）
契嵩以孝為戒的說法，都在在說明了孝道在中國佛教的發展中，給予中國僧
人的影響，以及中國佛教因之而愈發的強調佛教教義中原有的孝道觀念。這
與再先生的意見是相同的。另外，王志楣則針對古正美的文章發表了一篇〈試
論中國文化對佛教孝道觀的融攝—對古正美：大乘佛教孝觀的發展背景一文
的商榷〉（《中華學苑・1994 年 4 月・第 44 期》，頁 151—166），則對古
氏的看法提出了不同的意見。讀者皆可參看之。

(二)溝益智旭對於孝道的看法

1.道從孝積,孝該萬行

　　智旭身為明末重要僧人之一,對於孝道的重視,不只是在日常言論中出現,更可從他對未能及時孝養雙親的憾恨,與在雙親死後,對於雙親的思念中見之。他在《靈峰宗論‧卷一之一‧願文一‧四十八願》中說道:[40]

> 第一願,我本發心,上報慈父鍾之鳳生恩,願三寶力,令我無始慈父,咸生淨土,速證菩提,令聞我名者,亦報父恩。
> 第二願,我本發心,上報悲母金大蓮養育恩,願三寶力,令我無始悲母,咸生淨土,速證菩提,令聞我名者,亦報母恩。

他總共發了四十八個願,第一個及第二個願,便是想要報答他已經亡故的父親鍾之鳳及母親金大蓮的生養之恩,且因此而推及他無始以來的所有父母親,都能因他在修行上的努力及經文上的迴向,受到佛祖的慈悲加被而往生淨土。並在這樣的基礎上,進而希望所有知道他的這種報答父母親恩願望的人,也都能因此而受到影響,開始報答他們父母的恩德。像這樣的希求,無疑是十分合乎中國孝道的要求。

　　智旭對於父母親恩念念不忘的言辭,在《靈峰宗論》中是不勝

---

[40] 同註 2,頁 50。

枚舉的。如〈卷一之一・願文一・刺血書經願文〉中，他說道：[41]

> 菩薩戒弟子智旭，刺舌血書大乘經律，先於三寶前，然臂香
> 十二炷，發十二願。願亡父，及無始慈父，斷無始我執，生
> 樂土，受佛記。願亡母，及無始悲母，斷根本煩惱，蓮華生，
> 佛授記。

他刺舌血以書寫大乘經律，先在三寶前面，燃臂香十二炷，發十二
願，以承受身體上的苦痛，表達自己願亡父、亡母皆能斷根本煩惱，
往生佛國淨土的大願。

又在〈卷一之一・願文一・為母三周求拔濟啓〉中，提到對母
親的孝心而說道：[42]

> 敬禮十方三寶，阿彌陀佛，及二大士，清淨海眾，復禮現前
> 真實善友，悉同啟請。伏願以慈善力、悲救心，為我亡母優
> 婆夷金大蓮，隨意課持經咒，哀令我母，未生淨土，決定得
> 生；已生淨土，決定見佛。若已見佛，增長品位。母棄不肖，
> 已經三載，及省己躬，無德可報，實深慚愧。痛自悔責，負
> 世間孝道，乖出世本期。

在母親已往生三年之後，仍希望藉由他誠心禮佛懺悔，課持經咒，
使他的母親如果尚未往生淨土，則可因此而得生淨土，得見佛祖；

---

[41] 同註 2，頁 59—60。
[42] 同註 2，頁 65—66。

如果他的母親已經在西方淨土，已經得見佛祖，則可以因之而增長品位。然對自己沒能及時奉養母親，乖違世孝，依然痛自悔責不已。

在〈卷一之一‧願文一‧為母發願回向文〉中說道：[43]

> 菩薩戒比丘智旭，一心歸命法界三寶。伏為亡母優婆夷金大蓮，今六月初一日，棄世三周，敬然臂香七炷，供十方三寶，釋迦文佛、文殊、菩賢等諸大菩薩，阿彌陀佛、觀音、勢至等諸大菩薩，地藏大士，及十方諸大菩薩，現前清淨，真實善友，普同供養。

在〈卷一之一‧願文一‧為母四周願文〉中則說道：[44]

> 稽首大孝尊，孝順至道法，及一切三乘，同修孝道者。我以哀懇心，為母重發願，願法界師友，咸垂哀護持。智旭自惟居家多染，世孝非真，捨慈母以披緇，擬克果而廣濟。無奈惑業障深，慧行福淺，未盡三心，罔遵二利。既虧就養無方，復恣負債受用，是以重增慚愧，再瀝丹忱。因慈母棄世四周，修稱性無作四誓，啟善友同體之悲，作淨土增上之行。智旭仍向十方三寶，及一切善友，然香九炷，要九界以同歸，以此功勳，悉回向我父母，及無始親緣，並證寂光，速躋正覺。……又願諸友，生身父母，歷劫親緣，同遊四德之城，悉入二嚴之地。

---

43 同註 2，頁 67。
44 同註 2，頁 81—82。

他以孝順為一切三乘，世出世間最高的道德要求，在母親往生第三、
第四年時，以哀痛誠懇的心，為母親一再發下重願，希望其他同修
好友也能垂哀護持，且將此間所有功德迴向給他已過世的父母，進
而希望他所有歷生歷劫以來的親人朋友，皆能了證寂光，儘快的到
達正知正覺之地。[45]其孝順父母之心之深，又豈是一般世間兒女所

---

[45] 除了上述引文之外，智旭在《靈峰宗論》中，處處皆是對其雙親心心念念的
言語，如：〈卷一之一・願文一・為父十二周年求薦拔啓〉云：「泣血稽顙，
同修淨業，上善勝友座下，伏為先嚴捐世，已十有二年，負債出家，方自救
不了。十一月初五日，爰屬諱日，預於六月二十九日，對三寶前，然臂香三
炷，供善友知識，啓請廣運慈悲，同垂濟拔，佛名神咒，經律懺悔，隨意樂
為，悉資淨業，功沾沙界，果極法身。無任哀祈，肅茲偏叩。」（同註2，頁
82—83）在父亡十二年後，仍為其未盡知孝而痛心的向佛祖祈求。在〈卷一
之一・願文一・為父回向文〉中說道：「智旭二十喪父，已蒙孝感之懷。廿
四出家，未紆男女之業，本期普利塵沙，奚止願超九世。所憾業障深纏，克
果莫就，追思罔極，遺憾終天。今集自他經咒，然香三炷，供法界三寶，伏
願鍾之鳳速昇界，早悟寂光。又願過去父母親緣，永離妄緣，咸會常樂。
現前善友同行，共報慈恩，同合悲仰，恭惟三寶，證明攝受。」（同註2，頁
85—86）在〈卷一之二・願文二・為父母普求拯拔啓〉中說道：「不肖智旭，
生於萬曆己亥，是時嚴慈，並年四十，止一子，撫育倍殷。旭年二十，先嚴
捐館，未展一日孝養，徒切終天痛憾。嗣聞佛法，稔知世孝非真。廿四捨母
逃逝，本期克時取果，總報四恩。詎謂業重障深，久滯凡地。至廿八慈母復
棄，而旭於出世大孝，反躬無似，倍嬰罔極之悲，終墮憂虞之網。出家十夏，
白業無成，扼腕捫心，可慚可懼。明歲六月一日，為先慈金大蓮七周；十一
月五日，為先嚴鍾之鳳十五周之期。自力既微，應乞恩於師友，法施為最，
豈秘吝於庸愚，藉同體大悲，作無緣與拔。……又自持〈滅定業真言〉二千
萬，《金光明・空品》二千，《梵網・上卷》一千，為我父母，尚懇同仁，
為增上勝因，並入彌陀願海。」（同註2，頁99—100）對於自己雖知世孝非
真，而欲出家剋期證果，總報四恩，卻仍對未能盡世孝奉養之責而感「罔極

能及。

在孝道的論述上，他認爲不論世出世間，一切行爲都以孝最重要。在《靈峰宗論‧卷七之四‧疏二‧建盂蘭盆會疏》中，他說道：[46]

> 予觀世出世，至德要道，皆無有勝於孝慈者也。世間非孝慈，
> 無以成聖賢；出世非孝慈，無以作佛祖。

他認爲就世間言，非孝慈無以成聖賢；就出世間言，非孝慈則無以作佛祖。孝慈遂爲世出世間最重要且終極的道德要求。

在同書〈卷一之一‧願文一‧結壇水齋持大悲咒願文〉中又說道：[47]

> 禮《藥師》妙典，知佛與神殊；聞《地藏》昔因，知道從孝
> 積。既懷喪父之哀，復切延慈之想。

他從地藏菩薩孝母的行爲，領悟到不論是世出世間，一切的道都是要從孝這個字做起。只有在孝順的基礎上努力修行，方有可能在世爲聖，出世成佛。因而在出家之後，對於已經亡故的父親，他心中時常感到極度的哀傷，同時，也對於仍然在世的母親，起了能否延

之悲」等文字，在《靈峰宗論》中不下數十篇之夥，可見智旭是如何的注重
孝道，亦可見中國文化對孝道的要求，是如何深刻的影響了中國僧人。
[46] 同註2，頁1172—1175。
[47] 同註2，頁84。

長其壽命的念頭。這些對亡父的追念與對生母延長壽命的想望，無非都是世孝的表現。因為就佛教教義而言，身體是四大因緣所成，本是假的；而一切有情無情，亦皆被視為自己無始以來的父母，那麼智旭在此懷父喪、延母壽的想法，是不完全符合佛教教義的。由智旭對於世出世孝的重視，亦可證上文冉氏所言，中國僧人因受中國重孝傳統影響而特重孝觀的看法。

在〈卷四之二‧說‧孝聞說〉中，他又說道：[48]

> 世出世法，皆以孝順為宗。《梵網經》云：「孝順父母師僧三寶，孝名為戒。」蓋父母生我色身，師僧生我法身，三寶生我慧命，是故咸須孝順。而欲修孝順者，尤須念念與戒相應。如曾子云：「無故而殺一蟲蟻，非孝也；無故而折一草木，非孝也。」世孝尚爾，況出世大孝乎？以要言之，真能孝順父母師僧三寶，決不敢犯戒造惡。經言孝名為戒者，正欲人以戒為孝故也。夫世閒孝，以朝夕色養為最小，以不辱身不玷親為中，以喻親於道為大。出世孝亦如是。勤心供養三寶，興崇佛事，小孝也；脫離生死，不令佛子身久在三淪溺，中孝也；發無上菩提心，觀一切眾生無始以來皆我父母，必欲度之令成佛道，此大孝也。舜盡世閒大孝之道，玄德升聞於堯而為天子。今出家兒，盡出世大孝之道，玄德聞於法界，必成無上菩提明矣！

---

[48] 同註 2，頁 638—639。

在這裏，智旭又明白的指出，不論世出世法，都是以孝為其綱宗的。他引《梵網經》強調人們應當孝順父母師僧三寶之說，而謂父母是生我色身者，師僧是生我法身者，三寶是長我慧命者。有了色身，方能進而追求法身的成就與慧命的養成，因此，《梵網經》遂謂此三者都是吾人當心心念念去孝養的。佛門最重僧人之戒，《梵網經》更將孝道名為佛戒，可證其「世出世法，皆以孝順為宗」的看法。他以儒家「大孝尊親，其次弗辱，其下能養」為標準，謂世間孝道，以朝夕色養為最低的要求；以不辱身、不玷親為其次的要求；以喻親於道為最高的孝道。依照這樣的排比方式，他也對出世間孝道做了三個層次的說明：勤心供養三寶，興崇佛事，為出家的小孝；脫離生死，不令佛子身久在三淪溺中，為出世中孝；發無上菩提心，觀一切眾生無始以來皆我父母，必欲度之令成佛道，乃為出家大孝。因此，不論世出世間的孝道，其最高的要求，都不在生命本身的奉養，而在「喻道」與否，將世出世間的孝道，皆歸於佛教教義的範疇中。

因此，智旭在〈卷四之二・說・慈濟說〉中說道：[49]

　　佛道曠濟，以孝為宗。孝該萬行，以慈為要。

孝為佛道之宗，萬行之要。

在〈卷五之二・書二・寄善超〉中說道：[50]

---

[49] 同註2，頁643。

世出世法，孝慈第一。

將孝的地位抬高至世出世間所有一切行爲準則中的最高處。

2.世孝非真，悟同體法性，世孝與出世孝爲一

在世孝中，佛門子弟離棄家庭的行爲，已與世間孝道的要求大相逕庭，而剃髮一事，又與《孝經》「身體髮膚，受之父母，不敢毀傷，孝之始也」的孝道基本要求相違背，因而世人對這些與世孝相違背的行爲，遂有所質疑與攻擊。智旭既曾修習儒業，又在出家後對父母心心念念，那麼他豈不知世間孝道的基本要求與他的出家行爲，似乎有著無法跨越的矛盾與鴻溝。因此，他勢必要好好的處理這個棘手的問題。在《靈峰宗論・卷一之一・願文一・爲母四周願文》中他說道：[51]

> 智旭自惟居家多染，世孝非真，捨慈母以披緇，擬克果而廣濟。無奈惑業障深，慧行福淺，未盡三心，罔遵二利。既虧就養無方，復恣負債受用，是以重增慚愧，再瀝丹忱。

可知智旭在面對以世間孝道標準來質疑出家人棄世離俗的行爲時，基本上是以「世孝非真」的概念，說明出家人的孝道之所以與世間孝道不同的原因。蓋反對出世行爲者，多以「世孝」在身體上的要

50　同註 2，頁 782。
51　同註 2，頁 81–82。

求為據，說明出世不合乎儒家孝道的要求。然而就佛家教義言，身體也只是四大因緣和合之物，其為空為假，自不待言。故若專就身體上的奉養論孝，則自是世孝「非真」了。故其所以捨離母親出家為僧，雖背於世孝的要求，卻是想要更進一步的完成在了悟生死之後，不但度濟父母，亦能夠廣度眾生，使所有人也因而得到永生的業報。雖然其自覺並沒有能達到這個希冀，而深覺慚愧，然而不論他的自我要求如何，「世孝非真」為其論世出世孝不同的最重要理論。

那麼所謂世出世孝，在智旭的生命中又如何溝通呢？他在同書〈卷七之一‧題跋一‧題至孝回春傳〉中說道：[52]

> 儒以孝為百行之本，佛以孝為至道之宗，蓋報恩心出於萬不可解之情。如黃會卿，以剒股療母痼疾，母享年八十有二，皆真情所感也。是情也，謂為世法，實是菩提之基；謂為出世，不過愛欲之妄。君子於此，不可不學，不可不達。昔曾母齧指而子為心痛，達此可悟同體法性。知唯心法門，即世孝成出世孝矣！

在這裏，他以儒家謂孝為百行之本，就如同佛家以孝為至道之宗一樣，皆是出於萬不可解之情的報恩心。如黃會卿剒股肉以療母痼疾的行為，剒股之肉是多麼的痛，故此情只能以「萬不可解」言之。這種真情，不僅是世間的孝，也是出世法中的菩提之基。但是如果

---

[52] 同註 2，頁 1073。

只停留在這樣的情感中，而不向上去追求究竟，那麼以出世法來看，則又不過是愛慾妄念罷了。這個向上追求究竟的關節，在智旭來看，是不可不學，不可不達的。他又舉曾子之母囓指而曾子爲之心痛，這種無法理解的感應事例，說明其實世出世法間的關鍵處，便在了悟同體法性與否？若能了悟一切生無生皆爲同體法性，便可知生無生皆源自此「不可說、不可覓」之心，而世孝與出世孝便能融而爲一了。那麼，我們就不會只陷溺在世孝對身體上的要求，而無法了知出世孝中更高一層渴望。世出世孝，只有方法不同，並無根本差異。

此外，智旭不僅延續了他「世孝非真」的看法，並且更進一步說明了世孝與出世孝，實有前後始終的連續關係，並非相互矛盾。他在〈卷七之四・疏二・敷先開士守龕助緣疏〉中說道：[53]

> 有世間孝道，有出世孝道。世間之孝，就養無方，立身行道是已；出世之孝，精修道業，廣度累劫是已。

這之中的差別便在世間孝道是「立身行道」，是今生的問題；而出世間的孝道則是「廣度累劫」，是累生累世的問題。這二者皆是孝，亦沒有對錯的問題，其差異只在希冀層次的不同而已。以出世的「累劫」來看，世孝只論「今生」，便爲「非真」了。「非真」並不是錯誤的指涉，而是意謂著「不究竟」。因此，世孝遂爲出世孝的基礎。

53　同註 2，頁 1175。

這樣的分別，其最大立足點，乃在儒家與佛家對於生命存在時間觀上的差異。

關於生事死葬的世孝看法，智旭在〈卷五之一・書一・寄母〉中，有著這樣的表白：[54]

> 甲子正月三日，方外男智旭，敬然臂香刺舌血，白母親大人漆下：男幼蒙庭訓，少長便道學自任，寧不知父宜葬，母宜養？但生死一事，人人有之，靜夜深思，真可怖畏。如大母舅宦正濃而忽殞，虞表姪年未壯而早亡，身命無常如朝露，大限至，老少莫逃，苦海茫茫，誰能免者？念及自身，已覺鼻酸，更念亡父老母，倍覺傷神。親身既然，眾生寧異？儻不早圖出世，正恐追悔無及。男憶二十一，至星家問母壽，言六十二、三必有節限，遂於佛前立深誓，唯願減我算，薄我功名，必冀母臻上壽。今既切思離俗，儻萌一待心，豈是求益母壽之念？男又安能保無中天邪？生育一事，世間苦本，況與功名，皆有定數。且青雲得志，難敵生死，大母舅即是殷鑑。何如地藏大士，目蓮尊者，累劫親恩，皆蒙度脫之為孝也。男少年詬大士，賴母痛下鉗錘，今得改過從善，志在出世。恐母愛情難割，不得不硬卻心腸，潛行方便。又恐母日夜懸念，故於三寶前然香刺血，寄書遠達。伏祈勿事勞心，惟努力念佛，求出輪迴，親屬可化者，皆以此意示之。

智旭向母親祈求諒解他所以出家之因時，提及了少年時便以道學自

---

[54] 同註 2，頁 717—719。

任，又豈會不知父宜葬、母宜養的道理呢？只是他深夜一想到生命無常，就如朝露，一旦大限來到，老少莫逃之事，便覺傷神。故其出家，乃是為了追求永恆的、究竟的脫離生死苦果，欲如地藏大士讓累劫親恩，皆因彼而蒙度脫生死苦海的大孝。這便是他為何出家，為何不以生事死葬為孝的表白。

　　世孝既然非真，既然只是出世孝基礎，那麼在智旭的眼中，什麼才可稱做真正的出世孝道呢？他在〈卷一之三・願文三・十周願文〉中說道：[55]

> 智旭生逢末世，福慧並微，蒙二親獨養，罔知攸答，始則違親教命，造謗佛誹法重愆。既而稍解真乘，棄生事死葬俗典，雖欲克期取果，頓捨家緣，實乃夙障偏多，久滯凡地。……然香三炷，匯諸善友所持經咒，以此薦父鍾之鳳、母金大蓮，伏願決生淨土，速證無生，蒙授記於十方，度含靈於五濁。

智旭在了解佛法真諦後，毅然放棄世間價值標準，在父亡十年後的這篇願文中，希望能在燃香三炷及諸位友朋一同持咒誦經的助益下，讓他的雙親得以往生淨土世界，速證無生之道。因此，真正的孝道，實是讓父母「往生淨土，速證無生」，解決「累世」的問題，方為究竟。

　　在〈卷一之二・願文二・禮大悲懺願文〉中，他也說道：[56]

55　同註 2，頁 133—134。
56　同註 2，頁 106。

> 願父母及無始父母眾等，同生淨土。

不僅希望今生的父母可以同生淨土，也希望無始以來的父母皆能同生淨土。

在〈卷一之三・願文三・完梵網告文〉中，他又說道：[57]

> 敬然臂香二十一炷，回向真乘。一二三奉供三身一體盧舍那佛，……六供靈峰藏經，願早莊嚴。七八為父母亡屬，及請主先亡供三寶，願仗良因，同生淨土。

燃臂香二十一炷，以表虔誠之心，願父母亡屬因為他的努力誠心而得以同生淨土。

蓋其所以欲父母往生淨土，乃是因一旦往生淨土，則不再輪迴世間，遂超越世孝在時間上的限制，而為出世大孝的最終追求。

四、兼通諸宗，不囿為天台子孫

蕅益智旭在《靈峰宗論・卷首・八不道人傳》中，對他出家後的經歷，作了簡單清楚的說明，其云：[58]

> 二十六歲，受菩薩戒。二十七歲，徧閱律藏，方知舉世積偽。二十八歲，母病篤，四刲肱不救，痛切肺肝。葬事畢，焚棄筆硯，矢往深山。道友鑒空，留掩關於松陵。關中大病，乃

---

[57] 同註2，頁140—141。

[58] 同註2，頁31—33。

以參禪工夫，求生淨土。三十歲，出關朝海，將往終南。道
友雪航，願傳律學，留往龍居，始述《毗尼事義集要》及《梵
室偶談》。是年遇惺谷、歸一兩友，最得交修之益。三十一歲，
送惺谷至博山薙髮，隨無異禪師至金陵，盤桓百有十日，盡
暗宗門近時流弊，乃決意宏律。然律解雖精，而煩惱習強，
躬行多玷，故誓不為和尚。三十二歲，擬註《梵網》，作四鬮
問佛。一曰宗賢首，二曰宗天台，三曰宗慈恩，四曰自立宗。
頻拈得台宗鬮，於是究心台部，而不肯為台家子孫。以近世
台家，與禪宗、賢首、慈恩，各執門庭，不能和合故也。

他一生勇猛精進，在二十七歲時已經「徧閱律藏」。二十八歲爲救母
而四剄肱，然母仍病死，因而痛徹肺肝，遂於葬事完畢之後，焚棄
筆硯而欲往深山；後因道友相留而掩關於松陵。在關中大病，以參
禪工夫求生淨土。[59]此則開啓其後來成爲淨土祖師之一機緣。三十

---

[59] 在《靈峰宗論・卷七之三・疏一・靈巖寺請藏經疏》中，他亦談到棄禪而備
採眾學之因，其云：「予本棄儒學佛，亦妄謂單傳之道，實出教外，一昧作
蒲團活計，一切經論，置諸高閣。後見真寂、博山等耆宿，反照古今得失，
方知末世禪病，正坐無知無解，非關多學多聞，與唐宋學人，厥證相反。依
文解義，三世佛冤；離經一字，即同魔說。善知識語，誠不我欺。學而不思
則罔，思而不學則殆，儒宗實語，亦於此益信。乃發心徧閱《大藏》，備採
眾藥，自療療他。」（同註 2，頁 1138－1139）而聖嚴法師在《明末佛教研究・
第二章・明末的淨土教人物及其思想・四・明末淨土教文獻的立場》（臺北：
東初出版社，1992 年 2 月 2 版）中，談及智旭成學過程而云：「蕅益本人的
修學過程，亦係先禪後淨，並以淨土信仰，爲其最後歸宿。同時也將念佛法
門，置於至圓至頓的地位，彼此呼應，引爲同志。」（頁 127）又在同書〈第
二章・明末的淨土教人物及其思想・七・明末淨土教的修證方法〉中，談到

歲出關，學律於雪航道友。又遇惺谷、歸一兩位生平最得交修之益的道友。三十一歲隨無異元來禪師（1575—1630）至金陵而見宗門當時流弊首在不知戒律，故決意宏律。三十二歲時，作四鬮問佛其將來應專志所學爲何，而頻得天台宗之鬮，故專究台部。[60]又因當時諸宗皆各執門庭，黨同伐異，故又不願局限自己只爲台家子孫而已。

他在《靈峰宗論・卷二之五・法語五・示巨方》中，更清楚的說明這個看法：[61]

> 予本宗門種草，因感法道陵夷，鑒近時禪病，思所以救療之

蕅益個人的修證時說道：「關於蕅益大師在修行及其證驗方面的情況，筆者曾於《明末中國佛教の研究》一書中，以第三章全章共計一百頁的篇幅，予以分析介紹，他一生使用過的修行方法，實在不少，例如寫願文、禮懺、持呪、刺血、燒臂燃頂，而以參禪爲始，歸宿則是淨土。⋯⋯三十一歲，拜見無異元來禪師，乃知末世的禪門流弊，便棄禪修淨了。」（頁162）聖嚴法師爲國內首位對於蕅益智旭的重要性作深入研究與探討的學者，讀者欲知蕅益大師的佛學造詣與內容，可參看其作。

60 由《靈峰宗論・卷九之四・贊二・十八祖像贊并序略・會歸宗鏡永明大禪師第十五》中所云：「名延壽，字沖玄，吳越王時爲稅務，用官錢放生，當棄市，臨刃色不變。貸命，出家，得法於韶國師。九旬入定，鳥巢衣祴，行《法華》懺，見普賢執蓮花在手，特上天台智者巖，作甲乙二鬮。甲一生禪定，乙誦經萬善莊嚴淨土。七度得乙鬮，於是專修淨業。」（同註2，頁1424—1425）可知拈鬮以決疑雖爲佛門中本有之法，然智旭拈鬮再三，以決定其將來所專究之宗門，亦有受其所尊崇之永明延壽，以拈鬮而定將來專修宗門之影響也。

61 同註2，頁363—364。

者，請決於佛。拙得依台宗註《梵網》闉，始宥究心三大五
小。愧無實德，不克以身弘道。然於古之妙，今之弊，頗辨
端的。蓋台宗發源《法華》，《法華》開權顯實，則無所不簡，
無所不收。今之弘台宗者，既不能遍收禪、律、法相，又何
以成絕待之妙？既獨負一台宗為勝，又豈不成對待之麤？是
故台既拒禪宗、法相於山外，禪亦拒台於單傳直指之外矣！
夫拒台者，固不止於不知台者也；拒禪與法相者，又豈止於
不知禪與法相而已哉？寧學聖人未至，不願以一善成名。噫！
果不以一善成名，聖人亦無不可學至之理矣！

他在拙得依台宗註《梵網》闉之後，開始究心天台宗之學，並以為
台宗發源於《法華經》，而《法華經》乃開權顯實，無所不簡，無所
不收者。可是當時弘台宗者，不但不能遍收禪、律、法相各家之說，
更以自我宗派為是，拒他家於門外，此不但與台家本意相違，且和
禪家亦拒台宗於單傳直指之外，同是各執門庭，黨同伐異的行為，
實非宗門原意。故謂「寧學聖人未至，不願以一善成名」，而不願只
囿做台宗子孫而已。

　　在同書〈卷二之五·法語五·示九牧法主〉中，他又說道：[62]

台宗云：「研真斷惑，名之為學。真窮惑盡，名為無學。」儒
者云：「學問之道無他，求其放心而已。」心者，覓之了不可
得而非無，豎窮橫遍而非有。本離四句，如何可放？本無可

---

[62] 同註2，頁403—404。

放，如何可求？……學不求心，徒增虛妄。千經萬論，少室
天台，真實指歸，唯此一事而已。

蓋其雖拈得專研台宗之鬮，然而在他的眼中，天台或者禪宗，其不
論所假借的言說為何，皆如同儒家所謂「求放心」的學問之道。「覓
之了不可得而非無，豎窮橫遍而非有」的心，才是所有宗門的真實
指歸。

一方面因為這種不囿於任何一種宗派的基本態度，另一方面也
因為他生存的明朝末年，僧風頹敗，叢林淆亂，所以其一生對禪、
教、律皆十分在意。由參禪知禪門之弊，而歸宗淨土；由拈得台宗
《法華》之鬮而深入天台，並旁及他宗；因見僧風敗壞而特別強調
僧戒的遵守與懺悔法門。遂兼通諸宗，著作極豐，修行極勤。他在
〈八不道人傳〉中，詳細的列出各時期的著作：[63]

三十三歲秋，惺谷、璧如二友去世，始入靈峰過冬，為作〈請
藏因緣〉。三十五歲，造西湖寺，述《占察行法》。三十七歲，
住武水，述《戒消災略釋》、《持戒犍度略釋》、《盂蘭盆新疏》。
三十八歲，住九華。次年述《梵網合註》。四十一歲，住溫陵，
述《大佛頂玄義文句》。四十二歲，住漳州，述《金剛破空論》、
《蕅益三頌》、《齋經科註》。四十四歲，住湖州，述《大乘止
觀釋要》。四十六歲，住靈峰，述《四十二章經》、《遺教經》、
《八大人覺解》。四十七歲，住石城，述《周易禪解》。是秋，

---

[63] 同註2，頁33—34。

住祖堂，越二年，述《唯心識要》、《相宗八要直解》、《彌陀要解》、《四書蕅益解》。五十一歲，冬返靈峰，述《法華會義》。次年，述《占察疏》，重治《律要》。五十四歲，住晟谿，草《楞伽義疏》，遷長水而始竟。尚有《閱藏知津》、《法海觀瀾》、《圓覺》、《維摩》、《起信》諸疏，厥願未完，姑竢後緣而已。

可見智旭幾乎是每年都有作品，有時甚至是一年多部。除了對佛門經、律、論相關著作多有注解外，亦有以佛解儒之作，如四十七歲作《周易禪解》，四十九歲作《四書蕅益解》等。

　　蕅益智旭〈八不道人傳〉僅記載其五十四歲前之事，五十五歲後，則有其弟子成時所作的〈蕅益大師續傳〉補其生平，其云：[64]

老人五十五歲，夏四月入新安，結後安居於歙浦天馬院，著《選佛譜》，閱《宗鏡錄》，⋯⋯作〈校定宗鏡錄跋〉四則。又汰《袁宏道集》，存一冊，名《袁子》。秋八月，遊黃山白嶽諸處，冬復結制天馬，著《起信裂網疏》。次年五十六歲，⋯⋯還靈峰，夏臥病，選《西齋淨土詩》，製贊補入《淨土九要》，名《淨土十要》。夏竟病愈，七月述《儒釋宗傳竊議》。八月，續閱《大藏》竟，九月成《閱藏知津》、《法海觀瀾》二書。

可知蕅益智旭在學行兼具的情況下，成就其為明末四大師之一的歷史地位。

---

[64] 同註2，頁35—36。

五、終歸念佛求生淨土

　　智旭不囿只做天台子孫，對於佛教經律論皆多所用心。明朝中晚期，禪風因白沙、陽明心學興盛的影響，極爲風行。[65]同時，與禪宗但求我心之風極爲不同的，（求己）一心仰仗佛力，求生西方極樂世界的淨土宗亦大爲興盛起來。（仗他）[66]智旭生存此際，認爲各宗各派之說，如果堅持實修下去，皆可超脫生死。他在《靈峰宗論・卷二之一・法語一・示象巖》中說道：[67]

> 如來謂出家三種事業，坐禪、讀誦、營眾福業，隨修一種，皆超生脫死，成就菩提。而修必隨機，藥病不投，徒增穴結。或一門到底，或展轉助成，然自無道眼，須善友教。如重病者，須信良醫。若信己意，應服不服，應忌不忌。小疾尚致死，痼疾寧有瘳？今時喪心病狂，無恥禪和，影響竊掠，聽其言超佛祖之先，稽其行落狗彘之下，……須知坐禪、讀誦、作福，皆可增長我見，可降伏煩惱。但審自己何事最切近，最對病根。

這裏說明了出家所做事業，不外乎坐禪、讀誦與營眾人之福業。這

---

[65] 關於明末禪風的盛行，可參看釋聖嚴：《明末佛教研究・第一章・明末的禪宗人物及其特色》（同註 59，頁 2—80）。

[66] 關於各種淨土的說明，讀者請參看陳永革：《晚明佛學的復興與困境・第二章・淨土信仰的全面皈依與晚明佛教的普世性》（同註 10，頁 91—144），其中有極爲詳細的論述。

[67] 同註 2，頁 219—221。

三種事，不論那一種，只要一心做下去，皆可超脫生死，成就菩提。然而到底要修那一種事業，則要看何者最對自己的病根，然後隨機而修，因病投藥。

他在同書〈卷二之二・法語二・示映竺〉中，亦重申此意云：[68]

> 超生脫死法門，不可以聰明湊泊，不可以意氣承當，不可以情見夾雜，不可以矗疏領會。先須專求己過，無責人非。見賢思齊，見惡內省。法法消歸自心，時時警策自心。將定盤星認得清楚明白，然後看經可，坐禪可，營福可。如眼目未明，存心未篤，則看經必墮日耳活計，坐禪必墮暗證深坑，營福必成魔家伴侶。縱福慧雙修，教觀並進，而我心未忘，能所日熾，其為修羅眷屬無疑，所宜慎思而密察也。

他在給映竺的法語中，提及不可以「聰明湊泊、意氣承當、情見夾雜、矗疏領會」，而要「專求己過，無責人非」，要將有我之心忘去，方能超生脫死。否則「看經必墮日耳活計，坐禪必墮暗證深坑，營福必成魔家伴侶。」

智旭雖說看經、坐禪、營福皆可超脫生死，可是若要問那個法門最為直捷確定，那便只有念佛往生西方淨土了。其在同書〈卷五之三・論・參究念佛論〉中，直接而明白的說道：[69]

> 然了義中最了義，圓頓中極圓頓，方便中第一方便，無如淨

---

[68] 同註 2，頁 258。

[69] 同註 2，頁 810—811。

土一門。……故曰：「一稱南無佛，皆已成佛道。若人專念彌
陀佛，是名無上深妙禪。」豈不至圓至頓？……而淨土正行，
尤以念佛為首。

直以淨土爲最了義、最圓頓、最方便之法門，一念南無阿彌陀佛，
便已成佛。

在〈卷二之二‧法語二‧示郭善友〉中，他說道：[70]

佛法大海，信為能入，智為能度。若信心而乏智慧，未有不
泣岐兩端者。佛言末世鬥諍堅固，億億人學道，罕有一人證
果。惟依念佛求生淨土，可以橫超苦輪。……若深信念佛禮
拜是佛祖真因，確乎不被時流所轉，便是大智慧光明，超登
淨土，永無泣岐之患矣！

智旭認爲佛祖早已明說末世之中，億億人學道而罕有一人能夠證得
佛果。唯有依賴念佛以求生淨土，深信念佛禮拜是佛祖真因，而不
要爲時流所轉，方可在末世，橫超生死苦輪，超登淨土之地。

在同書〈卷二之三‧法語三‧示陸喻蓮〉中，他也表示了同樣
的看法，其云：[71]

超生脫死，捨淨土一門，決無直捷橫超方便。而生淨土，捨
念佛一法，決無萬修萬去工夫。近世盲禪，妄謂彌陀不必念，

---

[70] 同註 2，頁 265－266。

[71] 同註 2，頁 270。

淨土不必生，儱侗鶻突，墮坑落坑。

不但明說淨土爲直捷橫超生死法門，而念佛又是往生淨土，萬修萬去的工夫。並且對當時禪門和尚所謂：「彌陀不必念，淨土不必生」，但謂求其自心即可，卻只是做爲其墮落無修的藉口，感十分痛心不齒。

在〈卷二之三·法語三·示方爾階〉中，他說道：[72]

念佛法門，雖該羅八教，圓收無量百千三昧，而下手之方，又最直捷痛快。蓋凡念相好、念法門、念實相等，固先開真解，然後下手，萬無夾帶疑情之理。只今持名一法，亦止蓦直持去，不用三心兩意，深信淨土可生。發願決定往生，以持名爲正行，以六度等爲助行，萬修萬人去，斷斷可保任者。若一點好勝之心，涉入參究謂爲向上，則腳跟不穩，禪淨兩失之矣！智者不可不決定其所趨也。

明說念佛法門在百千法門中，最是直捷痛快。就以持名一法來說，只要發願決定往生，一心持名下去，深信淨土可生，則萬修萬人去，斷斷可保往生淨土。而對涉入坐禪參究，以爲向上之人，提出了禪淨兩失的警告。

同樣的看法，在其《靈峰宗論》中仍有許多，如：〈卷二之四·法語四·示石友〉中云：[73]

---

[72] 同註 2，頁 278—279。
[73] 同註 2，頁 319—320。

> 念佛求生淨土，乃一門圓攝百千法門，非舉一廢百也。但必
> 一門深入，念佛為正行，餘一切戒定慧等為助。正助合行，
> 如順風之舟，更加板索，疾到岸矣！念佛之法雖多，持名最
> 為簡便。持名之法亦多，記數尤為穩當。真操實履之士，豈
> 求異愚夫愚婦哉？

以念佛為正行，餘一切戒定慧等為助，而念佛之法又以持名最為簡
便，持名之法又以記數尤為穩當。最為一般禪人視作凡夫愚婦下根
者修行的方式，反而是智旭所最為稱頌者，其間自有深意也。

在〈卷二之四・法語四・示證心〉中則說道：[74]

> 證心大德問心要於予，予曰：「心要莫若念佛。」……以此緣
> 生無性之一念，念彼無性緣生之佛名耳！佛名既是無性緣
> 生，則緣生亦仍無性，是故念一聲，有一聲佛名顯現。念十
> 百千萬聲，有十百千萬佛名顯現，不念時便寂然矣！……至
> 直捷穩當，至圓頓了義，不可思議，不可將一切法門比量。
> 果如此信得及，直下念去，則諸佛出廣長舌相以證之。若人
> 專念彌陀佛，號曰無上深妙禪，至心想像見佛時，即是不生
> 不滅法。金口誠言，可不信哉！

簡單直接的告訴證心：「心要莫若念佛」，念一聲，有一佛名顯現；
念十百千萬聲，有十百千萬佛名顯現。念佛最是至直捷穩當，至圓
頓了義，非其他法門可以比量。

---

[74] 同註2，頁350—352。

在〈卷四之一・茶話・示念佛法門〉中則云：[75]

> 念佛法門，別無奇特，只深信力行爲要耳！佛云：「若人但念
> 彌陀佛，是名無上深妙禪。」天台云：「四種三昧，同名念佛。
> 念佛三昧，三昧中王。」雲棲云：「一句阿彌陀佛，該羅八教，
> 圓攝五宗。」可惜今人，將念佛看作淺近勾當，謂愚夫愚婦
> 工夫，所以信既不深，行亦不力。……豈知念得阿彌陀佛熟，
> 《三藏》十二部極則教理，都在裏許。千七百公案向上機關，
> 亦在裏許。三千威儀，八萬細行，三聚淨戒，亦在裏許。……
> 要到一心不亂境界，亦無他術，最初下手，須用數珠。記得
> 分明，刻定課程，決定無缺，久久純熟。不念自念，然後記
> 數亦得，不記亦得。

在這裏，智旭亦謂念佛深信力行爲要，並引佛說、天台說及雲棲之
說，倡論念佛該羅八教，圓攝五宗；三千威儀，八萬細行，亦盡在
其中。而在各種念佛之法中，又以數珠記數爲最初下手處。

在〈卷四之二・說・持名念佛歷九品淨四土說〉中亦云：[76]

> 若欲速脫輪迴之苦，莫如持名念佛，求生極樂世界。若欲決
> 定得生極樂世界，又莫如以信爲前導，願爲後鞭。信得決，
> 願得切，雖散心念佛，亦必往生。信不真，願不猛，雖一心
> 不亂，亦不得生。

---

[75] 同註 2，頁 613—616。

[76] 同註 2，頁 664。

是持名念佛以求生極樂世界，最能速脫生死輪迴之苦。而只要信得決，願得切，即使散心念佛，亦必定往生，可知智旭的確認爲念佛往生之力最是可靠。

談了這麼多念佛往生之事，讀書人分別之心最強，自會追問如何念？心念或是口念？佛是有是無？淨土是有是無等問題。智旭在〈卷二之三‧法語三‧示宋養蓮〉中也談到了這個問題，其云：[77]

> 「自性彌陀，惟心淨土」二語，世爭傳之。不知以何爲心性也？夫性非道理，無所不統，故十劫久成之導師，不在性外。心非緣影，無所不眞，故十萬億刹之極樂，實在心中。惟彌陀即自性彌陀，所以不可不念。淨土即惟心淨土，所以不可不生。……故無論已悟未悟，皆要求生淨土，求見彌陀。未悟如童蒙之求師，已悟如孔子之求仕。上自文殊、普賢、馬鳴、龍樹，下至蜎飛蠕動、羽族毛群，唯此一事。此事第一要信得及，二要時時發願，三要念佛工夫不閒。三事具，至愚亦生；三事缺一，雖聰明伶俐亦不生也。其有謗此者，即謗三世諸佛菩薩。毗盧頂上，翻爲阿鼻最下層矣！哀哉！

他認爲時人以爲「自性彌陀，惟心淨土」，故不必念佛，不必求生淨土，因佛與淨土皆在心中、性中的說法，實是最爲愚昧。蓋正因爲彌陀爲自性，淨土在自心，則更是得念、得生。故無論已悟未悟，皆要求生淨土，求見彌陀。世人以分別之心，談淨土、彌陀之在他

---

[77] 同註 2，頁 269—270。

還是在我？智旭以無分別之心，論淨土之亦在他、亦在我。此爲二者之別，亦爲悟與未悟之差異也。

他在〈卷二之四‧法語四‧示謝在之〉中，也提到了類似的看法：[78]

> 吾人現前一念心性，過去無始，未來無終，現在無際。覓之了不可得，而不可謂無；應用千變萬化，而不可謂有。三世諸佛，一切眾生，從無二體。千方虛空，剎塵差別，皆吾心所現之相分耳！是故四種淨土，皆不在心外，乃名唯心。謂極樂不即唯心，則西方豈在心外？而吾心豈局東方者哉？人謂諸有爲法，皆如夢幻。不知心性，不可喚作有爲，不可喚作無爲。……惑者又曰：「當下即是淨土，何必西方？」問曰：「當下即飽暖，何必喫飯穿衣？當下即富貴，何必貨殖科甲？當下是學問，何必讀書？當下是帝京，何必北上？既世閒法毫不可廢，何獨於出世法廢之？」苟深思此理，淨土之生，萬牛莫挽矣！天如大祖師云：「悟後不願往生，敢保老兄未悟。」釋迦復起，不易斯言。

這裏智旭以一念心性不可謂有，不可謂無，一切有無眾相，皆是一心分別，進一步直接清楚說道，所有淨土皆不在心外，所以喚作唯心淨土。是以若謂極樂西方不是唯心淨土，那麼豈不是說西方淨土在心之外呢？其又對一般世人自以爲聰明而問的：「當下即是淨土，

---

[78] 同註 2，頁 333－335。

何必西方？」反問之以：「當下即飽暖，何必喫飯穿衣？當下即富貴，何必貨殖科甲？當下是學問，何必讀書？當下是帝京，何必北上？」云云，以最簡單的方式，輕而易舉的回應了似乎最難說明的問題，蓋一切皆在一心之分別而已，這便是悟者的大智慧。

是以在〈卷二之五・法語五・示閔飛〉中，他清楚的說：[79]

> 故曰：「隨其心淨，則佛土淨。」當知華藏莊嚴無邊剎海，皆我淨心所感依報，皆第八識所現相分。豈別有心外之土？又豈別有土外之心也？

心淨則佛土淨，正足以說明無心外之土，亦無土外之心。故念佛往生，自非如一般人以為求於心外也。

正是在這樣無分別心的了悟下，才能清楚的在〈卷四之一・茶話・答卓左車茶話〉中說道：[80]

> 宗乘與淨土，二俱勝妙法。眾生根性異，不免隨機說。……淨土極則事，無念外之佛，為念所念；無佛外之念，能念於佛。正下手時便不落四句百非，通身捺入，但見阿彌陀佛一毛孔光，即見十方無量諸佛。但生西方極樂一佛國土，即生十方諸佛淨土。此是向上一路，若捨現前彌陀，別言自性彌陀；捨西方淨土，別言惟心淨土，此是淆譌公案。

蓋「無念外之佛，無佛外之念。但見阿彌陀佛一毛孔光，即見十方無量諸佛。但生西方極樂一佛國土，即生十方諸佛淨土。」是直給侈言「自性彌陀，惟心淨土」，而菲薄阿彌陀佛，西方淨土，自以為聰明者，一當頭棒喝也。

在〈卷六之三・序三・蓮漏清音序〉中他也說：[81]

> 是故西方極樂世界，即唯心淨土。現在樂邦教主，即自性彌陀。

在這樣清楚無疑的體認之下，智旭於〈卷五之二・書二・寄錢牧齋〉中說道：[82]

> 今夏兩番大病垂死，季秋閱《藏》方竟。仲冬一病更甚，七晝夜不能坐臥，不能飲食，不可治療，無術分解，唯痛哭稱佛菩薩名字，求生淨土而已。

他在大病之中，亦只是一心「痛哭稱佛菩薩名字，求生淨土而已。」

至於有人以為如果念佛即得往生西方，則造罪之人亦可因念佛而往生淨土，豈非極不公平之事。智旭在〈卷三之一・答問一〉中說道：[83]

> 問：「五逆可以往生，佛何不能滅定業邪？又造業人，若借此

---

[81] 同註2，頁967。

[82] 同註2，頁805。

[83] 同註2，頁431。

自寬，寧不入地獄如箭射邪？」

答：「千年暗室，一燈能破。懺力既殷，業便無定。若頑愚迷
津，得船不上。牽裳作筏，抱石為舟，既無迴轉之力，是真
定業難逃矣！」

蓋即如其所云「千年暗室，一燈能破」，既知念佛，懺力亦殷，則業
已無定。念佛往生西方淨土，是仗阿彌陀佛四十八願之力，一如渡
人往西方淨土之船隻，念其名，上其船，又有何可疑？是若再不信
此佛力，則如抱石為舟，方真是定業難逃。

六、以戒治禪，心統諸宗

在佛教各種超脫生死輪迴的法門中，智旭最相信被一般自以為
聰明者所鄙視的念佛往生淨土。而其之所以最信老實念佛，往生淨
土，除了自己的修行與體悟外，當與明末狂禪敗壞佛門，假借所謂
「自性彌陀，唯心淨土」等但求己心的觀念，而不守佛門戒律，為
一己的墮落找藉口的風氣，有著極大的關係。他在《靈峰宗論‧卷
二之一‧法語一‧示慧含》中說道：[84]

正在平常日用間，切不可離事覓理，捨麤求精，厭動求靜，
喜順惡逆。或鑽他故紙，認指為月；或枯守蒲團，釘樁搖櫓。
此近世禪講學人，膏肓痼疾，習氣最惡毒者。設不深自省察，

---

[84] 同註2，頁208。

　　力加剋除，愈趨愈下，無救無歸。

痛論當時禪、講學人之痼疾習氣，就在平時「離事覓理，捨麤求精，厭動求靜，喜順惡逆。鑽故紙而認指為月，守蒲團而釘椿搖櫓。」

　　在同書〈卷二之一・法語一・示慈門〉中也說道：[85]

　　　達磨一宗，超情離見，迴出格量。近世各立門庭，競生窠臼。認話頭為實法，以棒喝作家風。穿鑿機緣，杜撰公案。

直謂當時禪宗各立門庭，卻皆是「認話頭為實法，以棒喝作家風。穿鑿機緣，杜撰公案。」與達磨一宗，超情離見，根本無涉。

　　在〈卷二之二・法語二・示漢目〉中，則說禪人之狀為：[86]

　　　末世禪和，不為生死大事，裝模做樣，詐現威儀。不真實學禪教律，徒記兩則公案，辨幾句名相，受三衣一缽，以為佛法盡此矣！嗚呼！此何心哉？

出家本為了透生死大事，然明末禪人卻只知裝模做樣，不願務實學禪教律，而只記幾則公案，以為這便是佛法。

　　而在〈卷八之二・壽序・壽延壽院新伊法師六表序〉中，他也說道：[87]

---

[85] 同註 2，頁 217。
[86] 同註 2，頁 250。
[87] 同註 2，頁 1237。

> 每慨如來正法，一蝕於說食數寶之流，再蝕於闇證無聞之侶。
> 乃至近世狂禪，惟以鼠唧鳥空相馳驟。而羺羊比丘，又往往
> 無解作師，適為踰閑蕩檢者嗤笑。

蓋當時禪人乃「鼠唧鳥空相馳驟」之輩，連「說食數寶，闇證無聞」
也談不上，可見明末禪人之下流與佛門之可悲可嘆。

值此情狀，是以智旭一生最重佛門戒律，並以戒律為所有一切
根本。他在〈卷二之四‧法語四‧示卓飛〉中說：[88]

> 尤以戒為初基。……由此言之，戒不惟初基，復該究竟三乘。

在〈卷二之四‧法語四‧示淨鄉〉中則云：[89]

> 四不壞信，尤從戒始。……凡發心起行，親師取友，擇法眼
> 目，看教指歸，工夫要訣，巨細精麤，無不從學戒而辨。故
> 從上佛祖，雖教觀有偏圓權實種種不同，未有不以戒為初基，
> 以戒辨邪正者。

在〈卷二之四‧法語四‧示庸菴〉中則謂：[90]

> 千里之行，始於一步。一步未足，不名到家。謂千里只一步，
> 可也。謂一步即千里，可乎？夫以佛道為千里者，戒是最初
> 一步。從此至成佛，總不出此一步。

---

[88] 同註 2，頁 321。
[89] 同註 2，頁 323–324。
[90] 同註 2，頁 332。

不斷的說戒爲初基，究竟聲聞、緣覺、菩薩三乘，而所有一切工夫要訣，皆在此一戒字。若要成佛，則總不出戒這一步。他之所以如此強調戒律，當然是和佛門墮落時風有關。

所以他在〈卷二之一‧法語一‧示廣戒〉中說道：[91]

> 無量法門，不出三學。一往戒、定屬緣因，慧學爲了因。實三學之中，三因圓具。又次第則因戒生定，因定發慧，後後勝前。推本則戒無定、慧，猶尅善果。定、慧無戒，必落魔邪。思之思之！

謂無量無邊法門，皆不出戒、定、慧三無漏學，而三無漏中又以戒最爲基本，慧爲最勝，因爲「戒無定、慧，猶尅善果。定、慧無戒，必落魔邪。」而「因戒生定，因定發慧，後後勝前。」

在〈卷二之四‧法語四‧示智林〉中，他也說道：[92]

> 《大般若》云：「三十二相無別因，皆由持戒所得。」若不持戒，尚不能得野干之身，況復佛身。《大佛頂》云：「因戒生定，因定發慧，則名三無漏學。」縱有多智禪定現前，若不斷婬，必落魔道。若不斷殺，必落神道。若不斷偷，必落邪道。若不斷大妄語，如刻糞爲栴檀，欲求香氣，無有是處。戒之關係大矣！

其引經說，以證戒的重要。若不能持戒，就算有定境現前，亦必墮入魔道、邪道、神道中，而不得佛道也。故其於〈卷六之四・序四・法海觀瀾自序〉云：[93]

> 戒為佛法初門。儒不學禮無以立，釋不受戒，不許聽教參禪。……夫八萬四千，乃至塵沙法門，未有不具戒者。

在〈卷五之一・書一・囑徹因比丘〉中云：[94]

> 總以律為指歸，則無過矣！

其不論給人書信，還是著書之序，心心念念，皆在告訴僧人，戒律為一切之基，一切之指歸也。

智旭雖最重淨土，最重戒律，實則所有分別，皆是一己妄心所為，故其視禪、教、律三者，實為一也。他在《靈峰宗論・卷二之三・法語三・示世聞》中說道：[95]

> 禪、教、律三，同條共貫，非但春蘭秋菊也。禪者佛心，教者佛語，律者佛行。……一入律堂，便將衣鉢錫杖為標榜；一入講席，便將消文貼句為要務；一入禪林，便將機鋒轉語為茶飯。迨行腳十廿年，築得三種習氣飽滿，便思開一叢林，高踞方丈，自謂通禪、通教、通律，橫拈豎弄，七古八怪，

騙惑愚迷，牢籠世智。及以真正佛心、佛語、佛行覈之，鮮
不公然背者。此無他，最初參學，既不具正眼，又不具真正
大菩提心，又不具真正為生死心故也。……夫佛心己心，豈
有二哉？……不於心外別覓禪、教、律，又豈於禪、教、律
外別覓自心？

他將禪、教、律三者，分別視作佛之心、語、行，卻十分非議只將
此三者視作學問來學，並自以為通禪、教、律而開叢林，居方丈之
人。蓋若於自心尋找禪、教、律，則佛心即是我心，佛語即是我語，
佛行即是我行；若於心外找尋禪、教、律，則便是騙惑愚迷，牢籠
世智也。

他於同書〈卷二之一‧法語一‧示初平〉中也說道：[96]

人知宗者佛心，教者佛語，不知戒者佛身也。

在〈卷二之五‧法語五‧示六正〉中亦說道：[97]

戒者佛身，律者佛行，禪者佛心，教者佛語。

橫說豎說，不論如何比喻，皆是將戒、律、禪、教等比於佛之身、
行、心、語，既是佛之身、行、心、語，則豈有分別高低之理哉？！
是以他在〈卷四之一‧普說‧祖堂幽棲寺丁亥除夕普說〉中說

---

[96] 同註 2，頁 195。
[97] 同註 2，頁 398。

道：[98]

> 諸昆仲復本來面目，須破我法二執。欲破我法二執，先懲流
> 俗知見。何謂流俗知見？今人一出家參學，便要做善知識，
> 只此豈非我執？又或以律非教，以教斥禪，以禪藐教輕律，
> 豈非法執？縱使和融，不互相非，亦罕兼善。且律師不問何
> 等根性，概要人持律法；法師不問何等根性，概要人聽經；
> 宗師不問何等根性，概要人參禪，豈非我法二執？殊不知禪、
> 教、律三，皆如來隨機所說，豈有死法？吾今為諸昆仲徹底
> 說破。若真為生死持戒，持戒亦必悟道；真為生死聽經，聽
> 經亦必悟道；真為生死參禪，參禪亦必悟道；真為生死營福，
> 營福亦必悟道。專修一法亦悟道，互相助成亦悟道，以因地
> 真正故也。

他認為「以律非教，以教斥禪，以禪藐教輕律」，為執著於法的流俗
知見者所為，而「律師不問何等根性，概要人持律法；法師不問何
等根性，概要人聽經；宗師不問何等根性，概要人參禪」，則更是執
著於我見，又執著於法見者之所為，皆是將禪、教、律分做三種法
門來看，是將佛法視作死法。若真為勘破生死大事，則不論是專於
禪、教、律之一，或者是兼融於禪、教、律，皆可悟道也。故禪、
教、律之所以不同，不在禪、教、律本身，而在我心之分別也。

---

[98] 同註 2，頁 591—592。

第二節　蕅益智旭佛經著作引《易》考

　　由上節所述，我們對於蕅益智旭的生平及主要觀念已有基本的理解。本節將進一步研究分析他在嚴格的佛經注疏相關著作中，是否同樣有慣引《易經》及陰陽五行占卜吉凶語以釋佛教教義的習慣？是否也在進行著會通《易》佛的工作？看看像蕅益智旭這種極為刻苦自勵，嚴守戒律的僧人，是否在注解佛經時，不免也要受其所處環境影響，（中國）或者為了傳教上的方便，而借用外典（《易經》）的文字、概念，游移在犯戒與不犯戒的邊緣。[99]

　　在討論的範圍上，我們將收入《大正藏》與《卍續藏》中，智旭所有佛經相關著作羅列出來，然後再將其曾引用與《易經》及陰陽五行占卜吉凶語有關的文字、概念摘錄整理下來，以便於分析他與《易經》的關係。

　　《大正藏》與《卍續藏》所收錄他曾經疏釋過的佛經（含律、論）相關著作有：1.《大乘起信論裂網疏》（《大正新脩大藏經第四

---

[99] 蕅益智旭在《在家律要廣集·卷三·八背大向小戒》中記載：「若佛子，心背大乘常住經律，言非佛說，而受持二乘，聲聞外道惡見，一切禁戒邪見經律者，犯輕垢罪。」而其〈發隱〉云：「《菩薩戒經》云：『讀世典文頌書疏不犯者，為破邪見故。為知外典是虛妄，佛法真實故。為知世事，不為世人所輕慢故。』」（《卍續藏經·第壹輯·第 106 冊·支那撰述·戒律宗著述部》），頁 431。由此可知讀外典犯不犯戒，端在其用心為何。故這犯不犯戒的標準，無法落於外在客觀行為的分判上，而只能由自我一心去認知。這與戒律應為客觀的、外在的、可受公評的基本條件是相違背的，故〈發隱〉所引《菩薩戒經》之語，嚴格來說，應是一種方便之說。

十四冊 NO.1850》)、2.《楞嚴經玄義》(20)、3.《楞嚴經文句》(20)、4.《楞伽經玄義》(26)、5.《楞伽經義疏》(26)、6.《占察善惡業報經玄義》(35)、7.《占察善惡業報經義疏》(35)、8.《盂蘭盆經新疏》(35)、9.《金剛經破空論》(39)、10.《金剛經觀心釋》(39)、11.《般若心經釋要》(41)、12.《法華經玄義節要》(44)、13.《法華經綸貫》(50)、14.《法華經會義》(50)、15.《遺教經解》(59)、16.《四十二章經解》(59)、17.《八大人覺經略解》(59)、18.《梵網經玄義》(60)、19.《梵網經合註》(60)、20.《菩薩戒本箋要》(61)、21.《菩薩戒羯磨文釋》(61)、22.《毗尼珍敬錄》(61)、23.《重治毗尼事義集要》(63)、24.《四分律藏大小持戒犍度略釋》(71)、25.《佛說齋經科註》(71)、26.《起信論裂網疏》(72)、27.《百法明門論直解》(76)、28.《成唯識論觀心法要》(82)、29.《成唯識三十論直解》(83)、30.《觀所緣緣論直解》(83)、31.《觀所緣緣論釋直解》(83)、32.《因明入正理論直解》(87)、33.《真唯識量略解》(87)、34.《阿彌陀經要解便蒙鈔》(91)、35.《八識規矩直解》(98)、36.《教觀綱宗》(101)、37.《教觀綱宗釋義》(101)、38.《沙彌十戒威儀錄要》(106)、39.《在家律要廣集》(106)、40.《律要後集》(106)、41.《梵網經懺悔行法》(107)、42.《占察善惡業報經行法》(129)、43.《讚禮地藏菩薩懺願儀》(129)等四十三部。[100]其中在《大乘起

信論裂網疏》、《楞伽經玄義》、《楞伽經義疏》、《盂蘭盆經新疏》、《金
剛經破空論》、《金剛經觀心釋》、《般若心經釋要》、《法華經玄義節
要》、《法華經綸貫》、《法華經會義》、《八大人覺經略解》、《梵網經
玄義》、《菩薩戒羯磨文釋》、《毗尼珍敬錄》、《四分律藏大小持戒犍
度略釋》、《佛說齋經科註》、《起信論裂網疏》、《百法明門論直解》、
《成唯識論觀心法要》、《成唯識三十論直解》、《觀所緣緣論直解》、
《觀所緣緣論釋直解》、《因明入正理論直解》、《真唯識量略解》、《阿
彌陀經要解便蒙鈔》、《八識規矩直解》、《教觀綱宗》、《教觀綱宗釋
義》、《律要後集》、《梵網經懺悔行法》、《占察善惡業報經行法》等
三十一部中，蕅益智旭全無引用與《易經》或陰陽五行占卜吉凶語
相關的文字概念。由於佛經相關著作皆為各自獨立的作品，不似日
常雜著書信的隨機與方便，為了呈現出每部佛經相關著作中，其引
用與《易經》或陰陽五行占卜吉凶語的完整面貌，本節將獨立分析
每部佛經相關著作。今將十二部著作分述如下：

一、《楞嚴經玄義》

在《楞嚴經玄義‧卷下》中記載：[101]

> 六廣簡偽濫，復為四。初約如來藏義簡，二約妙義簡，三約
> 真如義簡，四約性字義簡。一一簡示，復各五番。一就世間

---

[101] 蕅益智旭：《楞嚴經玄義》（《卍續藏‧第壹輯‧第 20 冊‧支那撰述‧大小
乘釋經部》），頁 209—211。

法簡，二就偏小法簡，三就權漸法簡，四就開示簡，五就悟
入簡。初五番者，一就世間法簡如來藏，〈繫辭傳〉云：「寂
然不動，感而遂通天下之故。」寂然有似如意，感通有似來
義。又云：「乾坤，其《易》之縕耶？」有似藏義。而止是言
《易》，非是言心。又僅推太極為天地萬物之生因，太與西竺
冥諦相類，尚未明知正因緣境，況不思議如來藏耶？又老聃
云：「常無欲以觀其妙，常有欲以觀其徼。」玄牝之門是謂天
地根。莊周云：「樞始得其寰中以應無窮。」亦復片似如來藏
義。而究其歸趣，僅以虛無自然為宗，太與西竺本無因論相
類，是亦未知正因緣境，況不思議如來藏耶？……。二約妙
義簡有五番者，一就世間法簡，〈繫辭傳〉云：「神也者，妙
萬物而為言者也。」又云：「陰陽不測之謂神。」此贊造化之
機耳。老聃云：「玄之又玄，眾妙之門。」此贊虛無自然耳。……
四約性字義簡，夫如來藏妙真如性，即所謂佛性也。……孔
子曰：「性相近也，習相遠也。」似指不變者為性，隨緣者為
習。孟子乃於習性之中，偏指人性為善，故與犬牛不同，則
是佛門五戒十善方得人身意耳！孔子之贊《易》也有曰：「先
天而天弗違。」似非以天命為性者。天命謂性，自是子思以
下一切後儒通計，尚未必是尼山性學真傳，況佛性耶？……
故知世論紛紛，終與佛性義無涉也。

這是蕅益智旭以世間法簡《楞嚴經》的「如來藏」、「妙」、「性字」
義時，不斷引《易經》以疏釋之例。首先，在疏釋「如來藏」義時，

引《易經・繫辭傳上》：[102]

> 《易》，无思也，无為也。寂然不動，感而遂通天下之故。非
> 天下之至神，其孰能與於此？

中的「寂然不動，感而遂通天下之故」，以「寂然」比「如來藏」的
「如」義，以「感而遂通」比「如來藏」的「來」義，將《易經・
繫辭傳》的「寂然不動，感而遂通」與佛教的「如來」（自在來去而
無所拘滯）會而通之。

又引《易經・繫辭傳上》的：[103]

> 乾坤，其《易》之縕耶？

比「如來藏」的「藏」義。智旭以《易經・繫辭傳》的「寂然不動，
感而遂通天下之故」與「乾坤，其《易》之縕耶？」二語疏釋《楞
嚴經》「如來藏」之義。此乃佛教於魏晉初傳東土時期，為使傳教順
利，教義更能夠被中土士人所了解、接受，所發展出的格義模式的
繼續沿用。[104]儘管智旭如此借用《易經》疏釋佛教教義，卻仍認為
如此說《楞嚴經》「如來藏」義，「止是言《易》，非是言心。」也就
是說，以《易》說「如來藏」義，只是為了使人易於了解，故方便

---

[102] 《十三經注疏・右周易、尚書》（臺北：藝文印書館，1989 年 1 月 11 版），
頁 154。

[103] 同上註，頁 158。

[104] 關於佛門格義之說，請參見本書第一章註 9 所引湯氏之文與說明及註 10。

說之，並不代表這就是「如來藏」的真義。又引《易經・繫辭傳上》：[105]

> 是故《易》有太極，是生兩儀，兩儀生四象，四象生八卦，
> 八卦定吉凶，吉凶生大業。

的概念，而謂《易經》「僅推太極爲天地萬物之生因，太與西竺冥諦相類，尙未明知正因緣境，況不思議如來藏耶？」只知「有」義，不能深知「不思議如來藏」。其後又謂老子只知「無」義，亦不能知「不思議如來藏」。

其次，疏釋《楞嚴經》的「妙」義時，引《易經・說卦傳》：[106]

> 神也者，妙萬物而爲言者也。

及《易經・繫辭傳上》：[107]

> 陰陽不測之謂神。

而謂《易經》此二語爲「贊造化之機」。蓋其意乃以《易經》之「神」釋《楞嚴經》「妙」字之義。

最後在疏釋疏釋《楞嚴經》的「性」字義時，謂如來藏妙真如

---

[105] 同註 102，頁 156—157。

[106] 同註 102，頁 184。又「神也者，妙萬物而爲言者也。」此語出自〈說卦傳〉，蕅益智旭錯謂出自〈繫辭傳〉。

[107] 同註 102，頁 149。

性，即爲佛性。而引《易經・乾・文言》(䷀)：[108]

> 夫大人者，與天地合其德，與日月合其明，與四時合其序，
> 與鬼神合其吉凶。先天而天弗違，後天而奉天時。天且弗違，
> 而況於人乎？況於鬼神乎？

中的「先天而天弗違」，以喻孔子說性字義時，似亦在「先天」而說，
故「與天地合其德，與日月合其明，與四時合其序，與鬼神合其吉
凶」者，乃正是此先天即存之性也。正似《楞嚴經》的「如來藏妙
真如性」，亦是先天地萬有而存在的。

二、《楞嚴經文句》

在《楞嚴經文句・卷四》中記載道：[109]

> 覺明空昧，相待成搖。故有風輪，執持世界。因空生搖，堅
> 明立礙。彼金寶者，明覺立堅。故有金輪，保持國土。堅覺
> 寶成，搖明風出。風金相摩，故有火光。爲變化性，寶明生
> 潤。火光上烝，故有水輪。含十方界，火騰水降。交發立堅，
> 濕爲巨海，乾爲洲潬。以是義故，彼大海中，火光常起。彼
> 洲潬中，江河常注。水勢劣火，結爲高山。是故山石擊則成
> 燄，融則成水。土勢劣水，抽爲草木。是故林藪遇燒成土，

---

[108] 同註 102，頁 17。

[109] 蕅益智旭：《楞嚴經文句》（《卍續藏・第壹輯・第 20 冊・支那撰述・大小
乘釋經部》），頁 280—281。

因絞成水。交妄發生，遞相為種。以是因緣，世界相續。

（文句）此正明世界相續，不離一念無明心也。……此文舊以五行生尅訓之，甚違經旨。經顯一切惟心，乃用世間妄計為解，安得相蒙？且如由（由作山）石擊敔融水，於五行之說，云何會通？若以石屬金，則金能生水，烏能又生於火？若以石為土，則水火皆不應生。又林燒灰，可云火能生土；因絞成水，豈是木反生水？故知世間五行，元無實義，不應以彼而釋此也。然儒宗太極兩儀之說，却與此經暗合。但彼不說惟心所現，便非正因緣境。今不避繁文，試一點出。經文所稱覺明空昧，即彼所稱太極。太極圓中半白半黑，黑表空昧，白表覺明也。相待生搖，風輪持世，即彼所謂太極動而生陽。以其周行地外，計以為天也。堅明立礙，金輪持國，即彼所謂動極復靜，靜而生陰。以其成形於內，計以為地也。火光為變化性者，即彼所謂體陰用陽，離之象也。水輪含十方界者，即彼所謂體陽用陰，坎之象也。所以先天八卦，乾南坤北，離東坎西，正彷彿此惟心四大，但不達惟心。故云「太極生兩儀，兩儀生四象」耳！水騰火降等者，即彼所謂後天八卦，水火為政，故離南坎北，以表騰降之象也。大約儒門計風金二大為天地之體，計水火二大為天地之用，然後具生後天五行，不知太極動靜，全是當人妄心靜，依此妄動妄靜，妄有世界相續，豈有五行實法能相生尅哉？惟周子先悟道於東林，故作太極圖說，欲人了知太極本非心外實法，只是無明迷於覺性，妄成阿賴耶識，而此無明全體虛妄，了無自性可得，故點破云：「無極而太極。」謂此太極本無所謂

太極，但是從無住本立一切法耳！後儒不達，更推無極為太
極本，失旨甚矣！又孔子〈易傳〉亦云：「《易》有太極。」
乃密指《易》理為隨緣不變，不變隨緣之藏心。特以機緣未
到，不得明言。此又菩薩苦心，不可不知。

這是蕅益智旭講《楞嚴經》以地水火風四大論世界相續因緣時，認
為後人以世間所謂的「五行」生剋說比附之，是違背《楞嚴經》意
旨的。因為《楞嚴經》「顯一切惟心，乃用世間妄計為解，安得相蒙？」
而在後文中，謂「儒宗太極兩儀之說，却與此經暗合。」蓋其雖謂
世法中的「五行生剋」為妄，不可以此釋佛經，然「太極兩儀」之
說雖為世法，卻與此佛經之旨暗合。雖是暗合，但終究亦只能說「太
極兩儀」，「不說惟心所現，便非正因緣境。」雖非正因緣境，但為
讓世人了解《楞嚴經》以地水火風四大論世界相續因緣，故不避繁
文，試以此「太極兩儀」之說，點出《楞嚴經》說世界相續因緣之
義耳。

　　他接著全以《易經》相關的文字疏釋此段《楞嚴經》語。其謂
「經文所稱覺明空昧，即彼所稱太極。太極圓中半白半黑，黑表空
昧，白表覺明也。」而「相待生搖，風輪持世」，即「太極動而生陽。」
「堅明立礙，金輪持國」，即「動極復靜，靜而生陰。」「火光為變
化性」，即「體陰用陽，離之象也。」「水輪含十方界」，即「體陽用
陰，坎之象也。」並以「先天八卦，乾南坤北，離東坎西」，正是佛
教所謂「惟心四大」，但仍不達於惟心之旨。並引《易經·繫辭傳上》：

110

> 是故《易》有太極，是生兩儀，兩儀生四象，四象生八卦，
> 八卦定吉凶，吉凶生大業。

中的「太極生兩儀，兩儀生四象」，以「四象」比「四大」。其又謂「水騰火降」，即「後天八卦」，「故離南坎北，以表騰降之象也。」並謂「儒門計風金二大爲天地之體，計水火二大爲天地之用，然後具生後天五行，不知太極動靜，全是當人妄心靜，依此妄動妄靜，妄有世界相續，豈有五行實法能相生尅哉？」是雖引儒家《易經》概念疏釋佛教之義，卻仍堅持儒家之說仍非究竟，仍不知一切動靜變化，皆是此心動靜變化之深意。太極之動靜陰陽是此心之動靜陰陽；世界之相續，亦是此心之相續耳！周敦頤〈太極圖說〉所謂「無極而太極。」[111] 是但從無住本立一切法，後人更以此而推無極爲太極之本，則又落入於「有」，是失其以無住立法的本旨。最後再引《易經‧繫辭傳上》：[112]

> 是故《易》有太極，是生兩儀。

中「《易》有太極」的概念，而謂「故孔子此處乃密指《易》理爲隨

---

[110] 同註 102，頁 156—157。

[111] 陳叔諒、李心莊：《重編宋元學案‧（一）‧卷九‧濂溪學案》（臺北：正中書局，1987 年 5 月臺第 6 次印行），頁 131。

[112] 同註 102，頁 156—157。

緣不變，不變隨緣之藏心。乃因機緣未到，故不得明言。此又菩薩苦心，（孔子於佛門中被稱爲儒童菩薩）不可不知。」

由上引二例來看，智旭引《易經》文字疏釋佛經時，似不斷的將孔子與一般儒家分開而論。孔子乃因因緣未到，故不明言其意，後儒不知孔子深意，妄以世法作解，遂以孔子表面之說而謂其與佛祖之教不同。是以俗儒之不如佛家，並不表示孔子之不如佛陀也。這是智旭會通儒佛時所暗寓之意，讀者應知其意，方不致看錯、不致誤解。

在同書卷八中又記載道：[113]

> 阿難，彼諸眾生堅固服餌而不休息，食道圓成，名地行仙。⋯⋯
> 堅固交遘而不休息，感應圓成，名精行仙。堅固變化而不休
> 息，覺悟圓成，名絕行仙。
> （文句）⋯⋯堅固交遘者，以心為離火，腎為坎水，降火提
> 水，令其交遘，以成仙胎。故感應圓成，名精行仙。

在這段文字中，智旭以《易經・說卦傳》中的：[114]

> 坎為水，⋯⋯離為火。

疏釋《楞嚴經》中「精行仙」降火提水，交遘而成仙胎也。

---

[113] 同註 109，頁 353—354。
[114] 同註 102，頁 186。

三、《占察善惡業報經玄義》

在《占察善惡業報經玄義》中記載道：[115]

> 第一釋名者，經題七字，六別一通。別七例中，今單從法，
> 占察二字，約能觀法；善惡業報四字，約所觀法。釋此能所
> 二法，復有兩番，初略次廣。初略釋者，占以瞻視為義，察
> 以詳審為義。各有事理。事者，依於大士所示三種輪相，至
> 誠擲視，名之為占審。諦觀其相應與否，名之為察。或自除
> 疑，或除他疑。但當學習此法，不得隨逐世間卜筮法也。理
> 者，依于大士所示一實境界，二種觀道，如實正向，名之曰
> 占。依於大士所示，巧說深法，離相違過，諦審思惟，名之
> 為察。

因《占察善惡業報經》是佛教中僧人遇有疑而不決之事時，可依此
經中觀音大士所示三種輪相，至誠擲視，諦觀其相應與否以決疑之
經典。僧人以此或自除疑，或除他疑，是佛法中最接近世間占筮之
事者。故智旭釋此經名時，特別強調僧人「但當學習此法，不得隨
逐世間卜筮法也。」

同書中又記載道：[116]

> 後廣釋占察者，善惡業報，至理玄微，非智莫顯，故須占

---

[115] 蕅益智旭：《占察善惡業報經玄義》（《卍續藏‧第壹輯‧第 35 冊‧支那撰述‧大小乘釋經部》），頁 51。

[116] 同上註，頁 62。

察。……故此經云:「不應捨棄如是之法而返隨逐世間卜筮種
種占相吉凶等事,貪著樂習。若樂習者,深障聖道也。」……
如永明大師已悟圓宗,仍作坐禪、萬善二鬮。當知拈鬮一法
出《圓覺經》,與今輪相及《灌頂神策經》同名正法,不比世
間卜筮也。

他不斷的強調「不應捨棄如是之法而返隨逐世間卜筮種種占相吉凶
等事,貪著樂習。」並引永明大師雖已悟道,卻仍作坐禪、萬善二
鬮以決其一生之事,可知拈鬮一法出自《圓覺經》,與此經輪相法同
為正法。蓋智旭所強調者,乃在僧人所應遵守的戒律也。

四、《占察善惡業報經義疏》

在《占察善惡業報經義疏・卷上》中記載道:[117]

不應捨棄如是之法,而返隨逐世間卜筮種種占相吉凶等事,
貪著樂習。若樂習者,深障聖道。
(義疏)世間卜筮等法,不知依于一實境界,不能表示無性
緣生,不說一切皆自心現,故樂習者深障聖道。以其或計邪
因,或計無因,終不能知正因緣法故也。

這也是智旭對於《占察善惡業報經》中占卜之事的說明。他明白的
說道,僧人之所以不可隨世間卜筮之法,乃因世間卜筮之法「不知

---

[117] 蕅益智旭:《占察善惡業報經義疏》(《卍續藏・第壹輯・第35冊・支那撰
述・大小乘釋經部》),頁70。

依于一實境界，不能表示無性緣生，不說一切皆自心現」，是以僧人若樂習此道，將會深障聖道，無法了悟正因緣法也。

五、《遺教經解》

在《遺教經解》中記載道：[118]

> 持淨戒者，不得販賣貿易，……不得斬伐草木，墾土掘地，合和湯藥，占相吉凶，仰觀星宿，推步盈虛，曆數算計，皆所不應。……於四供養，知量知足，趣得供事，不應畜積。（解）是中有二段文，從初至墾土掘地，是護戒令不同凡夫增過；從占相至不應積畜，是護戒令不同外道損智。……第二文中，先總遮五事，次明三處波羅提木叉。一、不得合和湯藥，二、占相吉凶，三、仰觀星宿，四、推步盈虛，五、曆數算計，凡此皆屬邪心求利，不達正因緣法，故遮止也。

這是藕益智旭疏釋《遺教經解》中「合和湯藥，占相吉凶，仰觀星宿，推步盈虛，曆數算計，皆所不應」時，謂此所以不應，乃因不論是占相吉凶、仰觀星宿、推步盈虛，還是曆數算計，都是屬於「邪心求利，不達正因緣法」之事，故應遮止不為也。

---

[118] 藕益智旭：《遺教經解》（《卍續藏‧第壹輯‧第59冊‧支那撰述‧大小乘釋經部》），頁14。

六、《四十二章經解》

在《四十二章經解》中記載道：[119]

> 後漢迦葉摩騰竺法蘭同譯。
>
> （解）後漢，即東漢，對前漢而言之。孝明皇帝永平三年，歲次庚申，帝夢金人，頂有日光，飛來殿庭，以問群臣。太史傅毅對曰：「臣聞西域有神，號之為佛，陛下所夢，其必是乎！」博士王遵亦奏曰：「按《周書異記》，載佛誕於周昭王二十六年甲寅。時江河泛溢，大地皆動，五色光貫太微。太史蘇由卜之，得乾之九五，飛龍在天，是西方大聖人也。後一千年，聲教流披此土。王命刻石為記，埋之南郊。後於周穆王時，乾坤震動，有白虹十二道，貫日經天。太史扈多占之，謂是西方大聖人入滅之象。」明帝乃於七年歲次甲子，勅郎中蔡愔、中郎將秦景、博士王遵等一十八人，西尋佛法，至印度國，請迦葉摩騰及竺法蘭用白馬馱經，并將舍利及畫佛像，以永平十年歲次丁卯，至洛陽。

這是蕅益智旭疏釋《四十二章經》為「後漢迦葉摩騰竺法蘭同譯」時，引孝明皇帝夜夢金人，謂王遵云「《周書異記》載佛誕於周昭王二十六年甲寅，太史蘇由卜之，得乾之九五，飛龍在天，是西方大聖人也。後一千年，聲教流披此土。王命刻石為記，埋之南郊」之

事。此雖非智旭解佛經經義之說，然亦可由此知佛門僧人言佛陀降生事時，即引《易經・乾・九五》（䷀）：[120]

> 飛龍在天，利見大人。

而謂「得乾之九五，飛龍在天，是西方大聖人也。」以此謂佛陀降生之事，中土早已由卜筮而得知矣！

七、《梵網經合註》

在《梵網經合註・卷六・第二十九邪命戒》中記載道：[121]

> 若佛子以惡心故為利養，販賣男女色，自手作食，自磨自舂，占相男女，解夢吉凶，是男是女，呪術工巧，調鷹方法，和合百種毒藥，千種毒藥，蛇毒，生金銀毒，都無慈愍心，無孝順心，若故作者，犯輕垢罪。
>
> （註）惡心者，明非見機益物之心，為利供養，共列七事。一販色，二作食，三占相解夢，四呪術，五工巧，六調鷹，七毒藥。此是性遮二業，然惟販色、毒藥二事，兼有性罪。餘但遮罪。……出家五眾全犯，在家除販色、調鷹、毒藥三種，其餘如法自活，不犯。……開遮者，出家人或偶用占相呪術工巧，隨機誘物，令入佛道，非希利心，亦復無犯。呪

---

[120] 同註 102，頁 10。

[121] 蕅益智旭：《梵網經合註》（《卍續藏・第壹輯・第 60 冊・支那撰述・大小乘釋經部》），頁 368—369。

術是治病救難所用，故大小兩乘，亦通有之。

這是蕅益智旭疏釋《梵網經》所謂爲利供養的惡心七事時，謂七事中的「作食、占相解夢、呪術、工巧、調鷹」五事是遮罪，而「販色、毒藥」二事，則兼有性罪。出家五眾於此七事皆不得犯，在家者則除「販色、調鷹、毒藥」三事外，爲自活之故，皆得作而不犯。其中，對於「占相解夢、呪術、工巧」三事，出家人若爲隨機誘物，令入佛道之中，非爲利欲者，則雖偶爾用之，亦開遮而無犯也。此例應與上舉言占筮爲世法數例同看，方不致有所誤解。蓋只要不是爲了一己之利，而隨機誘物，令入佛道，則皆無犯也。由此亦可知，何以歷來高僧多對世間占筮之術的《易經》十分熟悉之故也。

在〈卷六・第三十三邪業覺觀戒〉中則記載道：[122]

> 若佛子，以惡心故，觀一切男女等鬪，⋯⋯爪鏡、蓍草、楊枝、鉢盂、髑髏而作卜筮，不得作盜賊使命，一一不得作，若故作者，犯輕垢罪。
>
> （註）惡心者，明非見機益物，直是邪思邪覺也。⋯⋯四、卜筮、爪鏡，即圓光法。蓍草，即是《易》卦。⋯⋯出家五眾全犯，在家供養三寶，得作妓樂，出家不得自作，亦聽使白衣作。又投壺本於《禮記》，蓍龜本於《易》書，在家亦應無犯。大小俱制。開遮者，或見機益物等。又出家人欲決疑慮，自有《圓覺經》拈取標記法，《占察經》擲三輪相法，及

---

[122] 同上註，頁 370—371。

　　《大灌頂經‧梵天神策百首》，可依用之。

這是蕅益智旭疏釋《梵網經》中關於占筮之事時，更進一步的清楚
說明何以僧人卜筮犯戒，在家者則不犯之故。蓋蓍草、龜殼，本是
儒家《易經》占卜所用之物，而《易經》又是儒家聖人所傳幾部重
要經典之一，故在家行此法以決疑，自無所謂犯戒可言。然而出家
五眾若於行事有所疑惑時，自可依佛教經典中的「《圓覺經》拈取標
記法，《占察經》擲三輪相法，及《大灌頂經‧梵天神策百首》」，若
棄其自家經典，反用外典，則犯輕垢之罪。不過出家眾若為「見機
益物」，誘人入佛道中，則行此《易經》占筮之法，仍為尚可開遮者。
此例宜與上例同看。

八、《菩薩戒本箋要》

　　在《菩薩戒本箋要》中記載道：[123]

　　　若菩薩，身口諂曲，若現相，若毀呰，若因求利。
　　　（箋）身口諂曲者，總明邪命之相。若現相者，或現奇特相，
　　　或現寒熱相，皆是身諂曲也。若毀呰者，或卜相吉凶，為人
　　　說法；或高聲現威，令人敬畏，皆是口諂曲也。

這是蕅益智旭在《菩薩戒本箋要》中，談及菩薩戒時，謂「卜相吉

---

[123] 蕅益智旭：《菩薩戒本箋要》（《卍續藏‧第壹輯‧第61冊‧支那撰述‧大
　　小乘釋經部》），頁190。

凶，為人說法」，亦為出家僧人應戒「身口諂曲」病之一也。

九、《重治毗尼事義集要》

在《重治毗尼事義集要‧卷首‧音義‧原序》中記載道：[124]

> （輯釋）世尊於三界中，最為勇猛丈夫，故稱大雄。御，治
> 也、統也、用也。《易》曰：「乘龍御天。」極，寶位也。又
> 中也、至也、要會也。《書》曰：「惟皇作極。」御極者，處
> 於法王尊位，用中道設化，統治大千世界也。

這是蕅益智旭引《易經‧乾‧彖曰》（䷀）：[125]

> 時乘六龍以御天。

贊佛陀世尊於三界中最為勇猛，如乘龍御天也。

在〈卷一‧音義〉「離邪命法」中則記道：[126]

> （輯釋）有四邪命食：一方口食，謂干謁通使。二維口食，
> 謂呪術卜算。……又有五種邪命，一為利養故，詐現奇特異
> 相。二自說功德。三占相吉凶，為人說法。

---

[124] 蕅益智旭：《重治毗尼事義集要》（《卍續藏‧第壹輯‧第 63 冊‧支那撰述‧
大小乘釋經部》），頁 172。
[125] 同註 102，頁 10。
[126] 同註 124，頁 180。

這是濔益智旭在《重治毗尼事義集要》中論及「離邪命法」時,將「呪術卜算」視作「維口食」法,而「占相吉凶,爲人說法」,亦列入五邪命之一也。

在〈卷四‧十二被擯不服戒,大乘同制〉「汙他家,即因利求利,經理白衣等戒。行惡行,即邪業覺觀,邪命自活等戒。言僧有愛等,即謗僧戒所攝」中,則云:[127]

> 若比丘,依聚落,若城邑住,汙他家,行惡行。
>
> (輯釋)……第四分云:不應禮白衣,不應禮白衣塔廟,亦不應故左繞行,不應與人卜占,不應從人卜占。

智旭在疏釋「行惡行」時,亦將「與人占卜」及「從人占卜」,(即爲人占卜或請人爲己占卜)皆視作僧人不應當行的惡行之一。

由上述諸例來看,智旭或謂出家五眾行世間占卜之術犯戒,或謂若爲「見機益物,誘人入佛道中」,則可開遮,似是自相矛盾。然而其所著眼處,實只在行此占卜之術者,本身是否爲了悟實相之人而已。若爲悟道者,則收放自如,何有內典外典之分?若是未悟者,爲了名利,徒欲莊嚴文句而引用他典,則便是犯戒。與此類似的看法,可由智旭在《重治毗尼事義集要‧卷十五‧讀誦法》所云:[128]

> 《四分律》云:「不應以外道言語雜糅佛經,聽隨國俗言音所

---

[127] 同註 124,頁 199—200。

[128] 同註 124,頁 298。

解，誦習佛經。」

（輯釋）問：「且如此土老、莊及宣尼典籍，引入經論以釋義
旨，為有罪不？」答：「教眼未開，徒欲莊嚴章句，廣引文辭，
是名雜糅。若達實相法印，能簡能收，簡別分劑分明，不屈
不濫，收則麤言細語，皆第一義。或復旁引曲譬，令人開解，
皆順四悉，無違妨也。」

中的「若達實相法印，能簡能收，簡別分劑分明，不屈不濫，收則
麤言細語，皆第一義。或復旁引曲譬，令人開解，皆順四悉，無違
妨也」一語，清楚得知。

十、《沙彌十戒威儀錄要》

在《沙彌十戒威儀錄要‧七不歌舞倡伎，不往觀聽》中記載道：
129

> 唱曲吟詩名之為歌，掉臂躑足名之為舞，吹簫、彈琴、雙陸、
> 圍棋、擲股、搏錢、醫卜、星相、投壺、射箭、馳馬、試劍
> 等，並名倡伎，非出家人所應為也。

這是蕅益智旭在《沙彌十戒威儀錄要》中，談及「醫卜、星相」皆
非出家人所應為之事。

---

129 蕅益智旭：《沙彌十戒威儀錄要》（《卍續藏‧第壹輯‧第 106 冊‧支那撰
　　述‧大小乘釋經部》），頁 343。

十一、《在家律要廣集》

在《在家律要廣集・卷三・第三十邪業覺觀戒》中記載道：[130]

> 若佛子，以惡心故，觀一切男女等鬥，……爪鏡、蓍草、楊
> 枝、鉢盂、髑髏而作卜筮，不得作盜賊使命，一一不得作，
> 若故作者，犯輕垢罪。
>
> （合注）此五者皆為邪業惡心者，明非見機益物，直是邪思
> 邪覺也。……爪鏡，即圓光法。蓍草，即是《易》卦。……
> 投壺本於《禮記》，蓍龜本於《易》書，在家應無犯。開遮者，
> 或見機益物等。又出家人欲決疑慮，自有《圓覺經》拈取標
> 記法，《占察經》擲三輪相法，及《大灌頂經・梵天神策百首》，
> 可依用之。……雜戲起散亂心，卜筮起惑著心，……皆邪業
> 也，可不戒歟？蓍草並制者，釋子委運大化，宜莫留情。世
> 俗賴斯指迷，固所不禁。但貴斷以義命，毋膠執焉，斯名達
> 士矣！

這是蕅益智旭在《在家律要廣集》中，談及佛子不得作卜筮之事，[131]
因釋子有疑，自可藉《圓覺經》拈取標記法，《占察經》擲三輪相法
及《大灌頂經・梵天神策百首》以決疑，不須藉世間《易經》卜筮

---

[130] 蕅益智旭：《在家律要廣集》（《卍續藏經・第壹輯・第 106 冊・支那撰述・
戒律宗著述部》），頁 432。

[131] 讀者可參看本章註 122 所引智旭在《梵網經合註》中所云之語，與此例所言
相同。蓋二者所談皆為〈邪業覺觀戒〉也，只是前者專言佛子，此處則亦言
及在家眾。

之法。又釋子委運大化，宜莫留心於世情，而世俗則端賴卜筮以指迷，故在家者不禁此事。然亦應斷以義命，毋膠執著於此事也。

十二、《讚禮地藏菩薩懺願儀》

在《讚禮地藏菩薩懺願儀・卷下》：[132]

> 由因宿習，貪黨成群，攻發人之隱惡，樹黨己之凶倫，斯其造罪，獄治情枯，想升人世，傳送成形。如世扶箕、巫祝、童戲、卜算吉凶、休咎禍福、指顧陰陽，九流雖示於趨避，然皆墮落於偏邪。如斯一類，名傳送鬼。

這是蕅益智旭在《讚禮地藏菩薩懺願儀》中，謂世間「扶箕、巫祝、童戲、卜算吉凶、休咎禍福、指顧陰陽，九流雖示於趨避，然皆墮落於偏邪。如斯一類，名傳送鬼。」是以世間卜筮陰陽吉凶為邪事也。

第三節　小結

經由上面的討論，可知蕅益智旭乃是由儒入釋，以釋說儒的僧人。他因明末狂禪暗證之僧極多，故特重僧人的戒律，欲以戒律治狂禪之病。就其本身言，則欲兼通諸宗，不囿只作天台子孫，故對

---

[132] 蕅益智旭：《讚禮地藏菩薩懺願儀》（《卍續藏經・第壹輯・第 1291 冊・支那撰述・禮懺部》），頁 79。

於經、律、論各宗之說，皆極力涉獵，並有深究，著作極豐。然而他在最終的生命歸宿上，仍歸向念佛求生西方淨土。在三教同源論上，他認為只要不昧本心，則三教其實皆同；但若論至究竟，則仍以佛為最高。在世出世孝的理解上，他以為不論世出世間的道，皆由孝所積，故孝道是能該括世出世間一切萬行的。然而世孝畢竟須落實在身體的奉養照顧上，而身體其實只是四大緣生的假像，是以世孝非真。不過，只要能夠悟得同體法性，了知世出世孝皆不離此心此理，則雖世孝只是出世孝的始步初階，亦能因之而將世出世孝合一。

共計智旭佛經專門著作中，引《周易》經文卦爻有乾卦 1 例；引〈易傳〉者有：〈乾·象曰〉1 例、〈乾·文言〉1 例、〈繫辭傳〉6 例、〈說卦傳〉3 例，共 11 例。總計，其佛經專門著作共引《周易》經傳之文 12 例。

如以其會通《易》佛的方式來分，又可分為下列數種：

一、以《易經》個別名詞與佛理會通者

(一)以「寂然」、「感而遂通」、「縕」會通「如來藏」

在《楞嚴經玄義》中，智旭疏釋「如來藏」義時，引《易經·繫辭傳上》「寂然不動，感而遂通天下之故」，以「寂然」比「如來藏」的「如」意，以「感而遂通」比「如來藏」的「來」義。又引《易經·繫辭傳上》「乾坤，其《易》之縕耶？」比「如來藏」的「藏」

義。

(二)以「神」會通「妙」

在《楞嚴經玄義》中，智旭引《易經・說卦傳》「神也者，妙萬物而爲言者也。」及《易經・繫辭傳上》「陰陽不測之謂神。」謂《易經》此二語爲「贊造化之機」。蓋其意乃以《易經》之「神」釋《楞嚴經》的「妙」字之義。

(三)以「先天而天弗違」會通「妙真如性」

在《楞嚴經玄義》中，智旭疏釋《楞嚴經》的「性」字義時，謂如來藏妙真如性，即爲佛性。而引《易經・乾・文言》（☰）中的「先天而天弗違」以喻孔子說性字義時，似亦在「先天」而說，故「與天地合其德，與日月合其明，與四時合其序，與鬼神合其吉凶」者，乃正是此先天即存之性也。正似《楞嚴經》的「如來藏妙真如性」，亦是先天地萬有而存在的。

(四)以「《易》有太極」會通「藏心」

在《楞嚴經文句》中，智旭引《易經・繫辭傳上》中「《易》有太極」的概念，謂「故孔子此處乃密指《易》理爲隨緣不變，不變隨緣之藏心。乃因機緣未到，故不得明言。此又菩薩苦心，（孔子於佛門中被稱爲儒童菩薩）不可不知。」蓋智旭引《易經》之語釋佛經之義時，似不斷的將孔子與一般所謂儒家分開而論。孔子是因爲因緣未到，故不明言其意；後儒不知孔子深意，故妄以世法作解，

以爲儒釋二家聖人所說不同。是以其謂世儒之不如佛家，並不代表孔子之不如佛陀也。

(五)以「四象」會通「四大」

在《楞嚴經文句》中，智旭引《易經・繫辭傳上》「太極生兩儀，兩儀生四象」中的「四象」，會通佛教地水火風「四大」。

(六)以「飛龍在天」比附「西方大聖人」（佛祖）

在《四十二章經解》中，智旭轉引史書中所言《易經・乾・九五》（☰）「飛龍在天，利見大人。」而謂「得乾之九五，飛龍在天，是西方大聖人也。」以此比附佛陀降生事，中土早已由卜筮而得知矣！

在《重治毗尼事義集要》中，智旭引《易經・乾・彖曰》（□）「時乘六龍以御天」，贊佛陀世尊於三界中最爲勇猛，如乘龍御天也。

二、以《易經》五行、八卦與佛理會通者

(一)以八卦、五行會通佛教世界相續說

在《楞嚴經文句》中，智旭謂「水騰火降」即「後天八卦」，「故離南坎北，以表騰降之象也。」並謂「儒門計風金二大爲天地之體，計水火二大爲天地之用，然後具生後天五行，不知太極動靜，全是當人妄心靜，依此妄動妄靜，妄有世界相續，豈有五行實法能相生

尅哉？」雖引儒家《易經》概念疏釋佛教之義，卻堅持儒家之說仍非究竟，仍不知一切動靜變化，皆是此心之動靜變化。

(二)以「坎離」會通「精行仙」

在《楞嚴經文句》中，智旭以《易經・說卦傳》中的「坎為水，離為火」，以釋《楞嚴經》中「精行仙」降火提水，交遘而成仙胎也。

三、論世出世占卜法

(一)《圓覺經》、《占察經》、《大灌頂經・梵天神策百首》為僧人決疑之法，不應隨逐世間卜筮

在《占察善惡業報經玄義》、《占察善惡業報經義疏》中，智旭強調「不應捨棄如是之法而反隨逐世間卜筮種種占相吉凶等事，貪著樂習。」並引永明大師雖已悟道，卻仍作坐禪、萬善二鬮以決其一生之事。可知拈鬮一法出自《圓覺經》，與《占察善惡業報經》輪相之法同為正法，不比世間卜筮之法。蓋智旭所強調者，乃在僧人所應遵守的戒律也。

在《梵網經合註》中，智旭謂七事中的「作食、占相解夢、呪術、工巧、調鷹」五事是遮罪，而「販色、毒藥」二事，則兼有性罪。出家五眾於此七事皆不得犯，在家者則除「販色、調鷹、毒藥」三事外，為自活之故，皆得作而不犯。其中，對於「占相解夢、呪術、工巧」三事，出家人若為隨機誘物，令入佛道之中，非為利欲

之心者，則雖偶爾用之，亦開遮而無犯。又謂蓍草、卜龜之術，本為儒家《易經》占筮之物，而《易經》又是儒家聖人所傳重要經典之一，故在家而行此決疑，自無所謂犯戒可言。而出家五眾若有疑惑時，自可依用佛教經典中的「《圓覺經》拈取標記法，《占察經》擲三輪相法，及《大灌頂經・梵天神策百首》」。倘若棄其本家經典不用而用外典，則是犯輕垢之罪。

在《遺教經解》中，智旭謂不論是占相吉凶、仰觀星宿、推步盈虛，還是曆數算計，都是屬於「邪心求利，不達正因緣法」之事，故應遮止不為也。

在《菩薩戒本箋要》中，智旭謂「卜相吉凶，為人說法」，亦為出家僧人應戒「身口諂曲」之病也。

在《沙彌十戒威儀錄要》中，智旭謂「醫卜、星相」皆非出家人所應為之事。

在《在家律要廣集》中，智旭謂釋子有疑，自可藉《圓覺經》拈取標記法，《占察經》擲三輪相法，及《大灌頂經・梵天神策百首》以決疑，不可以世間《易經》卜筮之法行之。

在《讚禮地藏菩薩懺願儀》中，智旭謂世間「扶箕、巫祝、童戲、卜算吉凶、休咎禍福、指顧陰陽，九流雖示於趨避，然皆墮落於偏邪。如斯一類，名傳送鬼。」

由上引諸文可知，智旭站在佛教戒律的立場上，認為世間占卜吉凶之法對僧人而言是為邪事而犯戒的。

(二)若達實相法印，或「見機益物」，則世間卜筮亦無違妨

在《重治毗尼事義集要》中，智旭論「離邪命法」時，將「呪術卜算」視作「維口食」法，而「占相吉凶，爲人說法」，亦列入五邪命之一也。在疏釋「行惡行」時，亦將「與人占卜」及「從人占卜」，（即爲人占卜或請人爲己占卜）視作僧人不應行的惡行之一。不過，「若達實相法印，能簡能收，簡別分劑分明，不屈不濫，收則麤言細語，皆第一義。或復旁引曲譬，令人開解，皆順四悉，無違妨也。」故其所著眼處，實只在行此占卜之術者，本身是否爲了悟實相之人。若了悟實相，則收放自如，何有內典外典之分？若未悟實相，則是爲名利而引用外典，自是犯戒。

在《梵網經合註》中，智旭謂出家眾若爲「見機益物」，誘人入佛道中，行此《易經》占筮之法，則仍是尙可開遮者也。

由上述整理，可見即使是嚴守戒律的蕅益智旭，雖認爲世間卜筮陰陽吉凶之事爲邪事，然而在僧人若能達實相法印的前題下，則世間卜筮亦無違妨。故其在佛經注疏相關著作，如《楞嚴經玄義》、《楞嚴經文句》、《四十二章經解》中，亦多有引《易》語以疏釋佛教教義之處。若以智旭是嚴格的以僧律要求自己，且爲明末大力提倡戒律的僧人背景來看，他在佛經注疏相關著作中，仍多有引用《易》語以疏釋佛義處，可見《易經》對佛門僧人的影響有多麼深遠。[133]

---

[133] 如以本文第二章所討論出僧人引用陰陽五行占卜吉凶之語做爲禪門話頭的例子來看，如：「山僧開箇卜鋪，能斷人貧富，定人生死」、「靈龜呈卦兆，

失却自家身」、「孫臏收鋪去也，有卜者出來」、「泥龜任你千年，終不解隨雲鶴」等話語，可見禪門僧人在日常對話之中，是多麼習慣於借引陰陽五行占卜吉凶之語，而這種習慣，或者多少也影響了智旭認爲占卜若爲「見機益物」，則亦可開遮而視爲不犯的。

第四章
蕅益智旭日常雜著《易》佛會通考

　　在第三章中，我們對蕅益智旭在佛經注疏相關著作中，如何借引《易》語，會通《易》佛的情況已有了清楚的論述。基本上，蕅益智旭在其佛經注疏相關著作中所呈現出「會通」《易》佛的情況，其以《易經》個別名詞與佛理會通者，不論是在《楞嚴經玄義》中，引《易經・繫辭傳上》「寂然不動，感而遂通天下之故」，以「寂然」比「如來藏」的「如」意，以「感而遂通」比「如來藏」的「來」義；又引《易經・繫辭傳上》「乾坤，其《易》之縕耶？」的「縕」比「如來藏」的「藏」義；引《易經・說卦傳》「神也者，妙萬物而為言者也。」及《易經・繫辭傳上》「陰陽不測之謂神。」中的「神」釋《楞嚴經》的「妙」字之義；引《易經・乾・文言》中的「先天而天弗違」，正似《楞嚴經》的「如來藏妙真如性」；在《楞嚴經文句》中，引《易經・繫辭傳上》「《易》有太極」的概念會通佛教「隨緣不變，不變隨緣之藏心」等，雖然其所引《易經》之個別名詞不

同,然皆是表現其會通佛教「如來藏妙真如性」、「隨緣不變,不變隨緣」的特性,與本章所論智旭以天台「不一不二,界界互具」會通《易》佛者,同樣的都展現了其為大乘佛教直指心性、體用不二、即真即妄而無分別的共同真諦。所不同者,在於上章乃是智旭基於個別佛經注疏而偶引《易》語以會通佛說,而本章為其平時書信雜著所談,因此引用《易》語的情況又較上章更廣、更繁,也更為多樣而自由。

本章將在上章的基礎上,進一步的討論智旭在日常書信用語中,是如何廣泛而大量的引用《易》語、會通《易》佛的?又智旭平時的書信雜文,皆已被收入《靈峰宗論》裏,故本章討論範圍將集中在《靈峰宗論》一書,把書中凡是與《易》相關之語,皆羅列出來,並加以分析歸納,以完整的了解蕅益智旭日常生活會通《易》佛的情形。

第一節　引《易》語會通「不一不二、界界互具」之旨

「一念三千,百界千如」是天台宗最重要且基本的教義。蕅益智旭深究天台教義,雖不囿為天台子孫,然其會通《易》佛時,多以天台「一念三千,百界千如」之法行之。智者大師(538－597)

於《摩訶止觀・卷五上》云：[1]

> 夫一心具十法界，一法界又具十法界、百法界；一界具三十
> 種世間，百法界即具三千種世間。此三千在一念心，若無心
> 而已，介爾有心即具三千。亦不言一心在前，一切法在後；
> 亦不言一切法在前，一心在後。

是故一念與某界相應，此心即在某界。而此一念之心與諸法界皆無
任何隔閡，且互具互攝，故一界又必具十界，十界又各具十界，而
成百界。每一界又具如是性、如是相、如是體、如是力、如是作、
如是因、如是緣、如是果、如是報、如是本末究竟等十如是，故百
界而具千如。再加之以五陰、眾生、國土三世間，則此三千世間具
在一念之中矣！

龍樹《中論・觀四諦品》云：[2]

> 因緣所生法，我說即是空，亦為是假名，亦是中道義。

龍樹（150－250）本只說「空、假」二諦，智顗因之而說「空、假、
中三諦圓融」的中道實相觀。他在《妙法蓮華經玄義》裏說道：[3]

---

[1]　（隋）智顗：《摩訶止觀》（《大正新脩大藏經第四十六冊 No.1911》），頁
　　54 上。

[2]　龍樹作，鳩摩羅什譯：《中論》（《大正新脩大藏經第三十冊 No.1564》），
　　頁 33 中。

[3]　見《大正新脩大藏經第三十三冊 No.1716》，頁 741 中。

> 此三不定三，三而論一；一不定一，一而論三。不可思議，
> 不並不別，伊字天目。

強調各種法（三道、三藏、三識、三佛性等）皆法法圓融，互為一
體，即是妙用，亦是本體，如三角形之每角皆可為始，亦可為末。
故《大般涅槃經》所云：[4]

> 因有二種，一者生因，二者了因。能生法者名生因，燈能了
> 物，故名了因。

與：[5]

> 一切眾生有佛性，如乳中酪性，若乳無酪性，云何佛說有二
> 種因？一者正因，二者緣因。……緣因者即是了因。

其中的「生因、了因、正因、緣因」，在智顗看來，生因近於正因，
故創造了「正因、了因、緣因」的三因佛性說。合之以上述一而三，
三而一的法法圓融思想，乃成其不一不二之旨。

　　天台宗立一心三觀，於一心中圓修空、假、中三諦之說。一法
即一切法，此法為因緣所生，故為假觀；一切法即一法，則此法為
空，故為空觀；若非一亦非一切，則為中道觀。不論為空、為假、
為中，皆不外於此一心。而所謂三千世間、百界千如，亦不離此一

---

[4]　（東晉）法顯譯：《大槃涅槃經》（《大正新脩大藏經第一冊 No.7》），頁
　　530 上。

[5]　同上註，頁 531 下。

心也。一切既皆源於此心，不離此心，則一切世出世間法，皆為不一不二，亦皆界界互具而無分別也。

　　牟宗三先生在《佛性與般若‧下冊‧第一章‧天台宗之判教‧第一節‧法華經之性格》中，論天台宗教義云：[6]

> 《法華經》是空無第一序之內容的，它無特殊的教義與法數。……它的問題是佛意，佛之本懷；是權實問題，迹本問題，不是特殊的教義問題；它處理此問題的方式是開權顯實，開迹顯本。……開權顯實，開迹顯本，是《法華》之綱骨。……權對實言，迹對本言。權者暫時義，方便義，曲巧對機義，非究竟義，非了達義，粗不妙義。實者圓義，妙義，無那權中諸義。迹者近迹義，指佛有生之年之教迹而言。本者遠本義，指久遠之本而言，即佛成道成佛不自有生之年始，有生之年之「始成」只是其永恒生命所示現之近迹；他久遠以來早已成佛，此即示法身常住，此即是遠本也。……迹門開權顯實，本門發迹顯本，在此種開顯作用上顯出佛權實二智之大用。

明白指出天台宗所依《法華經》，其關心的是佛的本懷本意，故不似它宗有特殊的教義或法數，而它處理佛的本懷本意，則是「開權顯實，發迹顯本」。「開權顯實，發迹顯本」即為《法華經》之綱骨。

---

[6]　牟宗三：《佛性與般若‧下冊》（臺北：臺灣學生書局，1989 年 2 月修訂 5 版），頁 576－591。

他在同書〈第二節‧原初之洞見〉中接著說：[7]

> 即于淫怒痴而得解脫，此名曰「不斷斷」，亦曰「不思議斷」，
> 或「圓斷」。「不斷斷」者，不客觀地斷除或隔離淫怒痴等非
> 道之惡事而主觀地即得「解心無染」也。不即于淫怒痴等而
> 得解脫，則曰「斷斷」，亦曰「思議斷」，此非圓斷。在「不
> 斷斷」中，首先顯出主觀的解心無染與客觀的存在之法兩不
> 相礙而並存，此即《維摩詰經》所謂「但除其病而不除法」
> （文殊問疾品第五）。……生死、煩惱、淫怒痴等，有是凡夫
> 的，有是聲聞的，有是菩薩的，是則下自凡夫，上至菩薩，
> 每一法界之差別法，差別相，其成為差別，主要地說，是由
> 于無明。此中客觀地說固有法，而主觀地說亦皆有無明。

將天台宗「不客觀地斷除或隔離淫怒痴等非道之惡事，而主觀地即
得『解心無染』」的「不斷斷」的特殊看法提出。（亦即是于淫怒痴
之中而得解脫，主觀的解心無染與客觀的存在之法兩不相礙而並存）
既是不離情境而能得解脫的「不斷斷」，則自凡夫乃至菩薩，皆可于
其境中得解脫而無所差別。因此，《法華》綱骨之「開權顯實，發迹
顯本」，方更能於「不斷斷」的理念之中，顯其權實迹本，不一不二，
無所差別之旨。

雖說以「不斷斷」論「開權顯實，發迹顯本」，已可知天台《法
華》之綱骨，然究其所依以成義理之實，牟先生直謂為「一念心」。

7　同上註，600－601。

他在同書〈第二節‧原初之洞見〉中說道：[8]

> 然則此一圓教系統所依以成的義理之實是什麼呢？曰：即「一念心」是。此「一念心」亦曰「一念無明法性心」，亦曰「無住本」，亦曰「如來藏理」（六即中「理即」的如來藏，不是經過觀行後的如來藏）。此是相應那圓初的洞見（不斷斷中的「即」）而來的存有論的圓具（圓具一切法之圓具）之「一念心」。它不是經過經驗的分解（心理學的分解）而建立的特種的阿賴耶識，雖然它與阿賴耶識同是無明妄心；它亦不是分解地說的八識中的第六意識，雖然統此八識皆可名曰一念心，亦可說開決了此八識而成為一念心。分為八識是阿賴耶系統，此是別教說，而此「一念心」則是圓教說，……（圓教是就次第而不次第；開權顯實，非四味外別有醍醐，非三乘外別有一乘。）復次，它亦不是通過超越的分解而來的真常心。真常心之隨緣不變不變隨緣是如來藏真心系統，此亦是別教，而非圓教。它是消化了這真心之「但中」，就「不斷斷」之實踐中的存有論的圓具而說的煩惱心，故不偏指清淨真如理心以為「一念心」也，此不是一念靈知，「知之一字眾妙之門」，這靈知心也。

這《法華》天台的「一念心」是：圓具一切法之圓具的「一念心」，它不是經過經驗的分解而建立的特種阿賴耶識，也不是分解地說的八識中的第六意識，亦不是通過超越的分解而來的真常心。總之，

8　同註 6，頁 603。

天台宗所謂的「一念心」，絕不可以各種分解法說之。天台宗的「一念心」是就「不斷斷」之實踐中的存有論的圓具而說的煩惱心，故不偏指清淨真如理心以為「一念心」，而是即煩惱而證菩提的靈知妙心也。他接著再進一步的詮釋這所謂的「一念心」而說道：[9]

> 再進而說此「一念心」不但只是一念心，而且是即具一切法的一念心。一切法趣此一念心，是趣不過。此亦即是「一念三千」也。若只是分解的說識心，則不能說一念心即具三千。若只是分解的說真心，則亦不能說此一念真心即是三千世間法，而只能說它隨緣起現三千世間法。但此一念心，相應開權顯實之圓教，在「不斷斷」中，它必須存有論地圓具一切法─三千世間法。……此一念心即如來藏理，故此中有法性，亦有無明。法性就空如說，無明就十法界之差別相說。佛是即于九法界在「不斷斷」中成。是故此「一念心即如來藏理」亦名「一念無明法性心」。此一整詞不見于《摩訶止觀》，但有此義。前言一念三千不縱不橫為不可思議境，即不可說也。但若得意，亦可隨便宜說。……「無住本」是指「法性無住」與「無明無住」兩面而言。法性無住處，法性即無明。無明無住處，無明即法性。此種來回地「相即」明法性與無明非異體，乃即在「不斷斷」中而為同體之不思議境也。此即「一念無明法性心」矣。……此「一念無明法性心」即具十法界，此是就一念心而籠綜地言之。如此言之，是「心具」。若分拆

而從主從勝言之，則是「性具」或「理具」。性者法性也。理
者中道實相理也。

這「一念心」是具一切法的一念心，是「一念三千」的一念心。所
以如果只是分解的說識心，則便不能說一念心即具三千。若只是分
解的說真心，亦不能說此一念真心即是三千世間法，而只能說它隨
緣起現三千世間法。這「一念心」，相應開權顯實之圓教，在「不斷
斷」中，它必須存有論地圓具一切法即三千世間法。而這「一念三
千」不縱不橫，爲不可思議境，亦即不可說也。但若得意，亦可隨
便宜而說。其又釋「從無住本立一切法者」中的「無住本」，謂此指
「法性無住」與「無明無住」兩面而言。法性無住處，法性即無明；
無明無住處，無明即法性。這種來回地「相即」，明法性與無明非異
體，乃即在「不斷斷」中而爲同體之不思議境也。這便是「一念無
明法性心」。（蓋無明與法性相即而非異體也）即無明即法性，與上
述所謂「不斷斷」的六道凡夫乃至菩薩，皆不一不異而於各情境中
得證菩提同看，自可知此「一念無明法性心」即具十法界，此一念
心即具三千世界。是以牟先生最後乃云：[10]

圓教之所以爲圓教是相應《法華》開權顯實發迹顯本而立。
關鍵即在「一念無明法性心」即具十法界。從勝從主而說，
則曰性具或理具。「一念無明法性心」不是大混亂、大渾沌，
而是開權顯實，發迹顯本，相應圓教，在「不斷斷」中，所

---

[10]　同註6，頁613。

成立的圓說。只有這樣圓說的一念心（函著性具理具）始能
顯出開粗令妙，在「不斷斷」中，「低頭舉手皆成佛道」。

圓教之所以為圓教，是相應《法華》開權顯實、發迹顯本而立，關
鍵即在「一念無明法性心」即具十法界。從勝從主而說，則曰性具
或理具，然究其原本，則為此開權顯實，發迹顯本，相應圓教，在
「不斷斷」中，「低頭舉手皆成佛道」所成立的「一念無明法性心」
（一念心）。

　　此即智旭會通《易》佛的重要基本觀念，亦為其不論如何引經
據典以會通儒、釋，主要觀念多在此「一念心」之「界界互具，不
一不二」也。

一、引「乾知大始，坤作成物」會通之

　　在《靈峰宗論・卷二之五・法語五・示范得先》中記載道：[11]

> 惟得天下之最後者，能得（筆者謂：依文意看，得應作知）
> 天下之最先；惟知天下之最先者，能得天下之最後。故曰：「乾
> 知大始，坤作成物。」豈自強載物有二體哉？！

這是智旭開示范得先的法語，他引《易經・繫辭傳上》：[12]

---

[11] 蕅益大師：《靈峰宗論》（臺中：青蓮出版社，1997 年），頁 359。

[12] 《十三經注疏・1・周易、尚書》（臺北：藝文印書館，1989 年 1 月 11 版），
頁 144。

　　乾知大始，坤作成物。

以證其所謂「得天下之最後者，能知天下之最先；惟知天下之最先者，能得天下之最後」，如乾知始而坤成物，知始是乾之自強，成物是坤之載物，自強與載物，一如知先而得後一般，皆所以顯不一不二之旨也。

　　在同書〈卷三之三‧答問三‧答唐宜之問書義（有引）〉中則說道：[13]

　　（引文）乾知大始，坤作成物。有坤無乾固不可，有乾無坤又豈可哉？非初步無以為究竟之始，非到家無以結初步之局。此儒門智仁合一之學，與佛門解行互徹之旨相類也。儒不更贅，請言佛氏之學，須分四教，以辨內外小大偏圓。細思之，勿忽！

這是智旭給唐宜之問書義所回信中的引文，其信中主要論述佛家天台宗的化法四教——藏、通、別、圓之真義，並告訴他須以此四教辨別內外、小大、偏圓。其文中引《易經‧繫辭傳上》：[14]

　　乾知大始，坤作成物。

而謂「有坤無乾」與「有乾無坤」，皆不足以有始而成物。蓋乾之大

---

[13]　同註 11，頁 575－576。
[14]　同註 12，頁 144。

始為初步，坤之成物為究竟、為到家，非初步無以為究竟之始，非
到家無以結初步之局。其以乾坤互為終始之例，說明「儒門智仁合
一之學，與佛門解行互徹之旨相類。」此與上例同樣彰顯儒、佛二
家皆談不一不二之義也。

二、以卦爻變化與十界十如會通

在〈卷二之二‧法語二‧示郭太爵〉中則記載道：[15]

> 一塵法界，即無邊法界，法界本來無外故也。雲搏之法界不
> 大，蜩鳩之法界不小，以此解《易》，舉凡十界十如，權實之
> 要；五時八教，施設之方，總入一卦一爻。卦爻之法界不少，
> 界如權實之法界不多。故孔子曰：「假我數年，五十以學《易》，
> 可以無大過矣！」孔子傳千古聖賢心學，全以內自寡過者，
> 為趨吉避凶之門，所謂無入而不自得也。箋釋者，固不必盡
> 殉舊說，亦不必盡廢舊說。但虛其心，體其言外之旨，疏其
> 文字之脈，始信宋儒之循行數墨，公輩之索隱立異，皆非孔
> 子之所謂學也。

這是智旭對郭太爵開示語，其以法界本來無內外差別，故雲搏不大，
蜩鳩不小。接著以這樣的概念解《易》，藉《法華經》十界（地獄、
餓鬼、畜生、阿修羅、人、天、聲聞、緣覺、菩薩、佛。前六為凡
夫之迷界，即六道輪迴的世界。後四為聖者的悟界，此即六凡四聖。）

---

[15] 同註11，頁262－263。

十如（相、性、體、力、作、因、緣、果、報、本末究竟。前五如
爲權，屬凡夫；接著四如爲實，屬聖人；最後的本末究竟總結權實）、
五時八教（此爲天台判教理論，五時爲：第一華嚴時，第二鹿苑時，
第三方等時，第四般若時，第五法華涅槃時。八教爲：化儀四教之
頓教、漸教、秘密教、不定教。化法四教之藏教、通教、別教、圓
教。）的界界互具互攝之法，去解《易經》之各卦各爻，則卦卦爻
爻之權實施設皆互具互攝也。因此之故，孔子方在《論語‧述而第
七》中說道：[16]

　　加我數年，五十以學《易》，可以無大過矣！

三、引「天地之大德曰生」會通之

　　在〈卷二之一‧法語一‧示陳受之〉中記載道：[17]

　　聖賢皆以同體大悲，爲學問綱宗。儒謂「萬物皆備於我」，釋
　　謂「心佛眾生，三無差別」，推惻隱之心，可保四海；極大悲
　　之量，遍周法界。故曰：「天地之大德曰生。」儻殺戒不持，
　　豈名「一日克己復禮，天下歸仁乎？」願即向儒門實究，必
　　能奮然頓決於一日，位天地，育萬物，取諸片念而有餘矣！

---

[16] 《十三經注疏‧8‧論語、孝經、爾雅、孟子》（臺北：藝文印書館，1989
　　年1月11版），頁62。
[17] 同註11，頁195－196。

這是智旭以儒家「萬物皆備於我」，乃是「推惻隱之心，可保四海」
者，而釋家「心佛眾生，三無差別」，則為「極大悲之量，遍周法界」。
故儒釋二家聖人皆是以「同體大悲」的態度，做為各自學問的綱宗。
並引《易經‧繫辭傳下》：[18]

> 天地之大德曰生。

做「同體大悲」的註腳。然後再謂若向儒門真實學問參究進去，則
定會同意佛家戒殺之說，否則孔子於《論語‧顏淵第十二》中所云：
[19]

> 一日克己復禮，天下歸仁焉。

便無所著落了。這是智旭將儒門五常中的仁與佛教殺生之戒比而論
之，亦為不一不二之旨的運用。

在〈卷六之二‧序二‧悅初開士千人放生社序〉中則記載道：[20]

> 予幼崇理學，知天地之大德曰生，惻隱為仁之端，翻疑釋氏，
> 侈談無生，不近人情。稍長，見儒者雖言民胞物與，及其恣
> 口肥甘，則競說遠庖廚為仁術，曾不能思刀砧號叫之苦也。
> 雖不忍一念，必不可滅，然為貪忍異說所蔽，終不能伸，而
> 放生嘉會，每創自釋子，且推歷劫親緣，視以同體四大，究

---

[18] 同註 12，頁 166。
[19] 同註 16，頁 106。
[20] 同註 11，頁 930－931。

極以皆有佛性，其為好生懿德，必使大地含靈，盡證無生而後已。噫嘻！由此言之，非達無生，曷能好生？非真好生，曷證無生也哉？從此不顧名教，飄然薙髮，蓋誠有見於出世大慈大悲，方是大忠大孝，大仁大智，故不宵以夜郎自封也。

這是智旭為悅初開士千人放生社所作的序，其主要在說儒者雖談仁、談好生，卻不能思刀砧號叫之苦；而釋子則談無生，鼓勵放生，是乃真好生也。故謂「有見於出世大慈大悲，方是大忠大孝，大仁大智。」此為其出家原因之一，亦為其融儒、釋二家言論的發揮。他在此文開頭便引《易經・繫辭傳下》所云：[21]

天地之大德曰生。

以表儒家亦強調天地好生之大德，與釋教「推歷劫親緣，視以同體四大」而不忍殺生之意相同也。

四、引「乾剛坤柔」會通之

在〈卷二之二・法語二・示元印〉中則記載道：[22]

立身行己之道，志欲剛，氣欲柔。……凝神定志，拓度虛懷，人皆可以為堯舜。滿街都是聖人，謂我不能成佛，是自棄也。知可成佛，而不宵力行佛行，是自暴也。不自棄則志剛，不

---

21 同註12，頁166。
22 同註11，頁245－246。

自暴則氣柔。志剛則本立道生，氣柔則深造自得。志剛可上
求佛道，氣柔可下化眾生。志剛可荷負眾生，氣柔可承事諸
佛。《易》曰：「天行健，君子以自強不息。」〈用九〉「見群
龍無首，吉。」剛而柔也。「地勢坤，君子以厚德載物。」〈用
六〉「利永貞。」柔而剛也。剛柔合德，定慧力莊嚴，此世出
世法之正印也。

這是智旭對元印開示立身行己之道在「志欲剛，氣欲柔」的法語。「志
剛」則「不自棄而能成佛」、則「本立道生」；「氣柔」則「不自暴而
力行佛行」、則「深造自得」。然後引《易經‧乾‧象曰》（䷀）：[23]

天行健，君子以自強不息。

之「剛」，及〈用九〉所云：[24]

見群龍无首，吉。

之「柔」，（蓋此處之柔非謂爻，而謂〈用九〉所云「見群龍无首」
之「无首」，故爲柔。）而謂此乃「剛而柔」也。再引《易經‧坤‧
象曰》（䷁）：[25]

地勢坤，君子以厚德載物。

---

[23] 同註 12，頁 11。
[24] 同註 12，頁 10。
[25] 同註 12，頁 19。

之「柔」，及〈用六〉所云：[26]

　　利永貞。

之「剛」，（此處之剛亦非指爻，而是指〈用六〉所謂之「永貞」。）
[27]而謂此乃「柔而剛」也。以《易經》乾、坤二卦所兼具剛柔之德
與佛家定慧之力合言，謂此乃世出世法之正印也。

五、引「範圍天地，曲成萬物」、「神无方而《易》无體」、「不可為典要，唯變所適」會通之

　　在〈卷二之五・法語五・示馬太昭〉中記載道：[28]

　　　予向拈《周易禪解》，信無十一，疑逾十九。嗟嗟！我誠過矣！
　　　然察疑者之情，謂儒自儒，佛自佛。欲明佛理，佛經可解，
　　　何亂我儒宗？《易》果有禪乎？四大聖人豈無知者。《易》果
　　　無禪乎？爾何人斯，敢肆異說。噫！予是以笑而不答也。昔
　　　陸象山始疑天地何所窮際？逮豁悟後，不過曰：「東海有聖人
　　　出焉，此心同也，此理同也。南西北海有聖人出焉，此心此
　　　理，亦莫不然。」更不復談及天地。豈非以無窮無盡之天地，
　　　總不出此心此理，故不復生有邊無邊諸戲論哉？《易》曰：「範

---

[26]　同註12，頁20。
[27]　又〈坤・文言〉（䷁）云：「坤，至柔而動也剛。」（同上註）故智旭引坤
　　　卦而謂「柔而剛」。
[28]　同註11，頁394－398。

圍天地之化而不過，曲成萬物而不遺，通乎晝夜之道而知，故神无方而《易》无體。」夫《易》既範圍曲成矣！何无體？既无體矣！以何物範圍天地曲成萬物？噫！試深思之，可謂《易》无禪邪？可謂聖人不知禪邪？且聖人明言，「陰陽不測之謂神」，又言「神无方」矣！後儒必以乾陽配天配君，坤陰配地配臣，則廣八卦所云：乾為寒、為冰、為瘠馬等，坤為吝嗇、為文、為墨等，果何謂邪？聖人明言，「《易》无體」矣！後儒必以《易》定是《易》，尚不可推諸《詩》、《書》、《禮》、《樂》，況可推三寶、四諦、十二因緣、六度萬行。是四聖心邪？非四聖之心邪？至動莫若乾，畫（筆者案：字誤，應作畫）反奇，恐動或非動也。至靜莫若坤，畫（筆者案：字誤，應作畫）反偶，恐靜或非靜也。艮山兌澤，皆不動之物也，何得稱咸也？巽風震雷，皆不停之象也，何反稱恒也？坎中男也，何水至冷也？離中女也，何火至熱也？水降滅火也，火然竭水也，何以稱既濟也？水潤得所也，火炎上而順性也，何以稱未濟也？故曰：「不可為典要，惟變所適。」胡後儒之執為典要，不知變通也？馬太昭自幼留心《易》學，獨不以先入之言為主。客冬聞台宗一切皆權，一切皆實，一切皆亦權亦實，一切皆非權非實之語，方知《周易》亦權亦實，亦兼權實，亦非權實。又聞現前一念心性，不變隨緣，隨緣不變之妙，方知不易之為變易，變易之終不易。夫所謂不易者，惟无方无體故耳！使有方有體，則是器非道。何名神？何名《易》哉？又不達无方體，不惟陰陽是器，太極亦器也。苟達无方无體，不惟太極非器，陰陽乃至萬物亦非器也。周子

曰：「太極本無極也。」亦可曰：「陽本無陽也，陰本無陰也，
八卦本無卦也，六爻本無爻也。」故曰「陰陽不測之謂神」
也。陰陽設有方體，安得名不測也？論云：「諸法無自性，無
他性，無共性，無無因性，無性亦無性。（筆者案：應作無性
亦無無性）無性之性，乃名諸法實性。」噫！此《易》邪？
此禪邪？非《易》非禪邪？居士必能默識之矣！

這本是智旭開示馬太昭的法語，然而因馬氏自幼留心於《易》，所以
智旭特別與他談及自己作《周易禪解》，而受人質疑的一些過程與心
聲。這些話語，正可以做為了解智旭何以作《周易禪解》的基本資
料，亦可以知其如何看待《易經》。首先，一般人對《周易禪解》提
出的質疑，多半是站在或儒或佛的立場，而謂「儒自儒，佛自佛。
如果《易經》中真有禪，則伏犧、文王、周公、孔子四大聖人豈無
知而不道一語？如果《易經》沒有禪，則智旭你何以如此說呢？」
可是對智旭而言，天地萬物皆存乎此心，一切動靜變化亦皆來自此
心，所以，不論是《易》還是禪，不論是儒還是佛，亦皆不外乎此
心。他舉陸象山所云：東、西、南、北四方聖人，此心此理皆同，
而不復談及天地之故，乃是因為無窮無盡的天地，也總不出乎此心
此理也。接著引《易經‧繫辭傳上》：[29]

> 範圍天地之化而不過，曲成萬物而不遺，通乎晝夜之道而知，
> 故神无方而《易》无體。

---

[29] 同註 12，頁 147。

及：[30]

> 陰陽不測之謂神。

以為《易經》既然說到範圍曲成天地，則應有體，方能範圍曲成之。可是何以又接著說「神无方而《易》无體」？既無體無方，又以何物範圍天地，曲成萬物？以此觀之，可以說《易經》中沒有禪嗎？可以說作《易》的四位聖人不知禪嗎？《易經》中又明言「陰陽不測之謂神」，又言「神无方」，則神是陰陽不測的，是無方的，故不能以固定的模式去看待《易經》。然而後儒必以乾陽為天、君、寒、冰、瘠馬，以坤陰為地、臣、吝嗇、文、墨等，又豈是真知聖人所謂「神无方而《易》无體」之意呢？[31]是以若將《易經》所言皆死看之，如何能了解《易經》呢？以此邏輯推論，將儒與佛定看死看，則又如何能說了解儒、佛二家呢？

他接著又舉出《易經·咸》（䷞）為艮下兌上之卦，艮為山，兌為澤，山與澤皆表不動之物，何以《易經·咸·彖曰》（䷞）卻謂：[32]

> 咸，感也。柔上而剛下，二氣感應以相與。⋯⋯天地感而萬

---

[30] 同註 12，頁 147。

[31] 同註 12，見〈說卦傳〉云：「乾為天、為圓、為君、為父、為玉、為金、為寒、為冰、為大赤、為良馬、為老馬、為瘠馬。坤為地、為母、為布、為釜、為吝嗇⋯⋯為文、⋯⋯為黑。」

[32] 同註 12，頁 82。

物化生，聖人感人心而天下和平。觀其所感，而天地萬物之
情可見矣！

「二氣感應」、「天地感而萬物化生」、「聖人感人心而天下和平」，皆
是互動之意，何以感應互動之咸卦卻是由兩個不動的「艮山兌澤」
之象所構成呢？又《易經・恆》（䷟）爲巽下震上之卦，巽爲風，震
爲雷，皆表不停之象，何以《易經・恆》（䷟）卻云：[33]

　　〈彖曰〉：「恆，久也。……天地之道，恆久而不已也。」
　　〈象曰〉：「雷風恆，君子以立不易方。」

恆是「久」，是「恆久而不已」，是「不易」，皆是不動之意，何以不
動的恆卦卻由兩個不停的「巽風震雷」所構成呢？接著再引〈說卦
傳〉所云：[34]

　　坎再索而得男，故謂之中男；離再索而得女，故謂之中女。
　　坎爲水，……離爲火。

而謂坎爲中男，男爲陽，何以坎又爲至冷之水？離爲中女，女爲陰，
何以離又爲至熱之火？《易》之既濟（䷾）爲離下坎上，火下水上
之卦。水在上，火在下，故水降滅火，而火燃竭水。既是水降而滅
火，或者是火燃而竭水，相互滅亡，則何以稱爲既濟呢？又《易》

---

[33]　同註 12，頁 83—84。
[34]　同註 12，頁 185—186。

之未濟（☲）為坎下離上，水下火上之卦。水在下，故為水潤得所；火在上，故是火炎上而順性。既是水潤而得所，火炎上而順性，各得其所，則又為何稱為未濟呢？舉了這些看似矛盾之例後，智旭再引《易經‧繫辭傳下》：[35]

> 上下无常，剛柔相易，不可為典要，唯變所適。

中的「不可為典要，唯變所適。」而質疑後儒之執《易經》中的某些話語、意象為典要，是不知《易經》，不知聖人作《易》「唯變所適」之深意也。

有了對《易經》「神无方而《易》无體」、「不可為典要，唯變所適」等概念的基本理解後，方可知不易之為變易，變易之終為不易之理。蓋只有在無方無體的前題下，方有不易的可能。如果有方有體，則只是形而下的器，非形而上的道；只是器，則有生滅的變化，又如何能不易呢？此種不易與變易間的變化，正如佛教所謂「不變隨緣，隨緣不變」之妙。

是以若不知無方無體，則太極、陰陽、八卦皆只是器；若能知無方無體，則太極非器，陰陽非器，八卦非器，乃至萬事萬物皆非器也。知《易》無方無體，則可知《易》之亦權亦實，亦兼權實，亦非權實。故《易》只是《易》嗎？《易》不是禪嗎？《易》不是《易》也不是禪嗎？此乃智旭運用天台宗不一不二之旨，以會通禪

---

[35] 同註 12，頁 174。

與《易》也。

在〈卷二之五・法語五・示吳劬菴〉中記載道：[36]

> 五戒即五常。不殺即仁，不盜即義，不邪淫即禮，不妄言即
> 信，不飲酒即智。所以在天為五星，在地為五嶽，在時為五
> 行，在人為五臟。天有五星，地有五嶽，時有五行，人有五
> 臟，方成立色體。然五常秖能為世間聖賢，維世正法。而五
> 戒則超生脫死，乃至成就無上菩提。以儒門但總明戒相，未
> 的確全示戒體故也。何名戒體？謂吾人現前一念良知之心，
> 覺了不迷為佛寶。佛者覺也，儒亦云「明明德」，而未知「明
> 德」即現前一念本覺之體，「明明德」即現前一念始覺之智。
> 依於本覺而有始覺，以此始覺契乎本覺，始本不二名究竟覺，
> 此心性即佛也，吾人現前一念所知之心為法寶。儒亦云：「範
> 圍天地，曲成萬物。」而未顯言。內而根身種子，外而山河
> 國土，天地虛空，乃至百界千如種種差別，皆是現前一念所
> 現。故此心相，盡名法也。如此，心外無境，境外無心，於
> 其中間，無是非是，心境和合，從來不二，名和合僧也。

智旭除了以儒家五常與佛家五戒相配，一如天有五星，地有五嶽，
時有五行，人有五臟般的自然相應。其不同者，在五常只能維世間
之正法，故只明戒之相，尚不知戒之體。而五戒則能超生脫死，乃
至成就無上菩提，方能全示戒體也。在這段文字後，他引用了《易

---

[36] 同註 11，頁 405－407。

經‧繫辭傳上》所云：[37]

> 範圍天地之化而不過，曲成萬物而不遺，通乎晝夜之道而知，
> 故神无方而《易》无體。

中的「範圍天地」、「曲成萬物」，謂儒家所謂「範圍天地、曲成萬物」，
並非不知一切事物皆現前一念心性所現之理，只是儒家聖人沒有明
說而已，以此會通儒、佛不二之理也。

六、引「形而上者謂之道，形而下者謂之器」會通之

在〈卷二之四‧法語四‧示李剖藩〉中記載道：[38]

> 孔子答善人之道，謂不踐迹。又云：「善人吾不得而見。」甚
> 矣！不踐迹之難也，下學而上達，斯不踐迹而入室者乎！上
> 達為君子，下達為小人，汝為君子儒，毋為小人儒。當知四
> 科六藝皆迹，而三綱五常亦迹也，天地日月兩儀太極無非迹
> 也，皆形而下者也。神而明之，存乎其人，形而上者，乃謂
> 之道。中人以上，可以語上，非剖藩是望而誰望？

這是智旭開示李剖藩之語，文中謂孔子所云踐迹而入室，一如下學
而上達。（下學即是踐迹，有踐迹，方能上達而入室。）下學為形而
下者，如四科六藝、三綱五常、天地、日月、兩儀、太極皆迹也。

---

[37] 同註 12，頁 147。
[38] 同註 11，頁 344－345。

上達則為形而上者，是神而明之的道。此所謂「形而下、形而上」者，乃引自《易經‧繫辭傳上》之：[39]

是故形而上者謂之道，形而下者謂之器。

而「踐迹入室」、「下學上達」，正與「形上形下」之道與器一樣，其關係實為皆為不一不二的。

在〈卷四之二‧說‧法器說〉中記載道：[40]

盈天地閒，皆器也。天為覆器，地為載器，日月為照明之器，虛空為容受之器，夫誰為不器者？其唯形而上者乎！然形而上者，使離於天地日月虛空萬物，不幾為兔角龜毛哉！？縱天地日月虛空萬物外，果別有一法，名之曰道，其誰見聞之？設可見聞，又一器而已矣！何名不器？吾是以知形而上者謂器即不器。器即不器，乃可稱法器耳！子以四教，文行忠信，古之學者以之為道，今之學者以之為器。顏子博文約禮，而欲從末由，則何器非道？求、赤各得其偏，而富強禮樂，則何道非器？惟吾佛門亦然。《三藏》十二部，佛之以文教也。四等六度，佛之以行教也。至誠心深心，回向發願心，佛之以忠信教也。文為般若德，行為解脫德，忠信為法身德。般若有三，謂文字、觀照、實相，亦三德也。解脫有三，謂性淨、圓淨、方便淨，亦三德也。法身有三，謂自性、受用、

---

[39] 同註 12，頁 158。
[40] 同註 11，頁 651—653。

變化，亦三德也。三三不為多，一三不為少，不縱橫，不並
別。隨拈一法，諸法頓彰，何器而非道？何道而不具足一切
器？先儒謂物物一太極，太極本無極，庶幾近之。蓋以太極
為太極，則太極亦一器矣！知太極之本無極，而物物無非太
極，則物物無非道矣！以此持戒，名無上戒。以此念佛，名
無上禪。以此閱教，名甚深般若。以此禮拜持誦作諸善事，
名普賢行門。將此隨類度生，名遊戲神通。若未悟此，而勤
修行門，祇名有漏有為。若離諸行門，而別求向上一著，祇
名龜毛兔角，亦名捉影捕虛。故不曰不器，而曰法器。夫器
以法稱，不逃空於器外，不局有於器中。非有非空，超諸戲
論。真儒邪？真佛邪？吾不得而區之矣！

這是智旭藉道與器之分別而談佛門法器之說。蓋器為有形的，道為
無形的，此正可以與佛教之有無概念相對來看。智旭熟讀儒家經典，
故其談道器之分，引《易經・繫辭傳上》所云：[41]

是故形而上者謂之道，形而下者謂之器。

謂如天地、日月、虛空皆為形而下的、有形的器，而形而上的、無
形的道，又無法離天地、日月、虛空這些有形的器而獨自存在。就
算是在天地、日月、虛空、萬物之外，真還有一個名之曰道的東西，
則因其無形，又有誰能見之聞之？就算道可見可聞，則可見可聞的
道，又轉只是一器而已。以此推論，可知道與器是不一不二的。故

---

[41] 同註 12，頁 158。

智旭乃謂「形而上者謂器即不器。」器即不器，便轉而爲道。蓋道之與器，正如體之與用。道器不二，亦正如體用不二。此處之道，於智旭佛門教義中，便稱爲法器了。是故器與道之分，只在一心作用而已。心無分別，則天地、日月、虛空無非器，亦無非道，是以器即不器也。然後他將佛教教義融入儒家談文、行、忠信之例，而謂：

> 《三藏》十二部，佛之以文教也。四等六度，佛之以行教也。至誠心、深心、回向發願心，佛之以忠信教也。文爲般若德，行爲解脫德，忠信爲法身德。般若有三，謂文字、觀照、實相，亦三德也。解脫有三，謂性淨、圓淨、方便淨，亦三德也。法身有三，謂自性、受用、變化，亦三德也。三三不爲多，一三不爲少，不縱橫，不並別。隨拈一法，諸法頓彰，何器而非道？何道而不具足一切器？

將「《三藏》十二部」喻爲文之般若德，「四等六度」喻爲行之解脫德，「至誠心、深心、回向發願心」比做忠信之法身德，而般若、解脫與法身又各各有三。隨拈一法，諸法頓彰，則何器而非道？何道而不具足一切之器？此正爲體用不二、道器不二之理也。故以儒家語言來說，若將太極只視爲太極，則太極也只是一器而已；如果能知太極本爲無極，而物物無非太極，則物物亦無非道矣！若能知此體用不二、道器不二、器即不器，不一不二之理，則又如何會有儒、佛之分呢？

蓋此雖藉《易經》「形而上者謂之道,形而下者謂之器」之說,談道器不二、體用不分之理。然由此段話語,亦可知智旭對儒、佛二家的看法,乃是若爲真儒家、真佛者,應是沒有儒、佛之分的。

七、引「謙尊而光,卑而不可踰」會通之

在〈卷四之二・說・謙光說〉中記載道:[42]

> 《易》曰:「謙,德之柄也。謙尊而光,卑而不可踰。」此與當仁不讓於師之旨無殊。經云:「心佛眾生,三無差別。」眾生與佛平等,不應輕於一切,故示以謙。佛與自心平等,不應誘能於佛,故策以不讓。不讓故無卑劣慢,謙故無增上慢,及我慢邪慢,此謙之實義也。欲契此實義,應諦觀現前一念心之自性,適言其有,覓不可得。適言其無,應用無盡。以爲在內,周遍六虛。以爲在外,覺滿身際。以爲即身,夢不俱寐,死不俱滅。以爲離身,除卻四大六根,畢竟便無形相。是知凡夫終日在妄之心性,即離過絕非之心性,不俟成佛而後離過絕非也。夫我心性本自離過絕非,何得讓能於佛?一切眾生心性亦罔不離過絕非,何得稍生忽慢?由不讓故,上合十方諸佛,與佛如來同一慈力。由不輕故,下合十方眾生,與諸眾生同一悲仰。是謂「尊而光,卑而不可踰,君子之終也。」

---

[42] 同註 11,頁 636—638。

這是智旭直引《易經‧繫辭傳下》之：[43]

　　謙，德之柄也。

及《易經‧謙‧彖曰》（䷎）之：[44]

　　謙，尊而光，卑而不可踰，君子之終也。

談謙光與佛經所謂「心佛眾生，三無差別」是相同的。蓋眾生、自心與佛平等，故示之以謙。謙，故無增上慢及我慢、邪慢，此《易經》謙義與佛經眾生平等之義同也。而要了解謙卦之義，則只要諦觀自己一念心性，是上合十方諸佛，與佛如來同一慈力；（此即尊而光）下合十方眾生，與諸眾生同一悲仰。（此即卑而不可踰）能知此心佛眾生皆無差別之真諦，便可知謙之「尊而光，卑而不可踰，君子之終」之深意。而「心、佛、眾生，三無差別」，不亦正是「不一不二」之旨的運用。

八、以乾、復、剝三卦變化會通之

　　在〈卷五之一‧書一‧寄徐雨海〉中記載道：[45]

　　居士生長富貴，不知世閒些小苦事，況此大苦？然雄才大略

---

[43]　同註 12，頁 173。
[44]　同註 12，頁 47。
[45]　同註 11，頁 745—746。

　　膽識高曠之人，負蓋世資，具千古學，懷聰明慢，眼空天下，
世出世法，麤心浮氣，未入甚微細智法門。非此惡辣鉗錘，
何由入聖賢閫域、佛祖堂奧？天降大任，必行拂亂，動心忍
性四字，不妨十思百思，迺圖中第一法藥也。乾之上九，「亢
龍有悔」而不食之碩果，轉為不遠之復。復之〈象〉辭曰：「至
日閉關，商旅不行，后不省方。」即「潛龍勿用」之意。盈
虛消息，通於至道。於通起塞，即塞成通，台觀所以貴善識
也。日為居士持大悲咒七遍，脫難為期，萬自愛勉。

這是智旭給徐雨海的一封信，信中告訴徐氏，因其生長於富貴之家，
故不知世間之苦。又謂徐氏就如世間所謂雄才大略，具有膽識之人，
多有聰明驕慢，眼空天下之病，故要以惡辣鉗錘之法，方能入入聖
賢閫域、佛祖堂奧。其後乃引《易經·乾·上九》（䷀）：[46]

　　亢龍有悔。

及《易經·乾·初九》（䷀）：[47]

　　潛龍勿用。

《易經·復·象曰》（䷗）：[48]

　　雷在地中，復。先王以至日閉關，商旅不行，后不省方。

---

[46] 同註 12，頁 10。
[47] 同註 12，頁 8。
[48] 同註 12，頁 65。

《易經・復・初九》（䷗）：[49]

　　不遠復，无祇悔，元吉。〈象曰〉：「不遠之復，以脩身也。」

與《易經・剝・上九》（䷖）：[50]

　　碩果不食，君子得輿，小人剝廬。

等《易》語，而謂「乾之上九，亢龍有悔。而不食之碩果，轉爲不遠之復。（此謂剝上九爻與復之初九爻互易，故由剝上九之「碩果不食」轉爲復初九之「不遠之復」。蓋此二卦乃上九與初九爻不同耳。）復之〈象〉辭曰：「至日閉關，商旅不行，后不省方。」即「潛龍勿用」之意。（此又指復卦初九爲陽，其他五爻爲陰，與乾卦六爻皆陽之狀，僅初九爻同爲陽，故謂復卦象辭之「閉關」、「不行」、「不省方」，正爲乾初九所云之「勿用」也。）盈虛消息，通於至道。於通起塞，即塞成通，（此謂《易經》卦爻變化。）台觀所以貴善識也。」蓋此信雖智旭因徐氏出身富貴，其性格中有自視甚高的驕慢，故應病與藥，勸其凡事應動心忍性，思之再思而後行。然由其因《易經》之乾、復、剝諸卦卦象上的異同，而將這些卦爻辭及其盈虛變化，與佛教「於通起塞，即塞成通」，不一不二之旨會而通之，可知智旭對於《易經》是十分純熟的。

---

[49]　同註 12，頁 65。
[50]　同註 12，頁 64。

九、引「洗心，退藏於密」、「乾坤其《易》之蘊邪」會通之

在〈卷四之二・說・洗心說〉中記載道：[51]

> 於一心中，既妄成三惑，了彼三惑，即成妙三止矣！體真止
> 者，了知十界無非一心，能融界內界外見思之惑。方便隨緣
> 止者，了知一心具足十界，能融界內界外塵沙之惑。息二邊
> 分別止者，了知一心十界、十界一心不可思議，能融根本無
> 明之惑。由能融惑也，三止皆有止息義焉；由能了知也，三
> 止皆有停止義焉。由惑與理無二體，能融所融，能知所知，
> 無二致也，三止皆有不止止義焉。三止各具三義，則是九義。
> 九義祇是三止，三止祇是一心。一心本無能洗所洗，而能洗
> 所洗宛然不濫。〈易傳〉曰：「聖人以此洗心，退藏於密。」
> 義極於此。

這是智旭談洗心之說，其主要在說明佛教教義中，「一心具足十界，
十界無非一心」這種一念三千、百界千如的概念。也因此一心具十
界，十界無非一心的概念，故「能」、「所」皆無二致。是以不論其
謂「體真止、方便隨緣止、二邊分別止」所能止息的各種惑，所代
表的各種止息之義，皆只是源於一心而已。此心本無「能洗」、「所
洗」之分，故「能洗」、「所洗」宛然不濫。此義一如《金剛經》「能
無所住而生其心」的「無所住」，其不著有、無、非有非無、亦有亦

---

51 同註 11，頁 636－638。

無之任何一邊也。他在最後則引《易經‧繫辭傳上》：[52]

　　聖人以此洗心，退藏於密。

謂《易經》聖人洗心之所以「退藏於密」的「密」字，正可以證佛教所論洗心之不著「能所、有無」之任何一邊之義也。

　　在〈卷四之二‧說‧藏野說〉中記載道：[53]

　　《易》曰：「聖人以此洗心，退藏於密，吉凶與民同患。」又曰：「同人於野，亨。」蓋不藏不以致用，而不於野，不能為大同。乾之初九曰：「潛龍勿用。」潛即藏也。藏者，道之體也。歷見惕躍飛而不改其本體，故曰不變塞焉，知進退存亡而不失其正也。世但謂乾為陽物，坤為陰物而已，孰知一陰一陽之謂道，即形而下是形而上。其君之也，即所以藏之；其藏之也，即所以君之，元非偏屬者乎？故又曰：「乾坤其《易》之蘊邪？」蘊即藏也。藏乾坤於《易》，《易》外無乾坤；藏《易》於乾坤，乾坤外亦無《易》。又以《易》與坤而藏於乾，乾外無坤與《易》也。以乾與《易》而藏於坤，坤外無《易》與乾也。斯之謂物物一太極，太極本無極也。

這是智旭談「藏」與「野」這兩個看似消極的概念之文，其全篇皆引《易經》中與這兩個概念有關的文字而闡釋之。他首先引《易經‧

---

[52] 同註 12，頁 156。

[53] 同註 11，頁 658-659。

繫辭傳上》：[54]

> 聖人以此洗心，退藏於密。

與《易經‧同人》（☰）：[55]

> 同人于野，亨。

而謂《易經》既云「聖人退藏於密」，又道「同人于野」為「亨」，是則「藏」與「野」皆是表面看似不好，實則蘊含大用大同之「亨」的深意。蓋不藏則不足以致用，而不曾處於野，則不能為大同。他接著又引《易經‧乾》（☰）：[56]

> 初九，潛龍勿用。
> 九二，見龍在田，利見大人。
> 九三，君子終日乾乾，夕惕若，厲，无咎。
> 九四，或躍在淵，无咎。
> 九五，飛龍在天，利見大人。

各爻爻辭的特徵，與〈乾‧用九〉所云：[57]

> 知進退存亡而不失其正者，其唯聖人乎！

---

54 同註 12，頁 156。
55 同註 12，頁 44。
56 同註 12，頁 8。
57 同註 12，頁 17。

而謂「歷見惕躍飛而不改其本體，故曰不變塞焉，知進退存亡而不失其正也。」蓋「見」為乾之九二，「惕」為乾之九三，「躍」為乾之九四，「飛」為乾之九五，而不論為乾卦之何爻，皆不離其為乾卦之本體，故謂「不變塞」。是以不變其為乾之本體，又不塞於其僅為乾，而能旁通變化於其他，是以「知進退存亡而不失其正」。「知進退存亡」是不塞而通，「不失其正」則為不變本體。最後智旭再引《易經・繫辭傳上》：[58]

> 一陰一陽之謂道。

與：[59]

> 乾坤，其《易》之縕邪？乾坤成列而《易》立乎其中矣！乾坤毀，則无以見《易》。《易》不可見，則乾坤或幾乎息矣！是故形而上者謂之道，形而下者謂之器。

而謂乾為陽物，坤為陰物，此一陰一陽之坤與乾的「形而下之器」，亦即為「形而上的道」，故《易經》乃謂「一陰一陽之謂道」。亦即謂形而下的器與形而上的道是不一不二的。故乾之君，即坤之藏；坤之藏，即乾之君。是以《易經》乃云：「乾坤，其《易》之縕邪？」縕便是藏也。是《易》與乾、坤相互藏之，相互縕之。無乾、坤，則無《易》；無《易》，又何以見乾、坤？此文表面談藏與野、《易》

---

[58] 同註 12，頁 148。
[59] 同註 12，頁 158。

與乾坤、形而上與形而下，實則仍爲不一不二，一切皆爲一念心性作用所起概念的發揮。

十、引「介于石，不終日」會通之

在〈卷五之三・記・介石居記〉中記載道：[60]

> 自寂光之性，醫於五住塵勞，一切含識，鮮有恆居。雖四禪四空，及方便土，亦屬旅泊。然以正法眼觀，則世間相即常住相，妙在不為物轉，便能轉物。故《楞嚴》云：「見與見緣，并所想相。如虛空華，本無所有，元是菩提妙淨明體。」蓋惟達無所有，方契菩提。儻逐境生情，流轉從茲相續矣！予讀豫之六二曰：「介于石，不終日。」未嘗不掩卷太息也。夫六道豫有，二乘豫空，藏通菩薩豫於度幻，別教大士豫於但中，皆未了法界隨無明流。豈若圓頓初心，悟因緣即空假中，法本無住，物亦不遷。是則幾之微也，不容一瞬，況終日乎？無生剎那，名之為介。常自寂滅，喻之以石。融剎土於毫端，會古今於當念，以三無差別，而獲二殊勝，不諂不瀆，義極於此。誰謂宣尼心學僅在六合內，而牟尼法要不在日用閒哉？權可居士，額其居曰介石，因記之。

這是智旭因權可居士名其居曰「介石」，而作此記以誌之。其謂以寂光之性來看，則四禪（指色界中的初禪、第二禪、第三禪及第四禪）

四空（指眾生執著「有」之四種空：法相空、無法相空、自法空、他法空）及方便土（指善巧權設之淨土），皆只是暫時旅泊之境，而非恒居究竟之處。然若以正法眼觀，則世間相即常住相。蓋不為物轉，則不逐境生情；不逐境生情，則不流轉相續不定矣！其引《易經・豫・六二》（䷏）：[61]

　　介于石，不終日，貞吉。

而謂《易經・豫・六二》之「介」，即同於佛教之「無生剎那」；「石」則同於「常自寂滅」。又謂六道（地獄、餓鬼、畜牲、修羅、人與天道）豫於有，二乘（聲聞、緣覺）則豫於空，藏通菩薩豫於度幻，（此指天台化法四教之藏、通）別教大士則豫於但中，（天台化法四教的別教，於空假之外，別立中道一理，顯別教之中觀）皆未了法界隨無明而流之義。不若圓頓初心，（此指天台化法四教中的圓教）能悟因緣即空假中，而法本無住，物亦不遷之理。然《易經・豫・六二》「介于石」之義能與佛教「無生剎那」、「常自寂滅」之理相應，故孔子心學不僅在六合之內，而牟尼法要亦可在日用之間。其妙在一心作用，不隨物轉也。此又智旭以法本無住，物亦不遷，不一不二之旨，融儒、釋二家教義之例也。

---

[61] 同註 12，頁 49。

十一、引《易經》八卦表四大而會通之

在〈卷六之三・序三・入法界序贈程季清〉中記載道：[62]

> 夫風水陰陽則非邪因緣、無因緣也明矣！覺明空昧，相待成
> 搖，風自始也。寶明生潤，火光上蒸，水自出也。是故華藏
> 莊嚴世界海，一絕大風水也。動為陽，靜為陰。動靜相乘，
> 物有生成變化。動靜相奪，界有成住壞空。統而論之，不過
> 吾人心識之相分耳！全體虛妄，而全妄依真。因緣生法，即
> 空假中。故琉璃光，觀風動性，合十方佛，傳一妙心。月光
> 習水，觀得無生忍，圓滿菩提。蓋性水真空，性空真水。性
> 風真空，性空真風。雖隨心應量，循業發現，各各不同。未
> 嘗不即清淨本然，周遍法界也。夫堪輿綱要，莫若二十四山。
> 儻就蓮華臺藏而觀，歡喜國為震，安樂國為兌，寶相午位，
> 成就子宮，迺一娑婆界，復具二十四山。此四天下，在華藏
> 東，卯位也。約四天下，南閻浮提，離位也。復就一閻浮提，
> 仍具二十四山。震旦在南洲東北隅，蓋震、艮閒耳。而兩京
> 十三省，又自論二十四山。且就一省中一府，府一縣，縣一
> 家，家一室，乃至室中一坐具，罔不各具二十四山也，則罔
> 不各具天地盤諸吉凶神曜也。又此一坐具，東看則西，南觀
> 成北，從彼彼坐具互互視之，無一毛頭許，不具二十四山。
> 全體大用，此毛頭二十四山，即華藏界二十四山，無二無二
> 分，無別無斷。所以云：「一微塵之法界不小，法界之法界不

大，是可思議不可思議邪？」不變隨緣，舉法界為一毛頭，隨緣不變，一毛頭全具法界，如此方知可思議之風水，本不可思議。季清本證此現量，不離風水陰陽之說，具說一切法門。不知者，以為風水也。孰知以大菩提心，觀不思議境，即以此滿菩薩行，趨入菩薩道乎？他日佛坐道場，有南詢者，十願居士當告之曰：「我惟知此風水善巧法門，如諸菩薩摩訶薩，智慧如大海，願力如虛空，具證法界差別性相，遍知一切無差別法，而我云何能知能說彼功德行？」汝當次第參請，乃至得見一生補處時，蕅益道人伸右手摩其頂矣！

這是智旭所寫〈入法界序〉，並以之贈程季清。文中將陰陽風水之說與佛教教義中，世間一切皆由地水火風四大聚而成之的說法同看，而謂世間風水與釋氏所謂四大相應，將風水之說與佛教教義融於一也。他將陰陽動靜之變化，世界成住之壞空，皆視為一心之作用，心識之相分而已。其或以佛教語言謂風水為：

> 故琉璃光，觀風動性，合十方佛，傳一妙心。月光習水，觀得無生忍，圓滿菩提。蓋性水真空，性空真水。性風真空，性空真風。雖隨心應量，循業發現，各各不同。未嘗不即清淨本然，周遍法界也。

不論風與水，皆是隨心應量，循業發現，各各不同。而究其本性，則本然清淨，周遍法界。如此一來，世法所云之風水，轉而變為佛教教義之四大。其將《易經》八卦方位與蓮華臺藏等而觀之，或謂

「東方歡喜國為震，西南方安樂國為兌」，或謂「南閻浮提，離位也」、
「震旦在南洲東北隅，蓋震、艮閒耳。」其不論如何言說，如何將
世間之《易經》八卦方位、陰陽風水之說與佛教教義結合，皆在說
「一娑婆界，復具二十四山」、「華藏界二十四山，無二無二分，無
別無斷」，即一具一切，一切唯一之佛教教理也。

　　在〈卷六之三・序三・孟景沂重刻醫貫序〉中記載道：[63]

> 大醫王有言曰：「一切凡夫，妄認四大為自身相，六塵緣影為
> 自心相，故有生老病苦。」夫妄認四大為身，四大本非身明
> 矣！妄認緣影為心，緣影亦非心明矣！緣影尚不名心，況肉
> 團乎？然《大佛頂》云：「汝身汝心，皆是妙明真精妙心中所
> 現物。」則四大緣影，何莫非心之相分也哉？……降此有心
> 則有身，有身則有病，有病必賴醫藥。故佛制四事供養，醫
> 藥居一。又以無醫藥，及服非藥者，為九橫中第一橫。甚矣！
> 醫之有關身心性命也。顧人之受病也，不由身外四大，由身
> 內四大。不由心內有形四大，由心內無形之四大。又不由無
> 形四大，而由非有形非無形之心。心也者，覓之了不可得而
> 非無，具造天地萬物而非有者也。非靜非動，能動能靜。一
> 念動為無形之風大為天，（筆者按：「大為天」應作「名天大」，
> 如此方合於前後之文義）天者積動所成也，象為乾。一念靜
> 為無形之金名地大，地者積靜所成也，象為坤。乾坤立，動
> 摩於靜，為無形之火。火者天之用，而水之根也，象為離，

---

[63] 同註 11，頁 987－991。

在天為日。火蒸於金，為無形之水。水者地之用，而火之配
也，象為坎，在天為月。無形水火相遘，有形水火斯立。水
火立而五行備，於是有心肝脾肺腎，名為五官，與五星、五
嶽列為三才，皆妄心所現之相分也。是故治於有形，不若治
於無形。治無形，不若治於動靜之原。此出世大醫王之至論。
然調理無形四大，為拔苦與樂之增上外緣。良以後天成質，
不可復調故，必調無形水火，以順天地之用，以扶五行之本。
此趙養葵《醫貫》一書，為得其樞要。訓致之，耆婆可階。
進求之，藥王圓通可證。申而極之，能仁之大醫王，亦可成
矣！景沂孟居士，得《醫貫》聞知之傳，悟人致病，皆本勞
心，獨以扶植無形水火為要務。不似庸流，逐末迷本。余多
病，名醫鮮應手愈者。獨景沂，每投一劑，隨即霍然。又復
篤信佛理，好道而進乎技，更校梓是書，嘉惠後學，其益天
下後世多矣！特此以助其傳。

這是智旭為孟景沂居士重刻《醫貫》一書所作的序文。其意在說孟
氏之善醫，乃在於他知人之病皆來自於心，故以扶持無形之水火為
要務，而不若一般庸醫只注意於有形的水火五行，不得人生病之根
源。智旭謂大醫王（即佛菩薩）已云生老病苦乃因凡夫妄認四大為
自身之相，六塵緣影為自心之相，故有此苦。若知此四大六塵緣影
皆為虛妄，則知人之病苦乃「不由身外四大，由身內四大。不由心
內有形四大，由心內無形之四大。又不由無形四大，而由非有形非
無形之心。」一切病苦皆由此「非靜非動，能動能靜」之心而來。
接著智旭將此四大緣影之變化與《易經》乾（天風）坤（地）坎（水）

離（火）四卦合而言之，謂：

> 一念動為無形之風名天大，天者積動所成也，象為乾。一念
> 靜為無形之金名地大，地者積靜所成也，象為坤。乾坤立，
> 動摩於靜，為無形之火。火者天之用，而水之根也，象為離，
> 在天為日。火蒸於金，為無形之水。水者地之用，而火之配
> 也，象為坎，在天為月。無形水火相邁，有形水火斯立。水
> 火立而五行備，於是有心肝脾肺腎，名為五官，與五星、五
> 嶽列為三才，皆妄心所現之相分也。

既然水火立而五行備，五行備而有心肝脾肺腎等五官，而五官又皆
妄心所現之分別相，則治病之道，在「治於有形，不若治於無形。
治無形，不若治於動靜之原」，而所謂五行、五官、五星、五嶽，皆
妄心所現之相分，是虛幻之物也。外在一切既為妄心所現，則又為
其運用世出世間一切無非一念心性之作用，以不一不二，界界互具
之理，而將《易經》與佛教教義融合之例也。

十二、引「大《易》略思辯，益以寬居」會通之

在〈卷七之三‧疏一‧玄素開士結茅修止觀助緣疏〉中記載道：
[64]

> 教觀之道不明，天下無真釋。如學思之致不講，天下無真儒

---

[64] 同註 11，頁 1150－1153。

也。儒之道在盡心知性，故篤行一事，必在學問思辯之終。大《易》略思辯，益以寬居，寬居即思辯異名也。以其心領神會，故曰「寬以居之。」以其善巧決擇，故曰「慎思明辯。」聖學淵源，必須向此關透去，方無魯莽滅裂之虞。佛道以見性明心為指歸，以信行法行為方便。信行秉教，豈廢觀心？法行觀心，豈容離教？是以西天諸祖，無不貫通《三藏》，深入諸禪。……余每謂非真釋不足以治世，是以一切三寶，常能擁護世間。而真儒亦足以出世，是一切有道國王大臣長者居士，常能憶持佛囑。具正眼者，必能深達此意，知世間福田有在矣！

這是智旭因玄素開士結茅修止觀之法而作的疏文，其以為真釋者應明教觀之道，真儒者應講學思之致。儒之道在盡心知性，釋之道在見性明心。將儒、釋二家各自所重之處，明白說出。而其談儒家的篤行之終，必在學問思辯之處時，引《易經・乾・用九》（☰）：[65]

> 君子學以聚之，問以辯之，寬以居之，仁以行之。《易》曰：
> 「見龍在田，利見大人。」君德也。

中先談「學以聚之，問以辯之」，接著講「寬以居之，仁以行之」的次序，而認為「寬以居之」乃《易經》表「學以聚之，問以辯之」，即「學問思辯」之意。又將篤行與「仁以行之」合觀，故「仁以行之」在「學以聚之，問以辯之，寬以居之」之後，正是其所謂「儒

---

[65] 同註12，頁17。

之道在盡心知性，故篤行之事，必在學問思辯之終」之意，而謂「大
《易》略思辯，益以寬居，寬居即思辯異名也。以其心領神會，故
曰『寬以居之。』」他在最後並謂非真釋不足以治世，非真儒不足以
出世，蓋其論儒釋異同時，皆持此立場，只要是真，則無三教之分，
此亦為不一不二之旨的運用。

十三、引「寂然不動，感而遂通」會通之

在〈卷七之一‧題跋一‧題獨省編〉中記載道：[66]

> 余幼事理學，輒以闢佛為任，惡異也。稍長，又輒以為同。
> 習久始知亦同亦異，今也知其非同非異，仍不妨說同說異矣！
> 永邑周子，儒而玄，玄而禪，禪而又儒者也。退藏之暇，出
> 《獨省編》。夫不睹不聞，儒所謂獨也，而大本達道存焉。玄
> 之又玄，老所謂獨也，而眾妙之門在焉。覓心了不可得，釋
> 所謂獨也，而百界千如具焉。此真混而弗齊，類而弗隔，要
> 亦為未省者言耳。省之何一何異？何獨非獨？寂然不動，獨
> 亦不可得；感而遂通，至賾不可亂。正寂時萬感炳現，正感
> 時當體寂然。天下歸仁之後，更無操存舍亡之懼矣！子其省
> 之。

這是智旭因永邑周氏之《獨省編》所作的題跋，因其書名為「獨省」，
故智旭論儒、釋、道三家之獨分別為：「不睹不聞」、「覓心了不可得」、

---

66 同註 11，頁 1073－1074。

「玄之又玄」，若能省此獨之道，則百界千如具足，三教何一何異？
接著引《易經・繫辭傳上》之：[67]

> 《易》无思也，无為也。寂然不動，感而遂通天下之故，非
> 天下之至神，其孰能與於此？

中的「寂然不動，感而遂通」，而謂「正寂時萬感炳現，正感時當體
寂然」，寂感互通，獨省兼具，是又不一不二，界界互具互攝之運用
也。

十四、引損、益二卦與「通乎晝夜之道而知」會通之

在〈卷六之四・序四・贈張興公序〉中記載道：[68]

> 《論語》開章，即明時習之學。而孔門稱好學者，不過顏子
> 一人。學之道，固難言哉！老聃謂：「為學日益，為道日損。」
> 夫學與道，果可歧也？何以稱大學之道也？不遷怒，不貳過，
> 損乎？益乎？親民止至善，益乎？損乎？風雷益，君子以見
> 善則遷，有過則改。山澤損，君子以懲忿窒欲。懲忿窒欲，
> 改過之大者也。過改則復於本善，名為遷善，非別有善可遷。
> 故明損益不二者，可知為學為道之一致矣！世之言學者不
> 然，習詞章，攻舉業，以取富貴也。摹字帖，精詩文，以成
> 名士也。考古今，博典籍，以驚多聞也。究兵法，商政治，

---

[67] 同註12，頁154。
[68] 同註11，頁995－997。

以立事功也。尚氣節，敦廉信，以明高潔也。談名理，闢釋老，以續儒燄也。看公案，著語錄，以附禪宗也。守丹田，調呼吸，以固形神也。嘻！天下國家可均也，爵祿可辭也，白刃可蹈也，聖賢仙祖，亦可襲而似也。顧孔顏之學不存焉，故曰：「中庸不可能也。」然中者，喜怒哀樂未發之謂；庸者，喜怒哀樂發皆中節之謂。發皆中節，則恆止恆一，不違於未發之中。不遷不貳，則戒慎恐懼，善復於止一之體。夫止一之體，聖凡平等，故為天下大本。而中節之和，必從戒慎恐懼，乃克致之。是故孔子大聖人也，猶以德之不修，學之不講，聞義不能襲，不善不能改為憂，豈故作謙辭？誠知心體本妙，學力未易窮盡耳！故曰：「發憤忘食，樂以忘憂，不知老之將至。五十以學《易》，可以無大過。」天台師云：「研真窮妄，名之為學。真窮妄盡，名為無學。」嗟呼！無學非可浪階，則斯學寧有已時。逝者如斯之歎，孔子之言學也深矣！通乎晝夜之道，而知死生尚無二致，豈以老少異其心哉？

這是智旭贈張興公之序文，其中引儒家《論語》、《中庸》、《大學》之說，強調儒家雖崇尚好學，但孔子卻僅以好學贊顏子一人而已；而老子則云「為學日益，為道日損」，學與道看似相反二路。如此來看，儒、道兩家所言似是不同，則學與道、損與益，誠不易言也。其後引《易經・益・象曰》（䷩）：[69]

風雷益，君子以見善則遷，有過則改。

---

[69] 同註12，頁96。

及《易經・損・象曰》（☶☱）：[70]

　　山下有澤，損，君子以懲忿窒欲。

而謂「懲忿窒欲，改過之大者也。過改則復於本善，名爲遷善，非
別有善可遷。故明損益不二者，可知爲學爲道之一致矣！」將看似
矛盾的損益，視爲不二之道，則爲學之日益與爲道之日損，又有何
二致哉？此融孔、老對道、學看似不同之說也。他接著又引《論語》
「孔子五十以學《易》，可以無大過」之語，以證孔子極爲好學，並
因之而有逝者如斯之嘆。最後再引《易經・繫辭傳上》：[71]

　　通乎晝夜之道而知，故神无方而《易》无體。

中的「通乎晝夜之道」，而謂此處所謂的知，是知「死生無二致」的
晝夜之道。死生既無二致，則不論人之老少，皆同此聖凡一體好學
之心也。此又爲佛教一具一切，不一不二之理的發揮。

十五、引《易經》「變易、不易」之義而會通之

　　在〈卷七之一・題跋一・周易禪解自跋〉中記載道：[72]

　　曩遊溫陵，有郭氏問《易》，遂舉筆屬稿。先五傳，次上經，

---

[70] 同註 12，頁 95。
[71] 同註 12，頁 147。
[72] 同註 11，頁 1085－1086。

而下經。解未及半，以應請旋置。今商大乘止觀之餘，拈示
《易》學，始竟前稿。嗟嗟！從閩至吳，地不過三千餘里。
從辛巳冬至今乙酉夏，時不過千二百餘日。乃世事幻夢，萬
別千差，交易邪？變易邪？至歷盡差別時地，俱易而不易者，
依然如故。吾是以知，日月稽天而不歷，江河競注而不流，
肇公非欺我也。得其不易，以應其至易。觀其至易，以驗其
不易。常與無常，二鳥雙遊。吾安知文王之羑里，周公之被
流言，孔子息機於周流而韋編三絕，不同感於斯邪？因閣筆，
復為之跋。

這是智旭為《周易禪解》所作的跋文，此文乃作於書成之後，故有
世事不勝變幻之嘆。並因作此書所歷之時空變化，而謂「得其不易，
以應其至易。觀其至易，以驗其不易」，將文王之在羑里，周公之被
流言，孔子息機於周流而韋編三絕，與肇公之物不遷，同以「常與
無常，二鳥雙遊」之理看之。此亦佛法不一不二，界界互具互攝之
理的應用。

第二節　引《易》語會通因果報應者

一、引「先天而天弗違，後天而奉天時」會通之

在〈卷二之四・法語四・示王亦含〉中記載道：[73]

73　同註 11，頁 328。

修身以俟，不計近功，此造命之術也。惟後天而奉天時，始
先天而天弗違。小水長流，則能穿石。鑽木未熱，火難可得。
是以學道不難一時勇猛，難永久弗替。觀世音菩薩求男得男，
如因病求得仙丹，兼得輕身遐舉。吾願居士，因求子而力行
眾善，惟廣惟大，愈久愈堅，則證入一子地，視法界眾生，
皆是吾子。振振麟趾，不待卜而可必矣！

這是智旭因王亦含求子嗣所開示之語，其主要願王氏因求子而力行
眾善，且要修身以俟，不計近功，惟廣惟大，愈久愈堅。而這行善
要「惟廣惟大，愈久愈堅」的希望，正與其所引《易經・乾・文言》
（☰）：[74]

先天而天弗違，後天而奉天時。天且弗違，而況於人乎？況
於鬼神乎？

中的「先天而天弗違，後天而奉天時」裏，「天」的特性相通，若能
如此，則「振振麟趾，不待卜而可必」也。

二、引「積善餘慶，積不善餘殃」會通之

在〈卷三之一・答問一・答陳弘袞問〉中記載道：[75]

進問：「因果三世義備矣！儒不信也。《易》曰：『積善之家，

---

[74] 同註 12，頁 17。
[75] 同註 11，頁 458－459。

必有餘慶；積不善之家，必有餘殃。』論其身及其子孫而止
耳！故德之厚者，必曰宗廟饗，子孫保，以斬然無後為德之
至薄，佛亦有以此論因果者否？」

答：「因果道理，窮極深遠，徹妄該真。尼山大聖，姑就見聞
開曉，乃因果一義耳！即此而通之，可信佛法。執此而自是，
兼礙儒門。夫積善餘慶，何堯舜無肖子？夷齊無後昆？積惡
餘殃，何盜跖永壽？曹馬高爵？此非通于三世，終墨墨矣！
由一切無非因果，故窮通壽夭，榮辱得失，雜然互感，事非
一轍。乃至父母子孫，皆以同業相召。佛經亦雅言之。然世
閒因果，虛幻不實。且如大舜，宗朝饗子孫保，已不能留至
今日。三千年來，彈指已過，何如度脫親因，永超生死，為
出世大孝邪？是以儒明因果，非不合佛法。但知一不知二，
知近不知遠，此拘虛者之所不信，明達者之所必求也。」

這是智旭因人問及儒者不信三世因果之說，並提及《易經‧坤‧文
言》（䷁）所云：[76]

> 積善之家，必有餘慶；積不善之家，必有餘殃。

而謂儒者以「宗廟饗，子孫保」看因果善惡，不知佛家如何看待？
智旭則謂孔子只是就其見聞而開曉因果之一義而已，如後人能即此
因果之一義而通曉他義，則不只是儒家之說能通，即是佛法亦可信
之。但若執此因果一法而自是，則不只不通佛法，就連儒門亦不能

---

[76] 同註 12，頁 20。

真知矣！他接著舉堯舜無肖子、夷齊無後昆，及盜跖永壽、曹馬高爵等例，說明若不能通三世因果之說，只論一世之善惡報應，則《易經》之「積善餘慶，積惡餘殃」，又如何能解呢？故儒家亦明因果，儒家之說也不是不合佛法，只是後儒但知其一不知其二，但知其近不知其遠而已。智旭這樣的說法，自是相承於魏晉時的康僧會及唐代大顛和尚引此段《易》語以說因果的佛門《易》傳統而來。[77]

在〈卷五之一・書一・復錢元沖〉中記載道：[78]

> 《法華》以一乘因果為宗，《觀經》明深信因果，不謗大乘，即上品中生。乃教家浪以因果資談柄，禪門謬謂因果非向上。事理俱迷，長夜莫曉，不惟昧佛旨，亦背儒宗。《易》稱積善餘慶，《書》稱作善百祥，豈皆為愚人說法哉？正誼不謀利，明道不計功之仁人，恰是修身俟命實學，斷不可謂立巖牆為知命也。

這是智旭回復錢元沖的一封書信，其中談及佛教裏，不論是天台宗的《法華經》，還是淨土宗的《觀無量壽經》，皆明白闡示因果。然而這因果卻被一些佛門講師只當作講談之用，被一些禪門人士視為下品之事，而不明佛祖深意。他引《易經・坤・文言》（䷁）所云：

79

> 積善之家，必有餘慶；積不善之家，必有餘殃。

而謂「《易》稱積善餘慶」，故不信因果，亦背儒家宗旨。是以因果
報應之說，將釋教天台《法華》、淨土《觀經》與儒家《周易》會而
通之也。

在〈卷七之三・疏一・刻占察行法助緣疏〉中又記載道：[80]

> 《易》曰：「積善之家，必有餘慶；積不善之家，必有餘殃。」
> 《書》曰：「惠迪吉，從逆凶。惟影響，作善降之百祥，作惡
> 降百殃。」因果報應之說，未嘗不彰明較著於世間也。但儒
> 就現世論，未足盡愚者之疑情。自釋入支那，備明三世果報，
> 益覺南宮所悟，及孔子尚德之稱，事理不誣。……孔子曰：「過
> 而不改，是謂過矣！」「憂悔吝者存乎介。震無咎者存乎悔。」
> 蓋明示人以自新之端矣！夫罪有輕重，事非一概。世法不能
> 治，佛法治之。

這是智旭為刻占察行法所作的疏文，其開頭便引《易經・坤・文言》
（䷁）：[81]

> 積善之家，必有餘慶；積不善之家，必有餘殃。

---

[79] 同註 12，頁 20。
[80] 同註 11，頁 1153－1155。
[81] 同註 12，頁 20。

及《尚書》「作善降之百祥，作惡降百殃。」等儒家經典中，談及因
果報應之語，以證因果之說非釋氏獨說而已。而二者之別，僅在儒
者但就現世而論，釋氏則談三世果報。其又引《易經·繫辭傳上》
所云：[82]

> 憂悔吝者存乎介，震无咎者存乎悔。

而謂孔子所以明示人改過自新之端。此亦欲借以說明釋氏所以說善
惡報應的目的，與孔子欲人改過自新之意相同也。

三、引「憂悔吝者存乎介，震无咎者存乎悔」會通之

在〈卷四之二·說·作法說〉中記載道：[83]

> 破戒雖惡，覆藏尤惡。無過雖善，改過尤善。改過一塗，三
> 世諸佛，證菩提之通津也。故五悔法門，凡夫迄等覺，無不
> 藉為進趣方便。憂悔吝者存乎介，震无咎者存乎悔。福禍無
> 門，惟人自召。

這是智旭說改過為證菩提之通津，是以天台宗修法華三昧所作五悔
法門（懺悔、勸請、隨喜、迴向、發願）為各界所進趣方便者。而
在講懺悔時，引了《易經·繫辭傳上》所云：[84]

82　同註 12，頁 146。
83　同註 11，頁 631。
84　同註 12，頁 146。

> 憂悔吝者存乎介，震无咎者存乎悔。

以證儒家在吝咎之中，亦重悔字。故福禍無門，惟人自召，亦同於佛家所強調的因果報應之說也。此可與上例談孔子欲人改過自新時，亦引此語同看。蓋有悔方能改過，若無悔，則不知改過也。

另外，就《易經》中所強調的「吉、凶、悔、吝、厲、无咎」等判詞而言，除了「吉、凶、无咎」等語似爲終極判準之外，就「悔、吝、厲」等語在《易經》的功用來看，其無非是《易》辭做吉凶判斷前的轉圜之用，爲的便是給予問者重新反省思考的機會。而這《易經》中的「悔」字之作用，其實亦正可與佛教裏「戒、定、慧」三無漏學中的「戒」字作用等同來看。蓋不論是強調佛陀本懷，主張「緣起性空」的人間佛教領袖－－印順導師；還是中國化了的，強調「妙有佛性」的大乘佛教－－天台、華嚴、禪宗、淨土等，皆強調了人的可能性，即是「人能成佛」的特色。（姑不論其如何成佛的方便分別）而其成佛的方法，主要是透過外在的「戒」的規範，以達成修行者由定生慧的證覺。佛教中「戒」的外在規範，便有著使學人不致有犯錯而無所知覺的作用，正如同《易經》裏的「悔、吝、厲」等字之警惕人們的心行，而予以改過提示的作用。僧人犯戒而不知懺悔改過，則必無可能得有定、慧之證覺；人們犯錯而不知悔、吝之警惕，則亦必至於凶險之境。若僧人能因知守戒而得生定慧，則正與世人能因知悔改而轉危爲安，轉凶爲无咎，乃至於爲吉是相同的。是故《易經‧繫辭傳》中所謂「震无咎者存乎悔」，正如佛子

因犯戒而生懺悔，不只能无咎，更能如智旭所云之「破戒雖惡，覆藏尤惡。無過雖善，改過尤善。改過一塗，三世諸佛，證菩提之通津也。」蓋《易經》與佛教皆重改悔之功用，亦由此可知也。

第三節　引《易》語或抒己懷，或喻他人者

一、引「天地閉，賢人隱」嘆佛法之不振

在〈卷六之四・序四・鮑性泉天樂鳴空集序〉中記載道：[85]

> 予讀〈易傳〉，至「天地閉，賢人隱。」未嘗不掩卷長歎息也。自金神現夢，正法東傳，大善知識乘時利見者，不可悉數。降自宋元，則冒竊名位者日多，得正知見者日寡矣！故雲棲老人每歎支那國裏，覓一須陀洹人不可得，亦有激言之也。

這是智旭爲鮑性泉《鳴空集》所作的序文，其一開頭便引《易經・坤・文言》(☷) 之：[86]

> 天地變化，草木蕃。天地閉，賢人隱。《易》曰：「括囊，无咎无譽。」蓋言謹也。

中的「天地閉，賢人隱」，慨嘆自佛法東傳以來，雖乘時利，見者不

---

[85] 同註 11，頁 1024。

[86] 同註 12，頁 21。

可悉數，然自宋元以降，得正知見者已漸日寡。無怪乎智旭一向所景仰的雲棲袾宏，亦感慨在中國裏，要尋覓一個須陀洹人也不可得了。

二、引「遯世无悶，確不可拔」謂佛法存乎固守

在〈卷八之二・壽序・預祝乾明公六十壽序〉中則云：[87]

> 佛法之盛，不存乎能宏通，而存乎能固守。蓋宏通則近於名
> 聞，由名聞致利養，由利養致匪人，易生有漏因緣。佛世十
> 二年後尚爾，況末運乎？唯固守，則遯世无悶，確不可拔。
> 可以迴既倒狂瀾，留正法一線，繼往開來，續佛慧命。

其謂佛法之盛，不存乎宏通，而存乎固守。蓋宏通易致名聞利養，而生有漏因緣也。其為贊乾明公於佛法特重固守之難得，而引《易經・乾・文言》（☰）所云：[88]

> 初九曰：「潛龍勿用。」何謂也？子曰：「龍德而隱者也。不
> 易乎世，不成乎名，遯世无悶，不見是而无悶。樂則行之，
> 憂則違之，確乎不可拔，潛龍也。」

中的「遯世无悶，確不可拔。」謂乾明公如此固守佛法，正如初九之「潛龍」，是「不易乎世，不成乎名」的，是「龍德而隱者，確乎

不可拔」的，故於釋教乃可迴既倒於狂瀾，留正法於一線，以續佛慧命也。蓋講固守而不贊宏通，一方面乃欲以固守藥明末虛浮時風，另一方面，也可見智旭之性格也。

三、引「兼山艮」、「夕惕乾」贊頓謝塵緣，肩負佛法

在〈卷十之一・詩偈一・山中三首〉中則云：[89]

> 不問人閒世，惟參第一天。諦從觀境發，火必指薪傳。未識兼山艮，徒勞夕惕乾。塵緣能頓謝，正法可全肩。

這是智旭所作的詩偈，其中引《易經・艮・象曰》（☶）所云：[90]

> 兼山艮，君子以思不出其位。

中的「兼山艮」，及《易經・乾・九三》（☰）所云：[91]

> 君子終日乾乾，夕惕若，厲，无咎。

中的「君子終日乾乾，夕惕若」，以《易經》這兩處贊君子之語，而謂「未識兼山艮，徒勞夕惕乾」，說明其頓謝塵緣，肩負正法之心志也。

---

89 同註 11，頁 1470。
90 同註 12，頁 116。
91 同註 12，頁 18-20。

四、引「居德則忌」、「果行育德」、「履霜堅冰」贊佛教 之戒與貴

在〈卷十之二‧詩偈二‧山居六十二偈有序〉中則云：[92]

> 居德忌成夬，育德貴如蒙。大道曠無際，何以耳似充？……
> 《周易》戒履霜，宣尼貴先覺。未窮學地流，慎勿誇無學。
> 泥在水非純，稍動還成濁。

其引《易經‧夬‧象曰》（䷪）所云：[93]

> 澤上於天，夬。君子以施祿及下，居德則忌。

中的君子「居德則忌」，與《易經‧蒙‧象曰》（䷃）所云：[94]

> 山下出泉，蒙。君子以果行育德。

中的君子「果行育德」，而謂「居德忌成夬，育德貴如蒙」。又引《易經‧坤‧初六》（䷁）所云：[95]

> 履霜堅冰至。象曰：「履霜堅冰，陰始凝也。馴至其道，至堅冰也。」

92　同註 11，頁 1489－1491。
93　同註 12，頁 103。
94　同註 12，頁 23。
95　同註 12，頁 19。

喻人若能於冰始凝時便警之戒之，則履霜而不致堅冰也，故謂「《周易》戒履霜，宣尼貴先覺。」其善引《易》語、《易》義，由此可見一般。

五、引「損，德之修；益，德之裕」喻病為隨緣消業之良藥

在〈卷五之一‧書一‧復王思鼓〉中記載道：[96]

> 《老子》「為學日益，為道日損。」〈易傳〉云：「損，德之修。益，德之裕。」居士精力雖減，而信心慚愧有加，即苦海津梁，不求進而無所退，豈在學問修持閑邪？凡夫無不好勝好進，不知以退為進也。迦葉願居人後，不為物先，乃成千古鼻祖。病是吾輩良藥，消盡塵寰妄想，覷破此身虛幻，深明苦空無常無我觀門，皆賴有病境耳！願寬心耐意，安忍無厭，作隨緣消舊業想，轉重令輕受想，代眾生受苦想，正不以不如人為愧也。

其大意乃在勸王氏莫因病痛之苦而有消沈之意。除引《老子》「為學日益，為道日損。」與佛門迦葉願居人後，不為物先，乃成千古鼻祖之例，告訴王氏病痛正足以是吾人覷破此身虛幻，深明苦空無常之良藥。亦引《易經‧繫辭傳下》所云：[97]

96　同註 11，頁 763－764。
97　同註 12，頁 173。

> 損，德之修也。益，德之裕也。

以明病痛雖損吾人之精力，卻亦正足以脩吾人之德行，藥吾人好勝
之病也。

六、引「百姓日用而不知」喻大徹悟人，始可與談念佛三昧

在〈卷六之四‧序四‧西方合論序〉中記載道：[98]

> 唯大徹大悟人，始可與談念佛三昧。否則百姓之與知與能，
> 猶遠勝仁者見之謂之仁，智者見之謂之智也。達磨西來，事
> 出非常，有大利，必有大害。嗚呼！先輩幸得大利，今徒有
> 大害而已。誰能以悟道為先鋒，以念佛為後勁，穩趨無上覺
> 路者邪？

這是智旭爲袁中郎《西方合論》所作的序，其開頭便引《易經‧繫
辭傳上》：[99]

> 一陰一陽之謂道，繼之者善也，成之者性也。仁者見之謂之
> 仁，知者見之謂之知，百姓日用而不知，故君子之道鮮矣！

中的「仁者見之謂之仁，知者見之謂之知，百姓日用而不知」，而謂

---

[98] 同註 11，頁 1002－1003。
[99] 同註 12，頁 148。

「唯大徹大悟人，始可與談念佛三昧」。蓋仁者、智者與百姓，其所知所見之事、之物本同，但仁者見仁，智者見知，百姓則日用而不知也。其知與不知，不在外物，而在一己之心性。此為其以一念心性變化論世出世法的伸說，亦以此贊袁中郎之佛學造詣非一般人所能知也。

七、引「形而上者謂之道，形而下者謂之器」喻緣生無性

在〈卷十之三‧詩偈三‧壽馬太昭四十〉中則云：[100]

> 形而上者謂之道，形而下者謂之器。四諦分明舉似人，誰達緣生第一義。……昭老今逢不惑年，祝君聊舉金剛智。識取緣生無性宗，方知《三藏》非文字。

其引《易經‧繫辭傳上》所云：[101]

> 形而上者謂之道，形而下者謂之器。

以《易經》「形上」、「形下」的道器之分，贊佛教苦、集、滅、道四諦與一切因緣而生的教義，並以此祝願馬氏能「識取緣生無性宗，方知《三藏》非文字」之佛法不以文字語言解的真諦。

---

[100] 同註 11，頁 1535。
[101] 同註 12，頁 158。

八、引「剝必復，否必泰」勸人動心忍性

在〈卷二之四‧法語四‧示王眉慧〉中記載道：[102]

> 嗚呼！法門之衰，至今日，不忍言矣！剝必復，否必泰。若
> 要梅花香撲鼻，還他徹骨一番寒。豪傑之士，宜何如動心忍
> 性，以無負己靈也。

這是智旭開示王眉慧的法語，希望他能動心忍性，無負己靈，如梅
花經徹骨之寒，方能有撲鼻之香也。若能如此，則法門今日雖衰，
亦可如《易經》所示，剝而必復，否後必泰之卦爻變化的深意也。

九、引中孚、夬、履與「麗澤、豐蔀」喻交友之道

在〈卷六之一‧序一‧尚友錄序〉中則記載道：[103]

> 予十二三，即思尚友。廿四出家，益願得同學善知識。然但
> 以直諒多聞為貴正，不念中孚之在虛，而夬履之貞屬也。碌
> 碌七年，我不知人，人亦不知我。麗澤之懷，且為豐蔀所蔽，
> 幾不自覺矣！

其所論者，即在強調友朋的重要。全篇大引《易經》之義，或引《易
經‧中孚‧象曰》（☲）：[104]

> 利涉大川，乘木虛舟也。

之語，蓋中孚三、四爻居全卦中間，爻爲陰，爲中斷之狀，故其象爲虛，是以〈彖曰〉「乘木虛舟」。又引《易經·履·九五》(䷊)：[105]

> 夬履，貞厲。

履九五爲陽爻居陽位，故「貞」；然陽之又陽，且下爲無法與之相應的九二，故爲「厲」，而謂「不念中孚之在虛，而夬履之貞厲也」。又引《易經·兌·象曰》(䷹) 所云：[106]

> 麗澤，兌。君子以朋友講習。

及《易經·豐》(䷶) 之：[107]

> 六二，豐其蔀，日中見斗，往得疑疾，有孚發若，吉。
> 九四，豐其蔀，日中見斗，遇其夷主，吉。
> 上六，豐其屋，蔀其家。

而謂「麗澤之懷，且爲豐蔀所蔽，幾不自覺矣！」蓋兌之麗澤，在君子以朋友講習之故；而豐六二之蔀，在上不與六五相應，故「往得疑疾」。然若能「有孚發若」，以誠心往應之，則亦可爲吉，故以「幾不自覺」警惕獨而無友之弊也。蓋其所欲言者，只在強調朋友

---

[105] 同註 12，頁 41。
[106] 同註 12，頁 130。
[107] 同註 12，頁 130。

貴在直諒多聞，而引《易》義之豐、之繁以譬喻之，亦可見智旭是
多麼善於《易》了。

在〈卷六之一・序一・聞修社序〉中記載道：[108]

> 麗澤之誼不講，性命之學必荒。儒重以文會友，以友輔仁。
> 佛稱善知識者，是得道大因緣，全梵行。世出世法，未有不
> 以友朋為急務者。時之衰也，社以詩酒登臨，縱耳目之欲，
> 長放逸之門，不惟儒者為然矣！嗟嗟！剃髮染衣，群居終日，
> 將欲何為？縱不至耽花嗜酒，而尋章摘句，僅塗口耳，幾時
> 識心達本源邪？或者因噎廢飯，遂單尚蒲團活計，未明道眼，
> 又乏切磋。設非釘椿搖櫓，空喪天日，必至起見起慢，落塹
> 墮坑，暗證邪禪，病尤甚於說食數寶。自非真實有智慧，徹
> 底為生死者，孰能出此二種牢關，別作一番究竟也。

因此文乃為結社所作，故引儒門重以文會友，而佛門亦稱善知識，
強調不論世出世法，皆將友朋視為十分重要的事情，而此亦可證結
社修行的重要。他在序文一開頭便引《易經・兌・象曰》（☱）所云：
[109]

> 麗澤，兌。君子以朋友講習。

而謂「麗澤之誼不講，性命之學必荒」，強調若無朋友講習、影響之

---

[108] 同註 11，頁 902－903。
[109] 同註 12，頁 130。

助，則性命之學必因獨學無友，孤陋寡聞而荒殆也。以此強調儒家是多麼重視友朋講習。當然，也因智旭在明末所見離亂衰敗的景象，所以他作此文的目的，除了強調結社友朋的重要之外，更不斷慨嘆明末士人結社只在詩酒登臨、放縱慾望；佛門僧人結社也只在尋章摘句，塗飾口耳，因而產生因噎廢食，專尚蒲團活計，未明道眼，而起見慢的暗證邪禪之弊也。

十、引「謙尊而光，卑而不可踰」贊新伊法師壽

在〈卷八之二・壽序・壽新伊大法師七袠序〉中記載道：[110]

> 壬午旭從閩出，即以《唯識》合響，殷勤下問。逮客歲以東寄旭，仍命校讎。師於《唯識》講演二十餘遍，尚不恤下詢鄙夫，以視今之妄自滿足空腹高心者，為何如哉？《易》曰：「謙尊而光，卑而不可踰。」無量光，無量壽，胥在此矣！盡未來際，常住世間。劫風起時，此燈愈熾。區區南山北海，可以喻師光壽也乎？

這是智旭為新伊法師所作的祝壽文，其贊新伊法師講《唯識》之學二十多遍後，仍問智旭以《唯識》之說，是十分謙虛的人，較之以當時多數妄自滿足，空腹高心者，自不可同日而語。然後引《易經・謙・彖曰》（䷎）所云：[111]

---

[110] 同註 11，頁 1256－1257。
[111] 同註 12，頁 47。

> 謙尊而光，卑而不可踰。

以證儒家與釋氏皆以謙虛為無上美德，並將此處《易經》所謂「謙尊而光」的光，與釋氏的「無量光，無量壽」等而視之，以贊新伊法師因謙而光壽無量也。

第四節　其他

一、引孔子五十學《易》事

在〈卷二之四・法語四・示夏蓋臣〉中記載道：[112]

> 堯舜心法，不過危微二字。操則存，捨則亡。伯玉寡過未能，子路聞過則喜，孔子五十學《易》，文王望道未見，皆危微心印也。是故不以求放心為學問，而徒事口耳，異乎聖賢所謂學問矣！

其中提及聖人學問在求其放心而已。此心操則存，捨則亡，故堯舜心法就在十六字心傳的「危微」二字。在其舉諸聖賢之例中，亦如前例，提及《論語・述而第七》孔子五十以學《易》之事。[113]

---

[112] 同註 11，頁 339－340。
[113] 同註 16。

二、引紫柏贊《易》之事

在〈卷八之二・壽序・白法老尊宿八袠壽序〉中則云：[114]

> 予每謂紫柏大師，重繼永明芳軌。宗說俱通，解行具足，撤
> 性相之藩籬。指歸一轍，懲禪講之流弊。導使尋源，觀其半
> 偈功成。去來自在，可謂徹法源底矣！未嘗拈槌豎佛，踞曲
> 盝床也。……或議白翁，三十餘年為叢席主，未嘗請一師匠
> 宏宗演教說戒，以為缺典。豈知此正白翁具大手眼，非聊爾
> 也。彼三學一源者，益無望已。今天下宗主，能如紫柏之徹
> 法源底乎？今天下法主，能如紫柏之會通差別乎？今天下律
> 主，能如紫柏之頭陀勝行乎？觀於海者難為水，白翁之不請
> 轉法輪，乃其所以護正法輪也。不忍莠亂苗，鄭亂雅也。且
> 紫柏之以流通大《藏》為急務，誠不異刪《詩》、《書》，定《禮》、
> 《樂》，贊《易》，修《春秋》之苦心也。密師契之，猶孔門
> 有顏子。翁繼其任而擴充永遠之，猶孟子也，其功偉矣！

這雖在說明白翁三十餘年為叢席主，卻未嘗請一師匠宏宗演教說
戒，實為具大法眼之舉。其中提及紫柏尊者宗說俱通，解行具足，
較當日天下號為宗主、法主、律主者，皆有過之而無不及。然其卻
一生未嘗拈槌豎佛，踞曲盝床，以證白翁所做正與紫柏尊者之意合。
其更將紫柏之流通《藏經》，與孔子刪《詩》、《書》，定《禮》、《樂》，
贊《易》，修《春秋》之苦心，等而視之，可見紫柏尊者在智旭心中

的地位與孔子一樣高的。

三、引坤卦德性以贊《華嚴經》

在〈卷九之一・頌一・大方廣佛華嚴經頌一百首并序・十地品・第二十六〉中，則云：[115]

> 坤儀厚重德無疆，能載能生直且方。看取四微非異性，不妨十嶽各稱王。伶俐納，細思量，微塵剎土漚中影，莫負眉開毫相光。

這是智旭所寫〈大方廣佛華嚴經頌一百首〉中的第二十六首，其開頭便引《易經・坤・彖曰・六二・文言》（䷁）所云：[116]

> 至哉坤元，萬物資生，乃順承天。坤厚載物，德合无疆。含弘光大，品物咸亨。牝馬地類，行地无疆。
> 六二，直方大，不習，无不利。象曰：「六二之動，直以方也。不習无不利，地道光也。」
> 〈文言〉曰：直其正也，方其義也。君子敬以直內，義以方外。敬義立而德不孤。直方大，不習无不利，則不疑其所行也。

中坤卦「萬物資生」、「坤厚載物，德合无疆」、「直方大」等德性，

---

[115] 同註 11，頁 1300。
[116] 同註 12，頁 18–20。

以贊《華嚴經》之德也。

第五節　小結

　　由上述各節的分析與討論，可以得知蕅益智旭在平時書信雜著中，的確是時常借引《易》語的。其主要會通《易》佛的方式有：引《易》語會通「不一不二、界界互具」之旨，如：以「乾知大始，坤作成物」、「天地之大德曰生」、「範圍天地，曲成萬物」、「神无方而《易》无體」、「不可爲典要，唯變所適」、「乾剛坤柔」、「形而上者謂之道，形而下者謂之器」、「謙尊而光，卑而不可踰」、乾、復、剝三卦變化、「洗心，退藏於密」、「乾坤，其《易》之蘊邪」、「介于石，不終日」、《易經》八卦表四大、「大《易》略思辯，益以寬居」、「寂然不動，感而遂通」、損、益二卦與「通乎晝夜之道而知」、《易經》「變易、不易」之義等。他在此處以上述《易》語會通佛教「不一不二、界界互具」之旨，正如同本書第三章所分析，其在《楞嚴經玄義》中，引《易經·繫辭傳上》「寂然不動，感而遂通天下之故」，以「寂然」比「如來藏」的「如」意，以「感而遂通」比「如來藏」的「來」義；又引《易經·繫辭傳上》「乾坤，其《易》之縕耶？」的「縕」比「如來藏」的「藏」義；引《易經·說卦傳》「神也者，妙萬物而爲言者也。」及《易經·繫辭傳上》「陰陽不測之謂神」中的「神」釋《楞嚴經》的「妙」字之義；引《易經·乾·文言》（䷀）中的「先天而天弗違」，正似《楞嚴經》的「如來藏妙真如性」；在

《楞嚴經文句》中，引《易經‧繫辭傳上》「《易》有太極」的概念
會通佛教「隨緣不變，不變隨緣」之「藏心」等例一樣，雖然其所
引《易經》之個別名詞多有不同，然皆是表現其會通佛教「如來藏
妙真如性」、「隨緣不變，不變隨緣」的特性，與本章所指智旭以天
台「不一不二，界界互具」會通《易》佛者，同樣的都展現了其以
大乘佛教直指心性、體用不二、即真即妄而無分別的共同真諦。[117]

此外，亦有引《易》語以會通「因果報應」之說者，如：以「先
天而天弗違，後天而奉天時」、「積善餘慶，積不善餘殃」、「憂悔吝
者存乎介，震無咎者存乎悔」等例。（這與本書第二章中〈引《易》
語論以證儒佛皆談因果報應者〉中所引康僧會、大顛和尚等例相同）
也有引《易》語或抒己懷，或喻他人者，如：以「天地閉，賢人隱」
嘆佛法之不振；以「遯世无悶，確不可拔」謂佛法存乎固守；以「兼
山艮」、「夕惕乾」贊頓謝塵緣，肩負佛法之志；以「居德則忌」、「果
行育德」、「履霜堅冰」贊佛教之戒與貴；以「損，德之修；益，德

---

[117] 關於大乘佛教的特色，印順導師在《印度佛教思想史‧第三章‧初期「大乘
佛法」》中說道：「『大乘佛法』的涅槃，可說是超越而又內在的，不著一
切，又不離一切。從涅槃、真如、法界等即一切而超越一切來說，沒有任何
差別可說，所以說『不二法門』，『一真法界』。……眾生心境是無限差別，
所以說不二，說是一，而其實是非定一，也非若干的，不妨說『不一不異』。……
高深與通俗的統一，似乎是入世而又神秘化，終於離『佛法』而顯出『大乘
佛法』的特色。」（新竹：正聞出版社，2003 年 4 月 15 刷，頁 96－117）道
出了大乘佛教是「高深與通俗的統一」，是「入世而又神秘化」，是「超越
而又內在的，不著一切，又不離一切的」，故或有如「涅槃」、「真如」、
「法界」等名詞的不同，但其所指涉的意義卻是一樣的特色。

之裕」喻病為隨緣消業之良藥；以「百姓日用而不知」喻大徹大悟人，始可與談念佛三昧；以「形而上者謂之道，形而下者謂之器」喻緣生無性；以「剝必復，否必泰」勸人動心忍性；以中孚、夬、履與「麗澤、豐蔀」喻交友之道；以「謙尊而光，卑而不可踰」贊新伊法師壽。（這與本書第二章中〈引《易》語作為日常用語行文〉與〈引《易》語以為禪門話頭〉者，如：天童慈航了朴與仰山慧寂通智同謂「適來擲得雷天大壯，如今變作地火明夷」喻己意，或神秀引「雲從龍，風從虎，聖人作而萬物覩」，與咸虛中以咸卦（☱☶）命己名字，來復見心以復卦（☷☳）命己名字等例的意義相同）亦或有僅引某人讀《易》者，如：引「孔子五十學《易》」事，引紫柏贊《易》之事，及以坤卦德性贊《華嚴經》等等。

　　若以其所引用《易經》的內容來分，其引《周易》經文本身者有：1.引《易經‧咸》（☱☶）為艮下兌上之卦，艮為山，兌為澤，山與澤皆表不動之物；2.引《易經‧恆》（☳☴）為巽下震上之卦，巽為風，震為雷，皆表不停之象；3.引《易經‧乾‧上九》（☰）「亢龍有悔」；4.引《易經‧乾‧初九》（☰）「潛龍勿用」；5.引《易經‧復‧初九》（☷☳）「不遠復，无祇悔，元吉」；6.引《易經‧剝‧上九》（☶☷）「碩果不食，君子得輿，小人剝廬」，而謂「乾之上九，亢龍有悔。而不食之碩果，轉為不遠之復。（此謂剝上九爻與復之初九爻互易，故由剝上九之「碩果不食」轉為復初九之「不遠之復」。蓋此二卦乃上九與初九爻不同耳）；7.引《易經‧同人》（☰☲）「同人于野，亨。」謂「藏」與「野」皆是看似極不好，實則蘊含大用大同之「亨」的

深意；8.引《易經‧乾‧初九》（䷀）「潛龍勿用」；9.引《易經‧乾‧九二》（䷀）「見龍在田，利見大人」；10.引《易經‧乾‧九三》（䷀）「君子終日乾乾，夕惕若，厲，无咎」；11.引《易經‧乾‧九四》（䷀）「或躍在淵，无咎」；12.引《易經‧乾‧九五》（䷀）「飛龍在天，利見大人」等乾卦各爻爻辭的特徵，而謂「歷見惕躍飛而不改其本體，故曰不變塞焉，知進退存亡而不失其正也」；13.引《易經‧豫‧六二》（䷏）「介于石，不終日，貞吉。」而謂「介」即同於佛教之「無生刹那」，「石」則同於「常自寂滅」；14.引《易經‧乾‧九三》（䷀）中的「君子終日乾乾，夕惕若」贊君子之語，而謂「未識兼山艮，徒勞夕惕乾」；15.引《易經‧坤‧初六》（䷁）「履霜堅冰至。象曰：『履霜堅冰，陰始凝也。馴至其道，至堅冰也。』」而謂「《周易》戒履霜，宣尼貴先覺」；16.引《易經》剝而必復，否後必泰之卦爻變化，勸人動心忍性，無負己靈；17.引《易經‧履‧九五》（䷉）「夬履，貞厲。」而謂「不念中孚之在虛，而夬履之貞厲也」；18.引《易經‧豐‧六二》（䷶）之「豐其蔀，日中見斗，往得疑疾，有孚發若，吉」；19.引《易經‧豐‧九四》（䷶）之「豐其蔀，日中見斗，遇其夷主，吉」；20.引《易經‧豐‧上六》（䷶）之「豐其屋，蔀其家」而謂「麗澤之懷，且為豐蔀所蔽，幾不自覺矣」；21.引《易經‧坤‧六二》（䷁）中的「直方大」，以贊《華嚴經》之德也。共引乾（䷀）、坤（䷁）、咸（䷳）、恆（䷟）、復（䷗）、剝（䷖）、同人（䷌）、豫（䷏）、否（䷋）、泰（䷊）、履（䷉）、豐（䷶）等 12 卦，共 21 例。

引〈易傳〉者有：1.引〈繫辭傳〉中的「乾知大始，坤作成物。」以證其所謂「得天下之最後者，能知天下之最先；惟知天下之最先者，能得天下之最後」；2.引〈繫辭傳〉中的「乾知大始，坤作成物。」而謂「有坤無乾」與「有乾無坤」，皆不足以有始而成物；3.引〈繫辭傳〉「天地之大德曰生。」做「同體大悲」的註腳；4.引〈繫辭傳〉「天地之大德曰生。」以表儒家強調天地好生之大德，與釋教不忍殺生之意相同；5.引〈繫辭傳〉「範圍天地之化而不過，曲成萬物而不遺，通乎晝夜之道而知，故神无方而《易》无體。」；6.引〈繫辭傳〉「陰陽不測之謂神。」而謂不能以固定的模式去看待《易經》；7.引〈繫辭傳〉中的「不可為典要，唯變所適。」而質疑後儒之死看《易經》，是不知聖人作《易》之深意；8.引〈繫辭傳〉中的「範圍天地」、「曲成萬物」，謂儒家所謂「範圍天地、曲成萬物」，並非不知一切事物皆現前一念心性所現之理，只是儒家聖人沒有明說而已；9.引〈繫辭傳〉「是故形而上者謂之道，形而下者謂之器。」而謂「踐迹入室」、「下學上達」，正與「形上形下」之道與器一樣，其關係實為皆為不一不二的；10.引〈繫辭傳〉「是故形而上者謂之道，形而下者謂之器。」談道器不二、體用不分之理；11.引〈繫辭傳〉「謙，德之柄也。」；12.引〈繫辭傳〉「聖人以此洗心，退藏於密。」謂此「密」字，正可以證佛教所論洗心之不著「能所、有無」之任何一邊之義；13.引〈繫辭傳〉「聖人以此洗心，退藏於密。」謂「藏」與「野」皆是看似極不好，實則蘊含大用大同之「亨」的深意；14.引〈繫辭傳〉「一陰一陽之謂道」；15.引〈繫辭傳〉「乾坤，其《易》

之緼邪？乾坤成列而《易》立乎其中矣！乾坤毀，則无以見《易》。《易》不可見，則乾坤或幾乎息矣！是故形而上者謂之道，形而下者謂之器。」而謂乾之君，即坤之藏；坤之藏，即乾之君。是以《易經》乃云：「乾坤其《易》之蘊邪？」蘊便是藏；16.引〈繫辭傳〉中的「寂然不動，感而遂通」，而謂寂感互通，獨省兼具，爲不一不二，界界互具互攝之意；17.引〈繫辭傳〉中的「通乎晝夜之道而知」，而謂此處所謂的知，是知「死生無二致」的晝夜之道；18.引〈繫辭傳〉「憂悔吝者存乎介，震无咎者存乎悔。」而謂孔子所以明示人改過自新之端；19.引〈繫辭傳〉「憂悔吝者存乎介，震无咎者存乎悔。」以證儒家在吝咎之中，亦重悔字。故福禍無門，惟人自召，亦同於佛家所強調的因果報應之說也；20.引〈繫辭傳〉「損，德之修也。益，德之裕也。」以明病痛雖損吾人之精力，卻亦正足以脩吾人之德行，藥吾人好勝之病；21.引〈繫辭傳〉「仁者見之謂之仁，知者見之謂之知，百姓日用而不知」，而謂「唯大徹大悟人，始可與談念佛三昧」；22.引〈繫辭傳〉「形而上者謂之道，形而下者謂之器」中，「形上」、「形下」的道器之分，贊佛教苦集滅道四諦與一切因緣而生之教義；23.引〈說卦傳〉的「乾爲天、爲圜、爲君、爲父、爲玉、爲金、爲寒、爲冰……；坤爲地、爲母、爲布、爲釜、爲吝嗇……爲文、……爲黑。」謂後儒必以乾陽爲天、君、寒、冰、瘠馬，以坤陰爲地、臣、吝嗇、文、黑等，是不知聖人「神无方而《易》无體」之意；24.引〈說卦傳〉中的「坎再索而得男，故謂之中男；離再索而得女，故謂之中女」；25.引〈說卦傳〉中的「坎爲水，……

離爲火。」而謂坎爲中男，男爲陽，何以坎又爲至冷之水？離爲中女，女爲陰，何以離又爲至熱之火；26.引〈說卦傳〉八卦方位與蓮華臺藏等而觀之，或謂「東方歡喜國爲震，西南方安樂國爲兌」，或謂「南閻浮提，離位也」、「震旦在南洲東北隅，蓋震、艮閒耳」；27.引〈說卦傳〉八卦中的乾（天風）坤（地）坎（水）離（火）四卦所表之義，而謂：「一念動爲無形之風名天大，天者積動所成也，象爲乾。一念靜爲無形之金名地大，地者積靜所成也，象爲坤。乾坤立，動摩於靜，爲無形之火。火者天之用，而水之根也，象爲離，在天爲日。火蒸於金，爲無形之水。水者地之用，而火之配也，象爲坎，在天爲月」；28.引〈乾·象曰〉「天行健，君子以自強不息」之「剛」；29.引〈乾·用九〉「見群龍无首，吉。」之「柔」，而謂此乃「剛而柔」也；30.引〈乾·用九〉「知進退存亡而不失其正者，其唯聖人乎」；31.引〈乾·用九〉「君子學以聚之，問以辯之，寬以居之，仁以行之。《易》曰：『見龍在田，利見大人。』君德也。」而謂「《大易》略思辯，益以寬居，寬居即思辯異名也。以其心領神會，故曰『寬以居之』」；32.引〈乾·文言〉中的「先天而天弗違，後天而奉天時」，謂若能如此，則「振振麟趾，不待卜而可必」也；33.引〈乾·文言〉「初九曰：『潛龍勿用。』何謂也？子曰：『龍德而隱者也。不易乎世，不成乎名，遯世无悶，不見是而无悶。樂則行之，憂則違之，確乎不可拔，潛龍也。』謂乾明公如此固守佛法，正如初九之「潛龍」，是「龍德而隱者，確乎不可拔」的；34.引〈坤·象曰〉「地勢坤，君子以厚德載物」之「柔」；35.引〈坤·彖曰〉中

「萬物資生」、「坤厚載物，德合无疆」等德性，以贊《華嚴經》之德也；36.引〈坤·用六〉「利永貞。」之「剛」而謂此乃「柔而剛」也；37.引〈坤·文言〉「積善之家，必有餘慶；積不善之家，必有餘殃。」以因果報應之說，將釋教天台《法華》、淨土《觀經》與儒家《周易》會而通之也；38.引〈坤·文言〉「積善之家，必有餘慶；積不善之家，必有餘殃。」謂因果報應之語非釋氏獨說而已；39.引〈坤·文言〉「天地閉，賢人隱」，而慨嘆自佛法東傳以來，雖乘時利，見者不可悉數，然自宋元以降，得正知見者已漸日寡；40.引〈坤·文言〉中的「直方大」以贊《華嚴經》之德也；41.引〈咸·彖曰〉的「二氣感應」、「天地感而萬物」、「聖人感人心」，皆是互動之意，謂何以感應之咸卦卻是由兩個不動的「艮山兌澤」所構成；42.引〈恆·彖曰〉「恆，久也。……天地之道，恆久而不已也」；43.引〈恆·象曰〉「雷風恆，君子以立不易方。」謂恆是「久」，是「恆久而不已」，是「不易」之義，皆是不動之意，何以卻由兩個變動不停的「巽風震雷」所構成；44.引〈謙·彖曰〉「謙，尊而光，卑而不可踰，君子之終也。」談謙光與佛經所謂「心佛眾生，三無差別」是相同的；45.引〈復·象曰〉「雷在地中，復。先王以至日閉關，商旅不行，后不省方」；46.引〈復·象曰〉：「不遠之復，以脩身也」；47.引〈益·象曰〉「風雷益，君子以見善則遷，有過則改」；48.引〈損·象曰〉「山下有澤，損，君子以懲忿窒欲。」而謂「懲忿窒欲，改過之大者也。過改則復於本善，名爲遷善，非別有善可遷。故明損益不二者，可知爲學爲道之一致矣」；49.引〈艮·象曰〉「兼山艮，君

子以思不出其位。」中的「兼山艮」贊君子之語，而謂「未識兼山艮，徒勞夕惕乾」；50.引〈夬‧象曰〉中的君子「居德則忌」；51.引〈蒙‧象曰〉中的君子「果行育德」，而謂「居德忌成夬，育德貴如蒙」；52.引〈中孚‧彖曰〉「利涉大川，乘木虛舟也。」而謂「不念中孚之在虛，而夬履之貞厲也」；53.引〈兌‧象曰〉「麗澤，兌。君子以朋友講習。」而謂「麗澤之懷，且為豐蔀所蔽，幾不自覺矣」；54.引〈兌‧象曰〉「麗澤，兌。君子以朋友講習。」而謂「麗澤之誼不講，性命之學必荒」；55.引〈謙‧彖曰〉「謙尊而光，卑而不可踰。」以證儒家與釋氏皆以謙虛為無上美德，並將此處《易經》所謂「謙尊而光」的光，與釋氏的「無量光，無量壽」等而視之。共引〈繫辭傳〉22 例，〈說卦傳〉5 例，各卦〈象傳〉12 例，各卦〈彖傳〉6 例，乾卦〈文言傳〉2 例，〈用九〉3 例，坤卦〈文言傳〉4 例，〈用六〉1 例，共 55 例。

　　總論在他的雜著總集《靈峰宗論》中，其或為某書、某事所作之序，或與他人往來書信，其將《易經》卦爻變化與《易》辭背後的含義與佛教教義相會通以申說己意者，共達 76 處之多。

　　相對於本書第二章統計《高僧傳》、《續高僧傳》、《宋高僧傳》、《補續高僧傳》、《五燈會元》、《佛祖統紀》、《佛祖歷代通載》、《釋氏稽古略》等主要僧史中，僧人引用《易經》的情形，其中引《周易》經文卦爻者有 6 例、8 卦；引〈易傳〉者有 8 例 9 處；善《易》者有 12 人；善占卜者有 9 人的數量來看，蕅益智旭不論是在佛經相關注疏著作中，共引《周易》經傳有 12 例；或者是在日常雜著裏，

共引《周易》經傳多達 76 處，以其如此習慣、大量且流暢的引用《易經》的情形來看，他的確是時常運用《易經》的語言文字，並且對《易經》十分精熟。而《周易禪解》這部現存佛門僧人首次從頭到尾，以佛教教義系統的、理論的詮釋《易經》的著作會在他手中完成，似乎也是必然之事了。

第五章 《周易禪解》基本觀念與方法論

第一節 談《周易禪解》前的幾個問題

　　本書第三、四章已對蕅益智旭不論是在佛經相關著作，還是在日常書信雜著中，皆慣引《易》語以疏釋佛理、申說己意的情形，做了十分仔細的分析和說明。從智旭這種不論是在嚴肅的佛經注疏中，還是在日常書信雜著裏，都慣用《易》語來會通佛理，勸喻學人的情形來看，其能寫出一部從頭到尾，以佛教義理系統性的詮釋整部《易經》的著作，實在是基於平時已熟習《易經》的基礎。而這種對《易經》的精熟，也讓這部《周易禪解》呈現出超越一般僧人多只在個別名詞、概念上比附《易》、佛的情況，因之能建立起一套以佛解《易》的佛門《易》理論。（這也是我們爲何要在第三、四章中，全面性的討論智旭在其所有著作中會通《易》、佛情形的原因。因爲如果沒有這種對智旭援佛解《易》的全面性討論與分析，是無法完整說明智旭何以能有《周易禪解》這部系統性的以佛解《易》著作的出現，也無法真正理解智旭做爲佛門《易》學的高峰及理論

完成者的重要歷史地位）在此本可直接進入《周易禪解》這個主題，但由於這是唯一一部現存僧人以佛教義理從頭到尾詮釋《易經》的著作，因而不得不令我們猜想，不知佛教自漢朝傳入中土千餘年來，是否曾有僧人以佛解《易》之書出現？或著是否有人也曾以佛教教義詮釋《易經》？因此，在進入《周易禪解》之前，本章擬先對這兩個問題做歷史考察，讓我們在討論《周易禪解》時，能夠更為完滿，且不致有所缺憾。

一、歷史中曾出現的僧人解《易》之作

(一)（南朝宋）釋慧通《爻象記》為首部中國僧人解《易》之作

　　在仔細考察僧人史傳後，我們發現僧人解《易》的專門著作，似乎在南北朝時已經出現。《高僧傳・卷第七・義解四・宋京師冶城寺釋慧通》中記載道：[1]

> 釋慧通，姓劉，沛國人。……袁粲著《蓬顏論》示通，通難詰往反，著文于世。又製《大品》、《勝鬘》、《雜心》、《毗曇》等義疏，并《駁夷夏論》、《顯證論》、《法性論》及《爻象記》等，皆傳於世。

---

[1]　（梁）釋慧皎撰，湯用彤校注，湯一玄整理：《高僧傳》（北京：中華書局，1997 年 10 月第 3 次印刷），頁 301。

由這段引文，可知南朝宋的釋慧通（？）不僅與當時名人袁粲（420－477）有往復論辯的文字，並在其眾多佛學著作外，還有一本名喚《爻象記》的書。今雖未能窺得此書以探究竟，然觀其書名及南北朝乃爲盛行三玄風氣的時代，可以推知，《爻象記》應爲釋慧通治《易》之作。可惜的是，今日已未能得見此書面貌，不知釋慧通是以佛教義理詮釋《易經》的爻象？還是以漢朝流行的象數或者魏晉以後流行的義理之說詮解《易經》？不知其是從頭到尾通釋整部《易經》？還是只揀擇某些特定卦爻疏釋之？凡此種種疑問，今日已無由得知。所以雖可謂南朝宋釋慧通的《爻象記》應爲中國僧人見諸記載的第一部《易經》專門著作，然對其內容是否爲「以佛解《易》」，也只能存而不論了。

（二）（唐）一行《易纂》爲現存首部中國僧人解《易》之作

柯劭忞（1850－1921）在《續修四庫全書總目提要・經部・易類》中，爲《易纂一卷》（玉函山房本）做了如下的提要：[2]

> 唐僧一行撰，清馬國翰輯。一行姓張氏，魏州呂梁人。先名遂，後爲僧，隱於嵩山。唐玄宗令其族叔禮部郎中洽受勅書強起之，卒賜諡大慧禪師，《舊唐書》有傳。此書《唐書・經籍志》、《宋史・藝文志》俱不載。宋《中興書目》有《一行易傳》十二卷，原缺四卷。王應麟《困學紀聞》引作《一行

---

[2] 《續修四庫全書總目提要・經部・易類・易纂一卷》（北京：中華書局，1993年7月第1版），頁27－28。

易纂》。國翰據呂祖謙《古易音訓》，晁氏所引，及蘇軾《易傳》引一行釋四營成《易》之說，輯為《易纂》一卷。遺文墜義，僅有存者。朱震謂孟喜、京房之學，其書槩見於一行所集，大約皆自《子夏傳》而出。今以輯本覈之，其經文多同於孟氏、京氏。震謂一行所集，可以槩見孟京之學，是固然矣！然實不出於《子夏傳》也。《東坡易傳》引一行撰著之法，以為三變皆少，則乾之象，乾所以為老陽，而四數其撰得九，故以九名之。三變皆多，則坤之象，坤所以為老陰，而四數其撰得六，故以六名之。三變而少者，一則震坎艮之象，震坎艮所以為少陽，而四數其撰得七，故以七名之。三變而多者，一則巽離兌之象，巽離兌所以為少陰，而四數其撰得八，故以八名之。故七八九六者，因撰數以名陰陽，而陰陽之所以為老少者，不在乎是，而在乎三變之間。案一行之說，乃經師相傳之舊法，孔穎達《正義》已言之。劉禹錫〈辨易九六論〉，謂聞諸畢中和，中和本其師，師之學本一行。朱子亦謂畢氏撰法，視疏義為詳。後世諸儒，乃有前一變獨掛，後二變不掛之說。考之於經而不應，全失一行之舊法矣！

唐僧一行（673－727）為玄宗時人，賜諡大慧禪師，《唐書‧經籍志》與《宋史‧藝文志》皆未見載有《易纂》一書，然宋《中興書目》載有《一行易傳》十二卷，原缺四卷。王應麟（1223－1296）在《困學紀聞》中則引作《一行易纂》，然皆未見有人提及其書內容為何？直到（清）馬國翰（？）據呂祖謙（1137－1181）的《古易音訓》及蘇軾（1036－1101）《易傳》引一行釋「四營成《易》」之說，而

輯爲《易纂》一卷，方得見一行《易纂》的些許面目。而朱震（1072－1138）亦曾謂孟喜（？）、京房（BC77－BC37）之學，其書槩見於一行所集。又以今日馬國翰輯本中的一行《易纂》經文多同於孟、京二氏，則約可知一行善於孟、京二氏之說。孔穎達（574－648）《周易正義》亦已言一行之說，乃經師相傳之舊法。劉禹錫（772－842）〈辨易九六論〉則謂「聞諸畢中和」，中和本爲劉師，而中和之學又本於一行云云。由上述諸人的說法，可知唐僧一行似乎擅於孟喜、京房之學，亦長於《易經》揲蓍之法，但卻未見有人論及一行曾以佛教教義詮解《易經》。由此可以推知，一行雖爲善《易》的僧人，亦曾作《易纂》一書，然其《易纂》只能說是僧人解《易》之作，而無法視爲僧人「以佛解《易》」，會通《易》、佛之作也。

(三)（五代）釋希覺《會釋記》爲首部中國僧人疏解全《易》之作

在《宋高僧傳・卷第十六・明律篇第四之三・漢錢塘千佛寺希覺傳》中記載道：[3]

> 釋希覺，字順之，姓商氏，世居晉陵。覺生於溧陽，家系儒、墨。……覺外學偏多，長於《易》道，著《會釋記》二十卷。解《易》，至〈上、下繫〉及末文甚備，常爲人敷演此經，付

---

[3] （宋）釋贊寧撰，范祥雍點校：《宋高僧傳》（北京：中華書局，1997 年 10 月第 4 次印刷），頁 402－403。

> 授於都僧正贊寧。及乎老病，乞解見任僧職。既遂所懷，唯
> 傲嘯山房，以吟詠為樂。

從這段引文可以得知，五代時期的釋希覺（864－948）「外學偏多」，
且「長於《易》道」，曾作《會釋記》二十卷，將《易經》自經至傳，
及其末文，詮解甚備，並常向他人講說敷演《易經》，可見他對《易
經》的重視程度。他後來還將《會釋記》傳授給《宋高僧傳》的作
者釋贊寧（919－1001），故釋贊寧在《宋高僧傳》中載釋希覺生平
時，特提及《會釋記》這部解《易》之作。

　　從現存的資料來看，釋希覺的《會釋記》應是目前可知，中國
僧人第一部「從頭到尾」詮釋《易經》的著作，至於其內容如何？
由於此書已不可見，所以也就無從得知了。

二、心學《易》影響的迷思

　　宋明以來，理學之風特盛，其中陸王心學，亦對許多學人產生
極大的影響，而學人注解《易經》，自然也不免受此心學之風的感染。
黃壽祺在《續修四庫全書總目提要・經部・易類》中，為《周易禪
解十卷》（民國四年金陵刻經處刊本）寫提要時說道：[4]

> 明智旭撰。智旭字蕅益，自號北天目道人。崇禎間，住持江
> 浙各地，著述頗多。此書凡十卷，卷一至卷七，解六十四卦，

---

[4]　同註2，頁40。

卷八解〈繫辭上傳〉，卷九解〈繫辭下傳〉及〈說〉、〈序〉、〈雜〉三篇，卷十則附〈圖說〉八篇。其自序謂以禪入儒，務誘儒以知禪。故其通釋卦爻，皆援禪理以為解。按欽定《提要》，論《楊氏易傳》，謂自漢以來，以老莊說《易》，始魏王弼；以心性說《易》，始王宗傳及簡。至於明季，其說大行，紫溪蘇濬解《易》，遂以《冥冥篇》為名，而《易》全入禪矣！又謂簡等專明此義，遂流於恍惚虛無。其論《童溪易傳》，亦謂明萬曆以後，動以心學說《易》，流別於楊簡及宗傳二人。據此所論，則智旭之《易》，似遠源於楊王二人，為《易》家之別派。今考其書，援引禪理，間雖不免傅會，然亦頗有可取者。如論乾坤云：乾健也，在天為陽，在地為剛，在人為智為義，在性為照，在修為觀。又在器為覆，在根身為首為天君，在家為主，在國為王，在天下為帝。或有以天道釋，或有以人道釋者，皆偏舉一隅耳。坤順也，在天為陰，在地為柔，在人為仁，在性為寂，在修為止。又在器界為載，在根身為腹為腑臟，在家為妻，在國為臣。釋用九云：若約佛法釋者，用九是用有變化之慧，不用七之無變化慧也。陽動即變為陰，喻妙慧必與定俱。又統論六爻表法，通乎世出世間，歷舉若約三才，若約天時，若約欲天，若約三界，若約地理，若約方位，若約家，若約國，若約人類，若約一身，若約一世，若約六道，若約十界，若約六即等，以證明其義。又總論之曰：以要言之，世出世法，若大若小，若依若正，若喜若惡，皆可以六爻作表法，有何一爻不攝一切法？有何一法不攝一切六爻？按以上諸條，立說皆非盡恍惚虛無。書內類

　　此書多，未可以其援禪入儒，而悉非之。

他對《周易禪解》的內容做了簡單的說明，或謂：「凡十卷，卷一至
卷七，解六十四卦，卷八解〈繫辭上傳〉，卷九解〈繫辭下傳〉及〈說〉、
〈序〉、〈雜〉三篇，卷十則附〈圖說〉八篇」；或云：「又統論六爻
表法，通乎世出世間，歷舉若約三才，若約天時，若約欲天，若約
三界，若約地理，若約方位，若約家，若約國，若約人類，若約一
身，若約一世，若約六道，若約十界，若約六即等，以證明其義。
又總論之曰：以要言之，世出世法，若大若小，若依若正，若喜若
惡，皆可以六爻作表法，有何一爻不攝一切法？有何一法不攝一切
六爻？」並謂智旭作此書的動機為：「以禪入儒，務誘儒以知禪」，
可謂對《周易禪解》做了精簡的介紹。

　　黃壽祺在文中並引及《四庫全書總目提要》之說，而謂：「按欽
定《提要》，論《楊氏易傳》，謂自漢以來，以老莊說《易》，始魏王
弼（226－249）；以心性說《易》，始王宗傳（？）及簡（？）。……
其論《童溪易傳》，亦謂明萬曆以後，動以心學說《易》，流別於楊
簡及宗傳二人。據此所論，則智旭之《易》，似遠源於楊、王二人，
為《易》家之別派。」云云，可知黃氏與四庫館臣似乎都認為蕅益
智旭的《周易禪解》，其淵源於楊、王二家。現在就來看看《四庫全
書總目提要》是如何談論楊、王二氏之《易》學的。

(一)（宋）楊簡：《楊氏易傳》

　　《四庫全書總目提要‧1‧卷三‧經部三‧易類三‧楊氏易傳》

記載道：⁵

> 宋・楊簡撰。……簡之學出陸九淵，故其解《易》，惟以人心
> 為主，而象數事物皆在所略。甚至謂〈繫辭〉中「近取諸身」
> 一節，為不知道者所偽，非孔子之言。故明・楊時喬作《傳
> 易考》，竟斥為異端。而元・董真卿《論林栗易解》亦引《朱
> 子語錄》，稱楊敬仲文字可毀云云。實簡之務談高遠，有以致
> 之也。考自漢以來，以老莊說《易》，始魏王弼；以心性說《易》，
> 始王宗傳及簡。宗傳淳熙中進士，簡乾道中進士，皆孝宗時
> 人也。顧宗傳人微言輕，其書僅存，不甚為學者所誦習。簡
> 則為象山弟子之冠，如朱門之有黃幹。又歷官中外，政績可
> 觀，在南宋為名臣，尤足以籠罩一世。故至於明季，其說大
> 行，紫溪蘇濬解《易》，遂以《冥冥篇》為名，而《易》全入
> 禪矣！夫《易》之為書，廣大悉備，聖人之為教，精粗本末
> 兼該，心性之理，未嘗不蘊《易》中。特簡等專明此義，遂
> 流於恍惚虛無耳。

其謂以心性說《易》，始於王宗傳及楊簡二人。楊簡解《易》，惟以
人心為主，而象數事物皆在所略，曾謂〈繫辭傳〉「近取諸身」一段
非孔子所作。其中楊簡因為象山弟子之冠，又為南宋名臣，故影響
所及，至於明季，其說大行。而紫溪蘇濬（？）解《易》，以《冥冥
篇》為名，遂使《易》全入禪矣！並謂《易》道雖廣大悉備，亦含

---

⁵　《欽定四庫全書總目》（臺北：藝文印書館，1997 年 9 月初版 7 刷），頁 89
－90。

心性之理，然楊簡等人專明心性之義，遂使《易》說流於恍惚虛無之中。

(二)（宋）王宗傳：《童溪易傳》

在《四庫全書總目提要・1・卷三・經部三・易類三・童溪易傳》中記載道：[6]

> 宋・王宗傳撰。……宗傳之說，大概祧梁、孟而宗王弼，故其書惟憑心悟，力斥象數之弊，至譬於誤註《本草》之殺人。序述宗傳之論，有性本無，說聖人本無言之，語不免涉於異學，與楊簡《慈湖易傳》宗旨相同。蓋弼《易》祖尚元虛，以闡發義理。漢學至是而始變，宋儒掃除古法，實從是萌發。然胡、程祖其義理而歸諸人事，故似淺近而醇實。宗傳及簡，祖其元虛，而索諸性天，故似高深而幻窅。考沈作喆作〈寓簡〉，第一卷多談《易》理，大柢以佛氏為宗。作喆為紹興五年進士，其作〈寓簡〉在淳熙元年，正與宗傳同時。然則以禪言《易》，起於南宋之初，特作喆無成書，宗傳及簡則各有成編，顯闡別徑耳！《春秋》之書事，〈檀弓〉之記禮，必謹其變之所始，錄存是編，俾學者知明萬曆以後，動以心學說《易》，流別於此二人。亦說《周禮》者，存俞庭椿、邱葵意也。

其謂「宗傳之說，大概祧梁、孟而宗王弼，故其書惟憑心悟，力斥

6　同上註，頁95-96。

象數之弊。」以爲王宗傳與楊簡皆祖尙王弼義理《易》中的玄虛之學，故似高深而幻窅。其中又謂「考沈作喆作〈寓簡〉，第一卷多談《易》理，大柢以佛氏爲宗。作喆（？）爲紹興五年進士，其作〈寓簡〉在淳熙元年，正與宗傳同時。然則以禪言《易》，起於南宋之初，特作喆無成書，宗傳及簡則各有成編，顯闡別徑耳！」則沈作喆與王宗傳同時，而以其所作〈寓簡〉第一卷談《易》理，大抵以佛氏爲宗的情形來看，《易》、佛交涉的現象，在宋朝士人間，似乎已逐漸流行。由於沈氏沒有《易經》專門著作，故謂明末以禪解《易》之風盛行，乃淵源於楊、王二人之影響，而未將沈氏列入。

　　蓋四庫館臣認爲明末以禪解《易》之風，直可追至宋人楊簡、王宗傳、沈作喆諸人以心學解《易》的影響，其間關係自不可謂絕無。如智旭在《周易禪解》注復卦〈象曰〉：「雷在地中，復。先王以至日閉關，商旅不行，后不省方。」時，亦引楊慈湖「舜禹十有一月朔巡狩，但于冬至日則不行耳！」之說。[7]

　　然若以史料來看，由本書第二章所引僧人史傳記載中，諸多僧人引用《易》語的頻繁情形，可知佛門僧人對於《易經》本有研究。再就上節所論，不論是南朝宋釋慧通的《爻象記》，還是五代釋希覺作《會釋記》，並以之傳授給釋贊寧的史實來看，此二人皆早於楊簡與王宗傳，則直謂明末以禪解《易》之風，就是受到楊、王諸人《易》

---

[7]　蕅益智旭：《周易禪解》（臺北：自由出版社，1996年1月再版），頁219。（本文引用版本乃爲依南京金陵刻經處刻本所影印）

學的影響，實是過於簡單且甚不周全的論斷。

　　若就楊、王心學《易》與佛門僧人《易》的基本立場來看，心學《易》者的基本立場為「六經註我」，故楊簡有不信〈繫傳〉某些文字為孔子所作的看法。心學《易》者的立場乃是以「我」為主，凡不合於「我」心者，皆斥之為偽。然考諸僧人史傳及智旭《周易禪解》，他們之所以引《易》語以申說己見，之所以會通《易》、佛，甚至引《易》語以疏證佛教經注，其立場都在絕對相信《易》為聖人所作，否則，佛門僧人怎會引自己不信的《易經》以證己說呢？心學《易》與佛門《易》之基本看法不同由此可見。又智旭在其書中不斷批判不信〈易傳〉為孔子所作的儒者，是不知聖人之深心，違背聖人之旨意，並非真正的儒者；而且智旭認為自己方為真儒，方是真知孔子深意所寓之人。而在佛門中，僧人又普遍相信孔子為儒童菩薩，既為儒童菩薩，則將來必然成佛。孔子既被中國僧人視為菩薩，視為佛的代表，又怎會有如心學《易》者不信孔子作《易》之說，而只信自己的立場呢？

　　因此，四庫館臣直謂明末以禪解《易》之風，乃承楊、王心學《易》的影響而來，後代學人如黃壽祺、朱伯崑等因信四庫館臣之語，亦持類似的意見。實皆因中國傳統士人對於佛門《易》流傳發展情形不夠了解，所產生的誤解與迷思。[8]

---

[8] 關於以禪解《易》之風與楊、王心學的關係，亦可參見林文彬：〈試論智旭周易禪解天台學之特色〉一文，其謂：「大致說來，他們（黃壽祺、朱伯崑、鄭萬耕、張善文）都認為智旭之解《易》可視為南宋楊簡、王宗傳以來，心

三、兩部與佛教相關的非僧人《易》作

(一)（宋）徐總幹：《易傳燈》

在歷史中，還出現了以「傳燈」爲名的《易》學著作。由於「傳燈」爲禪門特有用語，故筆者於此處特別論之。在《四庫全書總目提要・1・卷三・經部三・易類三・易傳燈四卷》中記載道：[9]

> 《易傳燈》一書，諸家書目俱不著錄，朱彝尊《經義考》亦不載其名。惟《永樂大典》散見於各卦之中，題其官曰徐總幹而不著名字，……序無明文，不能定其爲誰也。傳燈，本釋氏之語，乃取之以名經解，殊爲乖剌。……。

四庫館臣知有《易傳燈》一書，但因序無明文，故仍不敢定其作者

學《易》的發展，係屬於心學《易》的別派，而且是以大乘佛教中的禪宗來解《周易》。認爲《周易禪解》是以禪宗來解《易》的，可以視爲當今《易》學界的普遍定說。不過經筆者考察，卻發現智旭並不是以禪宗的思想來解《易》，而是以天台學作爲基礎來詮釋《周易》。」（《興大人文學報》2002年6月第三十二期，頁148－149）其重點在強調智旭乃以天台解《易》，而非以禪解《易》。然由其所說，可知學界多將以禪解《易》視爲受楊、王二人心學《易》的影響而來。林氏又云：「其實佛家解《易》，自有其思想理路，《周易禪解》解《易》的方式未必是發揮心學派『六經註我』的學風。佛家解釋儒、道的外典，往往是依據他們自宗的思想及判教而來，援引外典只作爲一種媒介或框架，注入的卻是他們自家的佛學思想。」（頁171）林氏文中亦指將以禪解《易》視爲受楊、王二人心學《易》的影響而來是有疑問的說法。這自然是由於學人多較熟於《易》學本身的發展歷史，而對僧人解《易》的佛門《易》傳統，認知十分有限之故。

9　同註5，頁93－94。

爲誰。然「傳燈」爲釋家專門用語，其取《易傳燈》名解《易》之作，可推知當時似已有《易》、佛會通之風。

謝興堯在《續修四庫全書總目提要・經部・易類・易傳燈四卷》（函海本）中則說道：[10]

> 宋徐總幹撰。其籍貫經歷皆不詳。李調元氏以此書刊入函海，亦未撰前序，或亦不明徐氏經歷之故歟？前有宋寶祐丁巳其子徐子東序，謂先君總幹幼習聲律，後習《周易》。紹興初，嘗師事東萊呂祖謙。說齋唐仲友，因于宋真卿書堂，見壁間伏羲先天八卦圖象，篤志學《易》，佩服師訓，早夜究心，嘗應試漕闈，兩預薦書，皆以是經得名。從道義而輕利祿，薄奔競而安恬退，隱居易堂，細研先天之學。以六十四卦，三百八十四爻，係觀國家興衰治亂之時用。寶慶間，遂作《周易大義》，繼作《衍義》，續作《傳燈》，數十載方脫稿云云。觀此，是總幹在當時即以《易》名家，惜記載不傳。惟師法源流，於此可見其大略。此書凡四卷，皆分段論述《周易》原理，精實閎遠，與其師呂氏以空疎爲言者大異。卷一首論《易》之原理，次論八卦變化。卷二論各《易》象爻辭，與商、周制度。卷三論六位貴賤及數。卷四論八卦剛柔。全書獨抒己見，不拘成說，頗多精義。如首篇《易》爲聖人明天命之書，次《易》言人事，次三代制度各篇，皆全書精華，足闡發《易》之衍奧。蓋《周易》一書，自漢京房而後，其

---

10 同註2，頁32。

義日晦，鮮有能明其本義者。此編以人事立論，謂《周易》
與《春秋》，皆聖人言人事之書也。《春秋》言人事于已然，
而有褒貶誅首之旨。《易》言人事于未然，而有吉、凶、悔、
吝之文。其體雖異，其為世教同也。以剛柔大小言君子小人
之情，以先後反對言消長盛衰之數云，能發揮本旨，較之附
會之文，以吉凶說《易》者，自有高下之別矣！

直據書前宋寶祐丁巳其子徐子東之序「先君總幹幼習聲律，後習《周
易》，……寶慶間，遂作《周易大義》，繼作《衍義》，續作《傳燈》，
數十載方脫稿云云。」而謂作者為宋人徐總幹，且謂總幹在當時即
以《易》名家。不似四庫館臣謂總幹為官名，而不敢定作者為誰。
又從謝氏〈提要〉可知，《易傳燈》內容特色大概為：「以人事立論，
謂《周易》與《春秋》，皆聖人言人事之書也。……以剛柔大小言君
子小人之情，以先後反對言消長盛衰之數云」，可知此書雖名為《易
傳燈》，然只是借釋氏師徒傳承中的「傳燈」之意，寓己作此書乃所
以傳孔子聖人之燈，而非以佛教義理詮解《易經》之作也。

(二)（明）李贄：《易因》

　　張壽林在《續修四庫全書總目提要‧經部‧易類‧易因上下經
各三卷》中說道：[11]

　　　　不著撰人姓氏，亦不著時代。按明白雲霽《道藏目錄詳註》

---

[11] 同註2，頁37－38。

題作《李氏易因》，亦不著其名字。考張廷玉《明史‧藝文志‧經部‧易類》，著錄李贄《九正易因》四卷，注云：「贄自謂初著《易因》一書，改至八九次而後定，故有九正之名。」則雲霽所謂李氏者即李贄也。贄字卓吾，晉江人，萬曆中官姚安府知府。雅好釋典，士大夫之好禪者往往從之遊。後忽自去其髮，冠服坐堂皇，上勒令解任，乃隱居黃安，日引士人講學，雜以婦女，專從釋氏，卑侮孔孟。北遊通州，為給事中問達所劾，逮死獄中。按贄自謂著《易因》，前後改凡八、九次，是其於《易》，用心獨苦。是編釐為上下二經，各為三卷，總計全書，都凡六卷。惟《明史‧藝文志》作四卷，註謂為其第九次訂正之本。則此本殆李氏初稿，抑或萬曆間續修《道藏》時之所析耶？今考其書，每卦一篇，首列經文，然後於經文之下繹以己見，更採漢唐及宋元明儒之說，以為附錄。大旨皆以禪機為主，借滉洋恣肆之談，以自擴其意。蓋贄本邃於釋氏之學，而卑侮孔孟，故必援儒入釋，不知各家之學，自有源流，必欲以儒言淆於異學，則根本已謬，其是非固不待辨矣！然其博採諸家，以翼其說，頗為賅備。又稽其所引諸家之說，朱彝尊《經義考》多稱未寓目者，則亦有關文獻，足資學者之採擇焉。

可知明人李贄（1527－1602）嘗作《易因》一書，前後改凡八、九次，其於《易》用心獨苦。而《易因》一書，「大旨皆以禪機為主，借滉洋恣肆之談，以自擴其意」。蓋李贄本邃於釋氏之學，故論學常援儒入釋。此書雖援禪入《易》，然因其非僧人，故與本文所欲探討

僧人以佛解《易》之《易》、佛會通主題無涉。但因此為以禪說《易》之作，故將此書提出而略做說明。

總結以上所言，在蕅益智旭作《周易禪解》之前，僧人注解《易經》者，有南朝宋釋慧通的《爻象記》，惜其已不見，故不知它如何解《易》？也不知它解釋了《易經》的那些部份？又有唐僧一行的《易纂》，然其解《易》乃以孟、京之說為主，與佛教義理無涉；還有後漢釋希覺的《會釋記》，這雖是一部從頭到尾僧人疏釋《易經》之作，然因其書已不可得見，故亦不知其是否為以佛教義理詮解《易經》之作。

在非僧人解《易》而與佛教似有關係者，則有宋人楊簡的《楊氏易傳》、王宗傳的《童溪易傳》及沈作喆〈寓簡〉。其雖或以心學說《易》，或以佛理說《易》，然若參之以本書第二章所引僧人史傳記載中，諸多僧人引用《易》語的頻繁情形，及南朝宋釋慧通有《爻象記》、五代釋希覺有《會釋記》，則直謂明末以禪解《易》之風，就是受到楊、王諸人《易》學影響，實是過於簡單且不周全的論斷。至於宋人徐總幹的《易傳燈》，則是僅藉「傳燈」之名以寓其傳孔子之學之意，與佛教義理無涉；而明末李贄《易因》雖以禪機說《易》，但因其非僧人，故與本書討論主題又不相干。

由此可知，明末蕅益智旭《周易禪解》一書，實為今日可見，中國僧人第一部以佛教義理從頭到尾詮解《易經》的著作，其出現說明了歷史中佛門《易》傳統的完成，亦可謂為僧人會通《易》、佛的顛峰。

第二節 《周易禪解》的版本、成書過程與動機

經過了前面數章對佛門僧人在史傳記載，以及蕅益智旭在其佛經相關著作及其他日常書信雜著中，曾經引用與《易經》相關的語言資料，做了極為詳細的探討與分析之後，我們對於佛門僧人普遍有著借引《易》語的習慣，已有清楚的了解。然而儘管佛門僧人引用《易經》是如此的頻繁，卻始終沒有一部完整的以佛教義理，從頭到尾詮解整部《易經》的著作出現，（釋慧通《爻象記》、唐僧一行的《易纂》、釋希覺的《會釋記》的情況，已如上節所述）這代表著佛門《易》尚未達到完成的狀況，佛門僧人會通《易》、佛的工作，仍未臻於巔峰。一直到明末蕅益智旭《周易禪解》的出現，中國僧人終於在經過了千餘年片段的、隨機的引用《易》語，會通《易》、佛後，才發展到最高峰。而這個佛門僧人會通《易》、佛的工程之所以會在蕅益智旭的手上完成，那是因為智旭不論在佛經注疏相關著作中，還是在日常書信的行文用語裏，都已大量的借引《易》語以申說己意的習慣與訓練，因而能在歷史中完成這一部從頭到尾，系統的以佛教理論詮釋《易經》之作。蓋《周易禪解》固然以其理論架構的完整呈現而達到佛門《易》學的巔峰，但這個骨架若沒有平時以各種觀念、文字會通《易》、佛的經驗與知識的累積，以做為其血肉與準備，那麼，再好的理論架構也只是空殼，又如何能達到佛門《易》學的巔峰呢？這是我們何以在談《周易禪解》這部書前，

一定要不憚煩瑣的全面討論智旭所有著作引用《易》語情形的原因。

　　有了這個基本了解之後，本章將對這部僧人會通《易》、佛的巔峰之作做詳細的分析，以展示佛門《易》的完成與僧人會通《易》、佛巔峰的內涵與架構。

　　在正式進入《周易禪解》的內容之前，我們還想先對目前在臺灣可見《周易禪解》的版本及成書過程，做一簡單清楚的說明。

一、《周易禪解》的版本

　　今日臺灣可見《周易禪解》的版本主要有二，今皆藏於國家圖書館中：

(一)明崇禎間刊本，十卷

　　按：此本爲蕅益智旭在世時所刊之最早刊本。（由作者之序在崇禎辛巳仲冬可知）線裝，分上、中、下三冊，板匡高二十‧四公分，寬十三‧九公分，每半葉九行，行二十字，有朱筆圈點，大黑口，雙欄，單魚尾。魚尾下記「序、目錄、卷一上經乾、上經坤、下經咸、葉數」等，魚尾上方有書之簡名《易禪》。書前有作者蕅益智旭之〈周易禪解序〉，目錄之後有蕅益智旭及門弟子通瑞之〈較刻易禪紀事〉，書末有蕅益智旭識語。除此之外，無他人序跋。此本刊刻清晰完整，共分十卷，主旨在以禪入儒，誘儒以知禪，以融儒、釋二家於一也。卷首有序一篇，成於崇禎辛巳仲冬，蓋已於鼎革之際矣！卷一至卷四解上經三十卦，卷五至卷七解下經三十四卦，卷八則釋

〈繫辭上傳〉，卷九解〈繫辭下傳、說卦傳、序卦傳、雜卦傳〉，至此將《周易》全部經傳詮解完畢。卷十則分述〈河圖說、洛書說、伏羲八卦次序說、伏羲八卦方位說、六十四卦次序說、六十四卦方位說、文王八卦次序說、文王八卦方位說〉。書前蕅益智旭及門弟子通瑞〈較刻易禪紀事〉云：[12]

> 瑞叨侍大師五年，每見久精《易》學之士，一聞大師拈義，無不傾服，遂發心募梓全集，輒以《易禪》居首。大師解《易》既畢，方出〈圖說〉，故並附於末卷。

可知此書為蕅益智旭及門弟子通瑞所刊刻，且先只有解《易》之說，後來方有卷十之〈河圖說、洛書說、伏羲八卦次序說、伏羲八卦方位說、六十四卦次序說、六十四卦方位說、文王八卦次序說、文王八卦方位說〉等圖說的補入。又書前除了有蕅益智旭於崇禎辛巳仲冬在溫陵毫餘樓所寫的序之外，書末又有其識語云：[13]

> 右圖說有八，或與舊同，或與舊異，只貴遙通儒釋心要而已，觀者恕之。蕅益敬識。

此書首頁下方鈐有「福緣精社藏經」朱方、「佛弟子陳廷題錄藏印」白方，卷上、中、下之首頁下方亦皆鈐有「福緣精社藏經」朱方，書末蕅益識語上鈐有「靈虛寶藏」朱長方及「□蓮宗仁愛居」白長

---

12 同註 7，頁 599。
13 同註 7，頁 598。

方。

　　蕅益智旭以為六十四卦是伏羲所畫，彖辭為文王囚羑里所繫，爻辭為周公所繫，〈十翼〉為孔子所作，而痛斥歐陽修（1007－1072）「〈說卦〉非孔子所作」為腐儒之見。其疏解《周易》，特重妙用義理，欲將儒家義理與佛家教義融攝為一。

(二)民國四年南京金陵刻經處刊本，十卷，三冊

　　按：此本乃依明崇禎間刊本重刻，線裝，板匡高十八公分，寬十三公分，對欄，半葉十行，行二十字，有朱筆圈點。板心印有「周易禪解序、周易禪解目錄、周易禪解卷一上經乾、葉數」等。每冊之首葉上方鈐有「高陽紀念圖書館」朱文鐘形印。又，此本刊刻清晰精美，與原本不同處在於：明刊本通瑞〈校刻易禪紀事〉在原書目錄之後，而此本則將此〈紀事〉置於全書之末；板心中的書名全印，不似明刊本簡稱為《易禪》；且又於此〈紀事〉後加上金陵刻經處之〈識語〉云：[14]

> 　　《周易禪解》十卷，連圈計字十一萬五千四百十八個。又加刻卦象工十八個，由願款支付刻資洋二百六十圓四角。民國四年夏六月。

可知《周易禪解》在民國四年重刻時，是由佛教信徒捐款發願所刻。

　　《周易禪解》為明末四大師之一蕅益智旭所作，既為明末四大

---

[14] 同註7，頁600。

師之作，理應受到後人廣泛的重視。然而由於此書乃欲跨越儒、釋二家而通釋之，所以反而在儒、釋二家中，皆未受到應有的重視，後人談及此書者亦極少。是以今日所見刊本，除了最早的原刻本明崇禎本外，便只有民國四年南京金陵刻經處依明刊本重刻的線裝本了。今坊間所見之本，多是依南京金陵刻經處刻本所影印。

二、《周易禪解》的成書動機與過程

(一)《周易禪解》乃因人問《易》而成，且非一時一地之作

智旭在《周易禪解‧卷第九‧易解跋》中，對成書的過程有著這樣的說明，他說道：[15]

> 憶曩歲幻遊溫陵，結冬月臺，有郭氏子來問《易》義，遂舉筆屬稿。先成〈繫辭〉等五傳，次成上經，而下經解未及半。

---

[15] 同註 7，頁 578－579。另外，智旭在《靈峰宗論‧卷七之一‧題跋一‧周易禪解自跋》（臺中：青蓮出版社，1997 年）中亦提及此書成書經過，其內容大概為：「曩遊溫陵，有郭氏問《易》，遂舉筆屬稿。先五傳，次上經，而下經。解未及半，以應請旋置。今商大乘止觀之餘，拈示《易》學，始竟前稿。嗟嗟！從閩至吳，地不過三千餘里；從辛巳冬至今乙酉夏，時不過千二百餘日。乃世事幻夢，萬別千差。交易邪？變易邪？至歷盡差別時地，俱易而不易者，依然如故。吾是以知，日月稽天而不歷，江河競注而不流，肇公非欺我也。得其不易，以應其至易；觀其至易，以驗其不易。常與無常，二鳥雙遊。吾安知文王之羑里，周公之被流言，孔子息機於周流而韋編三絕，不同感於斯邪？因閣筆，復為之跋。」（頁 1085－1086）與本文所引之〈易解跋〉，意義全同而文字較簡。

偶應紫雲《法華》之請，旋置高閣。屆指忽越三載半矣！今春應留都請，兵阻石城，聊就濟生庵度夏。日長無事，為二、三子商就大乘止觀法門，復以餘力拈示《易》學，始竟前稿。嗟嗟！從閩至吳，地不過三千餘里。從辛巳冬至今夏，時不過一千二百餘日。乃世事幻夢，蓋不啻萬別千差。交易耶？變易耶？至于歷盡萬別千差世事，時地俱易，而不易者依然如故。吾是以知，日月稽天而不歷，江河競注而不流，肇公非欺我也。得其不易者，以應其至易。觀其至易者，以驗其不易。常與無常，二鳥雙遊。吾安知文王之于羑里，周公之被流言，孔子之息機于周流，而韋編三為之絕，不同感於斯旨耶？予愧無三聖之德之學，而竊類三聖與民同患之時，故閣筆而復為之跋。時乙酉閏六月二十九日也，北天目道人古吳蕅益智旭書。

從這篇跋文可以知道，《周易禪解》是智旭在福建溫陵時，因有郭姓人士問他與《易經》相關的事，才就這個因緣，開始動筆寫這本書。在寫作的先後次序上，是先解〈易傳〉的部份，再解《易經》上下篇，與今日由智旭弟子成時所編的《周易禪解》，先《易經》上下篇，（卷一至卷四為上經，卷五至卷七為下經）後〈易傳〉（卷八為〈繫辭上傳〉、卷九為〈繫辭下傳〉、〈說卦傳〉、〈序卦傳〉、〈雜卦傳〉即跋文中所謂「五傳」。）的編排次序不同。其次，由文中所言「下經解未及半，偶應紫雲《法華》之請，旋置高閣。」可知此書並非一口氣完成的。在這次停筆之後，過了三年半，智旭在受到兵災的阻

擾下,於濟生庵度夏,並且與二、三人談論商研大乘止觀法門之餘,繼續拈示《易經》,才完成這部書。此時他人已在江蘇,是以感嘆的說著他自福建到江蘇,兩地相距不過三千餘里,時間前後也不過三年多,可是卻眼見著國家的更迭,世事變化的莫測,這難道就是《易經》所說的交易嗎?還是《易經》所說的變易呢?然而就算世事變化如此之大,寫作此書的時間與地點也都有所不同,可是就在一切都在變化的同時,這世間仍然有著如日月、江河這些不變的東西。在這變易與不易、常與無常中,智旭認為吾人應優遊自在而不耽溺於任何一邊,以免形成偏見而不自知。因而想著當年文王被囚禁在羑里而作卦辭,周公之被流言而作爻辭,乃至於孔子的贊《易》作傳,讀《易》而至韋編三絕,其實無不是同感於變與不變、常與無常中,都有著一定的真理,因而研《易》的。他雖自覺沒有文王、周公、孔子三聖人的德性,卻和這三個聖人一樣,都身處於生民離亂之時,因而在寫作此書時,也就格外有著與作《易》聖人一樣「與民同患」的感觸了。

(二)解《易》動機在於以禪入儒,誘儒知禪

智旭在《周易禪解・卷六之二・序二・周易禪解自序》中說道:[16]

　　蕅益子結冬月臺,禪誦之餘,持韋編而箋之。或問曰:「子所

---

[16] 同註 7,頁 924－927。

解是《易》邪？」余曰：「然。」復有視而問曰：「子解非《易》
邪？」余曰：「然。」又有視而問曰：「子解亦《易》亦非《易》
邪？」余曰：「然。」更有視而問曰：「子解非《易》非非《易》
邪？」余曰：「然。」侍者笑曰：「若是乎，墮在四句中也。」
余曰：「汝不聞四句皆不可說，有因緣故皆可說乎。因緣者，
四悉檀也。人謂我釋子也，通儒能解《易》，則歡喜焉，故謂
《易》者吾然之，世界悉檀也。或謂釋子何解《易》以同俗
儒？知所解之非《易》，則善心生焉，故謂非《易》者吾然之，
為人悉檀也。或謂儒釋殆無分也，若知《易》與非《易》，必
有差別，雖異而同，雖同而異，則儱侗之病不得作焉，故謂
亦《易》亦非《易》者吾然之，對治悉檀也。或謂儒釋必有
實法也，若知非《易》，則儒非定儒，知非非《易》，則釋非
定釋，但有名字而無實性頓見不思議理焉，故謂非《易》非
非《易》者吾然之，第一義悉檀也。」侍者曰：「不然。若所
解是《易》，人謂《易》可助出世法，成增益謗。若非《易》，
人謂師自說禪，何嘗知《易》，成減損謗。若亦《易》亦非《易》，
人謂儒原非禪，禪亦非儒，成相違謗。若非《易》非非《易》，
人謂儒不成儒，禪不成禪，成戲論謗。烏見其為四悉檀也？」
余曰：「是固然，汝不聞人參善補，而氣喘者服之立斃乎？大
黃最損，而中滿者服之立瘥乎？春之育萬物也，物固有遇春
而爛者。夏之長養庶品也，草亦有夏枯者。秋之肅殺也，而
菊有花。冬之閉藏也，而松柏青，梅英馥。如必擇有利無害
者而後為之，天地不能無憾矣！且佛以慈眼視大千群機已
熟，然後示生，猶有魔波旬亂之，九十五種妒之，提婆達多

> 思中害之，豈惟堯舜稱猶病哉？吾所由解《易》者無他，以
> 禪入儒，誘儒知禪耳！縱不得四益，起四謗，如從地倒，還
> 從地起，置毒乳中，轉至醍醐，厥毒仍在，遍行為外道師，
> 薩遮為尼犍主，意在斯也。」侍者再拜謝曰：「此非弟子所及
> 也，請筆而存之。」

由這段自序之文，可以知道智旭主要是藉著別人與他的對話方式，
呈現出他之所以作此書的用意，以及他是站在怎樣的立場看待《易
經》，看待儒、佛兩家的關係。首先，智旭以「既是，亦是不是」這
種看似矛盾的回答方式，呈現出他想遮撥人們容易執著於某種固定
思想的用意；接著他又以「既是不是，又是不是不是」這樣兩個看
似矛盾的說法，引出服侍他的人提出墮入「四句」之中的疑問。什
麼是「四句」呢？就是以「肯定、否定、複肯定、複否定」等四種
句式來做語言表達的方式。[17]在各種佛經中，常用這種「有、無、
亦有亦無、非有非無」「四句法」的方式，來對佛法不肯定任何一種
執著形式做說明。智旭與其弟子在這裏的問答，便是用這種方法來
說明自己對於《易經》是不執著於任何一種固定看法的。然而所謂
的「四句」，也還不能說明真理。真正的真理是不著於任何理解上的，

---

[17] 即以肯定、否定、複肯定、複否定等四句來分類諸法之形式，又作四句法。
如對有、無而言，可成立「有、無、亦有亦無、非有非無」等四句，稱為有
無四句；如對一、異而言，可成立「一、異、亦一亦異、非一非異」等四句；
對權、實而言，可成立「權、實、亦權亦實、非權非實」等四句。此外，如
對常與無常、自與他、淨與穢等，均亦可作此四句之分別。

當然也包含了「四句」這樣的語言形式。因此智旭接著說「四句」
其實皆不可說，（因為不可有任何的執著，一落入言詮，便成固定的
形式與意見，故皆不可說。）因為四者都不究竟。而如今之所以可
說，也只是因緣而說。是什麼因緣導致這裏可以用「四句法」來說
明呢？那便是所謂的「四悉檀」了。什麼是「四悉檀」？即是：「世
界悉檀、人悉檀、對治悉檀、第一義悉檀」。[18]這是佛祖化導眾生教
法的四個範疇：世界悉檀，即是隨順世間之法而說因緣和合之義。
故當旁人問及智旭他所解的是《易經》嗎？為了讓世人覺得他雖是
個出家人，卻也能了解儒家的道理而心生歡喜，便隨順一般人的看
法，回答說「是」，讓人生出歡喜心。人悉檀是各各為人悉檀的略稱，
意思是應眾生個別的根機與能力，而說各種出世實踐之法，令眾生
得以因而生起善根。因此，當旁人認為智旭所解的《易經》不是《易
經》時，他便隨順人意而說「我所解的不是《易經》。」這是因為問
這個問題的人，顯然較上一個人，更具有他自己的看法。所以智旭
因其不同的根機與能力之故，隨順問者的意思，告訴提問者，其所
解的《易經》就如同他以為的「並不是《易經》」，讓問者不致起了

18　佛化導眾生之教法可分四個範疇：(一)世界悉檀，即隨順世間之法，而說因緣
和合之義；亦即以世間一般之思想、語言、觀念等事物，說明緣起之真理。(二)
各各為人悉檀，略作為人悉檀。即應眾生個別之根機與能力，而說各種出世
實踐法，令眾生生起善根，故又稱生善悉檀。(三)對治悉檀，即針對眾生之貪、
瞋、癡等煩惱，應病而予法藥。(四)第一義悉檀，即破除一切論議語言，直接
以第一義詮明諸法實相之理，令眾生真正契入教法，故又稱入理悉檀。

出家僧人，何以同一般世儒做著注解世間經書之事的疑惑。所謂對治悉檀，是指針對眾生貪嗔癡等煩惱而予以法藥，以解除眾生的痛苦。因此當問者問說：「您所解的既是《易經》，又不是《易經》嗎？」他以世出世間一切其實皆無分別的概念，說《易經》與非《易經》實是雖異而同，雖同而異了。因此，他回答說：「對呀！我所解的既是《易經》，又不是《易經》。」讓問者的分別心不再產生作用。所謂的第一義悉檀，指的是破除一切論議語言，直接進入第一義、最真實終極的意義，去詮明諸法實相之理，令眾生真正契入教法。因此，當問者說：「您所解的既不是《易經》，又不是不是《易經》嗎？」他便在基於破除一切言語論議等不必要的言詮，以直接進入真正終極意義的原因下，回答說：「對呀！我所解的既不是《易經》，也不是不是《易經》。」以這樣遮撥一切言語指涉的方式，讓問者得以真正知道，所謂的《易經》並不是語言文字層次的東西，可是又不是可以不藉語言文字而令人理解的東西。這種「有、無、亦有亦無、非有非無」「四句法」與「世界悉檀、人悉檀、對治悉檀、第一義悉檀」「四悉檀」的說理方式，是佛經中常見的教法，只有不再執著於任何一種固定看法，才有可能透顯出真正的實相與真理。

　　智旭接著又以侍者的追問，讓這個問題更加深刻化。侍者以所謂的「四謗」～「增益謗、減損謗、相違謗、戲論謗」，[19]來質疑智

19　說法者若不了知真如之理，則會產生如下四謗，即：(一)增益謗，謂不知真如之理乃離相寂滅，性本不有，而說真如為定有者，是為增益謗。(二)損減謗，謂不知真如之理乃不可變壞，性本不空，而說真如為定無者，是為損減謗。(三)

旭所謂的「四悉檀」。這「四謗」的說法，正是針對智旭以「四悉檀」因緣說「四句法」的質疑。據《華嚴經・隨疏演義鈔》所說，如果說法者不了知真如之理，那麼在說法的時候便會產生這四謗。什麼增益謗呢？其意是指，若不知真如之理乃是離相寂滅的，是性本不有的，而說真如為定有者，便是增益謗了。（因無說有，故為增益）因此，當智旭說有，說自己所解的便是《易經》，那將會讓人誤以為《易經》中具有真如之理，是會讓人生出增益謗的。什麼是減損謗呢？其意是指，不知真如之理乃不可變壞，性本不空，而說真如為定無者，便是損減謗了。（因實有而說無，故為減損）因此，當智旭回答說他所解的不是《易經》時，是會讓人以為《易經》中不具有任何真如之理。這樣對《易經》本身便造成了減損的作用，因而謂為減損謗。什麼是相違謗呢？其意是指，不知真如之理乃即有之空，即空之有，而說真如為亦有亦無，二邊共執者，是為相違謗。因此，當智旭回答問者他所解的既是《易經》，又不是《易經》時，便如同一般人所覺得的儒佛不同，卻又把這兩家相提並論一樣，便成了所謂的相違謗。（因以實法來看，世出世間皆無所分別，故說不同，即為相違）什麼是戲論謗呢？其意是指，不知真如之理乃具有、無之德，而說真如為非有非無，二邊不定者，便是戲論謗。因此當智旭回答問者，說他所解的《易經》，既不是《易經》，又不是

相違謗，謂不知真如之理乃即有之空，即空之有，而說真如為亦有亦無，二邊共執者，是為相違謗。(四)戲論謗，謂不知真如之理乃具有、無之德，而說真如為非有非無，二邊不定者，是為戲論謗。

不是《易經》時，便有了兩邊皆非，而與真如之理乃是兼具有、無之德，非兩邊不定之理相違背，因此便成了戲論。

　　智旭是如何回答這個侍者所提的「四謗」呢？他不再以理論來回答，而轉以實際的事例應之。他謂人參爲最好的補藥，可是氣喘者吃人參，卻會立即斃命；大黃是最損的，但是氣過盛者吃它，卻可以馬上病癒。春天固然是長育萬物的時節，卻也有東西會在春天的時候爛去；夏天也是萬物生長的季節，卻也有植物在夏天枯萎；秋天是肅殺的季節，然而菊花卻在秋天盛開；冬天是萬物棲息之時，可是梅花松柏卻在此時綻放生長。因此，天地萬物各有各的需求，沒有什麼東西是一定有利的，也沒有什麼東西只是有害的。佛祖以慈悲之眼看著大千世界的芸芸眾生，在所有根機因緣成熟之際，示生於世間，儘管他已身爲佛祖，但在世間仍然遇到了魔波洵之亂，[20]有九十五種妒嫉，[21]及提婆達多的相害。[22]智旭以此來說明應病與藥，每個人與每件事，都有其個別因緣狀態，如世間萬物各有各的生長時節，而連佛祖在世時，也會遇到魔王的干擾，那麼我們在說法傳教時，不就更應要隨機施教，應病與藥了嗎？接著，智旭說出

---

[20] 天魔，指欲界第六天（他化自在天）之魔王，名爲波旬，常嬈亂釋尊之修行。蓋諸佛出世，常有與其同世之魔障難其修行成道，且魔各有不同。波旬乃釋迦佛出世時之魔王，有無量眷屬，常障害佛道。

[21] 九十六種佛世前後出現於印度而異於佛教之流派。又作九十六術、九十六徑、九十六道、九十六種異道。有關外道之數，雖有多種異說，然以九十六種、九十五種外道二說爲最多。

[22] 提婆達多爲佛世時，觸犯五逆罪，破壞僧團，而與佛陀敵對之惡比丘。

了他作《周易禪解》的本意，原在於「以禪入儒，誘儒知禪」。因此，應病與藥，隨機而教，便是最重要的手段了。如果這樣做仍無法得到四益，[23]反又起了四謗，那就把它當做是在那裏跌倒的，便在那裏爬起一般。（四謗、四益正好是相對的，故云那裏跌倒，那裏爬起）

對話的結果是，侍者不僅信服了他的用意，並且自嘆弗如，然後有了此書的完成。可見智旭解《易》的動機，是要藉著消解侍者與問者各自所執的過程，揭示世人他想會通儒、釋二家，以期二者能相互了解的目的。然後更進一步的誘儒知禪、入禪，以達到在中國這個以儒家為主流的國度裏，能順利的宣揚佛法，廣傳教義的最終目的。

第三節 《周易禪解》援佛解《易》觀

一、一念心為《周易禪解》的中心觀

蕅益智旭寫《周易禪解》，以佛教義理解釋儒家經典，自然會受到儒、釋兩家人士的非議與質疑。他在《靈峰宗論‧卷二之五‧法語五‧示馬太昭》中，對於這些質疑提出了自己的看法，也揭示了他作《周易禪解》的基本原理，他說道：[24]

---

23 謂講說《金光明》微妙經典，可獲得國土吉祥益、輔臣和樂益、國人富壽益與法師自利利他益等四種利益。

24 同註 15，頁 394－398。

予向拈《周易禪解》，信無十一，疑逾十九。嗟嗟！我誠過矣！然察疑者之情，謂儒自儒，佛自佛。欲明佛理，佛經可解，何亂我儒宗？《易》果有禪乎？四大聖人豈無知者。《易》果無禪乎？爾何人斯，敢肆異說。噫！予是以笑而不答也。昔陸象山，始疑天地何所窮際？逮豁悟後，不過曰：「東海有聖人出焉，此心同也，此理同也。南、西、北海有聖人出焉，此心此理，亦莫不然。」更不復談及天地。豈非以無窮無盡之天地，總不出此心此理，故不復生有邊無邊諸戲論哉？《易》曰：「範圍天地之化而不過，曲成萬物而不遺，通乎晝夜之道而知，故神無方而《易》無體。」夫《易》既範圍曲成矣！何無體？既無體矣！以何物範圍天地曲成萬物？噫！試深思之，可謂《易》無禪邪？可謂聖人不知禪邪？且聖人明言，「陰陽不測之謂神」，又言「神無方」矣！後儒必以乾陽配天、配君，坤陰配地、配臣，則廣八卦所云：乾為寒、為冰、為瘠馬等，坤為吝嗇、為文、為墨等，果何謂邪？聖人明言，「《易》无體」矣！後儒必以《易》定是《易》，尚不可推諸《詩》、《書》、《禮》、《樂》，況可推三寶、四諦、十二因緣、六度萬行。是四聖心邪？非四聖之心邪？至動莫若乾，畫（筆者案：字誤，應作畫）反奇，恐動或非動也。至靜莫若坤，畫（筆者案：字誤，應作畫）反偶，恐靜或非靜也。艮山、兌澤，皆不動之物也，何得稱咸也？巽風、震雷，皆不停之象也，何反稱恆也？坎中男也，何水至冷也？離中女也，何火至熱也？水降滅火也，火然竭水也，何以稱既濟也？水潤得所也，火炎上而順性也，何以稱未濟也？故曰：「不可為典要，惟變所適。」

胡後儒之執為典要，不知變通也？馬太昭自幼留心《易》學，
獨不以先入之言為主。客冬聞台宗一切皆權，一切皆實，一
切皆亦權亦實，一切皆非權非實之語，方知《周易》亦權亦
實，亦兼權實，亦非權實。又聞現前一念心性，不變隨緣，
隨緣不變之妙，方知不易之為變易，變易之終不易。夫所謂
不易者，惟無方無體故耳！使有方有體，則是器非道。何名
神？何名《易》哉？又不達無方無體，不惟陰陽是器，太極
亦器也。苟達無方無體，不惟太極非器，陰陽乃至萬物亦非
器也。周子曰：「太極本無極也。」亦可曰：「陽本無陽也，
陰本無陰也，八卦本無卦也，六爻本無爻也。」故曰「陰陽
不測之謂神」也。陰陽設有方體，安得名不測也？論云：「諸
法無自性，無他性，無共性，無無因性，無性亦無性。（筆者
案：應作無性亦無無性）無性之性，乃名諸法實性。」噫！
此《易》邪？此禪邪？非《易》非禪邪？居士必能默識之矣！

這本是智旭開示馬太昭的法語，然而因馬氏自幼便留心於《易經》，
所以智旭特別與他談及自己作《周易禪解》而被人質疑的一些過程
與心聲。這些話語，也正可以做為了解智旭何以作《周易禪解》的
基本態度與想法。首先，一般人對《周易禪解》提出的質疑，多半
是站在或儒或佛的立場，而謂「儒自儒，佛自佛。如果《易經》中
真有禪，則伏犧、文王、周公、孔子四大聖人豈無知而不道一語？
如果《易經》沒有禪，則智旭你何以如此說呢？」可是對智旭而言，
天地萬物皆存乎此心，一切動靜變化亦皆來自此心，所以，不論是
《易經》還是禪，不論是儒還是佛，亦皆不外乎此心。他舉陸象山

所云：東、西、南、北四方聖人，此心此理皆同，而不復談及天地之故，乃是因為無窮無盡的天地，也總不出乎此心此理也。由於馬氏知《易》，所以在這篇文字中，智旭大量的引用了《易經》文字，以證明自己儒、釋無異的看法。其或引《易經‧繫辭傳上》：[25]

> 範圍天地之化而不過，曲成萬物而不遺，通乎晝夜之道而知，故神无方而《易》无體。
> 陰陽不測之謂神。

以為《易經》既然說到「範圍天地」、「曲成萬物」，則應「有體」，方能範圍曲成之。可是何以又接著說「神无方而《易》无體」呢？既無體無方，又以何物範圍天地曲成萬物哉？以此觀之，可以說《易經》中沒有禪嗎？可以說作《易》的四位聖人不知禪嗎？《易經》中又明言「陰陽不測之謂神」與「神无方」，則神是陰陽不測的，是無方的，即是不能以固定的方式去看待的。然而後儒必以乾陽為天、君、寒、冰、瘠馬，以坤陰為地、臣、吝嗇、文、墨等，又豈是真知聖人所謂「神无方而《易》无體」之意呢？[26]故若將《易經》所言皆死看之，則如何能說是真的了解《易經》呢？以此邏輯推論，

---

[25] 《十三經注疏‧1‧周易、尚書》（臺北：藝文印書館，1989 年 1 月 11 版），頁 147。

[26] 同上註，見〈說卦傳〉云：「乾為天、為圜、為君、為父、為玉、為金、為寒、為冰、為大赤、為良馬、為老馬、為瘠馬。坤為地、為母、為布、為釜、為吝嗇……為文、……為黑。」（頁 185）

則將儒與佛定看死看，則又如何能說了解儒、佛二家呢？

　　他又舉出《易經‧咸》（䷞）為艮下兌上之卦，艮為山，兌為澤，山與澤皆表不動之物，何以《易經‧咸‧彖曰》（䷞）卻謂：[27]

> 咸，感也。柔上而剛下，二氣感應以相與。……天地感而萬物化生，聖人感人心而天下和平。觀其所感，而天地萬物之情可見矣！

「二氣感應」、「天地感而萬物化生」、「聖人感人心」，皆是互動之意，何以感應之咸卦卻是由兩個不動的「艮山兌澤」所構成呢？又《易經‧恆》（䷟）為巽下震上之卦，巽為風，震為雷，皆表不停之象，何以《易經‧恆》（䷟）卻云：[28]

> 〈彖曰〉：「恆，久也。……天地之道，恆久而不已也。」
> 〈象曰〉：「雷風恆，君子以立不易方。」

恆是「久」，是「恆久而不已」，是「不易」，皆是不動之意，何以不動的恆卦卻由兩個不停的「巽風震雷」所構成呢？接著再引〈說卦傳〉所云：[29]

> 坎再索而得男，故謂之中男；離再索而得女，故謂之中女。
> 坎為水，……離為火。

27　同註 25，頁 82。
28　同註 25，頁 83－84。
29　同註 25，頁 185－186。

而謂坎爲中男，男爲陽，何以坎又爲至冷之水？離爲中女，女爲陰，何以離又爲至熱之火？《易》之既濟（䷾）爲離下坎上，火下水上之卦。水在上，火在下，故水降滅火，而火燃竭水。既是水降而滅火，或者是火燃而竭水，則何以稱爲既濟呢？又《易》之未濟（䷿）爲坎下離上，水下火上之卦。水在下，故爲水潤得所；火在上，故是火炎上而順性。既是水潤而得所，火炎上而順性，則又爲何稱爲未濟？舉了這些看似矛盾的例子後，智旭再引《易經・繫辭傳下》：[30]

> 上下无常，剛柔相易，不可爲典要，唯變所適。

中的「不可爲典要，唯變所適。」質疑後儒執《易經》中的某些話語、意象爲典要，是不知《易經》，不知聖人作《易》之深意也。

有了對《易經》「神无方而《易》无體」、「不可爲典要，唯變所適」等概念的基本理解後，方可以知不易之爲變易，變易之終爲不易的真諦。蓋只有在無方無體的前題下，方有不易的可能。如果有方有體，則只是形而下的器，非形而上的道。此種不易與變易間的變化，正如佛教所謂「不變隨緣，隨緣不變」之妙。是以若不知無方無體，則太極、陰陽、八卦皆只是器；若能知無方無體，則太極非器，陰陽非器，八卦非器，乃至萬事萬物皆非器也。知《易》之無方無體，則可知《易》之亦權亦實，亦兼權實，亦非權實。故《易》

30　同註25，頁174。

只是《易》嗎？《易》不是禪嗎？《易》不是《易》也不是禪嗎？蓋只要不死看聖人所作之《易》，便不會對智旭以禪解《易》，作《周易禪解》而提出無知的責難了。

　　由上面的解說可以知道，智旭起初以佛法解釋《易經》的注《易》方式，是受到許多質疑的，而質疑者的立場，則皆爲儒是儒、禪是禪，視儒與禪爲二。然因馬太昭自幼便留心《易》學，故特藉開示馬氏法語，而大談儒、釋其實沒分別，其所以有分別者，乃後人因分別心而不解聖人深意之故耳。人們皆以爲儒家自有儒家的義理，佛家自有佛家的教義，想要了解儒家的義理，自可以從儒家書籍中去尋找答案；想要了解佛教的教義，自然也應該去佛典中找尋，何必要以佛解儒？以佛解儒，難保沒有以佛亂儒的可能？更何況，如果《易經》中真有佛門禪意，伏羲、文王、周公乃至孔子，這四位創造完成《易經》的聖人難道會不知道嗎？如果說連作《易》的四大聖人都從未提及《易經》中具有禪意，那麼智旭又如何能說出四大聖人都未曾說出的話呢？這是質疑智旭者的思考。而這種非左即右，非上即下，非黑即白的一般世俗性思考模式，正是佛門所欲破除的世間執著。因此，智旭方如上文所述，藉著與旁人的問答，欲破除一般人儒自儒、佛自佛的執著心、分別心，以說明一切的分別之見，實屬戲論。[31]

---

[31]　智旭在同書〈卷二之四・法語四・示夏蓋臣〉中，亦與此文同樣以象山爲例，說明外在的分別只是一念心的作用而非真相。其云：「……故陸象山云：『東南西北海，有聖人出焉。此心此理同也，悟此決不更問天地何所窮際。』以

有了一切分別只是起自我一念心的妄動，並非事物實相真有什麼分別的基本理解後，便同時回答了所有質疑他以佛解《易》，雜混儒、釋者的疑惑了。類似這種世出世間一切分別，皆只是自我分別心的作用概念，在《靈峰宗論》許多篇章中，都不斷的出現著。例如他在〈卷二之三‧法語三‧示潘拱宸〉中說道：[32]

> 三教聖人，不昧本心而已。本心不昧，儒、老、釋皆可也。
> 若昧此心，儒非真儒，老非真老，釋非真釋矣！

直接將儒、釋、道三家並列，他認為儒、釋、道三教的聖人之所以為聖人，正在於其不昧本心而已。所以如果能做到不昧本心，那麼儒、釋、道三教就沒有任何差異。後人之所以有儒、釋、道三教之分，也只是因為後人昧於三教聖人相同的本心而已。

智旭在〈卷二之三‧法語三‧示聽月〉中，也同樣強調心的作用，他說道：[33]

> 學問之道，求其放心。心是何物？求者何人？覓心了不可得。
> 祖許云：「汝安心竟，即能推者為心。」佛咄云：「此非汝心。」

心外無天地，天地止是心之相分耳！《楞嚴》云：『十方虛空，生汝心內。猶如片雲，點太清裏。況諸世界，在虛空邪？』知此，則儒與佛，均不足以名之。一任名儒與佛，無所不可，努力求焉。」（同註 15，頁 340—341）文中明說天地只是心相之分，世間一切分別亦只是一己的心相之別而已。

[32] 同註 15，頁 267。

[33] 同註 15，頁 308。

宗教釋儒，一邪異邪？同邪別邪？於此瞥然會去，正好向上僧座下讀上大人。如或不然，不免再下註腳。

在這裏，他將儒家「學問之道無他，求其放心而已」的話拿來做為引子，[34] 把儒家說的「求其放心」，與僧人所問的「覓心了不可得」

---

[34] 智旭在同書〈卷二之四・法語四・示夏蓋臣〉一文中，也同樣的以儒家「求放心」與佛法同論。他說道：「聖賢固不擇地、不擇時生，然往往生於山谷亂世者。蓮出汙泥，珠生濁水，非苟然也。蓮在泥，泥不能染；珠在濁，濁不能混。聖賢之在山谷亂世，山谷豈能局之？亂世豈能易之？夫山谷不能局，亂世不能易者，寧唯聖賢有之？聖賢能勿喪耳！堯舜心法，不過危微二字。操則存，捨則亡。伯玉寡過未能，子路聞過則喜，孔子五十學《易》，文王望道未見，皆危微心印也。是故不以求放心為學問，而徒事口耳，異乎聖賢所謂學問矣！顧心是何物？云何名放？云何而求？若放則馳散六合，求則還歸一腔，此緣影耳！風大耳！過去未來現在，心不可得。設有可得，與雞犬同是一物，而心豈一物哉？真求放心者，必須覓心了不可得。惟心了不可得，方知天地日月山河國土，皆妙明心中所現物，亦無能現所現之分，是謂天下歸仁，是謂明明德於天下，是謂山谷所不能局，亂世所不能易。故陸象山云：『東南西北海，有聖人出焉，此心此理同也。悟此決不更問天地何所窮際。』以心外無天地，天地止是心之相分耳！《楞嚴》云：『十方虛空，生汝心內。猶如片雲，點太清裏，況諸世界，在虛空邪？』知此則儒與佛，均不足以名之。一任名儒與佛，無所不可，努力求焉。」（同註 15，頁 339—341）智旭在這裏明說求放心並非學問，而是那個覓之了不可得的心，是真實的修行，是唐堯、虞舜、文王、孔子所同的危微心印。因此儒、釋之所以同者，便是此心此理，而不是那個被俗儒俗僧所誤以為的知識學說。此外，他又在同書〈卷二之五・法語五・示九牧法主〉中，以求其放心為例，說道：「台宗云：『研真斷惑，名之為學；真窮惑盡，名為無學。』儒者云：『學問之道無他，求其放心而已。』心者，覓之了不可得而非無，豎窮橫遍而非有。本離四句，如何可放？本無可放，如何可求？……學不求心，徒增虛妄。千經萬論，少室天台，真實指歸，唯此一事而已。」（同註 15，頁 403—404）智旭明將儒

並而論之。一如禪門僧人追問心是什麼？求心的人又是誰？以佛教教義言，若真要去找尋這裏所謂的「心」，其實是了不可得的。因為，這世間的一切皆是能所相依，主客並存的依存關係，沒有實際獨立的存在可言，因此，覓心自然是了不可得。[35]所以，如果執著於有一個客體的心可以被找尋，那麼便與實相愈來愈遠了。回到我們所要說明的主題，智旭認為其實儒與釋是此心同、此理同的。如果不能如實的理解心同、理同，則又不免再為儒、釋各自下個自以為是的註腳定義，然後又會衍生更多不必要的是非爭論了。

這些儒、釋各自下定義註腳的行為，智旭在〈卷二之四・法語四・示李剖藩〉一文中，以「泥其迹」稱之，他說道：[36]

> 善學聖人之道，貴得其神，不可泥其迹。神也者，妙萬物而為言者也。故曰聖而不可，知之之謂神。然神豈迥在迹外哉？特不泥於迹耳！

智旭謂「善學聖人之道，貴得其神，不可泥其迹。」而其所謂的神，便是上文的本心了。所以不知儒、釋、道三教聖人所同者便在這個不昧的本心，而偏要在各自的方便說法中找尋不同的地方，然後再

家「求放心」與釋者「覓心了不可得」，兩者對於心的看法等而視之，比而論之了。

[35] 能所為佛教指涉主體與客體的語言習慣。能指某一動作之主體，所則指此動作之客體（對象）。例如能見物之「眼」，稱為能見；為眼所見之「物」，稱為所見。能與所具有相即不離與體用因果的關係，故能所實為一體。

[36] 同註15，頁342。

去下定義、給註腳、做分別，則便是「泥其迹」而「不得其神」了。

順著這樣的思路，我們將會發現智旭對於儒、釋二家的看法，不僅是此心同此理同的並行不悖，他更進一步的把儒、釋兩家的興衰隆替看做是相生相長的狀態。在同書〈卷二之四‧法語四‧示石耕〉中，他明白說道：[37]

> 佛法之盛衰，由儒學之隆替。儒之德業學問，實佛之命脈骨髓。故在世為真儒者，出世乃為真佛。以真儒心行而學佛，則不學世之假佛。何謂假佛？立門庭，尚施設，取悅耳目，不究極於心源，以衣缽為持律，消文貼句為演教，機鋒偈頌為禪宗。名利存懷，偷心見刺，魔王長歡，大聖永歎。壞周室者，齊桓晉文耳！何謂真佛？破我法二執，觀二空真如。自見其過，憫他犯過。舉心動念，舉足動步，皆為自出生死成菩提，亦令眾生同出生死成菩提。是故持律，則開遮持犯，洞了分明。性業遮業，誓求清淨。閱教則辨體明宗，識用知相，若權若實，深達指歸。參禪則截斷偷心，直明本性，識取綱宗，不存軌則。雖三學圓明，仍能不知不慍。決不炫玉求售，不執己律人。惟隨順物宜，應病與藥，漚和般若，雙照並行。斯乃不負堂堂僧相，堪稱出世丈夫。佛恩既報，則宣聖之恩，君父檀信之恩亦報矣！

這裏他將佛法的興衰與儒學的隆替看做是相生相長的關係，並且認

爲儒家的德業學問，實際上就是佛教的命脈骨髓，儒、佛之間的關係至此不只是並行不悖，更是相依相存，生死與共了。是以在世間爲真正的儒者，出世間便爲真正的佛子。接著他將那些只注重門庭施設，只以衣鉢爲持律，以消文貼句爲演教，以機鋒偈頌爲禪宗的俗僧看做假佛。[38]因爲他們是名利存懷，不究心源的。他們之所以

---

[38] 這種對於當時許多出家人只重外表而不究佛祖真正命脈行爲的痛心難過，智旭在同書〈卷二之四‧法語四‧示語幻〉中，亦不斷的申說著。他說道：「法門之衰，已非一日，而致衰之故，由因地不真。今人發心參學，罔不以扶持法門爲志。及察其所謂扶持者，不過曰開叢林，建梵刹，攢指五千一萬，災梨殺青無虛日。嗣子皆才華名世，美丰神。座下戒子，鉢杖圍繞數十匝，薙度徒眾，環里市而如錯星。乃至紫綬金魚，乘高車肥馬，往來山林閒，絡繹不絕而已。故下手時，便從世諦流布中著眼，便向門庭施設處安排，而佛祖真命脈，遂爲此等人埋沒殆盡。五霸者，三王之罪人。諒哉！何謂佛祖真命脈？破我相，蕩法執，剗除習氣，涕唾名利，時自簡點過失，決不一言一事欺心。師正法不師像法，學古人不學時人。自己死盡偷心，然後能死學人偷心。自己透盡佛祖心奧，亦不輕以佛祖心奧強示於人。何故？中人以上，可以語上；中人以下，不可語上。不憤不啓，不悱不發。民可使由之，遯世不見。……痛哉痛哉！予於此夢寐永泣，無可輕與言者，法友或能信此，爲一拈之。」（同註 15，頁 346—348）在這篇文字中，他除了痛心佛門真法脈已被一些只求外表，不知究盡心源的出家人所破壞殆盡外，更在文章最後，將孔子在《論語》及〈易傳〉中談及與學習之道有關的文字，如「中人以上，可以語上；中人以下，不可語上」、「不憤不啓，不悱不發」、「民可使由之」、「遯世不見」等等，並而用之，交融儒、釋二家於一也。另外，他在〈卷四之二‧說‧聖學說〉中，亦爲儒、釋真風盡皆掃地而感悲痛的說道：「佛祖聖賢之學無他，求其盡心而已。盡其心者，不於心外別立一法，不於心內欠缺一法。是故爲子臣弟友，止孝忠順信，充惻隱辭讓羞惡是非之心，而仁義禮智不可勝用，造次顛沛必於是。可以久處約，長處樂，皆由了達心外無法故也。……真志佛祖聖賢者，素位而行，不願乎外。凡富貴貧賤，種

為假，便是因為他們是只「泥其迹而不究其心」。因此，下文說真佛乃是「破我法二執，觀二空真如」云云者，便是不泥其迹而了知心源的所在了。這種將儒、釋兩家關係，看做相依相存、相助相長的正面關係，對於儒、釋兩家的融合，實有十分正面且積極的意義。

因此，對於經書的注解詮釋，自然不應被表面語言文字的差異所蒙蔽而「泥其迹」了。所以，智旭在同書〈卷二之四・法語四・示聖可〉中說道：[39]

> 千經萬論，求之語言文字，則轉多轉遠。求之現前一念，則愈約愈親。蓋一切經論，過現前一念心之註腳，非心性外別有佛祖道理也。然心性難明，故藉千經萬論互相發明。今捨現前心性，而泛求經論，不啻迷頭認影矣！真明心性者，知經論是明心性之要訣，必不捨棄。但看時，知無一文一字不是指點此理。就所指處，直下從身心理會清楚。如破我法二執，的的破盡，不留分毫。辨種現根隨，則使自心種現根隨，歷如指掌。不使家賊作祟，是謂不離文字，而得觀照。不作

種境緣，皆大爐鞴。一切時中，動心忍性，增益不能，然後富貴不能淫，貧賤不能移，威武不能屈。如松柏亭亭獨秀於霜雪閒，而天地之心賴此見矣！吾悲儒、釋真風，今日盡皆掃地，良由學儒者急富貴，學佛者在利名。元無佛祖聖賢襟期，故學問操履行門，皆適助其虛妄。」（同註 15，頁 653—655）其謂儒、釋真風之所以掃地，蓋乃因「學儒者急富貴，學佛者在利名」，而忘儒、釋聖人之真心也。由此可見，智旭之所以作《周易禪解》、作《蕅益四書解》，將儒、釋溝通融合，說三教聖人心同理同，其中蓋有深意也。

[39] 同註 15，頁 348－350。

> 文字解，不作道理解，便是真實參究。不論年月生劫，將《三
> 藏》十二部，都盧作一話頭。看來看去，人一能之己百之，
> 人十能之己千之。看到牛皮穿破，眼睛突出，忽然無心契悟，
> 方知與麻三斤，乾矢橛，同是敲門方便。那時若不透盡千七
> 百公案，不攝盡十方三世一切佛法，無有是處。

如果只從表面的語言文字求世出世間所有經論含藏的真理，便很可
能只是「泥其迹」，只是求得表象，對於真理的追尋只會越求越遠。
既是如此，我們在注解《易經》時，如果一味的只在枝枝節節的語
言文字上去說儒自有儒的義理，佛自有佛的教法，不可以佛解儒，
不可以儒說佛，不可將儒、佛相淆，那便也是只知求其象，泥其迹
而不得其理了。那麼要怎樣才能得知聖人作《易》的真諦呢？他以
爲一切經論文字，其實只是現前一念心性的註腳。除此現前一念心
性外，是沒有其他道理可講的。儒、釋聖人之所以立下這些經論文
字，也是因爲這現前一念心性難明，所以想要藉這些經論文字來相
互發明其所欲表達的真理，以令人能明白自己的心性所在。如果我
們因此只在經論文字的表象上追尋，而忘卻了自我的心性，那就是
迷頭認影，又如何能明了真理呢？是以真明心性者，是知這千萬經
論無一字一句不是在指點這個心性道理的，便也就不至於如一些狂
禪無知之輩，以爲文字經論不必讀了。所以如果能「即文字而不泥
於文字」、「人一能之己百之，人十能之己千之」，苦心參究，真心觀
照，則不惟以禪解《易》並無不可，以道解《易》，亦無不可也。是
故三教之說，千經萬論，人同此心，心同此理，這便是智旭作《周

易禪解》的中心觀念。(關於天台宗「一念心」的說明,請參見本書〈第四章　蕅益智旭日常雜著《易》佛會通考、第一節引《易》語會通不一不二、界界互具之旨〉)

二、《周易禪解》主要援用之佛教義理

(一)「約觀心(釋)」與「隨機說法」

　　智旭援引佛教義理以詮解整部《易經》,其說雖繁,其用雖多,然究其最重要,且於書中不斷援引者,除了上述以「一念心」為中心觀外,最主要的就是藉天台智者大師於《維摩經玄疏》中所說的幾段話以解《易》義。《維摩經玄疏·卷第一》云:[40]

> 　　第五約觀心釋釋五義者,一切萬法本自無名,無名而有名者皆從心起,故心即名也。心為體者,眾生心性即真法性,故云體也。心為宗者,此經云:「如其心淨即佛土淨。」心即宗義也。心為用者,正觀權巧折伏見愛,故名用也。心為教者,此經云:「弟子眾塵勞隨意之所轉。」即教相也。問曰:「何俟約心釋此五義?」答曰:「此經〈問疾品〉云:『諸佛解脫當於眾生心行中求也。』故《大智論》云:『佛為學問人從聞求解以樹為喻,為坐禪人從心求道指身為喻。若因樹生解是信行人,從身得悟是法行人。』《大智度論》評云:『有慧無

多聞是不知實相，譬如大闇中有目無所見。』此人專修觀解，
不尋經論。又云：『有多聞無智慧亦不知實相，譬如大明中有
燈而無照。』此人止尋經論，不修觀解。又云：『多聞利智慧
是所說應受。』此人外通經論，內觀分明也。又云：『無聞無
智慧是名人身牛。』夫聖人說法，深鑒機緣，一音所演，隨
根曉悟，若無道眼，豈可偏執一端？故說法門必須雙舉，庶
幾學者了其明闇。」

在這段引文的開頭，智者大師謂「約觀心釋釋五義者」，為智旭《周
易禪解》全書主要的語言模式「約世道、約佛法、約觀心」中的「約
觀心」，以及其於注解《周易》經傳之文時，常用的「觀心釋」云云
語的來源。（請見本書〈第六章《周易禪解》寫作形式、語言模式之
分析‧第二節《周易禪解》注《易》的語言模式〉所引之例。）

　　而「一切萬法本自無名，無名而有名者皆從心起」，及「心為體
者，眾生心性即真法性，故云體也。心為宗者，此經云：『如其心淨
即佛土淨。』心即宗義也。心為用者，正觀權巧折伏見愛，故名用
也。心為教者，此經云：『弟子眾塵勞隨意之所轉。』即教相也。」
則為智旭《周易禪解》以心兼具「體、宗、用、相」之義，是心統
諸宗，兼具體用義，亦為上節筆者謂「一念心」為智旭《周易禪解》
中心觀的來源。（此即「一切萬法皆從心起」義）

　　又在該文中，智者大師謂「〈問疾品〉云：『諸佛解脫當於眾生
心行中求也。』故《大智論》云：『佛為學問人從聞求解以樹為喻，
為坐禪人從心求道指身為喻。若因樹生解是信行人，從身得悟是法

行人。』」及「夫聖人說法，深鑒機緣，一音所演，隨根曉悟」云云者，是智旭《周易禪解》中不斷強調《易經》具聖人深意，而聖人之所以於中土如此說《易》，乃是深鑒當時中國之機緣，而隨順當時中土人士根機曉悟其智，方專說世間法以寓其意。（如「佛為學問人從聞求解以樹為喻，為坐禪人從心求道指身為喻」）世人「豈可偏執一端？」故「說法門必須雙舉」。如此，則可知智旭之所以以出世法的佛教義理詮解《易經》，其動機除了如他所云「誘儒以知禪」外，更在藉著闡明聖人隨機說法，隨根曉悟而作《易經》的過程，讓世人了知《易經》中所含藏的聖人深意。

(二)「六即」與「四悉檀」

智者大師在《維摩經玄疏・卷第一》又說道：[41]

> 問曰：「觀心五義與經五義為一為異？」答曰：「不即不異。」
> 問曰：「云何名為不即不異？」答曰：「即理雖同，異義有六。
> 一者理即，二者名字即，三者觀行即，四者相似即，五者分
> 證真實即，六究竟即也。……此六即者，在理非殊。約其行
> 解，天人懸絕，豈得聞即，便為一概。……。」

智者大師在上引這段《維摩經玄疏》中，以「六即」和「四悉檀」演說佛意。他在說明為何名為不即不異時，回答以：「即理雖同，異義有六。一者理即，二者名字即，三者觀行即，四者相似即，五者

41　同上註，頁 519 下－520 上。

分證真實即，六究竟即也。……此六即者，在理非殊。約其行解，天人懸絕，豈得聞即，便爲一概。」「六即」在理非殊，然其行解，則亦有不同。智旭《周易禪解》亦多有以「六即」喻六爻之例，如：其注乾（䷀）[42]、需（䷄）、[43]觀（䷓）、賁（䷕）、井（䷯）諸卦皆用此例。（觀、賁、井三卦之例，請參見本書〈第六章《周易禪解》寫作形式、語言模式之分析、第二節《周易禪解》注《易》的語言模式〉）

在《維摩經玄疏・卷第一》中，智者大師又說道：[44]

> 第六對四悉檀者，復為二意，一以四悉檀對前五義，二略釋四悉檀起觀教之相。一對五義者即為五：一對經名者，名即維摩羅詰。維摩羅詰即是世界悉檀也。二對體者，體即真性解脫。真性解脫即是第一義悉檀也。三對宗者，宗是佛國因果勸修種種淨土之行，即為人悉檀也。四對用者，彈訶折伏此即對治悉檀也。五總對教相者，以四悉檀起諸經教，與此經教有同有異，即是判教相知同異也。夫心源妙絕，萬法幽玄，諸佛菩薩若不用悉檀，豈能修三觀而進道，演說教門而度一切？四悉檀起觀教以通此經，略為七意：……今言悉檀者，悉是隋音，檀是胡語，悉之言遍，檀翻言施。佛以此四法遍施眾生，故言悉檀也。第二辨悉檀相者，一世界悉檀，

---

[42] 同註7，頁12－48。
[43] 同註7，頁91－97。
[44] 同註40，頁520中－522中。

二各各為人悉檀，三對治悉檀，四第一義悉檀。大聖為破外
人邪四悉檀，故說此四種正悉檀，說一切大小乘經教也。一
世界悉檀者，即是眾生五陰十二入十八界一切諸法名相隔別
不同故名世界。外人迷此世界，或計無因緣有世界，或計邪
因緣有世界，大聖隨眾生所欲樂聞，為說正因緣世界之法，
令眾生得世間正見，即是世間法施，故名世界悉檀也。二各
各為人悉檀者，大聖觀人心而為說法，人心各各不同，故於
一事或聽或不聽，如經所說雜報業，故雜生世間得雜觸雜受。
更有破群那經，說無人得觸無人得受。此意正為破執生信，
增長善根，施諸善法，故名各各為人悉檀也。三對治悉檀者，
《大智論》云：「有法對治則有，實性則無。」對治則有者，
即是貪欲多教修不淨觀，瞋恚多教修慈心觀，愚癡多教觀因
緣也。佛說對治之法藥遍施眾生，為斷其惡，故名對治悉檀
也。四第一義悉檀者，一約不可說相明第一義悉檀，二約可
說相明第一義悉檀。

一約不可說相明第一義悉檀者，即是諸佛辟支佛羅漢所得真
實法名第一義悉檀也。故《大智論》云：「言論盡竟，心行亦
訖，不生不滅，法如涅槃。」說諸行處名世界，說不行處名
第一義。二約可說相辨第一義悉檀相者，如《大智論》云：「一
切實，一切不實，一切亦實亦不實，一切非實非不實，皆名
諸法之實相。」佛於如是處等處處諸經說第一義悉檀相，此
即是一家所明四門入第一義意也。……第四明起三觀者，即
是用四悉檀起三觀也。夫至理幽絕，不可以智知，不可以識
識，豈修觀行而能契會者哉？自非悉檀之巧妙，豈能用三觀

> 會三諦之理也？……故《大智論》云：「是四悉檀攝八萬四千
> 法藏。」

《維摩經玄疏》此段經文不斷申說因「心源妙絕，萬法幽玄」，所以
諸佛菩薩若不用之，則不能修三觀而進道，亦無法演說教門而度一
切的，正是「四悉檀」法。此「四悉檀」亦是智旭《周易禪解》解
《易》常用之佛教義理。如他在注師（䷆）卦時，即用「四悉檀」
中的「三、對治悉檀，四、第一義悉檀」而云：[45]

> 初六，師出以律，否臧凶。
> ……佛法釋者，初機對治之法，无過大小乘律。若違律制。
> 則身口意皆悉不善而凶矣！
> 六三，師或輿尸，凶。
> ……佛法釋者，不知四悉因緣，而妄用對治，反致損傷自他
> 慧命。
> 上六，大君有命，開國承家，小人勿用。
> ……佛法釋者，正當用對治時，或順治，或逆治，于通起塞，
> 即塞成通。事非一概，今對治功畢，入第一義悉檀，將欲開
> 國承家，設大小兩乘教法以化眾生。止用善法，不用惡法，
> 儻不簡邪存正，簡愛見而示三印一印，則佛法與外道幾无辨
> 矣！

在注益（䷩）卦〈象曰〉「與時偕行」時，則以「四悉」喻之，而云：

45　同註7，頁104-111。

46

　　……種而熟，熟而脫，番番四悉，名為與時偕行。

又如他在《周易禪解・卷六之二・序二・周易禪解自序》中引「四悉檀」說明自己如何援引佛教義理以解《易》。（參見本章第二節〈《周易禪解》的版本、成書過程與動機〉，註 16 所舉之例。）悉檀本為隋音胡語，翻為漢語，悉是遍，檀是施，佛祖以此四法遍施眾生，故言悉檀。所謂「四悉檀」是指「世界悉檀，各各為人悉檀，對治悉檀，第一義悉檀。」其中「第一義悉檀」為最究竟。而「第一義悉檀」可以「不可說相」明之，如《大智度論》云：「言論盡竟，心行亦訖，不生不滅，法如涅槃。」（不生不滅，法如涅槃，故為不可說相）亦可以「可說相」明之，如《大智度論》云：「一切實，一切不實，一切亦實亦不實，一切非實非不實，皆名諸法之實相。」（此即所謂「四句法」，有四種分別，故為可說相。是以不論「可說、不可說」，世出世間所有法，皆可以「四悉檀」括而言之，故《大智度論》乃云：「是四悉檀攝八萬四千法藏。」此「四悉檀」既可攝八萬四千法藏，則智旭自可援引以注《易》也。

三、《周易禪解》所呈現的幾個主要《易》學觀

(一)聖人之道全寄乎《易》

46　同註 7，頁 324－326。

　　智旭身為一個僧人，外典應是不重要的，然而他卻對《易經》
格外重視，不論是在日常生活雜著中，還是在佛經注疏相關著作裏，
他都不斷的引用《易經》以申說己意，更別說他以佛教義理，從頭
到尾的將《易經》疏釋一遍，寫成會通《易》、佛的《周易禪解》了。
這乃是因為他認為《易經》是聖人極深而研幾者，是聖人之道所寄
乎其中的。他在《周易禪解·卷八·繫辭上》的注解中說道：[47]

> 《易》其至矣乎！夫《易》，乃聖人所以崇德而廣業也。知則
> 高，高山頂立，故崇。禮則深，深海底行，故卑。崇即效天，
> 卑即法地。蓋自天地設位以來，而《易》理已行于其中矣！
> 但隨順其本成之性，而不使一念之或亡，則道義皆從此出，
> 更非性外有少法可得也。是故《易》象也者，不過是聖人見
> 天下之賾，而擬其形容，象其物宜者耳！《易》爻也者，不
> 過是聖人見天下之動，而觀其會通，以行其典禮，繫辭焉以
> 斷其吉凶者耳！夫天下之物雖至賾，總不過陰陽所成。則今
> 雖言天下之至賾，而安可惡？若惡其賾，則是惡陰陽。惡陰
> 陽，則是惡太極。惡太極，則是惡吾自心本具之《易》理矣！
> 《易》理不可惡，太極不可惡，陰陽不可惡，則天下之至賾
> 亦安可惡乎？夫天下之事雖至動，總不出陰陽之動靜所為。
> 則今雖言天下之至動，而何嘗亂？若謂其亂，則是陰陽有亂，
> 太極有亂，吾心之《易》理有亂矣！《易》理不亂，太極不
> 亂，陰陽不亂，則天下之至動亦何可亂乎？是以君子當至賾

---

[47] 同註7，頁483－485。

至動中，能善用其擬議，擬議以成變化，遂能操至賾至動之
權。

他認爲「自天地設位以來，而《易》理已行于其中」，而人又是此天
地之中者，所以只要「隨順其本成之性，而不使一念之或亡，則道
義皆從此出，更非性外有少法可得也。」以這樣的觀念來看，便合
於佛教教義所說，只要不失我們現前一念之心，去尋找吾人本來面
目，這「現前一念」、「本來面目」，也只是在天地設位的一人一身之
中，其間有《易》理，自亦有佛理，《易》理、佛理豈有二哉？是以
聖人見天下之賾，象其物宜，擬物之形容而作《易》，設爻、繫辭，
以示其變化吉凶，而寓深意於其中。天地一切，由物象之賾、至陰
陽、至太極，乃至於《易》，皆不外乎吾人一心也。

因爲這樣的觀念，所以他在注同書的〈卷八‧繫辭上〉「夫《易》，
聖人所以極深而研幾也。……子曰：『《易》有聖人之道四焉者』，此
之謂也。」中說道：[48]

> 由此觀之，則《易》之爲書，乃聖人所以極深而研幾者也。
> 苟極其深，則至精者在我，而能通天下之志。苟研其幾，則
> 至變者在我，而能成天下之務。苟從極深研幾處悟其無思無
> 爲寂然不二之體，則至神者在我，故能不疾而速不行而至矣！
> 謂聖人之道不全寄于《易》書中可乎？今有讀《易》而不知
> 聖人之道者，何異捨醇醲而味糟粕也。

---

48 同註7，頁502－503。

《易經》既為聖人極深研幾之作，則聖人之道自然全在《易經》之中。然而，若要能極其深，研其幾，則又只能內求於每一個人自己，而無法藉助任何旁人。因此，至精者在我，至變者在我，能寂然不動、感而遂通，乃至不疾而速、不行而至者，皆在於我是否能體悟聖人將其深意藉著爻、象與辭而寓於《易經》之中者。故讀《易》而不知聖人之道，僅在爻、象與辭之變化講究爭論，則不論是漢《易》談的卦爻象數變化，或者是宋儒講的義理之《易》，皆沒有觸碰到聖人之「道」的核心，而只是在表象爭論而已。其所謂：「今有讀《易》而不知聖人之道者，何異捨醇醲而味糟粕也。」正是指世間絕大多數只以各種世法談論《易經》，且自以為正宗的人。

　　他之所以如此肯定《易經》為聖人所作，除了本身對《易經》的閱讀心得與感受外，也和佛教教義有關。前文已說智旭拈得天台之鬮，其雖不囿為天台子孫，但對天台教義亦是十分精熟的。除了上述「一念心」、「觀心釋」、「六即」、「四悉檀」等教理的借用外，智者大師於《維摩經玄疏・卷第一》中所云：[49]

> ……如是等一切論，無不依四悉檀而造義。問曰：「諸論天人所有經書依何而造？」答曰：「法身菩薩住諸三昧，生人天中為天人師，造論作諸經書。如《金光明經》云：『五神通人作神仙之論，諸梵天王說出欲論，釋提桓因種種善論。』亦是諸番悉檀之方便也。故《造立天地經》云：『寶應聲聞菩薩示

---

[49] 同註40，頁523上。

號伏犧，以上皇之道來化此國。」又《清淨法行經》說：『摩
訶迦葉應生振旦示名老子，設無為之教，外以治國；修神仙
之術，內以治身。』彼經又云：『光淨童子名曰仲尼，為赴機
緣，亦遊此土。文行誠信，定《禮》刪《詩》，垂裕後昆。』
種種諸教，此即世界悉檀也。」……問曰：「世間何得有第一
義？」答曰：「此皆約世界悉檀通明四悉檀，非出世第一義也。」
問曰：「若佛菩薩老子周孔皆是聖人，人教有何差別？」答曰：
「本地不可思議，何可分別？但迹教殊別，高下深淺，不可
一檠也。」

其中智者大師引《造立天地經》所云，而謂寶應聲聞菩薩示號為伏
犧，以上皇之道來化此國。又引《清淨法行經》所說，而謂摩訶迦
葉應生振旦示名老子，設無為之教，外以治國；修神仙之術，內以
治身。光淨童子則名為仲尼，為赴機緣，亦來到中土，定《禮》刪
《詩》，垂裕後人。是以不論伏犧、老子還是孔子，皆為菩薩應化而
生於中土，而《易經》自古便有由「伏犧、文王、周公、孔子」所
作之說，則智旭身為佛教大師，又深究天台教義，那麼他對《易經》
再三深究致意，並謂其中有聖人深意，亦自有其身為中國佛教僧人，
欲會通儒、佛所必持之看法。至於智者大師因人問：「若佛菩薩老子
周孔皆是聖人，人教有何差別？」而答以：「本地不可思議，何可分
別？但迹教殊別，高下深淺，不可一檠也。」其中所含「本雖無別，
但迹教自有深淺高下之分」的看法，亦可做為我們理解智旭主要儒、
佛觀思想的來源。下文智旭「《易》歷四聖」看法的佛教來源，亦可

由此見之。

(二)《易》歷四聖

智旭是相信傳統中「《易》歷四聖」的看法的，[50]他在同書〈卷八‧繫辭上〉中說道：[51]

> 伏羲設六十四卦，令人觀其象而已矣！夏、商各于卦爻之下繫辭焉以斷吉凶，如所謂《連山》、《歸藏》者是也。周之文王，則繫辭于每卦之下，名之曰〈彖〉。逮乎周公，復繫辭于每爻之下，名之曰〈象〉。孔子既為〈彖傳〉、〈象傳〉以釋之。今又統論伏羲所以設卦，文、周所以繫辭，其旨趣、綱領、體度、凡例，徹乎性修之源，通乎天人之會，極乎巨細之事，貫乎日用之微，故名為〈繫辭〉之傳，而自分上下焉。

明白說伏羲設六十四卦，周文王繫辭於每卦之下，周公復繫辭於每爻之下，孔子作〈彖傳、象傳〉以釋之，是認同傳統所謂「《易》歷四聖」的說法的。他對於〈繫辭傳〉則更加重視，認為是孔子「統論伏羲所以設卦，文、周所以繫辭，其旨趣、綱領、體度、凡例，徹乎性修之源，通乎天人之會，極乎巨細之事，貫乎日用之微」而成者，故其會通《易》、佛時，多有引〈繫辭傳〉之文以說之。

智旭並非不知有懷疑〈易傳〉作者的言論，他在同書中注解〈卷

---

50 關於「《易》歷四聖」之說，可參見《周易正義‧卷第一‧第四論卦爻辭誰作》。（同註 25，頁 6）

51 同註 7，頁 465。

九·說卦傳〉「乾為天、為圜、為君、為父、……坤為地、為母、為
布、為釜、……艮為山、為徑路、……兌為澤、為少女、……為妾、
為羊。」中說道：[52]

此廣八卦一章，尤見《易》理之鋪天帀地，不問精粗，不分
貴賤，不論有情無情。禪門所謂「青青翠竹，總是真如。鬱
鬱黃花，無非般若。」又云：「牆壁瓦礫皆是如來清淨法身。」
又云：「成佛作祖，猶帶汙名。戴角披毛，推居上位。」皆是
此意。前云乾健也，坤順也，乃至兌說也。而此健等德則能
具造十界。且如健之善者，則為天為君。其不善者，則為瘠
為駮。順之善者，則為地為母。其不善者，則為吝為黑。下
之六卦無不皆然，可見不變之理常自隨緣，習相遠也。然瘠
駮等仍是健德，吝黑等仍是順德，可見隨緣之習理元不變，
性相近也。若以不變之體，隨隨緣之用，則世間但有天圜乃
至木果等可指陳耳，安得別有所謂乾？故《大佛頂經》云：「無
是見者。」若以隨緣之用，歸之不變之體，則惟是一乾健之
德耳！豈更有天圜乃至木果之差別哉？故《大佛頂經》云：「無
非見者。」于此會得，方知孔子道脈，除顏子一人之外，斷
斷無有能會悟者。故再歎曰「今也則亡。」〇此中具有依正、
因果、善惡、無記、煩惱、業苦等一切諸法，而文章錯綜變
化，使後世儒者無處可討綫索。真大聖人手筆，非子夏所能
措一字也。歐陽腐儒乃疑非聖人所作，陋矣！陋矣！

---

[52] 同註7，頁561–565。

將一般士人認爲〈說卦傳〉指涉過於混亂，而且沒有規則可循的「乾、兌、離、震、巽、坎、艮、坤」八卦，其在天地間各代表之物與意，看做是正足以見《易》理之鋪天帀地，不問精粗，不分貴賤，不論有情無情。故乾可以爲「天、圜、君、父、玉、金、寒、冰、大赤、良馬、老馬、木果」，而坤可以爲「地、母、布、……均、子母牛、文、眾、柄」，乃至於八卦各可表天地萬物。智旭更進一步的把禪門所謂「青青翠竹，總是真如。鬱鬱黃花，無非般若」及「牆壁瓦礫皆是如來清淨法身」、「成佛作祖，猶帶汙名。戴角披毛，推居上位」等話頭，與此處〈說卦傳〉將八卦鋪天帀地的表各種事物合看，認爲《易》理之鋪天帀地正與禪門的翠竹、黃花皆可見真如、般若，牆壁瓦礫皆可見如來清淨法身相同。故八卦各可表善與不善之意而不會有任何衝突，是以「乾之善者，則爲天爲君。其不善者，則爲瘠爲駁。順之善者，則爲地爲母。其不善者，則爲吝爲黑。下之六卦無不皆然，可見不變之理常自隨緣，習相遠也。然瘠駁等仍是健德，吝黑等仍是順德，可見隨緣之習理元不變，性相近也。」將一卦之表善與不善，與儒門所云性相近習相遠，以及佛教中隨緣不變、不變隨緣之理合而觀之。

　　蓋一般士人以爲混亂無章的〈說卦傳〉，正智旭所以認爲《易》理之鋪天帀地，禪門之般若真如，此自是因爲世出世間思考模式的不同，故有如此大的落差。士人談理，好講可遵循之規則，可以文字語言理解的方法，故歐陽修作〈易童子問〉，質疑〈易傳〉與孔子的關係，其立論基點便在質疑傳中多有前後矛盾，無法說通之處。

而佛門僧人的教育，一向不願僅停止在文字語言的理解上，故雖有
因明一門，特重邏輯推理之學，卻仍將之視作達到悟道方法之一途
徑而已。蓋其所重在悟道，在超越文字語言的束縛與藩籬，直接與
佛祖、聖人深意相會通。是以智旭不認為這八卦可表如此多世間事
物為混亂，反而認為此中正有聖人所寓之深意，故特於此處展示《易》
理之鋪天帀地也。

　　至於又有人以〈易傳〉中不斷出現的「子曰」二字，質疑若〈易
傳〉為孔子所作，孔子必不會自稱為「子」，以此證〈易傳〉非孔子
所作。智旭在同書〈卷八・繫辭上〉「顯道神德行，是故可與酬酢，
可與祐神矣！子曰：『知變化之道者，其知神之所為乎！』」的注解
中，對這種疑問提出了他的見解，其云：[53]

> 人但知撲著為變化之數耳！若知變化之道，則无方之神，无
> 體之《易》，皆現于靈知寂照中矣！故述傳至此，特自加「子
> 曰」二字，以顯咨嗟詠歎之思，而《史記》自稱「太史公曰」，
> 乃本于此。

他認為傳中在談論撲著變化之數後，所以會有子曰：「知變化之道
者，其知神之所為乎！」這樣的話，主要是因為聖人以此變化之道
表无方之神，无體之《易》，皆現于靈知寂照中，故感於天地之靈明
而自加「子曰」二字，以顯其咨嗟詠歎之思。而孔子在〈易傳〉中

自加「子曰」以表感慨的方式，正是後來西漢司馬遷作《史記》中的「太史公曰」所參考的來源。

智旭引《史記》中「太史公曰」的例子，來說明〈易傳〉中「子曰」二字正爲孔子感慨贊嘆之辭，可謂自有其道理。蓋以筆者讀《易》十多年的經驗言，從前亦相信以〈易傳〉諸多前後重覆之語，又有「子曰」之例，自應非孔子之作。如今，在書寫此書的過程中，不斷的反覆讀《易》，在多所參酌之後，也就不敢如從前般的妄下斷語了。蓋語言文字所以表理，如指所以喻月，理與月方是終極，實不可以指爲月，以文字語言爲理也。更何況以當時書寫用具不若今日的方便，而在書寫過程中欲檢索前後之文，亦不若如後世已有大量輕便紙筆可以反覆使用的情況，欲以後世之情狀論千年以前之應然，實不能不令人有所游疑了。

是以智旭認爲《易》理既廣大到能鋪天匝地，則非聖人誰能作之？故於同書〈卷九‧雜卦傳〉前，贊此傳而云：[54]

> 剛柔合德，憂樂相關，與求互換，見雜相循。起止盛衰之變態，乃至窮通消長之遞乘，世法佛法無不皆然，自治治人其道咸爾。而錯雜說之，以盡上文九〈翼〉中未盡之旨，令人學此《易》者，磕著砰著，無不在《易》理中也。筆端真有化工之妙，非大聖不能有此。

---

[54] 同註 7，頁 570。

其贊〈雜卦傳〉之所以謂雜，正所以明《易》中「剛柔合德」、「憂樂相關」、「與求互換」之理，「起止盛衰」之變、「窮通消長」之勢，不論世法佛法，自治治人，皆不外此「雜而說之」的《易》理，故非大聖人不能有此化工之妙筆也。蓋立場不同，觀點自異，而所觀者之價值優缺也就大不相同了。

我們讀智旭以佛解《易》之作——《周易禪解》，不能不先有如此看待《易經》的態度與主要觀點，否則便如入迷海之中，無所措其手足了。

(三)吉、凶、悔、吝生於一念之動

在整部《易經》中，吉、凶、悔、吝是一組十分重要的概念，也是聖人藉此所以教人者。因此，智旭如何看待這組概念，便成為要進入他的《易》學世界裏，極為重要的一張門票。智旭在《周易禪解‧卷九‧繫辭下傳》中說道：[55]

> 夫吉、凶、悔、吝，皆由一念之動而生者也。一念之動，必有剛柔以立其本。一剛一柔，必有變通以趨于時。得其變通之正者則勝，不得變通之正者則負，故吉之與凶，唯以貞勝者也。此《易》中示人以聖賢學問，全體皆法天地事理，非有一毫勉強。是故天地之道，一健一順，各有盈虛消長之不同，皆以變通之正示人者也。日月之道，一晝一夜，亦有中

---

[55] 同註7，頁518－519。

> 晨盈虛之不定，皆以變通之正為明者也。天下之動，萬別千
> 差，尤為至賾，實不可亂，乃歸極于變通之一正者也。

他明說《易經》所談的「吉、凶、悔、吝」，皆由於人的一念之動所
生。蓋一念既動，則必有剛柔（剛柔可指涉世間發生的任何狀況，
一如陰陽）以立其本，既有剛柔，則必有趨時之變通。因此，得變
通之正者則勝、則吉，不得變通之正者為負、為凶。世出世間的一
切，乾坤陰陽健順的變化，日月盈虛消長的不同，皆不出此一念之
動，是以吉、凶、悔、吝之所生，皆出於人之一念而已。

他在同書〈卷九・繫辭下傳〉中又說道：[56]

> 由此觀之，天地一設其位，《易》理即已昭著于中，聖人不過
> 即此以成能耳！然其《易》理甚深奧，亦甚平常。以言其深
> 奧，則神謀鬼謀，終不能測。以言其平常，則百姓何嘗不與
> 能哉？夫百姓何以與能？即彼八卦未嘗不以象告，即彼爻象
> 未嘗不以情言。即彼剛柔雜居，而吉凶未嘗不可見也。是故
> 《易》卦之變動，不過以百姓之利言也。《易》辭之吉凶，不
> 過以百姓之情令其遷善也。是故百姓之愛惡相攻而吉凶生，
> 遠近相取而悔吝生，情偽相感而利害生。此百姓之情，即《易》
> 中卦爻之情也。凡《易》之情，近而相得則吉，不相得則凶。
> 或害之，悔且吝矣！而此相得不相得之情，能致吉凶悔吝者，
> 豈他人強與之哉？試觀將叛者其辭慙，乃至失其守者其辭

---

[56] 同註 7，頁 547－550。

屈，可見一切吉凶禍福無不出自于心，心外更無別法。此《易》
理所以雖至幽深，實不出于百姓日用事物之間，故亦可與能
也。

聖人所以作《易》，亦不過將天地設位之初，即已存於天地之中的《易》
理，以卦、爻、象、辭等方式表達出來。以深奧處論這《易》理，
則神鬼亦不能測；以平常處論，則百姓亦可以了解。百姓所以能了
解《易》理者，便在於透過聖人所立之卦、爻、象、辭等處，此《易》
所謂「八卦以象告，爻彖以情言」也。而聖人於《易》辭中所以言
吉言凶，不論是以卦爻變化來論，還是以卦象所喻而談，其亦只是
要人之情向善而惡惡而已。謂「愛惡相攻而吉凶生，遠近相取而悔
吝生，情偽相感而利害生。」蓋〈繫辭下傳〉中，吉凶、悔吝、利
害所以生的「愛惡相攻」、「遠近相取」、「情偽相感」，皆出自於人一
念之動的善惡而已。所以吉、凶、悔、吝皆出於人之一念，一切順
逆禍福亦無不出自於人之一心，心外更無別法也。（此即智旭融《易》
理與佛理之一例也）故《易》理雖有極其幽深者，亦有百姓日用事
物者也。

如果分別論吉凶與悔吝二者，智旭於同書〈卷八・繫辭上傳〉
謂：[57]

惟其《易》理全現乎天地之間，而人莫能知也。故伏羲設卦

---

[57] 同註7，頁470－472。

以詮顯之，文、周又觀其象，繫辭焉而明吉凶，以昭告之。
順理者吉，逆理者凶也。夫《易》理本具剛柔之用，而剛柔
各有善惡之能。剛能倡始，而過剛則折；柔能承順，而過柔
則靡。然剛柔又本互具剛柔之理，故悟理者能達其相推生變
化。是故吉凶者，即失理得理之象也。悔吝者，乃憂于未然，
慮于事先之象也。知吉凶之象，則必為之進退，而勿守其窮。
故變化者，明示人以進退之象也。知悔吝之方，則必通乎晝
夜而善達其用。故剛柔者，明示人以晝夜之象也。……故隨
動皆與理合，縱遇變故，神恒不亂，自能就吉遠凶，此乃自
心合于天理，故為理之所祐，豈徼倖于術數哉？

他明白的說：「順理者吉，逆理者凶」，「吉凶者，即失理得理之象也。」
是以吉凶全在一理字而已。一念心動順理，則吉；一念心動逆理，
則凶。聖人以《易經》示人以吉凶之理，如此簡潔明白。而悔吝，
則只是「憂于未然，慮于事先之象也」。蓋聖人教人若能於事未發生
前而慮之、思之，則僅止於悔吝而不至於凶也。是故知吉凶之象，
則知進退之理；知悔吝之方，則明進退之用。動靜皆與理合，則自
能遠凶而就吉，又何須問於術數呢？

故智旭認為聖人於《易》中所以示吉、凶、悔、吝、厲、无咎
等價值判斷，只是要人趨得避失，而勿成大失也。其於同書〈卷八·
繫辭上傳〉中云：[58]

---

[58] 同註 7，頁 47－474。

承上居則觀其象，而言象者莫若象也。動則觀其變，而言變
者莫若爻也。彼象爻所言吉凶者，乃示人以失得之致，使人
趣得而避失也。所言悔吝者，乃示人以小疵，使勿成大失也。
所言无咎者，乃示人以善補其過，使還歸于得也。是故位以
列其貴賤，使人居上不驕，為下不倍也。卦以齊其大小，使
人善能用陰用陽，不被陰陽所用也。辭以辯其吉凶，使人知
吉之可趣，凶之可避也。此其辯別之端甚微，非觀象玩占者
不能憂之。此其挽回之力須猛，非觀變玩占者不能震之。是
故卦有小大，辭有險易，蓋明明指人以所趨之理矣！所趨之
理即吉道也，自非全體合理，決不能有吉無凶。

《易經》以彖、爻言象與辭之吉凶，而吉凶所以示人以失得之象，
讓人趨得而避失。悔吝則示人以小疵，故不致於有大失。无咎，則
示人善補其過，補過則還歸於得而非失。是故不論吉、凶、悔、吝、
厲、无咎，皆聖人示人趨得避失，而不致於有大過。卦之所以有大
小，位之所以有貴賤，辭之所以有險易，亦皆令人因見吉、凶、悔、
吝、厲、无咎而知遠近得失之理。人世間並非皆為合理之事，故《易
經》中自然也就有吉有凶了。

第四節 《周易禪解》以佛解《易》方法論

一、陰表「定、止、修」，陽爲「慧、觀、性」

　　本節主要討論蕅益智旭通釋整部《易經》的方法論。雖有學者如林文彬歸納出「一念三千、隨緣不變、性具善惡」等三個天台宗的主要教義，謂此爲智旭《易》學的天台特色；[59]劉澤亮則謂《周易禪解》呈現出：「生佛同體的心性智慧、以修顯性的禪悟智慧、應病與藥的傳釋智慧、自利利他的解脫智慧、禪易互釋的圓融智慧」等五種智慧。[60]他們的說法雖皆能突顯出《周易禪解》的某些釋《易》特色，以及其所具的佛學思想，然而就《周易禪解》全書而言，則仍未能提供一個完整的面貌，亦未能找出在紛然並陳，諸多看似其以佛解《易》的方法論，如所謂「一念三千、隨緣不變、性具善惡」的「特色」表象背後，其實是存有著一個他揭示出來，而能夠會通《易》、佛，且普遍性合乎禪、教、律諸宗共通的「以佛解《易》」的方法。蓋蕅益智旭不囿只做天台子孫，亦惡明末禪人狂肆無學，更對當時佛家宗門各是其是，各非其非的作法大加撻伐，則其所揭示的「以佛解《易》」之法，又怎會只囿於某家之說、某種特色呢？

---

[59] 同註8，頁154－170。

[60] 劉澤亮：〈周易禪解哲學智慧觀〉（《哲學與文化》，2003年6月，第30卷第6期），頁64－77。

　　我們往復通讀整部《周易禪解》數次，發現智旭以佛法通釋全
《易》的「以佛解《易》」方法論，就是「陽爻表慧、觀、性，陰爻
表禪定、止、修」，如此簡單明白，卻又能爲佛門諸宗所共用。這是
智旭爲整個佛門《易》傳統所建立的最重要、最基礎的方法。蓋整
部《易經》乃是以陰、陽二爻的各種組合，表現出六十四卦、三百
八十四爻的各種變化，並以此變化、現象，展示出人生的各種可能，
藉此以預測未來，教化生民。所以若能掌握陰、陽二爻在各卦之中、
之間的各種變化，並與其所以吉、凶、悔、吝之故相配合，則便能
理解整部《易經》某卦、某爻所以如此、如彼之因。

　　智旭深知整部《易經》的基礎就是陰、陽二爻在各卦之間的各
種變化，而佛教修行最重要且基本的要求，則是三無漏學－－戒、
定、慧。[61]因此，他將《易經》的陰、陽二爻與佛門的戒、定、慧
配合起來，以戒爲吉凶轉變的關鍵，以陰爻與禪定等，以陽爻與智
慧配，於是形成了其以佛法通釋全《易》，且爲佛門諸宗諸派所能共

61　如他在《靈峰宗論・卷二之一・法語一・示廣戒》中說道：「無量法門，不
　　出三學。一往戒、定屬緣因，慧學爲了因。實三學之中，三因圓具。又次第
　　則因戒生定，因定發慧，後後勝前。推本則戒無定、慧，猶剋善果。定、慧
　　無戒，必落魔邪。思之思之！」（同註 15，頁 207）謂無量無邊法門，皆不
　　出戒、定、慧三無漏學，而三無漏中又以戒最爲基本，慧最爲勝，其強調戒、
　　定、慧三無漏學可該括佛教無量法門之學，故其以此該括佛教無量法門的三
　　無漏學與整部《易經》之構成基礎陰、陽二爻相配而會通之，實爲歷來僧人
　　以佛解《易》之別具慧眼與系統觀者，與僅知以某些詞句或單一觀念而相互
　　比附者，高下自是不同。

同遵行的方法論。他在《周易禪解・卷一・上經之一・乾》(☰)說道：[62]

> 若單約修德者，陽為智德，即是慧行。

明言陽為智德慧行。又在同書〈卷一・上經之一・坤〉(☷)中說道：[63]

> 六畫皆陰，故名為坤。坤者，順也。在天為陰，在地為柔，在人為仁，在性為寂，在修為止。……坤之六爻，皆約修德定行而言。

則謂坤卦六爻皆陰，為寂、為止，約修德為定行。

合上二例可知，約修德而言，「陽為智德慧行」、「陰為定行」，故凡類屬陽爻者，如乾、男、天、君等，為智德慧行；凡類屬陰爻者，如坤、女、地、臣等，則為定行。故他在同書〈卷八・繫辭上傳〉也說道：[64]

> 蓋《易》即吾人不思議之心體。乾即照，坤即寂。乾即慧，坤即定。乾即觀，坤即止。若非止、觀、定、慧，不見心體。若不見心體，安有止、觀、定、慧？……德行者，體乾、坤之道而修定、慧，由定、慧而徹見自心之《易》理者也。

---

[62] 同註 7，頁 20。

[63] 同註 7，頁 48－54。

[64] 同註 7，頁 514－515。

認為可將整部《易經》與吾人之心體等而觀之，乾卦（陽爻）所代表的是照、是慧、是觀，坤卦（陰爻）所代表的則是寂、是定、是止。乾、坤二卦，陰、陽二爻，便全與佛教中的「照寂」、「慧定」、「觀止」配而言之。故「若非止、觀、定、慧，不見心體。若不見心體，安有止、觀、定、慧？」於是亦可說成：「若非乾、坤、陰、陽，不見《易》。若不見《易》，安有乾、坤、陰、陽？」將《易經》的乾、坤之道與佛教的慧、定之修，完全的配合起來。

他又在同書〈卷八·繫辭上傳〉說道：[65]

> 聖人體乾道而為智慧，智慧如男。體坤道而為禪定，禪定如女。

〈卷九·繫辭下傳〉中也說道：[66]

> 男慧女定，不使偏枯，乃可以成萬德也。

皆是明白闡示他以陽爻配智慧，如男；陰爻配禪定，如女。只有男慧女定，不使偏枯於任何一邊，方可能成萬物也。其以為中土聖人以陰、陽二爻設卦作《易》之深意，與佛祖示人以定、慧雙修之道，皆同在使人明白此心此理也。

因此，如能定慧雙修，陰陽合德，剛柔並具，便是通於天地之道，合於聖人作《易》之理。是以其於同書〈卷九·繫辭下傳〉中

說道：[67]

> 有《易》理即有乾、坤，由乾、坤即通《易》理。如城必有
> 門，門必通城。蓋乾是陽物，在天曰陽，在地曰剛，在人曰
> 知。坤是陰物，在天曰陰，在地曰柔，在人曰仁。而陰不徒
> 陰，陰必具陽。陽不徒陽，陽必具陰。故陰陽合德，而剛柔
> 有體，即天道而為地道，即地道而為人道，即人道而體天地
> 之撰，通神明之德。《易》理既然，《易》書亦爾，所以六十
> 四卦之名雜而不越。雜，謂大小善惡邪正吉凶之不同。不越，
> 謂總不外于陰陽二物之德。

將天、地、人三者貫而通之，陰陽剛柔合而言之，而《易經》六十
四卦的變化與大小、善惡、邪正、吉凶，亦皆不外此陰陽之變化耳。
[68]

---

[67] 同註 7，頁 534－535。

[68] 智旭全書不斷申說陰爻表定，陽爻表慧之理，蓋此為其「以佛解《易》」的
最重要之方法也。如其於〈卷九·雜卦傳〉注「離上而坎下也」云：「智火
高照萬法，定水深澄性海。」（同註 7，頁 575）以智火表離之陽，以定水表
坎之陰。又如其注「漸，女歸待男行也。」云：「定必須慧，故女待男。」
（同註 7，頁 576）謂漸卦之女待男，正如佛教修行時之定必須慧助也。又如
〈卷十·圖說〉注「文王八卦次序」時云：「男即父，女即母。又父只是男，
母只是女。坤體得乾為三男，有慧之定，即止而觀也。震為觀穿義，艮為觀
達義，坎為不觀觀義。乾體得坤為三女，有定之慧，即觀而止也。巽為止息
義，兌為停止義，離為不止止義。震動艮靜，坎能動能靜，乾非偏于動也。
巽動兌靜，離能動能靜，坤非偏于靜也。又震動而出，巽動而入，艮靜而高，
兌靜而深。坎兼動靜，而從上之下，上終不窮；離兼動靜，而從下之上，下

二、方法論的實踐說明

在說明了智旭注《易》以陰爻配定、止、修，陽爻配慧、觀、性的方法論之後，我們接著要通舉幾個在《周易禪解》中，智旭實際注《易》的例子，以檢視他實踐這個方法論的實際過程。（下舉《周易禪解》各卦之例，凡為《周易》經傳本文，則頂格表之；智旭注解之文，低一格表之，以示其區別。）

(一)（☷☳）屯：[69]

屯，元亨利貞，勿用有攸往，利建侯。

乾坤始立，震一索而得男，為動，為雷。坎再索而得男，為陷，為險，為雲，為雨。乃萬物始生之時，出而未申之象也。始則必亨，始或不正，則終于不正矣！故元亨而利于于正焉。此元亨利貞，即乾坤之元亨利貞也。乾坤全體太極，則屯亦全體太極也。而或謂乾坤二卦大，餘卦小，不亦惑乎？夫世既屯矣！儻務往以求功，祇益其亂。唯隨地建侯，俾人人各歸其主，各安其生，則天下不難平定耳！楊慈湖曰：「理屯如理絲，固自有其緒。建侯，其理之緒也。」佛法釋者，有一劫初成之屯，有一世初生之屯，有一事初難之屯，有一念初動之屯。初成、初生、初難，姑置弗論。一念初動之屯，今當說之。蓋乾坤二卦，表妙明明妙之性覺。

終不靜。信知——皆法界也。」（同註7，頁596）皆是以乾坤男女，陽陰動靜之變化與佛教之慧、定相配而論也。

[69] 同註7，頁71-83。

性覺必明，妄為明覺，所謂真如不守自性。無明初動，動則必至因明立所而生妄能，成異立同，紛然難起，故名為屯。然不因妄動，何有修德？故曰：「無明動而種智生，妄想興而涅槃現。」此所以元亨而利貞也。但一念初生，既為流轉根本，故「勿用有所往」。有所往，則是順無明而背法性矣！惟利即于此處用智慧深觀察之，名為建侯。若以智慧觀察，則知念无生相，而當下得太平矣！觀心妙訣孰過于此。

象曰：「屯，剛柔始交而難生，動乎險中，大亨貞。雷雨之動滿盈，天造草昧，宜建侯而不寧。」

乾坤立而剛柔交，一索得震為雷，再索得坎為雨，非難生乎？由動故大亨，由在險中故宜貞。夫雷雨之動，本天地所以生成萬物。然方其盈滿交作時，則天運尚自草亂昧瞑。諸侯之建，本聖王所以安撫萬民。然方其初建，又豈可遽謂寧貼哉？佛法釋者，無明初動為剛，因明立所為柔。既有能所，便為三種相續之因，是難生也。然此一念妄動，既是流轉初門，又即還滅關竅，惟視其所動何如耳！當此際也，三細方生，六麤頓具，故為雷雨滿盈，天造草昧之象。宜急以妙觀察智重重推簡，不可坐在滅相無明窟臼之中。蓋凡做工夫人，若見雜念暫時不起，便妄念為得力。不知滅是生之窟宅，故不可守此境界，遇須推破之也。

象曰：「雲雷屯，君子以經綸。」

在器界，則有雲雷以生草木。在君子，則有經綸以自新新民。約新民論經綸，古人言之詳矣！約自新論經綸者，豎觀此心不在過

現未來，出入無時，名為經。橫觀此心不在內外中間，莫知其鄉，名為緯也。佛法釋者，迷于妙明明妙真性，一念無明動相即為雷，所現晦昧境界之相即為雲，從此便有三種相續，名之為屯。然善修圓頓止觀者，只須就路還家。當知一念動相即了因智慧性，其境界相即緣因福德性。于此緣了二因，[70] 豎論三止三觀名經，[71] 橫論十界百界千如名緯也。此是第一觀不思議境。

初九，磐桓，利居貞，利建侯。

有君德而无君位，故磐桓而利居貞。其德既盛，可為民牧，故利建侯以濟屯也。佛法釋者，一念初動，一動便覺。不隨動轉，名為磐桓，所謂不遠之復，乃善于修證者也。由其正慧為主，故如頓悟法門。

象曰：「雖磐桓，志行正也。以貴下賤，大得民也。」

磐桓不進，似无意于救世。然斯世絕非強往求功者所能救，則居貞乃所以行正耳！世之屯也，由上下之情隔絕。今能以貴下賤，故雖不希望為侯，而大得民心，不得不建之矣！佛法釋者，不隨生死流，乃其隨順法性流而行于正者也。雖復頓悟法性之貴，又

---

[70] 緣為助因；了因為因明用語，是問難者藉以了悟正理之因，與立論者藉以啟發敵者（問難者）正智之生因為相對者也。

[71] 三觀，指空、假、中。三止，則指天台宗針對空、假、中三觀所立之三種止行。一為體真止，乃針對空觀而立，所以要成就真諦三昧也。二是方便隨緣止，乃針對假觀而立，所以要成就俗諦三昧也。三是息二邊分別止，乃針對中觀而立，所以要成就中道三昧也。

能不廢事功之賤，所謂以中道妙觀徧入因緣事境，故正助法門並
得成就，而大得民。

六二，屯如邅如，乘馬班如。匪寇婚媾，女子貞不字，十年乃字。
柔德中正，上應九五，乃乘初九得民之侯，故邅如班如而不能進
也。初本非寇，而二視之則以為寇矣！吾豈與寇為婚媾哉？寧守
貞而不字，至于十年之久，乃能字于正應耳！吳幼清曰：「二三四
在坤為數十，過坤十數，則逢五正應而許嫁矣！」佛法釋者，此
如從次第禪門修證功夫。[72] 蓋以六居二，本是中正定法，但不能
頓悟，必備歷觀練熏修諸禪方見佛性，故為十年乃字。

象曰：「六二之難，乘剛也。十年乃字，反常也。」
乘剛故自成難，非初九難之也。數窮時極，乃反于常，明其不失
女子之貞。佛法釋者，乘剛即是煩惱障重。故非次第深修諸禪，
不足以斷惑而反歸法性之常。

六三，即鹿无虞，惟入于林中。君子幾，不如舍，往吝。
欲取天下，須得賢才，譬如逐鹿須藉虞人。六三自既不中不正，
又无應與，以此濟屯，屯不可濟，徒取羞耳！佛法釋者，欲修禪
定，須假智慧。自无正智，又无明師良友，瞎鍊盲修，則墮坑落
塹不待言矣！君子知幾，寧捨蒲團之功，訪求知識為妙。若自信
自恃，一昧盲往，必為无聞比丘，反招墮落之吝。

---

[72] 次第禪門，為天台智顗所述，法慎記，灌頂再加編理之《釋禪波羅蜜次第
法門》（《大正新脩大藏經第四十六冊　NO.1916》）的他稱，又作漸次止觀。

象曰：「即鹿无虞，以從禽也。君子舍之，往吝窮也。」

堯舜揖讓，固是有天下而不與。湯武征誅，亦是萬不得已。為救斯民，非富天下。今六三不中不正，居下之上，假言濟屯，實貪富貴，故曰以從禽也。從禽已非聖賢安世之心，況无應與，安得不吝且窮哉？佛法釋者，貪著昧禪，名為從禽，本无菩提大志願故。

六四，乘馬班如，求婚媾往，吉无不利。

柔而得正，居坎之下，近于九五，進退不能自決，故乘馬而班如也。夫五雖君位，不能以貴下賤，方屯其膏。初九得民于下，實我正應，奈何不急往乎？故以吉无不利策之。佛法釋者，六四正而不中，以此定法而修，則其路迂遠難進。惟求初九之明師良友以往，則吉无不利矣！

象曰：「求而往，明也。」

佛法釋者，不恃禪定功夫，而求智慧師友，此真有決擇之明者也。

九五，屯其膏，小貞吉，大貞凶。

屯難之世，惟以貴下賤，乃能得民。今尊居正位，專應六二，膏澤何由普及乎？夫小者患不貞一，大者患不廣博，故在二則吉，在五則凶也。佛法釋者，中正之慧固可斷惑，由其早取正位，則墮聲聞辟支佛地，所以四弘膏澤不復能下于民。在小乘則速出生死而吉，在大乘則違遠菩提而凶。

象曰：「屯其膏，施未光也。」

非无小施，特不合于大道耳！

上六，乘馬班如，泣血漣如。

　　以陰居陰，處險之上。當屯之終，三非其應，五不足歸，而初九又甚相遠，進退无據，將安歸哉？佛法釋者，一味修于禪定，而无慧以濟之，雖高居三界之頂，不免窮空輪轉之殃，決不能斷惑出生死，故乘馬班如。八萬大劫，[73]仍落空亡，故泣血漣如。

象曰：「泣血漣如，何可長也。」

　　佛法釋者，八萬大劫，究竟亦是无常。

蕅益智旭此處論屯卦卦辭時，因見屯（☷）下震上坎，故云：「震一索而得男，坎再索而得男」。一索、再索而得男，是萬物初生之時，是一念初動之際。其以一念初動論屯卦，謂「但一念初生，既為流轉根本」，「惟利即于此處用智慧深觀察之」，則知念無生相，而得天下太平。何以於此處謂「用智慧深觀察之」？蓋屯下卦之震為一索而得男，此一索之男為陽爻；陽爻，故謂「用智慧深觀察之」。智旭以佛法論〈象曰〉之辭時，謂「無明初動為剛，因明立所為柔。既有能所，便為三種相續之因，是難生也。」是又將陽爻視為「能」，陰爻視為「所」，既有能所，則世界、眾生、業果三種相續之因便成。[74]故於此一念妄動之流轉初門，（因其謂「無明初動為剛」，故指陽爻）宜急以「妙觀察智重重推簡」也。蓋又是以陽爻表「妙觀察智」，

73　劫為佛教的時間概念，總括成住壞空為一大劫，乃指一期世界之始末。

74　三相續，指世界、眾生及業果三種生滅因果，次第遷流，相續不絕。

智慧之義也。智旭以佛法論〈象曰〉之辭時，統論屯卦之義，而謂「善修圓頓止觀者，只須就路還家。當知一念動相即了因智慧性，其境界相即緣因福德性。」與論〈象曰〉時一樣，以一念相動之陽爻表「了因智慧心性」，而要人「善修圓頓止觀」。蓋善修圓頓止觀，在《易經》中，意即兼融陰陽二爻剛柔之德也。

　　蕅益智旭在疏釋屯卦六爻爻辭，以佛法釋初九所以利居貞，乃因初九陽爻是「正慧為主」，故是「一念初動，一動便覺而又不隨動轉」，故利居貞。此又是以陽爻表智慧義也。以佛法釋初九小象之辭，謂「不隨生死流，乃其隨順法性流而行于正者」，是又以陽爻表法性義也。其以佛法釋六二爻辭，謂「以六居二，本是中正定法，但不能頓悟，必備歷觀練熏修諸禪方見佛性，故為十年乃字。」以六二陰爻為「中正定法」，而必「備歷觀練熏修諸禪方見佛性」。（觀，即指陽爻）以佛法釋六二小象之辭，謂「乘剛即是煩惱障重」，「非次第深修諸禪，不足以斷惑而反歸法性之常。」蓋乃因剛表陽爻之智慧、之性，而六二在初九之上，故乘剛則「煩惱障重」，則「不足以斷惑而反歸法性之常。」以佛法釋六三爻辭，謂「欲修禪定，須假智慧」，「君子知幾，寧捨蒲團之功，訪求知識為妙。」是以六三之陰爻表禪定，而因爻辭云：「即鹿无虞」，故謂此爻有禪定而無智慧，自無正智，又無明師良友，瞎鍊盲修，則墮落無疑。故君子知幾，則「寧捨蒲團之功，（指陰爻之禪定）訪求知識為妙。（指陽爻之智慧）」又以佛法釋六三小象，亦云：「貪著昧禪」，昧禪，蓋指不與陽爻智慧相應之六三陰爻也。其以佛法釋六四爻辭，謂：「六四正而不

中，以此定法而修，則其路迂遠難進。惟求初九之明師良友以往，則吉无不利矣！」蓋六四爲陰爻居陰位，故「正」；又其位在上卦之初，故「不中」。又其爲陰爻，故「以此定法而修」。因「正而不中」，是以「路迂遠難進」。而惟有「求初九之明師良友以往，則吉无不利」，蓋因初九爲陽爻，表智慧之觀，故爲「明師良友」。定慧雙修，則吉無不利也。又以佛法釋六四小象，云：「不恃禪定功夫，而求智慧師友」，蓋亦指六四陰爻不恃其「禪定工夫」，而與初九陽爻之「智慧師友」相應也。其以佛法釋九五爻辭，謂「中正之慧固可斷惑」，蓋指九五位居上卦之中，而陽爻又居陽位而爲正，陽爻爲慧，故爲「中正之慧」。然其雖爲可斷惑之中正之慧，但由於其早取正位而不能下澤於人民，故小貞則吉，表於小乘速出生死則吉；大貞則凶，表於大乘則遠違佛祖菩提之志而凶也。蓋其所以爲凶，亦因其無定慧雙修之故也。其以佛法釋上六爻辭時，謂「一味修于禪定，而无慧以濟之」，故不免窮空輪轉之殃，不能斷惑而出生死也。蓋上六爲陰爻，故謂：「一味修于禪定」，而應該與之相應的六三亦爲陰爻，有定而無慧，故「无慧以濟之」。

由此可知，蕅益智旭注屯卦，全以陰爻表禪定、修、止，陽爻表智慧、性、觀的方法論以釋之也。

(二)（䷫）姤：[75]

姤，女壯，勿用取女。

約世道，則決之于意中者，必將遇之于意外。約佛法，則決斷餘惑而上同諸佛者，必巧用性惡而下遇眾生。又約究竟，則夬是无間道，姤是解脫道。[76] 約初心，則夬是乾慧，姤是理水也。以无號之一陰，忽反于下而得其所安，勢必漸壯。故九二宜包而有之，不宜使賓取之。佛法釋者，在佛為性惡法門，在眾生不了，則為修惡。九二行菩薩道，自可示同修惡，不令餘人作惡。又解脫道，一得永得，名女壯。無所取著，名勿用取女。理水亦爾。

象曰：「姤，遇也。柔遇剛也。勿用取女，不可與長也。天地相遇，品物咸章也。剛遇中正，天下大行也。姤之時義大矣哉！」

不曰剛遇柔而曰柔遇剛者，柔為政也。佛法釋者，剛是性德，柔是修德。以修顯性，名柔遇剛。剛是妙觀，柔是妙止。從止起觀，名柔遇剛。剛是智慧，柔是禪定，因定發慧，名柔遇剛。修本無加于性，止亦不可偏勝，定亦不可偏多，故曰不可與長也。天地相遇，天得地之初爻而為巽，撓萬物者莫疾乎風，齊乎巽，而萬

---

[75] 同註7，頁338－345。

[76] 无間道與解脫道，皆是所謂四道之一。四道，指斷除煩惱、證得真理的四種過程。1、加行道，又稱方便道，為求斷除煩惱而行準備之修行，是進入无間道前的準備。2、无間道，又稱无礙道，指直接斷除煩惱之修行，由此可無間隔的進入解脫道。3、解脫道，即已自煩惱中解脫，證得真理，獲得解脫之修行。4、勝進道，又稱勝道，三餘道，於解脫道之後，更進一步行其餘之殊勝行，而全然完成解脫。

物潔齊，故曰品物咸章也。九二之剛，下遇初六，上遇九五之中正。在世法中，則為大臣得君以撫民。在佛法中，則為智慧稱性以成福。故曰天下大行也。

象曰：「天下有風，姤。后以施命告四方。」

剝乎上者反乎下，名之曰復。性德也，觀慧也，不可則致用也。故如雷在地中，后不省方。夬乎上者反乎下，名之曰姤。修德也，止定也，即可以取效也。故如天下有風而后施誥命。復以見天地之心，姤以見時義之大。復即乾知大始，姤即坤作成物。復即金聲，姤即玉振。復即智巧，姤即聖力。而腐儒以抑陰戒小人釋之，不亦陋乎？

初六，繫于金柅，貞吉。有攸往見凶，羸豕孚蹢躅。象曰：「繫于金柅，柔道牽也。」

无君子莫治野人，无野人莫養君子，此世法之必應互相繫屬者也。无性不能起修，无修不能顯性，非智不禪，非禪不智，此佛法之必應互相繫屬者也。一陰始生于下，得九二金柅以繫之，此貞吉之道也。不繫則有攸往，往則見凶，如羸豕必能蹢躅，由不早為調御故耳！柔道宜與剛德相牽，則互相與有成矣！

九二，包有魚，无咎。不利賓。象曰：「包有魚，義不及賓也。」

修顯性，則性有修。定發慧，則慧有定。性修交成，定慧平等，无咎之道也。但可內自證知，豈可舉似他人？世法亦爾，吾民吾子，豈可令他人分治哉？

九三，臀无膚，其行次且。厲，无大咎。象曰：「其行次且，行未牽

也。」

二近于初，故包有魚。三遠于初，故臀无膚。無膚則行必次且矣！

然雖屬而无大咎者，以與初六同居巽體，但行未與柔道相牽合耳！

九四，包无魚，起凶。象曰：「无魚之凶，遠民也。」

剛不中正，執性而廢修，恃慧而棄定。猶世宰輔，居上而遠民也。方其高談理性，正逞狂慧，不知其為凶。臨命終時，地獄相現，則悔无所及。猶包中无魚，起水而後知之。

九五，以杞包瓜，含章，有隕自天。象曰：「九五含章，中正也。有隕自天，志不舍命也。」

枸杞枝輭而長，以此包瓜，則其蔓交繫而不可解。此九二與初六相遇之象也。九五為姤之主，乃高居于上，遠不相及。但以剛健中正，則性德久熏成種，將欲發煥，故名含章。由其志不舍命，不肯自暴自棄。故初六雖不相遇，必有自天隕墜以遇我者矣！發得本有，名為自天。无心契合，名為有隕。又九二如大臣，能有初六之民，與民固結。九五如聖君，能用九二之賢臣，故名含章。既有九二，則并九二所遇初六之民而有之矣！民與之，即天與之，故云有隕自天。

上九，姤其角，吝，无咎。象曰：「姤其角，上窮吝也。」

居姤之終，不與柔遇，名姤其角。此如二乘偏真空慧，但免无魚之凶，不无焦芽敗種之吝也。

蕅益智旭疏釋姤卦卦辭，以「約世道」、「約佛法」、「約究竟」及「佛

法釋者」四個部份詮釋,尚未見其談陰陽爻於佛法中所表之意。由
於〈象曰〉中論及剛柔,故智旭以「佛法釋」論之時,或謂「剛是
妙觀,柔是妙止。從止起觀,名柔遇剛」,或云「剛是智慧,柔是禪
定,因定發慧,名柔遇剛」,或道「止亦不可偏勝,定亦不可偏多,
故曰不可與長也」,或云「九二之剛,下遇初六,上遇九五之中正。……
在佛法中,則爲智慧稱性以成福。」可知其以剛(陽爻)表「妙觀、
智慧」,以柔(陰爻)表「妙止、禪定」。而「止亦不可偏勝,定亦
不可偏多」,要「因定發慧」,兼具剛柔之道方爲佳也。可見智旭以
陽爻表妙觀、智慧,陰爻表止行、禪定而說《易》之方法論也。其
釋姤卦〈象曰〉之辭,以與姤(☴)六爻爻象相反之復(☳)卦,
其一陽初起於六爻之下,而謂此初九陽爻爲:「復,性德也,觀慧也。」
又以姤(☴)之一陰初生於六爻之下,而謂此初六陰爻爲:「姤,修
德也,止定也。」以初九之陽表復之特性與趨勢,故云「復即乾知
大始、復即金聲、復即智巧。」以初六之陰表姤之特性與趨勢,而
謂「姤即坤作成物、姤即玉振、姤即聖力。」此亦可見智旭以陽爻
表妙觀、智慧,陰爻表止行、禪定而說《易》之方法論也。

又蕅益智旭分釋姤卦六爻時,論初六所以貞吉,乃因「一陰始
生于下,得九二金柅以繫之,此貞吉之道也。」蓋以佛法而論,「无
性不能起修,无修不能顯性,非智不禪,非禪不智」,故「柔道宜與
剛德相牽,則互相與有成矣!」以初六陰爻得九二陽爻以繫之,正
與佛教之「非智不禪,非禪不智」相同,禪智兼具,則自是貞吉。
而所以有凶,乃因初六之陰與九二之陽不相繫,不早調御也。若獨

以初六言之，初六爲陰爻而居於陽位，故是性修互顯，禪智兼運也。又論九二之无咎，乃因「修顯性，則性有修。定發慧，則慧有定。性修交成，定慧平等。」性、慧是陽，修、定是陰，而九二正是以陽爻居二之陰位，要定慧雙具，性修互顯，方可謂爲无咎。論九三所以厲而无大咎，乃因九三與初六皆在姤下卦中，姤之下卦爲巽象，故是「同居巽體」。然九三之陽剛因未與初六之陰柔相牽合，故只能「厲而无大咎也」。此爻未以陽表慧、觀，陰表定、止以釋之也。論九四之所以凶，在於「无魚而遠民也。」「魚」、「民」皆表初六之陰爻，九四居上卦之高位，陽爻而爲智慧、爲性，卻不與初六陰爻定、修相與，並棄而遠之，故是「執性而廢修，恃慧而棄定」，逞其狂慧而不知定慧兼修，故凶也。論九五之陽爻爲性，雖似無陰柔之修與其相融，但因陽爻居上卦之中位，故「剛健中正，則性德久熏成種」。其之所以能「性德久熏成種」，即因其居「中正之位」也。論上九之咎與无咎，乃因其陽剛而不與陰柔相遇（因九三爲陽，故不相遇）陽爻爲慧，故爲「如二乘偏真空慧」，（二乘謂聲聞、緣覺），而非定慧兼具，故雖已達二乘之地，免九四无魚之凶，卻仍不免有咎也。

　　由此可知智旭注姤卦，除卦辭與九三爻辭，沒有明顯的用陽爻表慧、觀、性，陰爻表定、止、修疏釋之外，其餘皆以此方法論釋卦爻之吉凶悔咎也。

(三)（䷗）復：[77]

復，亨。出入无疾，朋來无咎。反復其道，七日來復，利有攸往。

> 約世道，則衰剝之後，必有明主中興而為復。約佛化，則淪替之後，必有聖賢應現，重振作之而為復。約觀心又二義，一者承上卦約失言之，剝而必復，如平旦之氣，好惡與人相近。又如調達得无根信也。二者承上卦約得言之，剝是蕩一切情執，復是立一切法體也。若依第三觀，則從假入空名剝，從空入假名復。若一心三觀，則以修胎性名剝，稱性垂化名復。復則必亨，陽剛之德為主，故出入可以无疾。以善化惡，故朋來可以无咎。一復便當使之永復，故反復其道，至于七日之久。則有始有終，可以自利利他而有攸往也。

象曰：「復，亨。剛反，動而以順行。是以出入无疾，朋來无咎。反復其道，七日來復，天行也。利有攸往，剛長也。復其見天地之心乎？」

> 觀心釋者，佛性名為天地之心，雖闡提終不能斷，但被惡所覆而不能自見耳！苦海无邊，回頭是岸。一念菩提心，能動無邊生死大海。復之所以得亨者，以剛德稱性而發，遂有逆反生死之勢故也。此菩提心一動，則是順修。依此行去，則出入皆无疾，朋來皆无咎矣！然必反復其道，七日來復者，體天行之健而為自強不息之功當如是也。充此一念菩提之心，則便利有攸往。以剛雖至

微，而增長之勢已自不可禦也。故從此可以見吾本具之佛性矣！又出謂從空出假，入謂從假入空。既順中道法性，則不住生死，不住涅槃，而能遊戲于生死涅槃，故无疾也。朋謂九界性相，開九界之性相，成成佛界性相，故无咎也。

象曰：「雷在地中，復。先王以至日閉關，商旅不行，后不省方。」
楊慈湖曰：「舜禹十有一月朔巡狩，但于冬至日則不行耳！」觀心釋者，復雖有剛長之勢，而利有攸往。然必靜以養其機，故觀行即佛之先王，既大悟藏性之至日，必關閉六根，脫粘內伏，暫止六度萬行商旅之事，[78]但觀現前一念之心，而未可徧歷陰界入等諸境以省觀也。

初九，不遠復，无祗悔，元吉。象曰：「不遠之復，以修身也。」
此如顏子。約佛法者，正慧了了，頓見佛性，頓具諸行，所以元吉，如圓教初住。又約六度，即是般若正道。

六二，休復，吉。象曰：「休復之吉，以下仁也。」
此如曾子。約佛法者，正定得中，鄰真近聖，如圓教十信。又約六度，即是正定與慧相連。

六三，頻復，厲，无咎。象曰：「頻復之厲，義无咎也。」
此如子路。約佛法者，有定有慧，而不中正，故須先空次假後中，名為頻。復勤勞修證而得无咎。又約六度，即是精進勤策相續。

六四，中行獨復。象曰：「中行獨復，以從道也。」

78　六度，指布施、持戒、忍辱、精進、禪定、智慧六波羅蜜。

此如蘧伯玉。約佛法者，正定而與初應，如通教利根接入于圓。
又約六度，即是忍辱。由與初應，則生法二忍，便成第一義忍。

六五，敦復，无悔。象曰：「敦復无悔，中以自考也。」

此如周宣、漢文、宋仁。約佛法者，定慧調勻，亦且得中。但與
陽太遠，故必斷惑證真之後，俟開顯而會入圓位，如藏通二乘。
又約六度，即是持戒。雖遠于初，但自考三業無失，自然合理而
得无悔。

上六，迷復，凶。有災眚。用行師，終有大敗。以其國君凶，至于
十年不克征。象曰：「迷復之凶，反君道也。」

此如王安石、方孝孺等。生今反古，名為迷復。非昏迷不復之謂。
約佛法者，不中不正，恃世間小定小慧以為極則，因復成迷，故
不惟凶，且有災眚。若以此設化教人，必大敗法門，損如來之正
法。至于十年而弗克征，以其似佛法而實非佛法，反于圓頓大乘
之君道，如今世高談圓頓向上者是也。又約六度，即是布施，而
遠于智慧，著相、著果報、起慢、起愛，亦能起見。故雖是善因，
反招惡果，良由不達佛法之君道耳！

蕅益智旭以佛法釋復卦卦辭時，將剝（☶）復（☳）並論，乃因
此二卦六爻全部相反也。其云：「以修膌性名剝，稱性垂化名復。
復則必亨，陽剛之德為主，故出入可以无疾。」蓋剝（☶）一陽
居於五陰之上，故為「以修膌性」，修是五陰爻，性是上九之陽爻。
復（☳）為一陽初生於五陰之下，故為「稱性垂化」，性是初九陽
爻，而五陰爻將為此陽爻所垂化也。其又謂：「復則必亨，陽剛之

德為主。」此陽剛之德為主，亦指稱性之初九陽爻也。其以佛法釋〈象曰〉之辭時，謂：「復之所以得亨者，以剛德稱性而發，遂有逆反生死之勢故也。此菩提心一動，則是順修。」所謂：「以剛德稱性而發」，即指復卦（䷗）之一陽初起於五陰之下，陽爻是剛、是性。又謂：「充此一念菩提之心，則便利有攸往。以剛雖至微，而增長之勢已自不可禦也。故從此可以見吾本具之佛性矣！」所謂「以剛雖至微」，之「剛」亦即為初九陽爻。又智旭以佛法釋〈象曰〉之辭時，謂：「復雖有剛長之勢，而利有攸往。然必靜以養其機，故觀行即佛之先王，既大悟藏性之至日，必關閉六根，脫粘內伏，暫止六度萬行商旅之事，但觀現前一念之心，……」云云。所謂「復雖有剛長之勢」，「剛長之勢」指一陽爻起於五陰之下；所謂「必靜以養其機」指既有陽剛之爻，亦須輔以陰柔之靜；所謂「既大悟藏性之至日，必關閉六根」，「藏性」指復之初九陽爻，「關閉六根」指須輔以陰爻之止；所謂「但觀現前一念之心」，「觀」即指此一陽爻。皆合於其以陰爻表禪定、止、修之義，而陽爻表智慧、觀、性之義也。

　　此外，蕅益智旭分釋復卦六爻時，以佛法釋初九爻辭之元吉，謂：「約佛法者，正慧了了，頓見佛性」，所謂「正慧了了」，即指此處初九陽爻居陽位，故為正慧，所以元吉。以佛法釋六二爻辭之吉，謂：「約佛法者，正定得中，鄰真近聖」，所謂「正定得中」，定指六二之陰爻，得中指六二陰爻居陰位，且居下卦之中，故謂之。又謂：

「約六度，即是正定與慧相連。」所謂「正定與慧相連」，即指六二陰爻之定與初九陽爻之慧近而相連，故是「鄰真近聖」而吉也。以佛法釋六三之屬无咎時，謂：「約佛法者，有定有慧，而不中正。」所謂「有定」即指六三陰爻爲定；「有慧」，則指六三陰爻所居三之陽位；陽位，故爲「有慧」。又因其居下卦之上，故「不中正」，是以爻辭乃謂雖厲而无咎也。以佛法釋六四爻辭時，謂：「約佛法者，正定而與初應。」「正定」，指六四陰爻爲定，而居於四之陰位，故爲正。四與初應，初九爲陽爻、爲慧，定與慧應，故謂「通教利根接入于圓」也。以佛法釋六五爻辭之无悔時，謂：「約佛法者，定慧調勻，亦且得中」。「定慧調勻」，指六五陰爻爲定，居於五之陽位爲慧，故謂「定慧調勻」；又六五居於上卦之中，故爲「得中」。又謂：「但與陽太遠，故必斷惑證真之後，俟開顯而會入圓位。」「與陽太遠」，指與全卦唯一陽爻之初九陽慧太遠，故仍須經歷一番「斷惑證真」的過程，方得入圓位。故雖離初陽之慧遠，卻仍得以无悔也。以佛法釋上六爻辭之所以凶而有災眚時，謂：「約佛法者，不中不正，恃世間小定小慧以爲極則，因復成迷，故不惟凶，且有災眚。」又云：「又約六度，即是布施，而遠于智慧。」所謂「不中不正，恃世間小定小慧以爲極則」，指上六陰爻居全卦之上，故爲不中；[79]陰爻，

---

[79] 此處謂上六爲「不中不正」，「不中」自可由其居上卦之上而解之；然而「不正」，卻是智旭因爻辭之「凶而有災眚」，故謂之也。因爲上六陰爻居於陰位，不能謂爲不正，否則前面各爻陽爻居陽位而正，居陰位而不正之理便不通了。蓋智旭明以陽爻表慧，陰爻表定，而吾人細讀其注卦爻辭時，似又可

故爲定。所謂「遠于智慧」，則指其遠於全卦唯一陽爻之初九陽慧也。因其遠於初九陽爻之慧，故上六雖居陽位爲慧，而只能是小慧；雖爲陰爻爲定，但因其居全卦之上而不中，故也只是小定。因而謂上六「恃世間小定小慧以爲極則，因復成迷，故不惟凶，且有災眚」也。

　　由上述所言，可知智旭注復卦之卦、爻、彖、象之辭時，明顯全用其陽爻表慧、觀、性，陰爻表定、止、修以釋之的方法論。

(四)（䷛）大過：[80]

大過，棟橈，利有攸往，亨。

將一卦初、三、五之陽位謂爲小慧，將二、四、上之陰位謂爲小定，這樣，在以佛法釋卦爻辭之吉、凶、悔、吝、厲、无咎時，便更能有詮釋與轉折的空間。歷來不論是以象數論《易》，或者以義理論《易》，都在面對其卦爻辭之所以爲吉、凶、悔、吝、厲、无咎時，常有找不到一個可以行之全《易》吉凶判斷而無疑問的方法與準則，這自然是由於《易經》初成時，本就極可能非成於一時一地一人之手，亦即在其書初成之時，本就沒有一個統一的論斷吉、凶、悔、吝、厲、无咎的價值判準。因此，後人在面對詮釋此書之所以某處爲吉？某處爲凶？某處何以有悔吝等？自然無法爲之尋求到一個可以貫以全《易》而無疑的方法。這可以視爲《易》學詮釋史的一種宿命，也可以看作是《易》學需要各種可能的詮釋方法與角度，以使之更加完整，且合於每個時代，每個人的需求的源頭活水也。《易經》本身的不統一與相互矛盾處，是其在嚴格的學術要求上，不可諱言的缺點；但這也正是其永不衰頹，且較其他諸經更能與時俱進而合於人心需求的生命力所在。因爲，這《易經》本身的不統一與矛盾的特性，同時也提供了後人詮釋時的無限可能。

[80] 同註 7，頁 242－246。

約世道，則賢君以道養天下，而治平日久。約佛化，則四依以道化群生，[81]而佛法大行。約觀心，則功夫勝進而將破无明也。夫治平既久，則亂階必萌，所宜防微杜漸。化道既盛，則有漏易生，所宜陳規立矩。功夫既進，則无明將破，所宜善巧用心也。

象曰：「大過，大者過也。棟撓，本末弱也。剛過而中，巽而說行，利有攸往，乃亨。大過之時大矣哉！」

大者既過，所以必當思患豫防。初上皆弱，所以剛中，不宜恃勢令撓。剛雖過而得中，又以巽順而悅行之，所以猶有挽回匡濟之術，乃得亨也。永保無虞亦在此時，盛極忽衰亦在此時，其關係豈不大哉！

象曰：「澤滅木，大過。君子以獨立不懼，遯世无悶。」

澤本養木，而反滅木，大過之象也。惟以獨立不懼，遯世无悶之力持之，庶學有本而養有術，可以砥柱中流耳！

初六，藉用白茅，无咎。象曰：「藉用白茅，柔在下也。」

世法佛法，當大過時，皆以剛柔相濟為得，過剛過柔為失。今初六以柔居巽體之下，而在陽位，无功名富貴以累其心，唯庸德庸言下學上達以為其務者也。約佛法者，定有其慧。兼以戒德精嚴，故无咎。

九二，枯楊生稊，老夫得其女妻，无不利。象曰：「老夫女妻，過以

---

[81] 四依，指四種依止、憑依之義。有法四依、行四依、人四依、說四依、身士四依五類。此處應指法四依之：一、依法不依人，二、依了義經不依不了義經，三、依義不依語，四、依智不依識。

相與也。」

　　剛而得中，又居陰位，陽得陰助，如枯楊生稊老夫女妻之象，蓋
　　過于下賢者也。　約佛法者，慧與定俱。如先見道，後修事禪。

九三，棟橈，凶。象曰：「棟橈之凶，不可以有輔也。」

　　過剛不中，任其剛愎，以此自修，則德必敗。以此治世，則亂必
　　生，故棟橈而凶。約佛法者，純用邪慧，故不可有輔。

九四，棟隆，吉。有它吝。象曰：「棟隆之吉，不橈乎下也。」

　　剛而不過，足以自立立人。但居悅體，恐其好大喜功而不安守，
　　故誡以有它則吝。約佛法者，亦是慧與定俱。但恐夾雜名利之心，
　　則自利利他未必究竟，故誡以有它則吝。

九五，枯楊生華，老婦得其士夫，无咎无譽。象曰：「枯楊生華，何
可久也？老婦士夫，亦可醜也。」

　　雖云陽剛中正，然在大過之時，則是恃其聰明才智者也。享成平
　　之樂，不知民事艱難，且不知下用賢臣，惟與上六陰柔无用之老
　　臣相得，何能久哉？約佛法者，慧力太過，无禪定以持之，何能
　　發生勝果？

上六，過涉滅頂，凶。无咎。象曰：「過涉之凶，不可咎也。」

　　居過之極地，惟有柔正之德，而無濟難之才，故不免于凶，而實
　　非其咎也。約佛法者，正定无慧，終為頂墮。

　　蕅益智旭以佛法綜論大過全卦，故無單獨以陰定陽慧詮釋之
辭。而其注大過〈彖曰〉、〈象曰〉時，因不以佛法釋之，故自無以

陰定陽慧詮釋之辭。

又智旭分釋大過六爻，以佛法釋初六時，謂：「約佛法者，定有
其慧。兼以戒德精嚴，故无咎。」「定有其慧」，乃指初六之陰爻爲
定，居初之陽位爲慧；亦可指初六陰爻之定與九四陽爻之慧相應，
故謂「定有其慧」；「戒德精嚴」，自因其爻辭爲无咎而推之也。以佛
法釋九二時，謂：「約佛法者，慧與定俱。如先見道，後修事禪。」
所謂「慧與定俱」，慧指九二陽爻，定則指其居於二之陰位，故爲「慧
與定俱」。所謂「如先見道」，則指九二之陽爻；而「後修事禪」，則
指二之陰位也。慧與定俱，故无不利。以佛法釋九三時，謂：「約佛
法者，純用邪慧，故不可有輔。」所謂「純用邪慧」，慧指九三之陽
爻，邪指陽爻居於陽位，而非與上六之定相應，故爲「純用邪慧」
而「不可有輔」之凶也。[82]以佛法釋九四時，謂：「約佛法者，亦是
慧與定俱。」「慧與定俱」，可指九四之陽爻爲慧，而居四之陰位爲
定；亦可指九四陽爻之慧與初六陰爻之定相應，故謂「慧與定俱」
而吉也。以佛法釋九五時，謂：「約佛法者，慧力太過，无禪定以持
之，何能發生勝果？」「慧力太過」，指九五之陽爻又居於陽位；「无
禪定以持之」，則指其本身五爲陽位，而相應的九二又是陽爻，故无
禪定。是以雖居九五之尊位而只能「无咎无譽」，而不能生勝果也。
以佛法釋上六時，謂：「約佛法者，正定无慧，終爲頂墮。」「正定」，

---

[82] 蓋此處大過之九三不與上六相應，乃智旭因九三、上六爻辭皆爲凶，故謂九
三「純用邪慧」，上六「正定无慧」。這是智旭因爻辭之吉凶而言各爻定慧
應與不應之例也。

指上六陰爻爲定，而又居六之陰位也。「无慧」，則指其居六之陰位，而不與九三陽爻之慧相應也，故「終爲頂墮」而凶也。

由上述所言可知，智旭注大過所謂「約佛法者」之處，除卦辭與〈彖曰〉、〈象曰〉之外，皆以出家人最重要的戒、定、慧三無漏學與《易經》的陰、陽二爻配而注之。

經過我們詳細的分析智旭以佛法注屯（☷）、姤（☰）、復（☷）、大過（☰）四卦全卦卦爻辭之例後，可以確認《周易禪解》所謂「以佛解《易》」的基本方法論，正如本節標題所標識出的：以「陽爻表智慧、表觀、表性，陰爻表禪定、表止、表修」。

爲了讓讀者能夠更加確認智旭注解《周易禪解》所用的基本方法論爲真，下面再分引幾個智旭在《周易禪解》中，用「陽爻表智慧、表觀、表性，陰爻表禪定、表止、表修」這個方法，注解其他卦爻辭的例子以說明之。

如其注小畜（☰），於六爻爻辭之後，立一段文字，統而注之云：[83]

> 時當小畜，六爻皆有修文德以來遠人之任者也。初九剛而得正，克己復禮，天下歸之，故吉。九二剛中，與初同復，故亦得吉。九三過剛不中，恃力服人，人偏不服，故與說輻而不能行。尚不可以齊家，況可服遠人乎？六四柔而得正，能用上賢以成其功，故惕出而无咎。九五陽剛中正，化被无疆，

---

[83] 同註 7，頁 125－127。

故能富以其鄰。上九剛而不過，又居小畜之終，如密雲之久而既雨，遠近皆得安處太平。此乃懿尚文德，至于積滿，故能如此。然在彼臣婦，宜守貞而時時自危，不可恃君有優容之德而失其分。世道至此，女月幾望，可謂圓滿无缺矣！其在君子，更不宜窮兵黷武以取凶也。佛法觀心釋者，修正道時，或有事障力強，須用對治助開。雖用助開，仍以正道觀慧為主。初九正智力強，故事障不能為害，而復自道。九二定、慧得中，故能化彼事障反為我助而不自失。九三恃其乾慧，故為事障所礙，而定、慧兩傷。六四善用正定以發巧慧，故血去而惕出。九五中正妙慧，體障即德，故能富以其鄰。上九定、慧平等，故事障釋然解脫，如既雨既處而修德有功。夫事障因對助而排脫，必有一番輕安境界現前，名之為婦。而此輕安不可味著，味著則生上慢，自謂上同極聖，為月幾望。若信此以往，則反成大妄語之凶矣！可不戒乎！

智旭以佛法注此段時，謂初九：「正智力強」，智指初九之陽爻，正指初九陽爻居於初之陽位，故謂「正智力強」。謂九二：「定、慧得中」，慧指九二之陽爻，定指九二爻居二之陰位，中指九二居下卦之中，故謂「定、慧得中」。謂九三：「恃其乾慧，故為事障所礙，而定、慧兩傷。」慧指九三之陽爻，因其居下卦之上而為陽位，下卦又為乾，故為「恃其乾慧」。而陽位有慧無定，與之相應之上九又是陽爻無定，故為「定、慧兩傷」也。謂六四：「善用正定以發巧慧」，「正定」，指六四陰爻之定又居於四之陰位也；「巧慧」，指與六四相應之初九陽爻之慧也。謂九五：「中正妙慧」，「中正」，指九五爻居

上卦之中，而九五陽爻居陽位為正；「妙慧」，則指九五陽爻之慧也。
謂上九：「定、慧平等」，定指上九居於上之陰位，慧指上九陽爻，
故為「定、慧平等」也。

又如其注隨（䷐），於全卦最後云：[84]

> 佛法釋者，三陽皆為物所隨，故明隨機之義。三陰皆隨順乎
> 陽，故明隨師之道。初九剛正居下，始似不欲利生者，故必
> 有渝乃吉，出門乃為有功。九四剛而不正，又居上位，雖膺
> 弘法之任，有似夾帶名利之心，故有獲而貞凶。惟須篤信出
> 世正道，則心事終可明白。九五剛健中正，自利利他，故孚
> 于嘉而吉。六二柔順中正，而无慧力，未免棄大取小。六三
> 不中不正，而有慧力，則能棄小從大。然雖云棄小從大，豈
> 可藐視小簡而不居貞哉？上六陰柔得正，亦无慧力，專修禪
> 悅以自娛，乃必窮之道也。惟以此篤信之力，回向西方，則
> 萬修萬人去耳！

智旭以佛法釋時，謂六二：「柔順中正，而无慧力」，「柔順」，指六
二之陰爻；「中正」，指六二陰爻居於下卦之中，而又居於二之陰位
為正；「无慧力」，則指六二陰爻有定而不與九五陽爻相應，故無陽
爻之慧力也。謂六三：「不中不正，而有慧力」，「不中不正」，指六
三爻居於下卦之上，為不中；六三陰爻居於三之陽位，故為不正；「有
慧力」，指六三雖是陰爻而居於三之陽位，故謂「有慧力」。謂上六：

---

[84] 同註7，頁181-182。

「陰柔得正，亦无慧力，專修禪悅以自娛。」「陰柔得正」，指上六陰爻居於上之陰位，故爲得正；「无慧力」，指上六爲陰爻，既居於上之陰位，與之相應之六三又爲陰爻，故「无慧力」；「專修禪悅以自娛」，則指上六爲陰爻，與之相應之六三亦爲陰爻，故爲「專修禪悅」也。

又如其注蠱（䷑），於全卦最後云：[85]

> 統論六爻，約世道，則初如賢士，二如文臣，三如賢將，四如便嬖近臣，五如賢王，六如夷齊之類。約佛化，則下三爻如外護，上三爻如內護。初六柔居下位，竭檀施之力以承順三寶者也。九二剛中，以慈心法門屏翰正法者也。九三過剛，兼威折之用，護持佛教者也。六四柔正，但能自守，不能訓導于人。六五柔中，善能化導一切。上九行頭陀遠離行，似无意于化人。然佛法全賴此人以作榜樣，故志可則也。約觀心，則初六本是定勝，為父之蠱。但居陽位，則仍有慧子而无咎。然必精屬一番，方使慧與定等而終吉。九二本是慧勝，為母之蠱。但居陰位，則仍有定。然所以取定者，為欲助慧而已，豈可終守此定哉？九三過剛不中，慧反成蠱，故小有悔。然出世救弊之要，終藉慧力，故无大咎。六四過于柔弱，不能發慧，以此而往，未免隨味禪生上慢，所以可羞。六五柔而得中，定有其慧，必能見道。上九慧有其定，頓入无功用道，故為不事王侯而高尚其事之象。所謂佛祖位中留不住

---

[85] 同註 7，頁 187－188。

者，故志可則。

智旭以佛法釋時，謂初六：「是定勝，為父之蠱。但居陽位，則仍有
慧子而无咎。然必精厲一番，方使慧與定等而終吉。」「是定勝」，
指初六陰爻為定；「但居陽位，則仍有慧子」，指初六陰爻而居於初
之陽位，故仍有慧子。謂九二：「本是慧勝，為母之蠱。但居陰位，
則仍有定。然所以取定者，為欲助慧而已，豈可終守此定哉？」「本
是慧勝」，指九二陽爻之慧；「但居陰位，則仍有定」，則指九二陽爻
居於二之陰位，故仍有定；「為欲助慧而已」，指此居二陰位之定，
但用以助九二陽爻之慧而已，不可終守此定之位也。謂九三：「過剛
不中，慧反成蠱，故小有悔。然出世救弊之要，終藉慧力，故无大
咎。」「過剛不中，慧反成蠱」，指九三陽爻本為慧，但又居三之陽
位，且居下卦之上，為不中，與之相應的上九又是陽爻，是以「慧
反成蠱」而小有悔也。謂六四：「過于柔弱，不能發慧，以此而往，
未免隨味禪生上慢，所以可羞。」「過于柔弱，不能發慧」，指六四
陰爻居於四之陰位，陰而又陰，而與之相應之初六又是陰爻，故過
於柔弱而不能發慧；「隨味禪生上慢」，則指此六四之陰爻又居陰位
而無與之相應的陽慧，故為「味禪」也。謂六五：「柔而得中，定有
其慧，必能見道。」「柔而得中」，指六五陰爻為柔，而五居上卦之
中，故謂之「定有其慧」。定指六五之陰爻，慧指居五之陽位，而又
與九二之陽爻相應，是為「定有其慧」。謂上九：「慧有其定」，慧指
上九陽爻，定則指居於上之陰位，故謂為「慧有其定」也。

如其注噬嗑（䷔），於全卦最後云：[86]

> 觀心釋者，初九境界一發，即以正慧治之，如滅趾而令其不行。六二境發未深，即以正定治之，所噬雖不堅硬，未免打失巴鼻。六三境發漸甚，定、慧又不純正，未免為境擾亂，但不至于墮落。九四境發夾雜善惡，定、慧亦不純正，縱得小小法利，未證深法。六五純發善境，所得法利亦大，然猶未入正位，仍須貞屬乃得无咎。上九境發極深，似有定、慧，實則不中不正，反取邪事而作聖解，永墮無聞之禍也。

智旭以佛法釋時，謂初九：「境界一發，即以正慧治之」，「正慧」，指初九陽爻之慧而居於初之陽位。謂六二：「境發未深，即以正定治之」，「正定」，指六二陰爻之定居於二之陰位。謂六三：「境發漸甚，定、慧又不純正」，「定」指六三陰爻，「慧」指三之陽位，亦可指與之相應上九陽爻之慧；然因六三陰爻而居三之陽位，故謂「定、慧不純正」。謂九四：「境發夾雜善惡，定、慧亦不純正」，「定」指九四居於四之陰位，「慧」指九四陽爻，然因其爲九四陽爻而居於四之陰位，故爲「定慧亦不純正」。謂六五：「猶未入正位」，「未入正位」，指六五陰爻而居於五之陽位，故未正。謂上九：「境發極深，似有定慧，實則不中不正，反取邪事而作聖解」，「似有定慧」，定指上九所居上之陰位，慧指上九陽爻；「實則不中不正」，不中指其居上卦之上，不正指其爲陽爻而居於上之陰位；因其不中不正，故前之定慧

---

[86] 同註7，頁203－204。

轉成「似有」而非真，是以謂之「反取邪事而作聖解」也。

如其注无妄（☰☳），於全卦最後云：[87]

> 佛法釋者，六爻皆悟无妄之理而為修證者也。初九正慧直進，
> 故現生克果而得志。六二正定治習，故須于禪法不取不證，
> 則可以借路還家。六三不中不正，雖有小小定、慧，能開示
> 人，令其得道得果。如行人得牛，而自己反成減損。久滯凡
> 地，如邑人之災。九四慧而有定，自利有餘，乃是達其性具
> 定、慧，非是修而後有。九五剛健中正，自利已圓，為眾生
> 故，示現病行，豈更須對治之藥？即初心修觀亦復如是。一
> 切境界無非性德，體障即德，無可對治也。上九不中不正，
> 恃性德而不事修德。躬行多眚，何利之有？蓋由一味高談向
> 上，以至于窮，故成災也。

智旭以佛法釋時，謂初九：「正慧直進」，「正」指初九陽爻居初之陽
位，「慧」指初九陽爻之慧。謂六二：「正定治習，故須于禪法不取
不證」，「正」，指六二陰爻居二之陰位；「定、禪法」，指六二陰爻之
禪定也。謂六三：「不中不正，雖有小小定慧」，「不中」，指六三居
下卦之上；「不正」，指六三為陰爻而居於三之陽位。既為「不中不
正」，故六三陰爻之定為小定，而六三所居之陽位，或與其相應之上
九陽爻之慧為小慧也。謂九四：「慧而有定，自利有餘，乃是達其性
具定、慧」，「慧」指九四陽爻，「定」指四之陰位，故為「慧而有定」；

「性具定、慧」，則指九四慧之陽爻與定之陰位皆爲其本身所有，並非與他爻相應而來也。謂九五：「剛健中正，……一切境界無非性德」，「剛健中正」，指九五爻之陽而居五之陽位爲正，而又爲上卦之中也；「性德」，指九五之陽爻也。謂上九：「不中不正，恃性德而不事修德」，「不中」，指上九居全卦之上，「不正」，指上九陽爻居於上之陰位也；「性德」指上九陽爻，「修德」指陰爻，上九恃其陽爻之性德，而不與六三陰爻之修德相應，故爲「恃性德而不事修德」也。

又如其注解（䷀），於全卦最後云：[88]

> 觀心釋六爻者，六三即所治之惑，餘五爻皆能治之法也。初以有慧之定，上應有九四有定之慧。惑不能累，故无咎。九二以中道慧，上應六五中道之定。而六三以世間小定小慧，乘其未證，竊思亂之，故必獵退狐疑，乃得中直正道。六三依于世禪，資于世智，起慢起見，妄擬佛祖，故為正道之所對治。九四有定之慧，固能治惑，以被六三見慢所負，且未達中道，故必待九二中道之慧，始能解此體內之惑。六五以中道定，下應九二中道之慧，慧能斷惑，則定乃契理矣！上六以出世正定，對治世禪、世智、邪慢、邪見，故无不利。

智旭以佛法釋時，謂初六：「以有慧之定，上應有九四有定之慧。惑不能累，故无咎。」「有慧之定」，指初六陰爻之定而居於初之陽位之慧；「有定之慧」，指九四陽爻之慧而居於四之陰位之定也。初六

---

[88] 同註 7，頁 317－318。

與九四相應，故為陰陽相應，定、慧兼具，故惑不能累而无咎。謂
九二：「以中道慧，上應六五中道之定。」「中道慧」，指九二陽爻之
慧居下卦之中；「中道之定」，指六五陰爻之定居上卦之中。故九二
以中道之慧，上應六五中道之定。謂六三：「以世間小定小慧，乘其
未證，竊思亂之。……依于世禪，資于世智，起慢起見。」「小定」
與「世禪」，指六三陰爻之定、之禪；居於三之陽位，而與之相應的
是上六陰爻，陰爻無慧，故為小慧、為世智。而三居下卦之上，只
是世間之定、智，卻又專恃之，故謂為「世禪、世智」。謂九四：「有
定之慧」，「慧」指九四陽爻，「定」指其居四之陰位。謂六五：「以
中道定，下應九二中道之慧，慧能斷惑，則定乃契理矣！」「中道定」，
指六五陰爻之定居於上卦之中；「中道之慧」，指九二陽爻之慧居於
下卦之中。是以慧能斷惑而定契於理也。謂上六：「以出世正定，對
治世禪、世智、邪慢、邪見。」「出世」，指上爻位居卦之最上；「正
定」，指上六陰爻居於上之陰位；「世禪、世智、邪慢、邪見」，則指
六三居下卦之上，而无與上應，故其陰爻只能為世禪、世智、邪慢、
邪見。由此例可知，智旭以佛解《易》的方法論，除了「陽表慧、
觀、性，陰表定、止、修」外，又以下卦表世間，上卦表出世間也。

　　由上引諸例的分析與說明，足以證明我們所謂：智旭以佛解《易》
之作──《周易禪解》，其全書皆以「陽爻表智慧、表觀、表性，陰
爻表禪定、表止、表修」的方法論行之，並以下卦表世間，上卦表
出世間。以定慧兼具、止觀雙運、性修互顯的佛教教義，與《易經》
之陰陽互補，並將初四、二五、三上相應的原理配而言之，以此論

聖人於《易經》卦爻辭中所顯吉、凶、悔、吝、厲、无咎之深意與佛陀教法正相呼應也。

三、《周易禪解》餘論

經過上兩節對《周易禪解》所呈現出的主要觀點與方法論的詳細論述後，已能使我們對此書有清楚而基本的理解。今再列此節，主要是藉此對於書中，其他將《易經》與佛教概念相互比對的例子舉出，以求能更完整的了解智旭「以佛解《易》」理論體系的全貌。

(一)八卦所配之佛教教義

智旭在《周易禪解・卷八・繫辭上傳》中，論乾、坤二卦所表之義云：[89]

> 聖意雖多，而動靜二機足以該之。故乾、坤二象，即可以盡聖人之意也。又復設卦以盡情偽，動靜雖只有二，而其中變態，或情或偽，不一而足，故六十四卦乃能盡萬物之情偽也。……雖復觸處指點，然收彼三百八十四爻大綱，總不出乾、坤二法，故乾、坤即《易》之蘊藏也。夫本因《易》理而有乾、坤，既有乾、坤，《易》即立乎其中。設毀此乾、坤二法，則《易》理亦不可見。設不見《易》理本體，則乾、坤依何而有？不幾至于息滅哉！此甚言《易》外无乾、坤，

乾、坤之外亦无《易》也。蓋《易》即吾人不思議之心體，
乾即照、坤即寂，乾即慧、坤即定，乾即觀、坤即止。若非
止、觀、定、慧，不見心體。若不見心體，安有止、觀、定、
慧？

智旭以爲乾、坤所表之動與靜，即可以該括聖人作《易》之真義，
他認爲聖人所以因之而設八卦，廣之而有六十四卦，乃是爲盡天下
事物之情僞而已。儘管六十四卦、三百八十四爻的變化可以十分繁
複，然其基本仍只在乾、坤二卦所表之動靜變化而已。故謂「彼三
百八十四爻大綱，總不出乾、坤二法」、「因《易》理而有乾、坤，
既有乾、坤，《易》即立乎其中」、「《易》外无乾、坤，乾、坤之外
亦无《易》也」。又專以佛教教義與乾、坤相配，則因乾所具極陽健
動之義，故謂乾爲「照、慧、觀」；因坤所具極陰靜止之義，故謂坤
爲「寂、定、止」。而《易》與乾、坤互具之義，正與佛教止觀定慧
與心體互見之義相同也。

　　智旭又在《周易禪解・卷九・說卦傳》中論其他六卦所表之義
時，說道：[90]

夫神不即萬物，亦不離萬物，故曰妙萬物也。一念菩提心，
能動無邊生死大海，震之象也。三觀破惑无不徧，巽之象也。
慧火乾枯，惑業苦水，離之象也。法喜辨才，自利利他，兌
之象也。法性理水，潤澤一切，坎之象也。首楞嚴三昧，究

---

[90]　同註7，頁557－558。

竟堅固，艮之象也。凡此皆乾、坤之妙用也。即八卦而非八
卦，故曰神也。

此為智旭注〈說卦傳〉「動萬物者莫疾乎雷，撓萬物者莫疾乎風，燥
萬物者莫熯乎火，說萬物者莫說乎澤，潤萬物者莫潤乎水，終萬物
者、始萬物者莫盛乎艮」時，將八卦之特性與佛教教義配而解之。
震為雷動之象，故謂「一念菩提心，能動無邊生死大海」；巽為風動
（風吹拂而無不徧）之象，故謂「三觀破惑无不徧」；離為火象，故
謂「慧火乾枯，惑業苦水」；兌為悅象，故謂「法喜辨才，自利利他」；
坎為水象，故謂「法性理水，潤澤一切」；艮為山為止，故謂「首楞
嚴三昧，究竟堅固」也。又上述六卦皆由乾、坤二卦之陰陽變化而
來，故謂「此皆乾、坤之妙用也」。此其論《易經》兌、離、震、巽、
坎、艮六卦與佛教教義相配之言也。

　　至此可知智旭將《易經》八卦與「陽動表慧、觀、性，陰靜表
定、止、修」的佛教基本概念配合而言之了。

(二)〈河圖、洛書〉所配之佛教教義

　　智旭在《周易禪解・卷十・河圖》中，論〈河圖〉所表佛教之
義時云：[91]

　　　約出世法者：一是地獄之惡，六是天道之善，為善惡一對。
　　二是畜生之惑，七是聲聞之解，為解惑一對。三是餓鬼之罪

苦，八是支佛之福田，為罪福一對。四是修羅之瞋恚，九是菩薩之慈悲，為瞋慈一對。五是人道之雜，十是佛界之純，為純雜一對。又約十度修德者：一是布施，六是般若，此二為福慧之主，如地生成萬物，故居下。二是持戒，七是方便，此二為教化之首，如天普覆萬物，故居上。三是忍辱，八是大願，此能出生一切善法，故居左。四是精進，九是十力，此能成就一切善法，故居右。五是禪定，十是種智，此能統御一切諸法，故居中。實則界界互具，度度互攝。蓋世間之數，以一為始，以十為終。《華嚴》以十表無盡，當知始終不出一心一塵一剎那也。

這是智旭論〈河圖〉時，引〈繫辭傳〉「天一地二，天三地四，天五地六，天七地八，天九地十。天數五，地數五，五位相得而各有合。天數二十有五，地數三十，凡天地之數五十有五。此所以成變化而行鬼神也。」謂此為〈河圖〉之數，並以佛教教義為之作注。其將〈繫辭傳〉、〈河圖〉所出現的天地之數與佛教出世法的「十界」相配而言，[92]其云：「一是地獄之惡，六是天道之善，為善惡一對。二是畜生之惑，七是聲聞之解，為解惑一對。三是餓鬼之罪苦，八是支佛之福田，為罪福一對。四是修羅之瞋恚，九是菩薩之慈悲，為瞋慈一對。五是人道之雜，十是佛界之純，為純雜一對。」又與所

---

[92]　十界，指迷與悟之世界可分為十類，其分別為：地獄、餓鬼、畜生、修羅、人、天、聲聞、緣覺、菩薩、佛。智旭此處將緣覺作支佛，為天台宗「一念三千、界界互具」相關的思想。

謂「十度修德」合而言之，[93]云：「一是布施，六是般若，此二爲福慧之主，如地生成萬物，故居下。二是持戒，七是方便，此二爲教化之首，如天普覆萬物，故居上。三是忍辱，八是大願，此能出生一切善法，故居左。四是精進，九是十力，此能成就一切善法，故居右。五是禪定，十是種智，此能統御一切諸法，故居中。」

在《周易禪解・卷十・洛書》中，論〈洛書〉所表佛教之義時，則云：[94]

> 約出世法，則九界皆即佛界，故不別立佛界之十。又九波羅密皆即種智，故不別立種智之十。蓋凡數法若至於十，便是大一數故。數於此終，即於此始故。

這是智旭論〈洛書〉時，先謂「大禹因〈洛書〉而作九疇。今以一、三、五、七、九居四方及中央正位，以二、四、六、八居四維偏位，又隱其十。正表陽德爲政，而陰德輔之。」其重點在說明〈洛書〉之所以只有一至九之數而「隱其十」，正因數凡至於十便爲一大數，故十爲數之終，亦可視作數之始，而以此與佛教所謂界界互具互攝，故「九界皆即佛界，故不別立佛界之十」、「九波羅密皆即種智，故不別立種智之十」配而言之也。

---

[93] 十度，指十度三行，謂菩薩修此行法，則能自利利他，度諸眾生，離生死此岸，到涅槃彼岸，同證無上菩提之義。十度分別指：施度、戒度、忍度、進度、禪度、慧度、方便度、願度、力度、智度也。

[94] 同註7，頁585－586。

第五節　小結

　　由上述各節所論，可知四庫館臣認為明末以禪解《易》之風，直可追至宋人楊簡、王宗傳、沈作喆等人以心學解《易》的影響；而心學《易》與明末以禪解《易》之風，其間雖有一定的關係，如智旭在《周易禪解》中，亦引及楊慈湖注《易》之語。然若以僧人史傳中的資料來看，不論是南朝宋釋慧通作《爻象記》，還是五代釋希覺作《會釋記》，並以之傳授給釋贊寧的史實來看，明末以禪解《易》，實自有佛門《易》學系統的內在理路可尋，不一定直接承自楊、王諸人心學《易》系統而來。更何況心學《易》的代表楊簡不信〈繫傳〉全為孔子所作，其意雖尊孔子，然其行實疑《六經》；而智旭則不斷批判不信〈易傳〉為孔子所作的儒者，是不知聖人之深心，違背聖人之旨意，是既尊《易》，又尊孔，其間的差異自不必多說。因此，學人如黃壽祺、朱伯崑等，因信四庫館臣之語，而謂明末以禪解《易》之風，乃受宋人心學解《易》的影響，實是由於傳統學人對於佛門《易》的流傳發展情形不甚了解，因而產生的誤解與迷思。

　　此外，中國僧人經過了千餘年片段的、隨機的引用《易》語，會通《易》、佛歷史，一直到明末蕅益智旭《周易禪解》的出現，才終於發展到最高峰的原因，乃是因為《周易禪解》有系統、有理論的會通《易》、佛。然而若沒有如本書第三、第四兩章所論，智旭不論在佛經注疏相關著作中，還是在日常書信的行文用語裏，都已有

大量的借引《易》語以申說已意的習慣與訓練，（或以《易經》個別名詞以會通「不一不二、界界互具」之旨；或以《易》語會通儒、佛因果關係論；或僅爲勸喻他人而引《易》語；或將《易經》的五行八卦之說與佛理共論；甚或是共論世出世之占法，而謂若僧人爲見機益物而以《易經》占卜之術行之，於佛戒中可以開遮等，而會通《易》、佛之說）其要突然的在歷史中完成一部從頭到尾，系統而完整以的佛教理論詮釋《易經》的書，是根本不可能的事。蓋《周易禪解》固然以其系統與理論架構的完整呈現而達到佛門《易》學的顛峰，但這個骨架若沒有平時以各種觀念、文字會通《易》、佛的經驗與知識的累積，以做爲其血肉與準備，再好的理論架構也只是空殼。

再者，今日所見《周易禪解》刊本，除了最早的明崇禎原刻本外，只有民國四年南京金陵刻經處依明崇禎本重刻的線裝本而已。而今日坊間所見之本，多爲依南京金陵刻經處之刻本所影印。

就溝益智旭所以作《周易禪解》的動機與目的言，其乃欲「以禪入儒，誘儒知禪」。藉著以佛教義理注解的《易經》與儒者溝通佛教教義，並進而誘儒知佛。在這個誘儒知佛的過程中，他同時也將《易經》與佛教教義做了完整的會通，使得佛門《易》學達到了歷史的高峰。他認爲《易經》是聖人所以極深而研幾者，是有聖人之道寄乎其中的。儒、佛之所以有分別，實來自於世人分別之心而非實相。若能知此心此理，聖凡皆同，世出世間的一切，皆無差別，則便知所謂儒、佛之分，只是一種分別心的作用而已。其實不論是

乾坤、陰陽、健順的變化，還是日月盈虛消長的不同，皆不出此一念心之動，而吉、凶、悔、吝，亦皆出於此一念心的變化而已。

最重要的是，蕅益智旭除了建立起如上述，以「一念心」之變化做爲全書中心觀念，又以「約觀心」、「隨機施設」、「六即」與「四悉檀」等佛教概念疏釋《易經》外，更用「陽爻表智慧、表觀、表性，陰爻表禪定、表止、表修」，上卦表出世間，下卦表世間的方法論，從頭到尾，實際的去注解《易經》的每一卦、每一爻，將《易經》的卦爻變化與吉、凶、悔、吝、厲、无咎，全與佛教基本概念融而爲一，建立起一個真正可行的「以佛解《易》」方法論。這是蕅益智旭《周易禪解》對整個《易》學詮釋史，最最重要的貢獻。他終於在千餘年來，前輩僧人隨機引《易》的基礎上，建立起一套完整而有系統的佛門《易》學。

第六章
《周易禪解》寫作形式、語言模式分析

第一節　《周易禪解》的寫作形式

　　經過了上章對蕅益智旭作《周易禪解》的過程、動機、中心觀念與方法論的詳細分析說明後，本章特就《周易禪解》的寫作形式與其特有的語言模式加以分析歸納，以補足學界對此書未曾深入討論的不足。並希望在我們不憚繁瑣的努力下，除了將《周易禪解》在歷史中的重要價值更完整的呈現出來外，更希望能清楚的呈現在佛門《易》學及整個《易》、佛會通史中，蕅益智旭應有的地位。

一、《周易禪解》的基本形式

(一)經傳原文頂格，智旭註解則低一格

　　《周易禪解》的排版方式為：凡屬於《周易》經傳的本文部份，皆頂格排列，而智旭所作註解，則低一格以示其分別。以〈卷一‧

乾卦〉的排列形式為例，其卦辭頂格，而其註解之辭全低一格。如：
[1]

> 乾，元亨利貞。
>
> 六畫皆陽，故名為乾。乾者，健也。在天為陽，在地為剛，
> 在人為智、為義，在性為照，在修為觀。又在器界為覆，
> 在根身為首，為天君，在家為主，在國為王，在天下為帝。
> 或有以天道釋，或有以王道釋。

頂格之「乾，元亨利貞。」為乾卦卦辭，而「六畫皆陽，故名為乾。……
或有以天道釋，或有以王道釋。」則為智旭詮釋之辭，皆較卦辭低
置一格。

(二)先經、後傳、後圖說

《周易禪解》在編排方式上，全書分為十卷。卷一至卷四的上
經部份，始於乾、坤，終於坎、離；卷五至卷七的下經部份，是由
咸、恆二卦為始，而終於既濟與未濟；卷八及卷九則為〈繫辭傳上、
下、說卦傳、序卦傳、雜卦傳〉五傳，另有一篇智旭所寫的〈易解
跋〉，附在卷九的最後；卷十則為〈圖說〉。至於此書的寫作過程，
由上章說明可知，智旭是先寫完卷八及卷九的〈易傳〉部份，接著
又寫完了上經及下經的不到一半的部份，之後便應他人之請外遊，
解《易》之事因而暫停。下經的後半部份，是又過了三年半後才完

---

[1]　蕅益智旭：《周易禪解》（臺北：自由出版社，1996年1月再版），頁12。

成的。[2]因此，我們在閱讀此書時，可以清楚的發現，智旭解《易》的方法，並非前後完全一致，而是明顯有著各自不同的模式。《周易禪解》因成書時間、地點並非一時一地，且前後相隔三年多的特殊情況，因而產生的各種不同的行文模式，我們將於下文中詳細舉例說明。至於全書前後次序的編排方式與智旭完成此書的時間順序並不一致的情形，編排此書的弟子成時有如下的說明。他在《周易禪解‧校刻易禪紀事》中說道：[3]

> 瑞叨侍大師五年，每見久精《易》學之士，一聞大師拈義，無不傾服，遂發心募梓全集，輒以《易》禪居首。大師解《易》既畢，方出〈圖說〉，故並附於末卷。或有問曰：「紫陽《本義》，〈圖說〉在前，謂聖人作《易》精微之旨，全在語言文字之先。今胡得倒置耶？」大師答曰：「聖人悟無言而示有言，學者因有言而悟無言。所以古有左圖右書之說，何倒之有？且文字與圖皆標月指耳！不肯觀月，而爭指之前後，不亦惑乎？」問者默然。茲因校刻，并識此語。願我同志閱斯篇者，了知文字與圖，無非吾人心性註腳，不作有言會，不作無言會，庶不負法恩矣！門弟子通瑞百拜敬書。

2　如智旭在《周易禪解‧易解跋》中便說道：「憶曩歲幻遊溫陵，結月多臺，有郭氏子來問《易》義，遂舉筆屬稿。先成〈繫辭〉等五傳，次成上經，而下經解未及半，偶應紫雲《法華》之請，旋置高閣。屈指忽越三載半矣！今春應留都請，兵阻石城，聊就濟生庵度夏，日長無事，為二、三子商究大乘止觀法門。復以餘力拈示《易》學，始竟前稿。」（同上註，頁578）

3　同註1，頁600。

由此可知，書中卷十〈圖說〉部份，是在智旭註解完整部《周易》
經傳之文後，才另外拿出來的。因此，〈圖說〉是這部書最後完成的
部分，它放在全書最後，於時間先後順序上是沒有問題的。而另有
他人以朱子《易本義》先圖後經傳文的編排方式，[4]質疑智旭先文後
〈圖說〉的排列次序。並且引朱子所云：[5]

> 右《易》之圖九，有天地自然之《易》，有伏羲之《易》，有
> 文王、周公之《易》，有孔子之《易》。自伏羲以上，皆无文
> 字，只有圖畫，最宜深玩，可見作《易》本原精微之意。文
> 王以下，方有文字，即今之《周易》。然讀者亦宜各就本文消
> 息，不可便以孔子之說為文王之說也。

他人謂「紫陽《本義》，〈圖說〉在前，謂聖人作《易》精微之旨，
全在語言文字之先。今胡得倒置耶？」來質疑此書的先文字後〈圖
說〉的編排方式有倒置之嫌。智旭則以為聖人是先悟無言之旨，而
後才作有言之書；學者則須從有言之書，方能悟無言之旨，這兩者
的先後次序是有所不同的，故將文字與〈圖說〉皆視為「有言」的
部份，皆是為了標示出月的「指」。因此，不論是他的先文後圖或者
是朱子的先圖後文，都沒有學人所謂倒置的問題。蓋圖與文字，都

---

[4] 關於朱子《易本義》先圖後文的排列方式，讀者可參見程頤、朱熹：《易程傳、
易本義》（臺北：世界書局，2001 年 6 月初版 14 刷），朱子《易本義》的部
分。（因此書乃依原 本翻印，未有更動，故可參看之。）

[5] 同上註，頁 10。

是指月之物，都不是月的本身，並以此警惕學人不肯觀月，而只知爭「指」之先後的毛病。

據成時在文中所言，這段問答爲當時實錄。因此，可由此斷定，《周易禪解》的成書與編排方式，皆是經過智旭本人的首肯，否則，便不可能有人因爲對此書先文字後〈圖說〉的編排方式，與朱子《本義》先圖後文字編排方式不同而對智旭發出質疑了。雖然智旭在寫作《周易禪解》的次序上是先傳後經，不過在全書的編排上，他則做了重新的思考。他不以文字完成的時間先後爲全書編排次序的考量，而仍覺得應先經後傳，最後再放〈圖說〉。當然，就如同智旭所說，文字與〈圖說〉皆只是指月的「指」。「指」的本身並不重要，重要的是「所指」的那個「月」。所以他將文字經傳如何排列，自然也不該是我們討論此書的重點。不過，做爲學術研究的要求，在此仍不免做個分辨，盼能對讀者在閱讀此書時，可以有更細微且深刻的理解。

(三)上經、下經、傳文前，皆有總論文字，唯〈圖說〉無

由目錄上來看，此書分爲十卷，在這十卷之中，又可因其屬性而分爲三個部份。一是卷一到卷七的經文部份，二是卷八及卷九的傳文部份，三是卷十的〈圖說〉部份。當我們進入《周易禪解》的內容中細看，發現在經文的部份，智旭分別於上經的開始——〈卷

一・乾卦〉的前面，有一篇類似總論這個部分的文字，其云：[6]

> 六十四卦皆伏羲所畫。夏經以艮居首，名曰《連山》。商經以
> 坤居首，名曰《歸藏》。各有繇辭以斷吉凶。文王囚羑里時，
> 繫今彖辭，以乾、坤二卦居首，名之曰《易》。周公被流言時，
> 復繫爻辭。孔子又為之傳以輔翊之，故名《周易》。古本文王、
> 周公彖爻二辭，自分上下兩經。孔子則有上經〈彖傳〉、下經
> 〈彖傳〉、上經〈象傳〉、下經〈象傳〉、乾、坤二卦〈文言〉、
> 〈繫辭上傳〉、〈繫辭下傳〉、〈說卦傳〉、〈序卦傳〉、〈雜卦傳〉，
> 共名〈十翼〉。後人以孔子前之五傳，會入上下兩經，而〈繫
> 辭〉等五傳不可會入，附後別行，即今經也。可上可下，可
> 內可外，易地皆然。初無死局，故名交易。能動能靜，能柔
> 能剛，陰陽不測，初無死法，故名變易。雖無死局，而就事
> 論事，則上下內外仍自歷然。雖無死法，而即象言象，則動
> 靜剛柔仍自燦然。此所謂萬古不易之常經也。若以事物言之，
> 可以一事一物各對一卦一爻，亦可于一事一物之中，具有六
> 十四卦三百八十四爻。若以卦爻言之，可以一卦一爻各對一
> 事一物，亦可于一卦一爻之中，具斷萬事萬物，乃至世出世
> 間一切事物。又一切事物即一事一物，一事一物即一切事物。
> 一切卦爻即一卦一爻，一卦一爻即一切卦爻，故名交易、變
> 易。實即不變隨緣，隨緣不變，互具互造，互入互融之法界
> 耳！
>
> 伏羲但有畫而無辭，設陰陽之象，隨人作何等解，世界悉檀

6　同註1，頁9－12。

也。文王象辭，吉多而凶少，舉大綱以生善，為人悉檀也。
周公爻辭，誠多而吉少，盡變態以勸懲，對治悉檀也。孔子
〈十傳〉，會歸內聖外王之學，第一義悉檀也。偏說如此，剋
實論之，四聖各具前三悉檀，開權顯實，則各四悉。

明謂卦爲伏羲所畫，夏《易》名《連山》，商《易》名《歸藏》，文
王作卦辭（彖辭），以乾、坤二卦爲首，名之曰《易》。周公繫爻辭，
孔子作〈十傳〉後，名之曰《周易》。而古本《周易》則由文王、周
公彖、爻二辭，分上下兩經與孔子〈十翼〉所組成。後人將孔子前
五傳會入上下兩經之中（即上經〈彖傳〉、下經〈彖傳〉、上經〈象
傳〉、下經〈象傳〉、乾、坤二卦〈文言〉），而將〈繫辭上、下〉、〈說
卦〉、〈序卦〉、〈雜卦〉等五傳附後別行，成爲今日《周易》的形式。
他接著又談交易、變易、不易之道，並謂「可以一事一物各對一卦
一爻，亦可于一事一物之中，具有六十四卦三百八十四爻」，此即佛
教教義中的「不變隨緣，隨緣不變，互具互造，互入互融」的概念。
最後則以佛教「四悉檀」——世界悉檀、人悉檀、對治悉檀、第一
義悉檀，分別與作《易》四聖——伏羲畫卦、文王作卦辭、周公繫
爻辭、孔子作〈十翼〉，相應而言。並以爲如此是偏說、權說。如實
而言，則四聖各具前三悉檀，若能開權顯實，各各悉檀皆是互具互
攝的。

　　智旭在下經的開始——〈卷五・咸卦〉的前面，同樣也有一篇

類似總論這個部分的文字，其云：[7]

> 上經始乾、坤而終坎、離，乃天地日月之象，又寂照定慧之
> 德也。是約性德之始終。下經始咸、恆而終既濟、未濟，乃
> 感應窮通之象，又機教相叩，三世益物之象也。是約修德之
> 始終。又上經始于乾、坤之性德，終于坎、離之修德，為自
> 行因果具足。下經始于咸、恆之機教，終于既濟、未濟之無
> 窮，為化他能所具足。此二篇之大旨也。

將上經自乾、坤至坎、離的部分，比為佛教「寂照定慧之德」，是「性
德之始終」，是「自行因果具足」。而將下經自咸、恆至既濟、未濟
的部分，比為佛教的「感應窮通之象」，是「機教相叩，三世益物之
象」，是「修德之始終」，是「化他能所具足」，並在其文最後明白說
道：「此二篇之大旨也」。這種說法自可以本書第五章所說智旭「以
佛解《易》」的方法論－－「以陽表慧、觀、性；陰表定、止、修」
來理解也。

智旭也在傳文的開始－－〈卷八・繫辭上傳〉的前面，與上兩
例同樣出現一篇類似總論這個部分的文字，其云：[8]

> 伏羲設六十四卦，令人觀其象而已矣！夏、商各于卦爻之下
> 繫辭焉以斷吉凶，如所謂《連山》、《歸藏》者是也。周之文
> 王，則繫辭于每卦之下，名之曰彖。逮乎周公，復繫辭于每

---

[7] 同註 1，頁 259。

[8] 同註 1，頁 465－466。

爻之下，名之曰象。孔子既為〈象傳〉、〈象傳〉以釋之。今
又統論伏羲所以設卦，文、周所以繫辭，其旨趣、綱領、體
度、凡例，徹乎性修之源，通乎天人之會，極乎巨細之事，
貫乎日用之微，故名為〈繫辭〉之傳，而自分上下焉。
隨緣不變，不變隨緣之《易》理，天地萬物所從建立也。卦
爻陰陽之《易》書，法天地萬物而為之者也。易知簡能之《易》
學，玩卦爻陰陽而成之者也。由《易》理方有天地萬物，此
義在下文明之。今先明由天地萬物而為《易》書，由《易》
書而成《易》學，由《易》學而契《易》理。

將《易經》分為伏羲所設之卦，夏、商之《連山》、《歸藏》，以及文
王繫卦辭、周公繫爻辭、孔子作十傳而成的《周易》。並分《易》為：
「隨緣不變，不變隨緣之《易》理」、「卦爻陰陽之《易》書」、「易
知簡能之《易》學」。而在此處，則直以孔子所作〈繫辭傳〉為「統
論伏羲所以設卦，文、周所以繫辭，其旨趣、綱領、體度、凡例，
徹乎性修之源，通乎天人之會，極乎巨細之事，貫乎日用之微」者。
是以卷八、卷九論孔子之〈十翼〉，亦足以貫伏羲、文王、周公設卦、
繫卦爻辭之深意也。

　　以上三處之前，（上經的開始——〈卷一・乾卦〉、下經的開始
——〈卷五・咸卦〉、傳文的開始——〈卷八・繫辭上傳〉）各有一
篇文字，以做為他在註解這些經傳文字部份的總說明。而在〈卷十・
圖說〉部份，則沒有這樣的情況。如果再將這種情形與他寫作此書
的過程做一比對，將會發現，智旭之所以會統一的在〈卷一・乾卦〉、

〈卷五‧咸卦〉，以及〈卷八‧繫辭上傳〉之前，出現一篇總論式的
文字，乃是因為這三個部份，都是他在同一時期遊歷溫陵時所完成
的。[9]而〈圖說〉沒有這樣的總結性文字出現，一方面可能是智旭認
為無此必要；另一方面，當然也可能是因為〈圖說〉是他最後另外
拿出來的，在時間上與前三部分完成之日，已有三年半的差距，因
而產生這種體例上的差異。這也是我們在閱讀此書時，應注意的地
方。

二、《周易禪解》詮解《易經》的三種模式

　　如上節所言，《周易禪解》非智旭於一時一地所完成，而且時間
先後相隔長達三年半，因此全書體例未能完全統一，而在注解《易
經》的方法及行文習慣上，全書亦有明顯的差異。本節欲將《周易
禪解》這些情況，做仔細的分析與說明。（下引《周易禪解》，《周易》
經傳原文頂格，智旭注文則低一格以示分別）

(一)將爻辭與小象連而並釋者

　　自履（☲）、泰（☷）、否（☶），一直到最後的既濟（☵）、未濟

---

[9] 智旭在《周易禪解‧卷第九‧易解跋》中說道：「憶曩歲幻遊溫陵，結月冬臺，
　　有郭氏子來問《易》義，遂舉筆屬稿。先成〈繫辭〉等五傳，次成上經，而下
　　經解未及半。」（同註 1，頁 578）可知上經及傳他在溫陵時已完成，而他說：
　　「下經解未及半」，可知下經開始的部份，此時必然也已完成。所以這三篇文
　　字應都是他在溫陵時期完成的。

（☲），（除小畜（☴）外）皆是爻辭與小象連而並釋的，可知這種方式，應為智旭《周易禪解》主要的注《易》模式。如智旭注頤卦（☶）的形式為：[10]

（☶）頤，貞吉。觀頤，自求口實。

　約世道，則畜德以養天下。約佛化，則畜德以利群生。約觀心，則菩提資糧既積，而長養聖胎也。自利利他，皆正則吉。皆須視從來聖賢之所為頤者何如，皆須自視其所以為口實者何如。

象曰：「頤，貞吉，養正則吉也。觀頤，觀其所養也。自求口實，觀其自養也。天地養萬物，聖人養賢以及萬民，頤之時大矣哉！

　養正則吉，明養而非正，正而不養，皆非吉道也。不觀聖賢之所養，則无以取法思齊。不觀自養之口實，則无以匹休媲美。且如天地全體太極之德以自養，即能普養萬物。聖人養賢輔成己德，即可以及萬民。誰謂養正之外別有利人之方？故正自養時，即全具位育功能而稱大也。

　象曰：「山下有雷，頤。君子以慎言語節飲食。」

　言語飲食，皆動之象也。慎之節之，不失其止也，故知養正莫善于知止。

初九，舍爾靈龜，觀我朵頤，凶。象曰：「觀我朵頤，亦不足貴也。」

　陽剛為自養養他之具，知止為自養養他之貞。初九陽剛足以自養，

---

[10] 同註 1，頁 236－242。

如靈龜服氣，可不求食。而居動體，上應六四。觀彼口實，反為朵頤，失其貴而凶矣！此如躁進之君子。于佛法中，則如乾慧外凡，不宜利物。

六二，顛頤，拂經，于丘頤，征凶。象曰：「六二征凶，行失類也。」

以上養下，乃理之常。六二陰柔，反藉初九之養，拂其經矣！又居動體，恐或不肯自安，將求頤于六五之丘。五雖與二為應，然亦陰柔，不能自養，何能養人？征則徒得凶耳！兩陰无相濟之功，故為失類。此如无用之庸臣。于佛法中，則如時證盲禪，進退失措。

六三，拂頤，貞凶。十年勿用，无攸利。象曰：「十年勿用，道大悖也。」

陰柔不能自養，又不中正，以居動極，拂于頤矣！雖有上九正應，何能救之？終于无用而已。此如邪僻之宰官。于佛法中，則如六群亂眾，大失軌範。

六四，顛頤，吉。虎視耽耽，其欲逐逐，无咎。象曰：「顛頤之吉，上施光也。」

陰柔得正，而居止體，雖無養具，得養之貞者也。下應初九，賴其養以自養養人。此如休休有容之大臣，吉之道也。初方觀我而朵頤，我隨其視之耽耽，欲之逐逐，以禮而優待之。在初則不足貴，在我則養賢以及萬民，可謂上施光矣！於佛法中，則如賢良營事，善為外護。

六五，拂經，居貞吉，不可涉大川。象曰：「居貞之吉，順以從上也。」

陰柔無養人之具，空居君位，故名拂經。居止之中，順從上九，此亦養賢以及萬民，為得其正者也。但可處常，不可處變。宜守成，不宜創業耳！此如虛己之賢君。于佛法中，則如柔和同行，互相勉勗。

上九，由頤，屬吉，利涉大川。象曰：「由頤屬吉，大有慶也。」

以陽剛居止極，卦之所以為頤者此也。此如望隆之師保，可以拯濟天下者矣！于佛法中，則如證道教授，宰任玄綱。

由此可知，智旭注頤卦（䷚）時，是將爻辭與小象連而並釋的，其他自履（䷉）、泰（䷊）、否（䷋），一直到最後的既濟（䷾）、未濟（䷿），（除小畜（䷈）外）情形與頤卦（䷚）相同，此例於《周易禪解》中共有 55 卦，為智旭主要之書寫模式。

(二)將爻辭與小象分而釋之者[11]

這種注釋方式共有：屯（䷂）、蒙（䷃）、需（䷄）、訟（䷅）、師（䷆）、比（䷇）六卦。以智旭注屯卦（䷂）為例：[12]

---

[11] 在這類中，更特別的是需卦的初九、九二、九五的小象無釋辭，（同註 1，頁 91－97）師卦的初六、六三、六四、上六的小象無釋辭，（同註 1，頁 104－111）比卦的初六、六二、六三、九五、上六的小象亦皆無釋辭。（同註 1，頁 112－120）可見其解《易》之體例尚未完整。

[12] 同註 1，頁 71－83。

（䷂）屯，元亨利貞，勿用有攸往，利建侯。

乾坤始立，震一索而得男，為動，為雷。坎再索而得男，為陷，為險，為雲，為雨。乃萬物始生之時，出而未申之象也。始則必亨，始或不正，則終于不正矣！故元亨而利于于正焉。此元亨利貞，即乾坤之元亨利貞也。乾坤全體太極，則屯亦全體太極也。……惟利即于此處用智慧深觀察之，名為建侯。若以智慧觀察，則知念无生相，而當下得太平矣！觀心妙訣孰過于此。

象曰：「屯，剛柔始交而難生，動乎險中，大亨貞。雷雨之動滿盈，天造草昧，宜建侯而不寧。」

乾坤立而剛柔交，一索得震為雷，再索得坎為雨，非難生乎？由動故大亨，由在險中故宜貞。……蓋凡做工夫人，若見雜念暫時不起，便妄念為得力。不知滅是生之窟宅，故不可守此境界，遇須推破之也。

象曰：「雲雷屯，君子以經綸。」

在器界，則有雲雷以生草木。在君子，則有經綸以自新新民。……然善修圓頓止觀者，只須就路還家。當知一念動相即了因智慧性，其境界相即緣因福德性。于此緣了二因，豎論三止三觀名經，橫論十界百界千如名綸也。此是第一觀不思議境。

初九，磐桓，利居貞，利建侯。

有君德而无君位，故磐桓而利居貞。其德既盛，可為民牧，故利建侯以濟屯也。佛法釋者，一念初動，一動便覺。不隨動轉，名為磐桓，所謂不遠之復，乃善于修證者也。由其正慧為主，故如

頓悟法門。

象曰：「雖磐桓，志行正也。以貴下賤，大得民也。」

磐桓不進，似无意于救世。然斯世絕非強往求功者所能救，則居貞乃所以行正耳！世之屯也，由上下之情隔絕。今能以貴下賤，故雖不希望為侯，而大得民心，不得不建之矣！佛法釋者，不隨生死流，乃其隨順法性流而行于正者也。雖復頓悟法性之貴，又能不廢事功之賤，所謂以中道妙觀徧入因緣事境，故正助法門並得成就，而大得民。

六二，屯如邅如，乘馬班如。匪寇婚媾，女子貞不字，十年乃字。

柔德中正，上應九五，乃乘初九得民之侯，故邅如班如而不能進也。初本非寇，而二視之則以為寇矣！吾豈與寇為婚媾哉？寧守貞而不字，至于十年之久，乃能字于正應耳！吳幼清曰：「二三四在坤為數十，過坤十數，則逢五正應而許嫁矣！」佛法釋者，此如從次第禪門修證功夫。蓋以六居二，本是中正定法，但不能頓悟，必備歷觀練熏修諸禪方見佛性，故為十年乃字。

象曰：「六二之難，乘剛也。十年乃字，反常也。」

乘剛故自成難，非初九難之也。數窮時極，乃反于常，明其不失女子之貞。佛法釋者，乘剛即是煩惱障重。故非次第深修諸禪，不足以斷惑而反歸法性之常。

六三，即鹿无虞，惟入于林中。君子幾，不如舍，往吝。

欲取天下，須得賢才，譬如逐鹿須藉虞人。六三自既不中不正，又无應與，以此濟屯，屯不可濟，徒取羞耳！佛法釋者，欲修禪

定，須假智慧。自无正智，又无明師良友，瞎鍊盲修，則墮坑落
塹不待言矣！君子知幾，寧捨蒲團之功，訪求知識為妙。若自信
自恃，一昧盲往，必為无聞比丘，反招墮落之吝。

象曰：「即鹿无虞，以從禽也。君子舍之，往吝窮也。」

堯舜揖讓，固是有天下而不與。湯武征誅，亦是萬不得已。為救
斯民，非富天下。今六三不中不正，居下之上，假言濟屯，實貪
富貴，故曰以從禽也。從禽已非聖賢安世之心，況无應與，穴得
不吝且窮哉？佛法釋者，貪著昧禪，名為從禽，本无菩提大志願
故。

六四，乘馬班如，求婚媾往，吉无不利。

柔而得正，居坎之下，近于九五，進退不能自決，故乘馬而班如
也。夫五雖君位，不能以貴下賤，方屯其膏。初九得民于下，實
我正應，奈何不急往乎？故以吉无不利策之。佛法釋者，六四正
而不中，以此定法而修，則其路迂遠難進。惟求初九之明師良友
以往，則吉无不利矣！

象曰：「求而往，明也。」

佛法釋者，不恃禪定功夫，而求智慧師友，此真有決擇之明者也。

九五，屯其膏，小貞吉，大貞凶。

屯難之世，惟以貴下賤，乃能得民。今尊居正位，專應六二，膏
澤何由普及乎？夫小者患不貞一，大者患不廣博，故在二則吉，
在五則凶也。佛法釋者，中正之慧固可斷惑，由其早取正位，則
墮聲聞辟支佛地，所以四弘膏澤不復能下于民。在小乘則速出生

死而吉，在大乘則違遠菩提而凶。

象曰：「屯其膏，施未光也。」

非无小施，特不合于大道耳！

上六，乘馬班如，泣血漣如。

　以陰居陰，處險之上。當屯之終，三非其應，五不足歸，而初九
　又甚相遠，進退无據，將安歸哉？佛法釋者，一味修于禪定，而
　无慧以濟之，雖高居三界之頂，不免窮空輪轉之殃，決不能斷惑
　出生死，故乘馬班如。八萬大劫，仍落空亡，故泣血漣如。

象曰：「泣血漣如，何可長也。」

　佛法釋者，八萬大劫，究竟亦是无常。

　　由此可見，智旭注屯卦（☳）時，是將爻辭與小象分而釋之的，
此例共有屯（☳）、蒙（☶）、需（☵）、訟（☰）、師（☷）、比（☵）
六卦，正好是《易經》六十四卦序中，排在乾（☰）、坤（☷）二父
母卦後之第3到第8卦。他以「爻辭與小象分而釋之」的模式注解
這六卦，乃因其認爲聖人作《易》，特安排此六卦於乾、坤二卦之後，
且此六卦皆具坎象於其中，實具有聖人所寓要人知險知止之深意有
關，故特以不同的書寫模式注之。（我們將於下文詳論之）將這類與
第一類比較之，表面看來雖似只是排版問題，實則牽涉到詮釋內容
的多寡。一般而言，爻辭與小象分而釋之時，釋辭較多；爻辭與小
象連而並釋時，則釋辭較簡。

(三)先將爻辭與小象並置，再統一以一大段文字注釋者

在《易經》六十四卦中，這種注解方式僅於小畜（䷈）見之：[13]

（䷈）小畜，亨。密雲不雨，自我西郊。

畜，阻滯也。又讀如蓄，養也。遇阻滯之境，不怨不尤，惟自養以消之，故亨。然不可求速效也。約世法，則如垂衣裳而天下治，有苗弗格。約佛法，則如大集會中魔王未順。約觀心，則如道品調適之後，无始事障偏強，阻滯觀慧，不能克證。然聖人御世，不忌頑民。如來化度，不嫌魔侶。觀心勝進，豈畏夙障。譬諸拳石，不礙車輪。又譬鐘擊則鳴，刀磨則利。豬揩金山，益其光彩。霜雪相加，松柏增秀，故亨也。然當此時雖不足畏，亦不可輕于取功。須如密雲不雨自我西郊，直俟陰陽之和而後雨耳！蓋凡雲起于東者易雨，起于西者難雨。今不貴取功之易，而貴奏效之遲也。楊慈湖曰：「畜有包畜之義，故云畜君何尤。此卦六四以柔得近君之位，而上下諸陽皆應之，是以小畜大，以臣畜君，故曰小畜。」其理亦通。其六爻皆約臣畜君說亦妙。陳旻昭曰：「小畜者，以臣畜君，如文王之畜紂也。亨者，冀改過自新，望之之辭也。密雲不雨自我西郊者，言祇因自我西郊故不能雨，怨己之德不能格君，乃自責之辭。猶所云：『臣罪當誅，天王聖明也。』六四則是出羑里時，九五則是三分天下有二以服事殷之時，上九則是武

---

13 同註 1，頁 120－127。

王伐紂之時。故施已行而既雨。然以臣伐君，冒萬古不韙之名，
故曰君子征凶。」

象曰：「小畜，柔得位，而上下應之。曰小畜，健而巽，剛中而志行
乃亨。密雲不雨，尚往也。自我西郊，施未行也。」

既畜矣！而云小者，以在我之柔德既正，又有上下之剛應之，所
以一切外難不足擾我鎮定剛決之德，反藉此以小自養也。健則无
物欲之邪，巽則无躁動之失，剛中則慧與定俱，故其志得行而亨
也。雲雖密而尚往，則修德不妨益進。自西郊而施未行，則取效
不可欲速。

象曰：「風行天上，小畜。君子以懿文德。」

鼓萬物者莫妙于風，懿文德，猶所謂遠人不服，則修文德以來之。
舞干羽于兩階而有苗格，即是其驗，故曰君子之德風也。觀心，
則偏用事六度等對治助開，名懿文德。

初九，復自道，何其咎？吉。象曰：「復自道，其義吉也。」

九二，牽復，吉。象曰：「牽復在中，亦不自失也。」

九三，輿說輻，夫妻反目。象曰：「牽復在中，亦不自失也。」

六四，有孚，血去惕出，无咎。象曰：「有孚惕出，上合志也。」

九五，有孚攣如，富以其鄰。象曰：「有孚攣如，不獨富也。」

上九，既雨既處，尚德載，婦貞厲，月幾望，君子征凶。象曰：「既
雨既處，德積載也。君子征凶，有所疑也。」

時當小畜，六爻皆有修文德以來遠人之任者也。初九剛而得正，
克己復禮，天下歸之，故吉。九二剛中，與初同復，故亦得吉。

九三過剛不中，恃力服人，人偏不服，故與說輻而不能行。尚不可以齊家，況可服遠人乎？六四柔而得正，能用上賢以成其功，故惕出而无咎。九五陽剛中正，化被无疆，故能富以其鄰。上九剛而不過，又居小畜之終，如密雲之久而既雨，遠近皆得安處太平。此乃懿尚文德，至于積滿，故能如此。然在彼臣婦，宜守貞而時時自危，不可恃君有優容之德而失其分。世道至此，女月幾望，可謂圓滿无缺矣！其在君子，更不宜窮兵黷武以取凶也。佛法觀心釋者，修正道時，或有事障力強，須用對治助開。雖用助開，仍以正道觀慧為主。初九正智力強，故事障不能為害，而復自道。九二定慧得中，故能化彼事障反為我助而不自失。九三恃其乾慧，故為事障所礙，而定慧兩傷。六四善用正定以發巧慧，故血去而惕出。九五中正妙慧，體障即德，故能富以其鄰。上九定慧平等，故事障釋然解脫，如既雨既處而修德有功。夫事障因對助而排脫，必有一番輕安境界現前，名之為婦。而此輕安不可味著，味著則生上慢，自謂上同極聖，為月幾望。若信此以往，則反成大妄語之凶矣！可不戒乎！

　　由上小節與本小節舉智旭注頤卦（䷚）時，將爻辭與小象連而釋之；注屯卦（䷂）時，將爻辭與小象分而釋之；注小畜（䷈）時，先將六爻爻辭與象辭並置，然後再以一大段文字統一詮釋諸例來看，可知《周易禪解》乃因人問《易》，於講說大乘止觀之餘拈示出，本是隨機施設而說的；再加上全書時隔三年半，地距千里遠方完成，

故體例並未完全統一。又此書成於智旭在世時，而其亦曾為此書編排「先文字後圖說」的次序與他人論辯過，可見這書的體例是否統一，似乎也不是智旭所在意的。

不過，在這裏還有一點值得特別提出的，那就是被本小節歸為第二類的注《易》模式：「將爻辭與小象分而釋之」的屯（☷）、蒙（☶）、需（☵）、訟（☶）、師（☷）、比（☵）六卦，其不僅在《易經》六十四卦中的卦序為 3、4、5、6、7、8 順序而下，且智旭在注解《易經》到這六卦的最後一卦──比卦後，特別寫了一段文字，其云：[14]

> 從屯至此六卦，皆有坎焉。坎得乾之中爻，蓋中道妙慧也。其德為陷、為險。夫煩惱大海與薩婆若海，豈真有二性哉？且從古及今，無不生于憂患，死于安樂。故四諦以苦居初，佛稱八苦為師。苦則悚惕而不安，悚惕不安，則煩惱海動，而種智現前矣！聖人序卦之旨，不亦甚深也與？

智旭以為屯（☷）之上卦為坎，蒙（☶）之下卦為坎，需（☵）之上卦為坎，訟（☶）之下卦為坎，師（☷）之下卦為坎，比（☵）之上卦為坎，此六卦皆有坎象於其中。坎為二陰包一陽之象，此陽為卦主，得之於乾之中爻，是為「中道妙慧」。而依《易經・坎・彖曰》（☵）所云：[15]

---

[14] 同註 1，頁 120。

[15] 《十三經注疏・1・周易、尚書》（臺北：藝文印書館，1989 年 1 月 11 版），

習坎，重險也。……險之時用大矣哉！

及〈說卦傳〉所云：[16]

坎，陷也。

智旭乃謂坎之德「為陷、為險」。而聖人安排六十四卦次序時，所以將此六卦排在乾、坤父母二卦之後，乃因此六卦中皆有坎「為陷為險」之德在其中，而寓其要人明白「生於憂患，死於安樂」之理。一如佛法之苦、集、滅、道四諦，以苦為先，而佛祖亦稱「生、老、病、死、愛別離、怨憎會、求不得、五陰盛」八苦為師。蓋儒、佛聖人皆以陷、險、苦等令人悚惕不安的感受，警惕世人，欲令人了知真理之種智也。由於智旭觀察到此六卦皆含坎象「為陷、為險」之德於其中，故注釋《易經》時，以同一體例釋之，可知他是多麼精熟於《易》了。又其將此一觀察所得，與佛法中的四諦、八苦合而論之，謂世出世聖人教人之深意相同，則可知其真信儒、佛二家是能融而為一，通而釋之的。

統而言之，智旭《周易禪解》書寫模式雖有「將爻辭與小象連而釋之」、「將爻辭與小象分而釋之」及「先將六爻爻辭與象辭並置，然後再以一大段文字統一詮釋」等三種模式，但以其所書寫模式的數量來看，無疑的，佔全書書寫形式達 55 例之多的「將爻辭與小象

頁72。

[16] 同上註，頁184。

連而釋之」模式，實爲《周易禪解》的主要書寫形式。

第二節 《周易禪解》注《易》的語言模式

滿益智旭注釋《易經》的語言模式，主要可分爲下列數種：

一、卦辭以「約世道」、「約佛法（化）」、「約觀心」注之者

這是滿益智旭在《周易禪解》中，實踐其以佛解《易》方法論最重要的、最基本的語言模式，也是他爲後人揭示佛門《易》的重要可行路徑。

所謂「約世道」，即以世間法言之；所謂「約佛化（法）」，佛化，指佛之化身有大、小、不定三種。大化身千丈，乃如來爲應十地以前諸菩薩，演說妙法，令其進修，向於佛果，故化現千丈身。小化身丈六，乃如來爲應二乘凡夫之人，宣說苦集滅道四諦之法，令其捨妄歸真，而得開悟，故現丈六之身。隨類不定，乃如來慈悲普覆，隨應諸類，有感即應，而現各種不定之身；所謂「約佛法」，即是以佛教教義之理說之；所謂「約觀心」，是天台智顗釋《法華經》所用四種釋例之一，即以如來所說法義爲觀心對境，由觀己心之深廣而入實相妙理，稱爲「觀心釋」。

其中，「約世道」是以世間法釋《易》，「約佛法（化）」是以一般佛法釋《易》，皆不必深說。然智旭既拈得天台之圖，雖不囿爲天台子孫，但其對天台之學自是極爲熟悉。故在《周易禪解》所立主

要注《易》模式裏，除以「約世道」表一般世間治《易》法；以「約佛法（化）」表一般出世間治《易》法外；又更立天台「觀心釋」之法於此二法後，爲其「以禪解《易》」的主要模式之一，則此「觀心釋」者，自爲我們論《周易禪解》所應特別指出的。牟宗三先生在《佛性與般若・下冊・第一章・天台宗之判教・第二節・原初之洞見》中，舉智者大師《四教義・卷第十二・約觀心明四教》說天台判教依心識差別而論藏通別圓四教語：[17]

> 第一、約觀心明三藏教相者，即是觀一念因緣所生之心生滅相，析假入空，約觀此門，起一切三藏教也。
> 第二、約觀心明通教者，觀心因緣明所生一切法，心空則一切空，是為體假入空，一切通教所明行位因果皆從此起。
> 第三、約觀心明別教者，觀心因緣所生即假名，具足一切恒沙佛法，依無明阿黎耶識，分別無量四諦，一切別教所明行位因果皆從此起。
> 第四、約觀心明圓教者，觀心因緣所生具足一切十法界，無所積聚，不縱不橫，不思議中道二諦之理，一切圓教所明行位因果皆從此起，如輪王頂上明珠。
> 是則四教皆從「一念無明心」起，即是破微塵出三千大千世界經卷之義也。

---

[17] 牟宗三：《佛性與般若・下冊》（臺北：臺灣學生書局，1989 年 2 月修訂 5 版），頁 617-618。

智者大師以「約觀心」明四教之義之例，正是智旭《周易禪解》注《易》所立「約觀心」之例所援引的主要模式。讀者在閱讀本書所引智旭以「約世道」、「約佛法」、「約觀心」注《易》之例時，可與此處所舉智者大師之例同看，便可知智旭《周易禪解》注《易》之天台宗特色，除了如其他學人所舉出的各種觀念的借引外，更有其語言模式的援用。若只強調其天台宗特色，而忽略他另有「約世道」、「約佛法」、「佛法釋」之例，則恐有以偏概全之憾。是以說蕅益智旭《周易禪解》有天台特色可，然若只強調天台特色，而忽略了其本欲會通《易》、佛，「誘儒以知佛」，而採用的普世出世間「約世道」、「約佛法」之法則不可也。

這類注釋方式，可因其注爻象辭之語言模式的不同而分爲：

(一)於全卦最後有統論六爻之語者

智旭以這種語言模式注之者有：

1. （☴）小畜，亨。密雲不雨，自我西郊。[18]

畜，阻滯也。又讀如蓄，養也。遇阻滯之境，不怨不尤，惟自養以消之，故亨。然不可求速效也。約世法，則如垂衣裳而天下治，有苗弗格。約佛法，則如大集會中魔王未順。約觀心，則如道品調適之後，无始事障偏強，阻滯觀慧，不能克證。然聖人御世，不忌頑民。如來化度，不嫌魔侶。觀心勝進，豈畏夘障。譬諸拳

---

[18] 同註 1，頁 120－127。

石，不礙車輪。又譬鐘擊則鳴，刀磨則利。豬揩金山，益其光彩。霜雪相加，松柏增秀，故亨也。然當此時雖不足畏，亦不可輕于取功。須如密雲不雨自我西郊，直俟陰陽之和而後雨耳！蓋凡雲起于東者易雨，起于西者難雨。今不貴取功之易，而貴奏效之遲也。楊慈湖曰：「畜有包畜之義，故云畜君何尤。此卦六四以柔得近君之位，而上下諸陽皆應之，是以小畜大，以臣畜君，故曰小畜。」其理亦通。其六爻皆約臣畜君說亦妙。陳旻昭曰：「小畜者，以臣畜君，如文王之畜紂也。亨者，冀改過自新，望之之辭也。密雲不雨自我西郊者，言祇因自我西郊故不能雨，怨己之德不能格君，乃自責之辭。猶所云：『臣罪當誅，天王聖明也。』六四則是出羑里時，九五則是三分天下有二以服事殷之時，上九則是武王伐紂之時。故施已行而既雨。然以臣伐君，冒萬古不韙之名，故曰君子征凶。」

……

上九，既雨既處，尚德載，婦貞厲，月幾望，君子征凶。象曰：「既雨既處，德積載也。君子征凶，有所疑也。」

　　時當小畜，六爻皆有修文德以來遠人之任者也。初九剛而得正，克己復禮，天下歸之，故吉。九二剛中，與初同復，故亦得吉。九三過剛不中，恃力服人，人偏不服，故輿說輻而不能行。尚不可以齊家，況可服遠人乎？六四柔而得正，能用上賢以成其功，故惕出而无咎。九五陽剛中正，化被无疆，故能富以其鄰。上九剛而不過，又居小畜之終，如密雲之久而既雨，遠近皆得安處太

平。此乃懿尚文德，至于積滿，故能如此。然在彼臣婦，宜守貞而時時自危，不可恃君有優容之德而失其分。世道至此，女月幾望，可謂圓滿无缺矣！其在君子，更不宜窮兵黷武以取凶也。佛法觀心釋者，修正道時，或有事障力強，須用對治助開。雖用助開，仍以正道觀慧為主。初九正智力強，故事障不能為害，而復自道。九二定慧得中，故能化彼事障反為我助而不自失。九三恃其乾慧，故為事障所礙，而定慧兩傷。六四善用正定以發巧慧，故血去而惕出。九五中正妙慧，體障即德，故能富以其鄰。上九定慧平等，故事障釋然解脫，如既雨既處而修德有功。夫事障因對助而排脫，必有一番輕安境界現前，名之為婦。而此輕安不可味著，味著則生上慢，自謂上同極聖，為月幾望。若信此以往，則反成大妄語之凶矣！可不戒乎！

2. （䷊）泰，小往，大來，吉亨。[19]

夫為下者每難于上達，而為上者每難于下交。今小往而達于上，大來而交于下，此所以為泰而吉亨也。約世道，則上下分定之後，情得相通，而天下泰寧。約佛法，則化道已行，而法門通泰。約觀心，則深明六即，不起上慢，而修證可期。又是安忍強輭二魔，則魔退而道亨也。強輭二魔不能為患是小往，忍力成就是大來。……

上六，城復于隍，勿用師。自邑告命，貞吝。象曰：「城復于隍，其

---

[19]　同註 1，頁 133－140。

命亂也。」

泰極必否，時勢固然。陰柔又無撥亂之才，故誡以勿復用師。上既失權，下必擅命，故有自邑告命者。邑非出命之所，而今妄自出命，亦可羞矣！然上六祇是無才，而以陰居陰，仍得其正，非是全無德也。但遇此時勢，故命亂而出自邑人耳！

約佛法釋六爻者，夫欲安忍強輭二魔，須藉定慧之力。初九剛正，故內魔既降，外魔亦伏。似拔茅而連彙。九二剛中，故外魔既化，內魔不起。尚中行而光大。九三過剛，故須艱貞，方得无咎。以其本是正慧，必能取定，故為天地相際。六四正定孚于正慧，故雖不富而能以鄰。知魔无實，則魔反為吾侍而如鄰。六五定有其慧，故能即魔界為佛界，具足福慧二種莊嚴，如帝乙歸妹而有祉元吉。上六守其劣定，故魔發而成亂。

3. (☷☰) 否之匪人，不利君子貞，大往小來。[20]

約世道，則承平日久，君民逸德，而氣運衰頹。約佛法，則化道流行，出家者多，而有漏法起。約觀心，則安忍二魔之後，得相似證，每每起于似道法愛而不前進。若起法愛，則非出世正忍正智法門，故為匪人，而不利君子貞。以其背大乘道，退墮權小境界故也。

……

上九，傾否，先否後喜。象曰：「否終則傾，何可長也。」

---

[20] 同註1，頁140－147。

剛不中正，居卦之外，先有否也。但否終則傾，決無長否之理，故得後有喜耳！

佛法釋者，順道法愛，非陽剛智德不能拔之。初六法愛未深，而居陽位，若能從此一拔，則一切俱拔，故勉以貞則吉亨，勸其志在于君，君即指法身實證也。六二法愛漸深，故小人則吉，大人正宜于此作否塞想，乃得進道而亨。六三法愛最深，又具小慧，妄認似道為真，故名包羞。九四剛而不正，雖暫起法愛，終能自拔而志行。九五剛建中正，故直入正位而吉，然尚有四十一品無明未斷，所以位位皆不肯住，名其亡其亡。從此心心流入薩婆若海，證念不退，名繫于苞桑。上九陽居陰位，始亦未免法愛，後則智慧力強，故能傾之。

4.（☰）同人，于野亨，利涉大川，利君子貞。[21]

約世道，則傾否必與人同心協力。約佛法，則因犯結制之後，同法者同受持。約觀心，則既離順道法愛，初入同生性，上合諸佛慈力，下同眾生悲仰，故曰同人。蘇眉山曰：「野者，無求之地。立于無求之地，則凡從我者皆誠同也。彼非誠同，而能從我于野哉？同人而不得其誠同，可謂同人乎？故天與火同人，物之能同于天者蓋寡矣！」天非同于物，非求不同于物也。立乎上，而能同者自至焉，其不能者不至也。至者非我援之，不至者非我拒之。不拒不援，是以得其誠同而可以涉川也。苟不得其誠同，與之居

---

[21] 同註 1，頁 147－155。

安則合，與之涉川則潰矣！觀心釋者，野是三界之外，又寂光無礙境也。既出生死，宜還涉生死大川以度眾生。惟以佛知佛見示悟眾生，名為利君子貞。

……

上九，同人于郊，无悔。象曰：「同人于郊，志未得也。」

蘇眉山曰：「无所苟同，故无悔。莫與共立，故志未得。」

觀心釋者，六爻皆重明，欲證同人之功夫也。夫欲證入同人法性，須藉定慧之力。又復不可以有心求，不可以無心得。所謂時節若到，其理自彰，此修心者勿忘勿助之要訣也。初九正慧現前，不勞功力，便能出生死門。六二雖有正定，慧力太微，未免被禪所牽，不出三界舊宗。九三偏用其慧，雖云得正，而居離之上，毫無定水所資，故如升于高陵，而為頂墮菩薩，三歲不興。九四定慧均調，始雖有期必之心，後乃知期必之不能合道，卒以無心契入而吉。九五剛健中正，而定力不足，雖見佛性，而不了了。所以先須具修眾行，積集菩提資糧，藉萬善之力，而後開發正道，蓋是直緣中道佛性，以為迥出二諦之外，所以先號咷而後笑也。上九定慧雖復平等，而居乾體之上，僅取涅槃空證，不能入塵垂手，故志未得。

5. (☲) 大有，元亨。[22]

約世道，則同心傾否之後，富有四海。約佛法，則結戒說戒之後，

---

[22] 同註1，頁155－161。

化道大行。約觀心，則證入同體法性之後，功德智慧以自莊嚴，皆元亨之道也。

……

上九，自天祐之，吉，无不利。象曰：「大有上吉，自天祐也。」

蘇眉山曰：「曰祐、曰吉、曰無不利，其為福也多矣！而終不言所以致福之由，豈真無說也哉？蓋其所以致福者遠矣！」孔子曰：「天之所助者順也，人之所助者信也。履信思乎順，又以尚賢也。是以自天祐之，吉無不利。」信也、順也、尚賢也，此三者，皆六五之德也。易而無備，六五之順也。厥孚交如，六五之信也。群陽歸之，六五之尚賢也。上九特履之爾，我之能履者，能順且信，又以尚賢，則天人之助將安歸哉？故曰：「聖人無功，神人無名。」約佛法釋六爻，又有二義：一約果後垂化，二約秉教進修。一約果後垂化者，初九垂形四惡趣中，而不染四趣煩惱。但是大悲，與民同患，故無交害而恆艱。九二垂形人道，能以大乘廣度一切，故有攸往而不敗。九三現行天道，不染諸天欲樂，及與禪定，故非小人所能，設小人而入天趣，未有不被欲樂禪定所害者也。九四現二乘相，故匪其彭。不與二乘同取涅槃偏證，故明辯晰。言有大乘智慧辯才也。六五現菩薩相，應攝受者而攝受之，故厥孚交如。應折伏者而折伏之，故威如吉。信以發志，是接引善根眾生。易而無備，是折伏惡機眾生也。上九現如來形，故自天祐之吉無不利，所謂依第一義天，亦現為天人師也。二約秉教進修者，初九秉增上戒學，故不與煩惱相交。九二秉增上心學，故于禪中

具一切法而不敗。九三秉增上慧學，故能享于天子。然此慧學，坐斷凡聖情解，掃空蕩有，每為惡取空者之所藉口，所以毫釐有差，天地懸隔。小人弗克用之，用則反為大害。九四秉通教法，但是大乘初門，故匪其彭。雖與二乘同觀無生，而不與二乘同證，故明辯晰。六五秉別教法，仰信中道，故厥孚交如。別修緣了，故威如而吉。上九秉圓教法，全性起修，全修在性，故自天祐之吉無不利。

6. (☷☶) 謙，亨，君子有終。[23]

約世道，則地平天成，不自滿假。約佛化，則法道大行之後，仍等視眾生，先意問訊，不輕一切。約觀心，則圓滿菩提，歸無所得，凡此皆亨道也。君子以此而終如其始，可謂果徹因源矣！

……

上六，鳴謙，利用行師，征邑國。象曰：「鳴謙，志未得也。可用行師，征邑國也。」

蘇眉山曰：「鳴謙一也。六二自得于心，而上六志未得者，以其所居非安于謙者也。特以其配之勞謙而強應焉。貌謙而實不至，則所服者寡矣！故雖有邑國　而猶叛之。夫實雖不足，而名在于謙，則叛者不利，則征者利矣！」

佛法釋此六爻者，亦約二義：一約佛果八相，二約內外四眾。一約佛果八相者，初六即示現降神入胎及初生相。久證無生，復示

---

[23] 同註1，頁161－169。

更生，故為卑以自牧。六二即示現出家。久度生死，自言為生死
故出家，是為鳴謙。九三即示現降魔成道。久超魔界，證大菩提，
而為眾生現此勞事，使觀者心服。六四即示現三七思惟。久已鑒
機，而不違設化儀則。六五即示現轉大法輪。本無實法，皆是善
巧權現，故為不富。能令十方諸佛同為證明，故為以鄰。破眾生
三惑，令歸順于性具三德，故為利用侵伐。上六即示現滅度。以
眾生機盡，應火云亡，為志未得。即以滅度而作佛事，令諸眾生
未種善根者得種，已種者熟，已熟者脫，為征邑國也。二約內外
四眾者，初六是沙彌小眾，故為卑以自牧。六二是守法比丘眾，
故為鳴謙貞吉。九三是弘法比丘，宰任玄綱，故為勞謙君子。六
四是外護人中優婆塞等，故恆謙讓一切出家大小乘眾而為撝謙，
乃不違則。六五是護法欲界諸天，故能摧邪以顯正，而征不服。
上六是色無色天，雖亦護正摧邪，而禪定中無瞋恚相，不能作大
折伏法門，故志未得。

7.（䷏）豫，利建侯行師。[24]

約世道，則聖德之君，以謙臨民，而上下胥悅。約佛化，則道法
流行，而人天胥慶。約觀心，則證無相法，受無相之法樂也。世
道既豫，不可忘于文事武備，故宜建侯以宣德化，行師以備不虞。
道法既行，不可失于訓導警策，故宜建侯以主道化，行師以防弊
端。自證法喜，不可不行化導，故宜建侯以攝受眾生，行師以折

---

[24] 同註 1，頁 170－176。

伏眾生也。又慧行如建侯，行行如行師，又生善如建侯，滅惡如行師，初得法喜樂者，皆應為之。

……

上六，冥豫，成有渝，无咎。象曰：「冥豫在上，何可長也？」豫至于冥，時當息矣！勢至于成，必應變矣！因其變而通之，因其冥而息之，庶可以免咎耳！

佛法釋者，九四為代佛揚化之人，餘皆法門弟子也。初六不中不正，恃大人福庇，而忘修證之功，故凶。六二柔順中正，能于介爾心中，徹悟事造理具，兩重三千，其理決定不可變易。頓悟頓觀，不俟終日之久，此善于修心得其真正法門者也，故吉。六三亦不中正，但以近于嚴師，故雖盱豫，而稍知改悔。但无決斷勇猛之心，故戒以悔遲則必有悔。九四為卦之主，定慧平和，自利利他，法皆成就，故朋堅信而志大行。六五柔質不正，反居明師良友之上，可謂病入膏肓，故名貞疾。但以居中，則一點信心猶在，善根不斷，故恆不死。上六柔而得正，處豫之終，未免沈空取證。但本有願力，亦不畢竟入于涅槃，終能迴小向大，而有渝无咎。死水不藏龍，故曰何可長也？若約位象人者，初六是破戒僧，六二是菩薩聖僧，六三是凡夫僧，九四是紹祖位人，六五是生年上座，上六是法性上座也。

8.（䷐）隨，元亨，利貞，无咎。[25]

25　同註 1，177－182。

約世道，則上下相悅，必相隨順。約佛化，則人天胥悅，受化者多。約觀心，則既得法喜，便能隨順諸法實相，皆元亨之道也。然必利于貞，乃得无咎。不然，將為蠱矣！

……

上六，拘係之，乃從維之，王用亨于西山。象曰：「拘係之，上窮也。」陰柔得正，居隨之極，專信九五，而固結不解者也，故可亨于神明，然窮極而不足以有為矣！

佛法釋者，三陽皆為物所隨，故明隨機之義。三陰皆隨順乎陽，故明隨師之道。初九剛正居下，始似不欲利生者，故必有渝乃吉，出門乃為有功。九四剛而不正，又居上位，雖膺弘法之任，有似夾帶名利之心，故有獲而貞凶。惟須篤信出世正道，則心事終可明白。九五剛健中正，自利利他，故孚于嘉而吉。六二柔順中正，而无慧力，未免棄大取小。六三不中不正，而有慧力，則能棄小從大。然雖云棄小從大，豈可藐視小簡而不居貞哉？上六陰柔得正，亦無慧力，專修禪悅以自娛，乃必窮之道也。惟以此篤信之力，回向西方，則萬修萬人去耳！

9.（䷑）蠱，元亨，利涉大川。先甲三日，後甲三日。[26]

蠱者，器久不用而蠱生，人久宴溺而疾生，天下久安无為而弊生之謂也。約世道，則君臣悅隨，而無違弼吁咈之風，故成弊。約佛法，則天人胥悅，舉世隨化，必有邪因。出家者，貪圖利養，

---

26 同註1，頁182－188。

混入緇林，故成弊。約觀心，究竟隨者，則示現病行而為蠱。約觀心，初得小隨順者，既未斷惑，或起順道法愛，或于禪發起夙習而為蠱。然治既為亂階，亂亦可以致治，故有元亨之理。但非發大勇猛如涉大川，決不足以救弊而起衰也。故須先甲三日以自新，後甲三日以丁寧，方可挽回積弊，而終保其善圖耳！

……

上九，不事王侯，高尚其事。象曰：「不事王侯，志可則也。」

下五爻皆在事內，如同室有鬩，故以父子明之。上爻獨在事外，如鄉鄰有鬩，故以王侯言之。尚志即是士之實事，可則即是廉頑起懦高節，即所以挽回斯世之蠱者也。

統論六爻，約世道，則初如賢士，二如文臣，三如賢將，四如便嬖近臣，五如賢王，六如夷齊之類。約佛化，則下三爻如外護，上三爻如內護。初六柔居下位，竭檀施之力以承順三寶者也。九二剛中，以慈心法門屏翰正法者也。九三過剛，兼威折之用，護持佛教者也。六四柔正，但能自守，不能訓導于人。六五柔中，善能化導一切。上九行頭陀遠離行，似无意于化人。然佛法全賴此人以作榜樣，故志可則也。約觀心，則初六本是定勝，為父之蠱。但居陽位，則仍有慧子而无咎。然必精屬一番，方使慧與定等而終吉。九二本是慧勝，為母之蠱。但居陰位，則仍有定。然所以取定者，為欲助慧而已，豈可終守此定哉？九三過剛不中，慧反成蠱，故小有悔。然出世救弊之要，終藉慧力，故无大咎。六四過于柔弱，不能發慧，以此而往，未免隨味禪生上慢，所以

可羞。六五柔而得中，定有其慧，必能見道。上九慧有其定，頓
入无功用道，故為不事王侯而高尚其事之象。所謂佛祖位中留不
住者，故志可則。

10.（☷☳）觀，盥而不薦，有孚顒若。[27]

約世道，則以德臨民，為民之所瞻仰。約佛法，則正化利物，舉
世之所歸憑。約觀心，則進修斷惑，必假妙觀也。但使吾之精神
意志，常如盥而不薦之時，則世法佛法，自利利他，皆有孚而顯
然可尊仰矣！

……

上九，觀其生，君子无咎。象曰：「觀其生，志未平也。」

處師保之位，天下誰不觀之，非君子能无咎乎？既為天下人所觀，
則其為觀于天下之心，亦自不能稍懈，故志未平。

約佛法釋六爻者，初是外道，為童觀，有邪慧故。二是凡夫，為
闚觀，耽味禪故。三是藏教之機，進為事度，退為二乘。四是通
教大乘初門，可以接入別圓，故利用賓于王。五是圓教之機，故
觀我即是觀民，所謂心佛眾生三無差別。上是別教之機，以中道
出二諦外，真如高居果頭，不達平等法性，故志未平。又約觀心
釋六爻者，初是理即，如童無所知。二是名字即，如女無實慧。
三是觀行即，但觀自心。四是相似即，鄰于真位。五是分證即，
自利利他。六是究竟即，不取涅槃，徧觀法界眾生，示現病行及

嬰兒行。

11.（䷔）噬嗑，亨。利用獄。[28]

約世道，則大觀在上，萬國朝宗。有不順者，噬而嗑之。舜伐有苗，禹戮防風之類是也。約佛法，則僧輪光顯之時，有犯戒者治之。約觀心，則妙觀現前，隨其所發煩惱業病魔禪慢見等，即以妙觀治之。皆所謂亨而利用獄也。

……

上九，何校滅耳，凶。象曰：「何校滅耳，聰不明也。」

過惡既盈，不可復救。如荷厚枷，掩滅其耳。蓋由聰聽不明，不知悔過遷善以至此也。

觀心釋者，初九境界一發，即以正慧治之，如滅趾而令其不行。六二境發未深，即以正定治之，所噬雖不堅硬，未免打失巴鼻。六三境發漸甚，定慧又不純正，未免為境擾亂，但不至于墮落。九四境發夾雜善惡，定慧亦不純正，縱得小小法利，未證深法。六五純發善境，所得法利亦大，然猶未入正位，仍須貞屬乃得无咎。上九境發極深，似有定慧，實則不中不正，反取邪事而作聖解，永墮無聞之禍也。

12.（䷕）賁，亨。小利有攸往。[29]

---

[28] 同註1，頁199－204。
[29] 同註1，頁204－210。

約世道，則所噬既嗑之後，偃武修文。約佛法，則治罰惡僧之後，
增設規約。約觀心，則境發觀成之後，定慧莊嚴。凡此皆亨道也。
然世法佛法，當此之時，皆不必大有作為，但須小加整飭而已。

……

上九，白賁，无咎。象曰：「白賁无咎，上得志也。」

以剛居艮止之極，又在卦終，而居陰位，則非過剛。年彌高，德
彌邵，純淨无疵，如武公之盛德至善以自賁者也。

佛法釋者，初九以施自賁，六二以戒自賁，九三以忍自賁，六四
以進自賁，六五以定自賁，上九以慧自賁。又初九為理賁，不以
性德濫修德故。六二為名字賁，從此發心向上故。九三為觀行賁，
不可暫忘故。六四為相似賁，不住法愛故。六五為分證賁，于三
諦不漏失故。上九為究竟賁，復于本性，無纖瑕故。

13. （䷘）无妄，元亨利貞。其匪正有眚，不利有攸往。[30]

約世道，則中興之治，合于天道而无妄。約佛法，則中興之化，
同于正法而无妄。約觀心，則復其本性，真窮惑盡而无妄。皆元
亨而利于正者也。然世出世法，自利利他，皆須深自省察，不可
夾一念之邪，不可有一言一行之眚。儻內匪正而外有眚，則決不
可行矣！聖人持滿之戒如此。

……

上九，无妄，行有眚，无攸利。象曰：「无妄之行，窮之災也。」

---

[30] 同註 1，頁 223－230。

以陽居陰，雖非過剛，而居无妄之極，則是守常而不知變通者也。既无善權方便，其何以行之哉？

佛法釋者，六爻皆悟无妄之理而為修證者也。初九正慧直進，故現生克果而得志。六二正定治習，故須于禪法不取不證，則可以借路還家。六三不中不正，雖有小小定慧，能開示人，令其得道得果。如行人得牛，而自己反成減損。久滯凡地，如邑人之災。九四慧而有定，自利有餘，乃是達其性具定慧，非是修而後有。九五剛健中正，自利已圓，為眾生故，示現病行，豈更須對治之藥？即初心修觀亦復如是。一切境界無非性德，體障即德，無可對治也。上九不中不正，恃性德而不事修德。躬行多眚，何利之有？蓋由一味高談向上，以至于窮，故成災也。

如這類在以「約世道、約佛法（化）、約觀心」釋卦辭後，又於全卦最後統論六爻之例共有十三卦，其注釋模式又有：「約佛法釋六爻者」，如：泰、大有、觀等三卦；有「佛法釋者」，如：否、豫、隨、賁、无妄等五卦；有「觀心釋者」，如：同人、噬嗑等二卦；有「佛法釋此六爻者」，如：謙；有「統論六爻、約世道、約佛化、約觀心」，如蠱；以及小畜的分說六爻而沒有統一的名詞。

(二)、爻辭以「于佛法中」（約佛法）注之者

智旭以這種語言模式注之者有：

1.（䷗）復，亨。出入无疾，朋來无咎。反復其道，七日來復，利

有攸往。[31]

約世道，則衰剝之後，必有明主中興而為復。約佛化，則淪替之後，必有聖賢應現，重振作之而為復。約觀心又二義，一者承上卦約失言之，剝而必復，如平旦之氣，好惡與人相近。又如調達得无根信也。二者承上卦約得言之，剝是蕩一切情執，復是立一切法體也。若依第三觀，則從假入空名剝，從空入假名復。若一心三觀，[32]則以修胳性名剝，稱性垂化名復。復則必亨，陽剛之德為主，故出入可以无疾。以善化惡，故朋來可以无咎。一復便當使之永復，故反復其道，至于七日之久。則有始有終，可以自利利他而有攸往也。

彖曰：「復，亨。剛反，動而以順行。是以出入无疾，朋來无咎。反復其道，七日來復，天行也。利有攸往，剛長也。復其見天地之心乎？」

觀心釋者，佛性名為天地之心，雖闡提終不能斷，但被惡所覆而不能自見耳！苦海无邊，回頭是岸。一念菩提心，能動無邊生死大海。復之所以得亨者，以剛德稱性而發，遂有逆反生死之勢故也。此菩提心一動，則是順修。依此行去，則出入皆无疾，朋來皆无咎矣！然必反復其道，七日來復者，體天行之健而為自強不息之功當如是也。充此一念菩提之心，則便利有攸往。以剛雖至

---

[31] 同註 1，頁 216－223。

[32] 所謂一心三觀，乃天台宗之觀法。一心，即能觀之心；三觀，即空、假、中三諦。知一念之心乃不可得、不可說，而於一心中圓修空、假、中三諦者。

微，而增長之勢已自不可禦也。故從此可以見吾本具之佛性矣！又出謂從空出假，入謂從假入空。既順中道法性，則不住生死，不住涅槃，而能遊戲于生死涅槃，故无疾也。朋謂九界性相，開九界之性相，咸成佛界性相，故无咎也。

象曰：「雷在地中，復。先王以至日閉關，商旅不行，后不省方。」
楊慈湖曰：「舜禹十有一月朔巡狩，但于冬至日則不行耳！」觀心釋者，復雖有剛長之勢，而利有攸往。然必靜以養其機，故觀行即佛之先王，既大悟藏性之至日，必關閉六根，脫粘內伏，暫止六度萬行商旅之事。但觀現前一念之心，而未可徧歷陰界入等諸境以省觀也。

初九，不遠復，无祇悔，元吉。象曰：「不遠之復，以修身也。」
此如顏子。約佛法者，正慧了了，頓見佛性，頓具諸行，所以元吉，如圓教初住。又約六度，即是般若正道。

六二，休復，吉。象曰：「休復之吉，以下仁也。」
此如曾子。約佛法者，正定得中，鄰真近聖，如圓教十信。又約六度，即是正定與慧相連。

六三，頻復，屬，无咎。象曰：「頻復之屬，義无咎也。」
此如子路。約佛法者，有定有慧，而不中正，故須先空次假後中，名為頻。復勤勞修證而得无咎。又約六度，即是精進勤策相續。

六四，中行獨復。象曰：「中行獨復，以從道也。」
此如蘧伯玉。約佛法者，正定而與初應，如通教利根接入于圓。又約六度，即是忍辱。由與初應，則生法二忍，便成第一義忍。

六五，敦復，无悔。象曰：「敦復无悔，中以自考也。」

此如周宣、漢文、宋仁。約佛法者，定慧調勻，亦且得中。但與陽太遠，故必斷惑證真之後，俟開顯而會入圓位，如藏通二乘。又約六度，即是持戒。雖遠于初，但自考三業無失，自然合理而得无悔。

上六，迷復，凶。有災眚。用行師，終有大敗。以其國君凶，至于十年不克征。象曰：「迷復之凶，反君道也。」

此如王安石、方孝孺等。生今反古，名為迷復。非昏迷不復之謂。約佛法者，不中不正，恃世間小定小慧以為極則，因復成迷，故不惟凶，且有災眚。若以此設化教人，必大敗法門，損如來之正法。至于十年而弗克征，以其似佛法而實非佛法，反于圓頓大乘之君道，如今世高談圓頓向上者是也。又約六度，即是布施，而遠于智慧，著相、著果報、起慢、起愛，亦能起見。故雖是善因，反招惡果，良由不達佛法之君道耳！

2.（䷚）頤，貞吉。觀頤，自求口實。[33]

約世道，則畜德以養天下。約佛化，則畜德以利群生。約觀心，則菩提資糧既積，而長養聖胎也。自利利他，皆正則吉。皆須視從來聖賢之所為頤者何如，皆須自視其所以為口實者何如。

象曰：「頤，貞吉，養正則吉也。觀頤，觀其所養也。自求口實，觀其自養也。天地養萬物，聖人養賢以及萬民，頤之時大矣哉！

---

[33] 同註1，頁236－242。

養正則吉，明養而非正，正而不養，皆非吉道也。不觀聖賢之所養，則无以取法思齊。不觀自養之口實，則无以匹休媲美。且如天地全體太極之德以自養，即能普養萬物。聖人養賢輔成己德，即可以及萬民。誰謂養正之外別有利人之方？故正自養時，即全具位育功能而稱大也。

象曰：「山下有雷，頤。君子以慎言語節飲食。」

言語飲食，皆動之象也。慎之節之，不失其止也，故知養正莫善于知止。

初九，舍爾靈龜，觀我朵頤，凶。象曰：「觀我朵頤，亦不足貴也。」

陽剛為自養養他之具，知止為自養養他之貞。初九陽剛足以自養，如靈龜服氣，可不求食。而居動體，上應六四。觀彼口實，反為朵頤，失其貴而凶矣！此如躁進之君子。于佛法中，則如乾慧外凡，不宜利物。

六二，顛頤，拂經，于丘頤，征凶。象曰：「六二征凶，行失類也。」

以上養下，乃理之常。六二陰柔，反藉初九之養，拂其經矣！又居動體，恐或不肯自安，將求頤于六五之丘。五雖與二為應，然亦陰柔，不能自養，何能養人？征則徒得凶耳！兩陰无相濟之功，故為失類。此如无用之庸臣。于佛法中，則如時證盲禪，進退失措。

六三，拂頤，貞凶。十年勿用，无攸利。象曰：「十年勿用，道大悖也。」

陰柔不能自養，又不中正，以居動極，拂于頤矣！雖有上九正應，

何能救之？終于无用而已。此如邪僻之宰官。于佛法中，則如六群亂眾，大失軌範。

六四，顛頤，吉。虎視耽耽，其欲逐逐，无咎。象曰：「顛頤之吉，上施光也。」

　　陰柔得正，而居止體，雖無養具，得養之貞者也。下應初九，賴其養以自養養人。此如休休有容之大臣，吉之道也。初方觀我而朵頤，我隨其視之耽耽，欲之逐逐，以禮而優待之。在初則不足貴，在我則養賢以及萬民，可謂上施光矣！於佛法中，則如賢良營事，善為外護。

六五，拂經，居貞吉，不可涉大川。象曰：「居貞之吉，順以從上也。」

　　陰柔無養人之具，空居君位，故名拂經。居止之中，順從上九，此亦養賢以及萬民，為得其正者也。但可處常，不可處變。宜守成，不宜創業耳！此如虛己之賢君。于佛法中，則如柔和同行，互相勉勗。

上九，由頤，屬吉，利涉大川。象曰：「由頤屬吉，大有慶也。」

　　以陽剛居止極，卦之所以為頤者此也。此如望隆之師保，可以拯濟天下者矣！于佛法中，則如證道教授，宰任玄綱。

3.（䷛）大過，棟橈，利有攸往，亨。[34]

　　約世道，則賢君以道養天下，而治平日久。約佛化，則四依以道化群生，而佛法大行。約觀心，則功夫勝進而將破无明也。夫治

---

[34]　同註 1，頁 242－246。

平既久，則亂階必萌，所宜防微杜漸。化道既盛，則有漏易生，所宜陳規立矩。功夫既進，則无明將破，所宜善巧用心也。

彖曰：「大過，大者過也。棟撓，本末弱也。剛過而中，巽而說行，利有攸往，乃亨。大過之時大矣哉！」

大者既過，所以必當思患豫防。初上皆弱，所以剛中，不宜恃勢令撓。剛雖過而得中，又以巽順而悅行之，所以猶有挽回匡濟之術，乃得亨也。永保無虞亦在此時，盛極忽衰亦在此時，其關係豈不大哉！

象曰：「澤滅木，大過。君子以獨立不懼，遯世无悶。」

澤本養木，而反滅木，大過之象也。惟以獨立不懼，遯世无悶之力持之，庶學有本而養有術，可以砥柱中流耳！

初六，藉用白茅，无咎。象曰：「藉用白茅，柔在下也。」

世法佛法，當大過時，皆以剛柔相濟為得，過剛過柔為失。今初六以柔居巽體之下，而在陽位，无功名富貴以累其心，唯庸德庸言下學上達以為其務者也。約佛法者，定有其慧。兼以戒德精嚴，故无咎。

九二，枯楊生稊，老夫得其女妻，无不利。象曰：「老夫女妻，過以相與也。」

剛而得中，又居陰位，陽得陰助，如枯楊生稊老夫女妻之象，蓋過于下賢者也。約佛法者，慧與定俱。如先見道，後修事禪。

九三，棟撓，凶。象曰：「棟撓之凶，不可以有輔也。」

過剛不中，任其剛愎，以此自修，則德必敗。以此治世，則亂必

生，故棟撓而凶。約佛法者，純用邪慧，故不可有輔。

九四，棟隆，吉。有它吝。象曰：「棟隆之吉，不撓乎下也。」

　　剛而不過，足以自立立人。但居悅體，恐其好大喜功而不安守，故誡以有它則吝。約佛法者，亦是慧與定俱。但恐夾雜名利之心，則自利利他未必究竟，故誡以有它則吝。

九五，枯楊生華，老婦得其士夫，无咎无譽。象曰：「枯楊生華，何可久也？老婦士夫，亦可醜也。」

　　雖云陽剛中正，然在大過之時，則是恃其聰明才智者也。享成平之樂，不知民事艱難，且不知下用賢臣，惟與上六陰柔无用之老臣相得，何能久哉？約佛法者，慧力太過，無禪定以持之，何能發生勝果？

上六，過涉滅頂，凶。无咎。象曰：「過涉之凶，不可咎也。」

　　居過之極地，惟有柔正之德，而無濟難之才，故不免于凶，而實非其咎也。約佛法者，正定無慧，終為頂墮。

　　在上引三卦中，較值得提的是智旭以「約世道」、「約佛化」、「約觀心」注復（䷗）卦辭後，於六爻爻辭皆以「約佛法者」、「約六度」釋之。（六度指布施、持戒、忍辱、精進、禪定、智慧六波羅蜜）如初九「約佛法者，正慧了了，故為元吉。如圓教初住。又約六度，即是般若正道」；六二「約佛法者，正定得中，故為吉。如圓教十信。又約六度，即是正定與慧相連」；六三「約佛法者，有定有慧，而不中正，故為厲，无咎。又約六度，即是精進勤策相續」；六四「約佛

法者，正定而與初應，如通教利根接入于圓。又約六度，即是忍辱。」六五「約佛法者，定慧調勻，亦且得中，故无悔。又約六度，即是持戒」；上六「約佛法者，不中不正，恃世間小定小慧以為極則，故凶而有災眚。又約六度，即是布施，而遠于智慧，著相、著果報、起慢、起愛，亦能起見。故雖是善因，反招惡果。」由此可知，其不僅將《易經》諸爻之吉、凶、悔、吝、厲、无咎等判辭，與佛教戒、定、慧三無漏學配而釋之，同時也與「六度」並說之。此外，他在復卦（☷☳）中，又以六爻搭配歷史裏的某些人物，冀能讓人們更簡單明白的了解此卦諸爻所含的意義，如初九為顏子，六二為曾子，六三為子路，六四為蘧伯玉，六五為周宣王、漢文帝、宋仁帝，（蓋因五為君位，六為陰爻德柔，故舉帝王中以柔德著稱者）上六為王安石、方孝孺。

其次，智旭除以「約世道」、「約佛化」、「約觀心」注頤（☶☳）卦辭，注頤（☶☳）六爻爻辭皆以「于佛法中」行之。如初九「于佛法中，則如乾慧外凡，不宜利物」；（乾慧，指三乘十地中之第一地；外凡，指修行佛道中之凡夫位，為見道以前的位階之一）六二「于佛法中，則如時證盲禪，進退失措」；（盲禪，指邪解之禪師）六三「于佛法中，則如六群亂眾，大失軌範」；（六群，指成群結黨的六惡比丘）六四「於佛法中，則如賢良營事，善為外護」；（外護，指僧侶以外的在家人）六五「于佛法中，則如柔和同行，互相勉勗」；上九「于佛法中，則如證道教授，宰任玄綱。」（證道，指覺悟正道者）

　　而智旭除以「約世道」、「約佛化」、「約觀心」注大過（☴）卦辭外，注大過（☴）六爻爻辭皆以「約佛法者」行之。所謂「約佛法者」之例，皆以出家人最重要的戒、定、慧三無漏學論之。初六為「定有其慧，兼以戒德精嚴」，故為无咎。九二為「慧與定俱」，故无不利。九三為「純用邪慧」，故凶。九四為「亦是慧與定俱」，恐夾雜名利之心，故吉而誡以有它則吝。九五為「慧力太過，無禪定以持之」，故无咎无譽。上六為「正定無慧」，是為凶而无咎。可見其將《易經》諸爻之吉、凶、悔、吝、厲、无咎等判辭，與佛家戒、定、慧三無漏學配而釋之。

(三)六爻皆引他人注《易》語或引歷史人物以比附者

　　智旭以這種語言模式注之者有：

1.（☷）謙，亨，君子有終。[35]

　　約世道，則地平天成，不自滿假。約佛化，則法道大行之後，仍
　　等視眾生，先意問訊，不輕一切。約觀心，則圓滿菩提，歸無所
　　得，凡此皆亨道也。君子以此而終如其始，可謂果徹因源矣！
　　象曰：「謙亨，天道下濟而光明，地道卑而上行。天道虧盈而益謙，
　　地道變盈而流謙，鬼神害盈而福謙，人道惡盈而好謙。謙尊而光，
　　卑而不可踰，君子之終也。」
　　儒則文王視民如傷，堯舜其猶病諸。佛則十種不可盡，我願不可

35　同註1，頁161－169。

盡，眾生度盡，方證菩提。地獄未空，不取滅度，所以世出世法從來無有盈滿之日。苟有盈滿之心，則天虧之，地變之，鬼神害之，人惡之矣！以此謙德現形十界，則示居佛位之尊固有光，縱示居地獄之卑，亦無人能踰勝之也。

吳幼清曰：「謙者，尊崇他人以居己上，而己亦光顯。卑抑自己以居人下，而人亦不可踰越之，此君子之所以有終也。」

象曰：「地中有山，謙。君子以裒多益寡，稱物平施。」

山過乎高，故多者裒之。地過乎卑，故寡者益之。趣得其平，皆所以為謙也。佛法釋者，裒佛果無邊功德之山，以益眾生之地，了知大地眾生皆具佛果功德山王，稱物機宜，而平等施以佛樂，不令一人獨得滅度。

初六，謙謙君子，用涉大川，吉。象曰：「謙謙君子，卑以自牧也。」

蘇眉山曰：「此最處下，是謙之過也。是道也，無所用之，用于涉川而已。有大難，不深自屈折，則不足以致其用。牧者，養之以待用云爾。」

六二，鳴謙，貞吉。象曰：「鳴謙貞吉，中心得也。」

蘇眉山曰：「謙之所以為謙者，三也。其謙也以勞，故聞其風被其澤者，莫不相從于謙。六二其鄰也，上六其配也，故皆和之而鳴于謙。而六二又以陰處內卦之中，雖微九三，其有不謙乎？故曰：『鳴謙貞吉。』鳴以言其和于三，貞以見其出于性也。」

九三，勞謙君子，有終吉。象曰：「勞謙君子，萬民服也。」

蘇眉山曰：「勞，功也。艮之制在三，而三親以艮下坤，其謙至矣！

勞而不伐，有功而不德，是得謙之全者也。故象曰：『君子有終。』
而三亦云。」

六四，无不利，撝謙。象曰：「无不利撝謙，不違則也。」

雖居九三勞謙之上，而柔順得正，故无不利而為撝謙。夫以謙撝
謙，此真不違其則者也。

六五，不富以其鄰，利用侵伐，无不利。象曰：「利用侵伐，征不服
也。」

蘇眉山曰：「直者，曲之矯也。謙者，驕之反也。皆非德之至也。
故兩直不相容，兩謙不相使。九三以勞謙，而上下皆謙以應之。
內則鳴謙，外則撝謙，其甚者則謙謙，相追于無窮，相益不已，
則所謂裒多益寡稱物施平者，將使誰為之？若夫六五則不然，以
為謙乎，則所據者剛也。以為驕乎，則所處者中也。惟不可得而
謂之謙，不可得而謂之驕，故五謙莫不為之使也，求其所以能使
此五謙者而無所有，故曰不富以其鄰。至于侵伐而不害為謙，故
曰利用侵伐。莫不為之用者，故曰無不利。」蕅益曰：「征不服，
正是裒多名謙。」

上六，鳴謙，利用行師，征邑國。象曰：「鳴謙，志未得也。可用行
師，征邑國也。」

蘇眉山曰：「鳴謙一也。六二自得于心，而上六志未得者，以其所
居非安于謙者也。特以其配之勞謙而強應焉。貌謙而實不至，則
所服者寡矣！故雖有邑國　而猶叛之。夫實雖不足，而名在于謙，
則叛者不利，則征者利矣！」

佛法釋此六爻者，亦約二義：一約佛果八相，二約內外四眾。一約佛果八相者，初六即示現降神入胎及初生相。久證無生，復示更生，故為卑以自牧。六二即示現出家。久度生死，自言為生死故出家，是為鳴謙。九三即示現降魔成道。久超魔界，證大菩提，而為眾生現此勞事，使觀者心服。六四即示現三七思惟。久已鑒機，而不違設化儀則。六五即示現轉大法輪。本無實法，皆是善巧權現，故為不富。能令十方諸佛同為證明，故為以鄰。破眾生三惑，令歸順于性具三德，故為利用侵伐。上六即示現滅度。以眾生機盡，應火云亡，為志未得。即以滅度而作佛事，令諸眾生未種善根者得種，已種者熟，已熟者脫，為征邑國也。二約內外四眾者，初六是沙彌小眾，故為卑以自牧。六二是守法比丘眾，故為鳴謙貞吉。九三是弘法比丘，宰任玄綱，故為勞謙君子。六四是外護人中優婆塞等，故恆謙讓一切出家大小乘眾而為撝謙，乃不違則。六五是護法欲界諸天，故能摧邪以顯正，而征不服。上六是色無色天，雖亦護正摧邪，而禪定中無瞋恚相，不能作大折伏法門，故志未得。

2. （☰☱）履虎尾，不咥人，亨。[36]

約世道，則頑民既格，上下定而為履。以說應乾，故不咥人。約佛法，則魔王歸順，化道行而可履，以慈攝暴，故不咥人。約觀心，則對治之後，須明識次位，而成真造實履。觀心即佛，如「履

---

[36] 同註1，頁127－132。此卦僅注卦辭時未有「佛法釋」者。

虎尾」。不起上慢，如「不咥人，亨」也。

象曰：「履，柔履剛也。說而應乎乾，是以履虎尾，不咥人，亨。剛
中正，履帝位而不疚，光明也。」

　　履之道莫善于柔，柔能勝剛，弱能勝強。故善履者，雖履虎尾，
　　亦不咥人。不善履者，雖履平地，猶傷其足。此卦以說應乾，說
　　即柔順之謂。臣有柔順之德，乃能使彼剛健之主，中正光明，履
　　帝位而不疚，否則不免于夬履貞厲矣！佛法釋者，以定發慧，以
　　修合性，以始覺而欲上契本覺，以凡學聖，皆名為「柔履剛」。得
　　法喜名「說」，悟理性名「應乾」，不起上慢，進趣正位，則能以
　　修合性，處于法王尊位如九五也。

象曰：「上天下澤，履。君子以辯上下，定民志。」

　　佛法釋者，深知即而常六，道不浪階，是為辯上下定民志。

初九，素履，往无咎。象曰：「素履之往，獨行願也。」

　　此如伯夷叔齊之履。佛法釋者，以正慧力，深知無位次之位次。
　　以此而往，則不起上慢矣！

九二，履道坦坦，幽人貞吉。象曰：「幽人貞吉，中不自亂也。」

　　此如柳下惠、蘧伯玉之履。佛法釋者，中道定慧，進趣佛果，而
　　不自滿足。潛修密證，不求人知，故吉。

六三，眇能視，跛能履。履虎尾，咥人凶。武人為于大君。象曰：「眇
能視，不足以有明也。跛能履，不足以與行也。咥人之凶，位不當
也。武人為于大君，志剛也。」

　　此如項羽、董卓之履。佛法釋者，知性德而不知修德，如眇其一

目。尚慧行而不尚行行,如跛其一足。自謂能視,而實不見正法
身也。自謂能履,而實不能到彼岸也。高談佛性,反被佛性二字
所害。本是鹵莽武人,妄稱祖師,其不至于墮地獄者鮮矣!問:「六
三為悅之主,象辭讚其應乾而亨,爻胡貶之甚也?」答:「象約兌
之全體而言,爻約六三不與初二相合,自信自任而言。」

九四,履虎尾,愬愬終吉。象曰:「愬愬終吉,志行也。」

此如周公吐握勤勞之履。佛法釋者,定慧相濟,雖未即證中道,
然有進而無退矣!

九五,夬履貞厲。象曰:「夬履貞厲,位正當也。」

此如湯武反身之履,亦如堯舜危微允執之履。或云:「此是誡辭,
恐其為漢武也。須虛心以應柔悅之臣,乃不疚而光明耳!」佛法
釋者,剛健中正,決定證于佛性。從此增道損生,出沒化物,不
取涅槃以自安穩矣!

上九,視履考祥,其旋元吉。象曰:「元吉在上,有大慶也。」

此如堯舜既薦舜禹于天,舜禹攝政,堯舜端拱無為之履。佛法釋
者,果徹因源,萬善圓滿。復吾本有之性,稱吾發覺初心,故大
吉也。

3.(䷗)復,亨。出入无疾,朋來无咎。反復其道,七日來復,利
有攸往。[37]

約世道,則衰剝之後,必有明主中興而為復。約佛化,則淪替之

---

[37] 同註1,頁216-223。

後，必有聖賢應現，重振作之而為復。約觀心又二義，一者承上卦約失言之，剝而必復，如平旦之氣，好惡與人相近。又如調達得无根信也。二者承上卦約得言之，剝是蕩一切情執，復是立一切法體也。若依第三觀，則從假入空名剝，從空入假名復。若一心三觀，則以修脗性名剝，稱性垂化名復。復則必亨，陽剛之德為主，故出入可以无疾。以善化惡，故朋來可以无咎。一復便當使之永復，故反復其道，至于七日之久。則有始有終，可以自利利他而有攸往也。

象曰：「復，亨。剛反，動而以順行。是以出入无疾，朋來无咎。反復其道，七日來復，天行也。利有攸往，剛長也。復其見天地之心乎？」

觀心釋者，佛性名為天地之心，雖闡提終不能斷，但被惡所覆而不能自見耳！苦海无邊，回頭是岸。一念菩提心，能動無邊生死大海。復之所以得亨者，以剛德稱性而發，遂有逆反生死之勢故也。此菩提心一動，則是順修。依此行去，則出入皆无疾，朋來皆无咎矣！然必反復其道，七日來復者，體天行之健而為自強不息之功當如是也。充此一念菩提之心，則便利有攸往。以剛雖至微，而增長之勢已自不可禦也。故從此可以見吾本具之佛性矣！又出謂從空出假，入謂從假入空。既順中道法性，則不住生死，不住涅槃，而能遊戲于生死涅槃，故无疾也。朋謂九界性相，開九界之性相，咸成佛界性相，故无咎也。

象曰：「雷在地中，復。先王以至日閉關，商旅不行，后不省方。」

楊慈湖曰：「舜禹十有一月朔巡狩，但于冬至日則不行耳！」觀心釋者，復雖有剛長之勢，而利有攸往。然必靜以養其機，故觀行即佛之先王，既大悟藏性之至日，必關閉六根，脫粘內伏，暫止六度萬行商旅之事。但觀現前一念之心，而未可徧歷陰界入等諸境以省觀也。

初九，不遠復，无祇悔，元吉。象曰：「不遠之復，以修身也。」

此如顏子。約佛法者，正慧了了，頓見佛性，頓具諸行，所以元吉，如圓教初住。又約六度，即是般若正道。

六二，休復，吉。象曰：「休復之吉，以下仁也。」

此如曾子。約佛法者，正定得中，鄰真近聖，如圓教十信。又約六度，即是正定與慧相連。

六三，頻復，厲，无咎。象曰：「頻復之厲，義无咎也。」

此如子路。約佛法者，有定有慧，而不中正，故須先空次假後中，名為頻。復勤勞修證而得无咎。又約六度，即是精進勤策相續。

六四，中行獨復。象曰：「中行獨復，以從道也。」

此如蘧伯玉。約佛法者，正定而與初應，如通教利根接入于圓。又約六度，即是忍辱。由與初應，則生法二忍，便成第一義忍。

六五，敦復，无悔。象曰：「敦復无悔，中以自考也。」

此如周宣、漢文、宋仁。約佛法者，定慧調勻，亦且得中。但與陽太遠，故必斷惑證真之後，俟開顯而會入圓位，如藏通二乘。又約六度，即是持戒。雖遠于初，但自考三業無失，自然合理而得无悔。

上六，迷復，凶。有災眚。用行師，終有大敗。以其國君凶，至于十年不克征。象曰：「迷復之凶，反君道也。」

此如王安石、方孝孺等。生今反古，名為迷復。非昏迷不復之謂。約佛法者，不中不正，恃世間小定小慧以為極則，因復成迷，故不惟凶，且有災眚。若以此設化教人，必大敗法門，損如來之正法。至于十年而弗克征，以其似佛法而實非佛法，反于圓頓大乘之君道，如今世高談圓頓向上者是也。又約六度，即是布施，而遠于智慧，著相、著果報、起慢、起愛，亦能起見。故雖是善因，反招惡果，良由不達佛法之君道耳！

在這類模式裏，智旭注謙卦（☷☶）六爻，除六四爻外，皆有引蘇眉山之語。而注履卦（☰☱）謂：初九如伯夷叔齊之履，九二如柳下惠、蘧伯玉之履，六三如項羽、董卓之履，九四如周公吐握勤勞之履，九五如湯武反身之履，亦如堯舜危微允執之履，上九如堯舜既薦舜禹于天，舜禹攝政，堯舜端拱無為之履。注復卦（☷☳）謂：初九為顏子，六二為曾子，六三為子路，六四為蘧伯玉，六五為周宣王、漢文帝、宋仁帝，（蓋因五為君位，六為陰爻德柔，故舉帝王中以柔德著稱者）上六為王安石、方孝孺。皆引世間名人之德、之語，讓世人更容易的了知《易》中深意，並因之而逐漸達成其「誘儒知禪」、「會通《易》佛」的目的。

(四)無其他特殊可歸類者

除了上述以「約世道、約佛法（化）、約觀心」注卦辭後，或「於全卦最後有統論六爻之語者」，或「爻辭以「于佛法中」（約佛法）注之者」，或「六爻皆引他人注《易》語或引歷史人物以比附者」等三類語言模式外，尚有無法以一定模式歸類者，如：

1.（䷒）臨，元亨，利貞，至于八月有凶。[38]

   約世道，則幹蠱之後，可以臨民。約佛法，則弊端既革，化道復行。約觀心，則去其禪病，進斷諸惑，故元亨也。世法、佛法、觀心之法，始終須利于貞。若乘勢而不知返，直至八月，則盛極必衰，決有凶矣！八月為遯，與臨相反，謂不宜任其至于相反，而不早為防閑也。

2.（䷖）剝，不利有攸往。[39]

   象曰：「剝，剝也。柔變剛也。不利有攸往，小人長也。順而止之，觀象也。君子尚消息盈虛，天行也。」

   約世道，則偃武修文之後，人情侈樂，國家元氣必從此剝。約佛法，則規約繁興之後，真修必從此剝。約觀心有二義，一約得邊，則定慧莊嚴之後，皮膚脫盡，真實獨存，名之為剝。一約失邊，則世間相似定慧，能發世間辯才文彩，而于真修之要反受剝矣！約得別是一途，今且約失而論，則世出世法皆不利有攸往。所謂

不利有攸往者，非謂坐聽其剝，正示挽回之妙用也。往必受剝，

不往，則順而止之。所以挽回其消息盈虛之數，而合于天行也。

3. （䷙）大畜，利貞。不家食，吉，利涉大川。[40]

畜，蓄積也。蓄積其无妄之道以養育天下者也。約世道，則中興

之主，復于无妄之道，而厚蓄國家元氣。約佛化，則四依大士，

復其正法之統，而深養法門龍象。約觀心，則從迷得悟，復于无

妄之性，而廣積菩提資糧。皆所謂大畜也。世出世法，弘化進修，

皆必以正為利，以物我同養為功，以歷境練心為要，故不家食吉，

而利涉大川也。

4. （䷜）習坎，有孚。維心亨，行有尚。[41]

約世道，則太平久而放逸生，放逸生而患難洊至。約佛法，則從

化多而有漏起，有漏起而魔事必作。約觀心，則慧力勝而夙習動，

夙習動而境發必強。皆習坎之象也。然世出世法，不患有重沓之

險難，但患無出險之良圖。誠能如此卦之中實有孚，深信一切境

界皆唯心所現，則亨而行有尚矣！又何險之不可濟哉？

5. （䷝）離，利貞亨。畜牝牛吉。[42]

火性無我，麗附草木而後可見，故名為離。約世道，則重險之時，

必麗正法以御世。約佛法，則魔擾之時，必麗正教以除邪。約觀

心，則境發之時，必麗正觀以銷陰，故皆利貞則亨也。牝牛柔順

---

[40] 同註1，頁231－236。

[41] 同註1，頁247－252。

[42] 同註1，頁252－256。

而多力，又能生育犢子，喻正定能生妙慧。

6.（☲）咸，亨，利貞，取女吉。[43]

艮得乾之上爻而為少男，如初心有定之慧，慧不失定者也。兌得坤之上爻而為少女，如初心有慧之定，定不失慧者也。互為能所，互為感應，故名為咸。約世道，則上下之相交。約佛法，則眾生諸佛之相叩。約觀心，則境智之相發。夫有感應，必有所通。但感之與應皆必以正，如世之取女，必以其禮，則正而吉矣！

7.（☱）夬，揚于王庭，孚號有厲。告自邑，不利即戎，利有攸往。[44]

約世道，則民說无疆，坐享豐樂，而所行必決。約佛法，則損己利他，化功歸己。決當進斷餘惑，證極果也。夫世間豈容有陽而無陰，有男而無女，有君子而無小人。然陰居陽上，女占男先，小人據于居子之上，則必將共決去之，必將至于王庭以揚之，必將相約相信而聲明其罪以號之。凡此皆有厲之道也。吾謂宜反身修德而告自邑，不宜以力爭而即戎。但使以德往化，則无不利矣！佛法釋者，體惑法界，即惑成智，名告自邑。敵對相除，名為即戎。

8.（☰）姤，女壯，勿用取女。[45]

約世道，則決之于意中者，必將遇之于意外。約佛法，則決斷餘

---

[43] 同註1，頁260－266。

[44] 同註1，頁333－338。

[45] 同註1，頁338－345。

惑而上同諸佛者，必巧用性惡而下遇眾生。又約究竟，則夬是无間道，姤是解脫道。[46]約初心，則夬是乾慧，姤是理水也。以無號之一陰，忽反于下而得其所安，勢必漸壯。故九二宜包而有之，不宜使賓取之。佛法釋者，在佛為性惡法門，在眾生不了，則為修惡。九二行菩薩道，自可示同修惡，不令餘人作惡。又解脫道，一得永得，名女壯。無所取著，名勿用取女。理水亦爾。

　　此類共有臨（䷒）、剝（䷖）、大畜（䷙）、坎（䷜）、離（䷝）、咸（䷞）、夬（䷪）、姤（䷫）等八卦。

　　統論蕅益智旭主要以「約世道、約佛法（化）、約觀心」釋卦辭的語言模式而注《易》者，扣掉重複出現的卦，共有小畜（䷈）、泰（䷊）、否（䷋）、同人（䷌）、大有（䷍）、謙（䷎）、豫（䷏）、隨（䷐）、蠱（䷑）、觀（䷓）、噬嗑（䷔）、賁（䷕）、无妄（䷘）、復（䷗）、頤（䷚）、大過（䷛）、履（䷉）、臨（䷒）、剝（䷖）、大畜（䷙）、坎（䷜）、離（䷝）、咸（䷞）、夬（䷪）、姤（䷫）等二十五卦。

---

46 无間道與解脫道，皆是所謂四道之一。四道，指斷除煩惱，證得真理的四種過程。一、加行道，又稱方便道，為求斷除煩惱而行準備之修行，是進入无間道前的準備。二、无間道，又稱无礙道，指直接斷除煩惱之修行，由此可無間隔的進入解脫道。三、解脫道，即已自煩惱中解脫，證得真理，獲得解脫之修行。四、勝進道，又稱勝道，三餘道，於解脫道之後，更進一步行其餘之殊勝行，而全然完成解脫。

二、卦辭以「觀心」釋之，再於全卦最後統論六爻

滇益智旭注《易》，於全卦最後再統論六爻之例者，除上述以「約世道、約佛法（化）、約觀心」注卦辭者，如小畜·(䷈)、泰(䷊)、否(䷋)、同人(䷌)、大有(䷍)、謙(䷎)、豫(䷏)、隨(䷐)、蠱(䷑)、觀(䷓)、噬嗑(䷔)、賁(䷕)、无妄(䷘)等十三卦外，尚有以「觀心」釋卦辭後，再於全卦最後統論六爻者，如：

1.(䷥) 睽，小事吉。[47]

夫善修身以齊家者，則六合可為一家。苟齊之不得其道，則一家之中睽隔生焉。如火與澤，同在天地之間，而上下情異。又如二女，同一父母所生，而志不同行，是豈可以成大事乎？姑任其火作火用，澤作澤用，中女適張，小女適李可耳！觀心者亦復如是，出世禪定，世間禪定，一上一下，所趣各自不同。圓融之解未開，僅可取小證也。

……

上九，睽孤，見豕負塗，載鬼一車。先張之弧，後說之弧，匪寇婚媾，往遇雨則吉。象曰：「遇雨之吉，群疑亡也。」

上九與六三相應，本非孤也。睽而未合，則有似乎孤矣！三本不與二、四相染，而其跡似汙，故見豕負塗也。二、四各自有遇，本无心于染三，而虛妄生疑，故載鬼一車也。先則甚疑，故張弧而欲射之。後疑稍緩，故說弧而往視之。逮見其果非與寇結為婚

---

[47] 同註1，頁296－305。

媾，于是釋然如雲既雨而吉矣！既不疑三，亦不疑二與四，故群疑亡。

統論六爻，惟初九剛正最善濟睽，餘皆不得其正，故必相合乃有濟也。佛法釋者，惟根本正慧，能達以同而異，故即異而恆同。否則必待定慧相資，止觀雙運，乃能捨異生性必同生性耳！

2. (䷧) 解，利西南，无所往，其來復吉。有攸往，夙吉。[48]

世間之局，未有久寒窒而不釋散者。方其欲解，則貴剛柔相濟，故利西南。及其既解，則大局已定，更何所往？唯來復于常道而已。設有所往，皆當審之于早。不審輒往，凶且隨之，寧得吉乎？此如良將用兵，祇期歸順。良醫用藥，祇期病除。觀心修證，祇期復性。別无一法可取著也。

……

上六，公用射隼于高墉之上，獲之，无不利。象曰：「公用射隼，以解悖也。」

隼高飛而善摯，以喻負且乘之六三也。當解之時，人人樂為君子，獨六三悖理飛摯，二雖田之，四雖解之，以皆各有正應，不同上六之在局外。又陽與陰情必相得，故或以為狐，或以為拇，不如上六之絕無情係，直以為隼。且居卦終，則公侯之位也。柔而得正，則藏器于身，待時而動者也，故獲之而无不利。

觀心釋六爻者，六三即所治之惑，餘五爻皆能治之法也。初以有

慧之定，上應有九四有定之慧。惑不能累，故无咎。九二以中道慧，上應六五中道之定。而六三以世間小定小慧，乘其未證，竊思亂之，故必獵退狐疑，乃得中直正道。六三依于世禪，資于世智，起慢起見，妄擬佛祖，故為正道之所對治。九四有定之慧，固能治惑，以被六三見慢所負，且未達中道，故必待九二中道之慧，始能解此體內之惑。六五以中道定，下應九二中道之慧，慧能斷惑，則定乃契理矣！上六以出世正定，對治世禪世智邪慢邪見，故无不利。

3. (☴) 巽，小亨。利有攸往，利見大人。[49]

善處旅者，无入而不自得。不巽則无以自容矣！巽以一陰入于二陽之下，陰有能，而順乎陽以致用，故小亨而利有攸往、利見大人也。觀心釋者，增上定學，宜順于實慧以見理。

……

上九，巽在牀下，喪其資斧，貞凶。象曰：「巽在牀下，上窮也。喪其資斧，正乎凶也。」

以陽剛居卦上，舉凡九五、九二之能巽者，皆在我牀下矣！而我方上窮而不知，故初六、六四之資斧，皆為二、五所用，而不為我用。其凶也，是其正也，何所逃乎？

佛法釋六爻者，初是世間事禪，有進有退。二是空慧，宜史巫以通實相。三是乾慧，不能固守。四是出世間禪，多諸功德。五是

---

[49] 同註1，頁417－422。

中道正慧，接別入圓，故无初有終。上是邪慧，滅絕功德。

　　此類共有睽（䷥）謂：「統論六爻」，解（䷧）謂：「觀心釋六爻者」與巽（䷸）謂：「佛法釋六爻者」三卦。

三、全卦在以世法疏釋後，再幾全以「佛法釋」釋之

　　除了上述蕅益智旭以「約世道、約佛法（化）、約觀心」，或以「觀心」釋卦辭後，再於全卦最後有統論六爻之語的主要注解《易經》語言模式外，尚有在全卦以世法疏釋後，再以「佛法釋」釋之者，如：

1.（䷂）屯，元亨利貞，勿用有攸往，利建侯。[50]

　　乾、坤始立，震一索而得男，為動，為雷。坎再索而得男，為陷，為險，為雲，為雨。乃萬物始生之時，出而未申之象也。始則必亨，始或不正，則終于不正矣！故元、亨而利于于正焉。此元、亨、利、貞，即乾、坤之元、亨、利、貞也。乾、坤全體太極，則屯亦全體太極也。而或謂乾、坤二卦大，餘卦小，不亦惑乎？夫世既屯矣！儻務往以求功，祇益其亂。唯隨地建侯，俾人人各歸其主，各安其生，則天下不難平定耳！楊慈湖曰：「理屯如理絲，固自有其緒。建侯，其理之緒也。」佛法釋者，有一劫初成之屯，有一世初生之屯，有一事初難之屯，有一念初動之屯。初成、初

---

[50] 同註1，頁71－83。此卦僅九五小象無「佛法釋」之例。

生、初難，姑置弗論。一念初動之屯，今當說之。蓋乾、坤二卦，表妙明明妙之性覺。性覺必明，妄為明覺，所謂真如不守自性。無明初動，動則必至因明立所而生妄能，成異立同，紛然難起，故名為屯。然不因妄動，何有修德？故曰：「無明動而種智生，妄想興而涅槃現。」此所以元、亨而利、貞也。但一念初生，既為流轉根本，故「勿用有所往」。有所往，則是順無明而背法性矣！惟利即于此處用智慧深觀察之，名為建侯。若以智慧觀察，則知念无生相，而當下得太平矣！觀心妙訣孰過于此。

象曰：「屯，剛柔始交而難生，動乎險中，大亨貞。雷雨之動滿盈，天造草昧，宜建侯而不寧。」

乾、坤立而剛柔交，一索得震為雷，再索得坎為雨，非難生乎？由動故大亨，由在險中故宜貞。夫雷雨之動，本天地所以生成萬物。然方其盈滿交作時，則天運尚自草亂昧暝。諸侯之建，本聖王所以安撫萬民。然方其初建，又豈可遽謂寧貼哉？佛法釋者，無明初動為剛，因明立所為柔。既有能所，便為三種相續之因，是難生也。然此一念妄動，既是流轉初門，又即還滅關竅，惟視其所動何如耳！當此際也，三細方生，六麤頓具，故為雷雨滿盈，天造草昧之象。宜急以妙觀察智重重推簡，不可坐在滅相無明窠臼之中。蓋凡做工夫人，若見雜念暫時不起，便妄念為得力。不知滅是生之窠宅，故不可守此境界，遇須推破之也。

象曰：「雲雷屯，君子以經綸。」

在器界，則有雲雷以生草木。在君子，則有經綸以自新新民。約

新民論經綸，古人言之詳矣！約自新論經綸者，豎觀此心不在過現未來，出入無時，名為經。橫觀此心不在內外中間，莫知其鄉，名為綸也。佛法釋者，迷于妙明明妙真性，一念無明動相即為雷，所現晦昧境界之相即為雲，從此便有三種相續，名之為屯。然善修圓頓止觀者，只須就路還家。當知一念動相即了因智慧性，其境界相即緣因福德性。于此緣了二因，豎論三止三觀名經，橫論十界百界千如名綸也。此是第一觀不思議境。

初九，磐桓，利居貞，利建侯。

有君德而无君位，故磐桓而利居貞。其德既盛，可為民牧，故利建侯以濟屯也。佛法釋者，一念初動，一動便覺。不隨動轉，名為磐桓，所謂不遠之復，乃善于修證者也。由其正慧為主，故如頓悟法門。

象曰：「雖磐桓，志行正也。以貴下賤，大得民也。」

磐桓不進，似无意于救世。然斯世絕非強往求功者所能救，則居貞乃所以行正耳！世之屯也，由上下之情隔絕。今能以貴下賤，故雖不希望為侯，而大得民心，不得不建之矣！佛法釋者，不隨生死流，乃其隨順法性流而行于正者也。雖復頓悟法性之貴，又能不廢事功之賤，所謂以中道妙觀徧入因緣事境，故正助法門並得成就，而大得民。

六二，屯如邅如，乘馬班如。匪寇婚媾，女子貞不字，十年乃字。

柔德中正，上應九五，乃乘初九得民之侯，故邅如班如而不能進也。初本非寇，而二視之則以為寇矣！吾豈與寇為婚媾哉？寧守

貞而不字，至于十年之久，乃能字于正應耳！吳幼清曰：「二、三、四在坤為數十，過坤十數，則逢五正應而許嫁矣！」佛法釋者，此如從次第禪門修證功夫。蓋以六居二，本是中正定法，但不能頓悟，必備歷觀練熏修諸禪方見佛性，故為十年乃字。

象曰：「六二之難，乘剛也。十年乃字，反常也。」

乘剛故自成難，非初九難之也。數窮時極，乃反于常，明其不失女子之貞。佛法釋者，乘剛即是煩惱障重。故非次第深修諸禪，不足以斷惑而反歸法性之常。

六三，即鹿无虞，惟入于林中。君子幾，不如舍，往吝。

欲取天下，須得賢才，譬如逐鹿須藉虞人。六三自既不中不正，又无應與，以此濟屯，屯不可濟，徒取羞耳！佛法釋者，欲修禪定，須假智慧。自无正智，又无明師良友，瞎鍊盲修，則墮坑落塹不待言矣！君子知幾，寧捨蒲團之功，訪求知識為妙。若自信自恃，一昧盲往，必為无聞比丘，反招墮落之吝。

象曰：「即鹿无虞，以從禽也。君子舍之，往吝窮也。」

堯舜揖讓，固是有天下而不與。湯武征誅，亦是萬不得已。為救斯民，非富天下。今六三不中不正，居下之上，假言濟屯，實貪富貴，故曰以從禽也。從禽已非聖賢安世之心，況无應與，穴得不吝且窮哉？佛法釋者，貪著昧禪，名為從禽，本无菩提大志願故。

六四，乘馬班如，求婚媾往，吉无不利。

柔而得正，居坎之下，近于九五，進退不能自決，故乘馬而班如

也。夫五雖君位，不能以貴下賤，方屯其膏。初九得民于下，實我正應，奈何不急往乎？故以吉无不利策之。佛法釋者，六四正而不中，以此定法而修，則其路迂遠難進。惟求初九之明師良友以往，則吉无不利矣！

象曰：「求而往，明也。」

佛法釋者，不恃禪定功夫，而求智慧師友，此真有決擇之明者也。

九五，屯其膏，小貞吉，大貞凶。

屯難之世，惟以貴下賤，乃能得民。今尊居正位，專應六二，膏澤何由普及乎？夫小者患不貞一，大者患不廣博，故在二則吉，在五則凶也。佛法釋者，中正之慧固可斷惑，由其早取正位，則墮聲聞辟支佛地，所以四弘膏澤不復能下于民。在小乘則速出生死而吉，在大乘則違遠菩提而凶。

象曰：「屯其膏，施未光也。」

非无小施，特不合于大道耳！

上六，乘馬班如，泣血漣如。

以陰居陰，處險之上。當屯之終，三非其應，五不足歸，而初九又甚相遠，進退无據，將安歸哉？佛法釋者，一味修于禪定，而无慧以濟之，雖高居三界之頂，不免窮空輪轉之殃，決不能斷惑出生死，故乘馬班如。八萬大劫，仍落空亡，故泣血漣如。

象曰：「泣血漣如，何可長也。」

佛法釋者，八萬大劫，究竟亦是无常。

2. (䷆) 師，貞，丈人吉，无咎。[51]

夫能自訟，則不至于相訟矣！相訟而不得其平則亂，亂則必至于用師。勢之不得不然，亦撥亂之正道也。但兵凶戰危，非老成有德之丈人何以行之？佛法釋者，蒙而無過，則需以養之。蒙而有過，則訟以改之。但眾生煩惱過患無量，故對破法門亦復無量。無量對破之法名之為師，亦必以正治邪也。然須深知藥病因緣，應病與藥。猶如老將，善知方略，善知通塞，方可吉而无咎。不然，法不逗機，藥不治病，未有不反而為害者也。

象曰：「師，眾也。貞，正也。能以眾正，可以王矣！剛中而應，行險而順，以此毒天下，而民從之，未有不反為害者也。」

用眾以正，謂六五專任九二為將，統御群陰，此王者之道也。兵者不得已而用之，猶藥治病，故名為毒天下。佛法釋者，師是眾多法門，貞是出世正應也。能以眾多法門正無量邪惑，則自利利他，可以為法王而統治法界矣！剛中則定慧莊嚴，隨感而應。雖行于生死險道，而未嘗不順涅槃，以此圓頓妙藥，如毒鼓毒乳，毒于天下，而九界之民皆悉從之。吉，又何咎矣？

象曰：「地中有水，師。君子以容民畜眾。」

地中有水，水載地也。君子之德猶如水，故能容陰民而畜坤眾。容民即所以畜眾，未有戕民以養兵者也。為君將者，奈何弗深思哉？佛法釋者，一切諸法中，悉有安樂性，亦悉具對治法。如地

---

[51] 同註1，頁104－111。

中有水之象，故君子了知八萬四千塵勞門，即是八萬四千法門，而不執一法，不廢一法也。此是善識通塞，如撫之即民即兵，失之則為賊為寇。

初六，師出以律，否臧凶。

大司馬九伐之法名之為律，師出苟不以律，縱令徼幸成功，然其利近，其禍遠，其獲小，其喪大，故凶。孟子所謂一戰勝齊遂有南陽，然且不可也。佛法釋者，初機對治之法，無過大小乘律。若違律制，則身口意皆悉不善而凶矣！

象曰：「師出以律，失律凶也。」

九二，在師中，吉，无咎。王三錫命。

以大將才德，膺賢主專任，故但有吉而无咎也。陳旻昭曰：「九二以一陽，而五陰皆為所用，不幾為權臣乎？故曰：『在師中吉』，以見在朝則不可也。」佛法釋者，有定之慧，徧用一切法門，自治治他，故吉且无咎，而法王授記之矣！

象曰：「在師中吉，承天寵也。王三錫命，懷萬邦也。」

自古未有無主于內，而大將能立功于外者。九二之吉，承六五之寵故也。為天下得人者謂之仁，故三錫命于賢將，即所以懷萬邦。佛法釋者，承天行而為聖行梵行等，所謂一心中五行，故為法王所寵而授記，以廣化萬邦也。

六三，師或輿尸，凶。

不中不正，才弱志剛，每戰必敗，不言可知。佛法釋者，不知四悉因緣，而妄用對治，反致損傷自他慧命。

象曰：「師或輿尸，大无功也。」

六四，師左次，无咎。

　雖柔弱而得正，不敢行險徼倖以自取敗，故无咎也。佛法釋者，
　此如宣律師不敢妄號大乘。

象曰：「左次无咎，未失常也。」

六五，田有禽，利執言，无咎。長子帥師，弟子輿尸，貞凶。

　柔中之主，當此用師之時，仗義執言以討有罪，固无過也。但恐
　其多疑，而不專任九二之長子，故誡以弟子輿尸，雖正亦凶。佛
　法釋者，田中有禽，妨害良禾。喻心有煩惱，妨害道芽也。利執
　言者，宜看經教以照了之也。然看經之法，依義不依語，依了義
　不依不了義，依智不依識。若能深求經中義理，隨文入觀，則如
　長子帥師。若但著文字，不依實義，則如弟子輿尸，雖貞亦凶。
　此如今時教家。

象曰：「長子帥師，以中行也。弟子輿尸，使不當也。」

上六，大君有命，開國承家，小人勿用。

　方師之始，即以失律凶為誡矣！今師終定功，又誡小人勿用。夫
　小人必徼倖以取功者耳！蘇氏云：「聖人用師，其始不求苟勝，故
　其終可以正功。」佛法釋者，正當用對治時，或順治，或逆治，
　于通起塞，即塞成通，事非一概。今對治功畢，入第一義悉檀。
　將欲開國承家，設大、小兩乘教法以化眾生，止用善法，不用惡
　法。儻不簡邪存正，簡愛見而示三印一印，則佛法與外道幾无辨
　矣！

象曰:「大君有命,以正功也。小人勿用,必亂邦也。」

3.（䷇）比,吉。原筮元永貞,无咎。不寧方來,後夫凶。[52]

用師既畢,踐天位而天下歸之。名比,比未有不吉者也。然聖人用師之初心,但為救民于水火,非貪天下之富貴。今功成眾服,原須細自筮審,果與原初心相合而永貞,乃无咎耳!夫如是,則萬國歸化,而不寧方來。彼負固不服者,但自取其凶矣!佛法釋者,善用對破法門,則成佛成祖,九界歸依,名比。又觀心釋者,既知對破通塞,要須道品調適,七科三十七品相屬相連名比。仍須觀所修行,要與不生不滅本性相應,名「原筮元永貞,无咎」。所謂圓四念處,全修在性者也。一切正勤根力等,无不次第相從,名「不寧方來」。一切愛見煩惱不順正法門者,則永被摧壞而凶矣!

象曰:「比,吉也。比,輔也。下順從也。原筮元永貞无咎,以剛中也。不寧方來,上下應也。後夫兄,其道窮也。」

比則必吉,故非衍文,餘皆可知。佛法釋者,約人,則九界為下,順從佛界為輔。約法,則行行為下,順從慧行為輔。剛中,故能全性起修全修在性。上下應者,約人,則十界同稟道化。約法,則七科皆會圓慧也。其道窮者,約人,則魔外不順佛化而墮落。約法,則愛見不順正法而被簡也。

象曰:「地上有水,比。先王以建萬國親諸侯。」

建萬國親諸侯,即所謂開國承家者也。佛法釋者,地如境諦,水

---

[52] 同註1,頁112-120。此卦僅注初六爻辭、六四小象無「佛法釋」者。

如觀慧。地如寂光，水如三土差別，皆比之象也。約化他，則建三土網剎，令諸菩薩轉相傳化。約觀心，則立陰界入等一切境以為發起觀慧之地。觀慧名諸侯也。此是道品調適，謂七科三十七品相比無間。

初六，有孚比之，无咎。有孚盈缶，終來有他吉。

柔順之民，率先歸附，有孚而无咎矣！下賤之位，雖如缶器，而居陽位，有君子之德焉。故為有孚盈缶，將來必得徵庸，有他吉也。約佛法者，初六如人道，六二如欲天，六三如魔天，六四如禪天，九五如佛為法王，上六如無想及非非想天。今人道易趣菩提，故有他吉。約觀心者，初六如藏教法門，六二如通教法門，六三如愛見法門，六四如別教法門，九五如圓教真正法門，上六如撥無因果邪空法門。今藏教正因緣境，開之即是妙諦，故有他吉。

象曰：「比之初六，有他吉也。」

六二，比之自內，貞吉。

柔順中正之臣，上應陽剛中正之君，中心比之，故正而吉也。佛法釋者，欲天有福，亦復有慧，但須內修深定，又通界教內巧度，與圓教全事即理相同，但須以內通外。

象曰：「比之自內，不自失也。」

六三，比之匪人。

不中不正，居下之上又無陽剛師友以諫諍之，故曰比之匪人。佛法釋者，魔波洵無一念之善，又愛見絕不與佛法相應。

象曰:「比之匪人,不亦傷乎?」

六四,外比之,貞吉。

柔而得正,近于聖君,吉之道也。但非其應,故名外比,誡之以貞。佛法釋者,色界具諸禪定,但須發菩提心,外修一切差別智門。又別教為界外拙度,宜以圓融正觀接之。

象曰:「外比于賢,以從上也。」

九五既有賢德,又居君位,四外比之,理所當然,亦分所當然矣!

九五,顯比。王用三驅,失前禽,邑人不誡,吉。

陽剛中正,為天下之共主,故名顯比。而聖人初無意于要結人心也,如成湯于四面之網解其三面,任彼禽獸驅走。雖失前禽,邑人亦知王意而不警誡,此所謂有天下而不與,吉之道也。佛法釋者,法王出世,如果如當空,名「顯比」。三輪施化,又初中後三語誘度,又令種熟脫三世得益,名「王用三驅」。于無緣人善用大捨三昧,即諸佛弟子,亦不強化無緣之人,名「失前禽,邑人不誡」。觀心釋者,實慧開發,如赫日麗天,名「顯比」。一心三觀,又轉接會前三教,名「王用三驅」。覺意三昧,隨起隨觀,不怕念起,只怕覺遲。一覺則歸于正念,不以前念之非介懷,名「失前禽,邑人不誡」。

象曰:「顯比之吉,位正中也。舍逆取順,失前禽也。邑人不誡,上使中也。」

上六,比之无首,凶。

陰柔無德,反據聖主之上,眾叛親離,不足以為人首矣!佛法釋

者，窮空輪轉，不能見佛聞法。假饒八萬劫，不免落空亡。觀心釋者，豁達空，撥因果，自謂毗盧頂上行，悟得威音王那畔又那畔。實不與真實宗乘相應，業識茫茫，無本可據。生死到來，便如落湯螃蟹也。

象曰：「比之无首，無所終也。」

4. （☲☴）家人，利女貞。[53]

欲救天下之傷，莫若反救于家庭。欲正家庭之化，莫若致嚴于女貞。牝雞之晨，維家之索，不可以不誡也。佛法釋者，觀行被魔事所擾，當念唯心。唯心為佛法之家，仍須以定資慧，以福助智，以修顯性，名「利女貞」。

象曰：「家人，女正位乎內，男正位乎外。男女正，天地之大義也。家人有嚴君焉，父母之謂也。父父子子，兄兄弟弟，夫夫婦婦，而家道正。正家，而天下定矣！」

佛法釋者，禪定持心，則內冥法體。智慧了境，則外施化用。修德之定慧平正，本乎性德之寂照不二也。在因名「男女」，在果名「父母」。既證果德，十界歸仰，故名「嚴君」。性修不濫，名「父父子子」。真俗並照，名「兄兄弟弟」。福慧互資，名「夫夫婦婦」。一世界清淨故，十方世界皆悉清淨，名「正家而天下定」也。

象曰：「風自火出，家人。君子以言有物而行有恆。」

---

[53] 同註 1，頁 291－296。此卦則僅有〈象曰〉以「佛法亦然」表之，而無「佛法釋」。

火因風鼓，而今風自火出。猶家以德化，而今德從家播也。有物則非無實之言，有恆則非設飾之行。所以能刑于寡妻，至于兄弟，以御于家邦耳！佛法亦然。律儀清淨，則可以攝善攝生矣！

初九，閑有家，悔亡。象曰：「閑有家，志未變也。」

以剛正居有家之初，即言有物行有恆以閑之，則可保其終不變矣！佛法釋者，即是增上戒學。

六二，无遂，在中饋，貞吉。象曰：「六二之吉，順以巽也。」

陰柔中正，而為內卦之主。故每事不敢自專自遂，唯供其中饋之職而已。佛法釋者，即是增上定學。

九三，家人嗃嗃，悔厲吉。婦子嘻嘻，終吝。象曰：「家人嗃嗃，未失也。婦子嘻嘻，失家節也。」

過剛不中，似失于嚴厲者。然以治家正道觀之，則未失而仍吉。儻畏其悔厲，而從事于嘻嘻。始似相安，終以失家節而取吝矣！佛法釋者，即是增上慧學。

六四，富家大吉。象曰：「富家大吉，順在位也。」

陰柔得正，為巽之主，所謂生財有大道者也。佛法釋者，即緣因善心發，富有萬德，名為解脫。

九五，王假有家，勿恤吉。象曰：「王假有家，交相愛也。」

假，大也。《書》云：「不自滿假。」《詩》云：「假以溢我。」又曰：「假哉皇考。」皆取大義。九五陽剛中正，而居天位，以六合為一家者也。大道為公，何憂恤哉？樂民之樂者，民亦樂其樂，故交相愛。佛法釋者，正因理心發，性修交徹，顯法身德。

上九，有孚威如，終吉。象曰：「威如之吉，反身之謂也。」

剛而不過，居巽之上，卦之終，其德可信，故不猛而威如。所謂
其儀不忒，正是四國者也。佛法釋者，了因慧心發，稱理尊重，
名般若德。

在上述所引之例中，其注屯（䷂）、師（䷆）、比（䷇）時，不論
是卦辭、彖辭、象辭以及六爻爻辭，皆在以世法疏釋後，再加以「佛
法釋」釋之。在注家人（䷤）時，除六爻皆以「佛法釋」釋之外，
更於「佛法釋」後，分別謂：初九是增上戒學、六二是增上定學、
九三是增上慧學、六四為緣因善心發，富有萬德，名為解脫、九五
為正因理心發，性修交徹，顯法身德、上九為了因慧心發，稱理尊
重，名般若德。所謂「增上」，乃增勝上進，即加強力量以助長進之
意。所謂「緣因」，指的是一切功德善根能資助智慧之了因，開發正
因之性。所謂「正因」，指的乃是本具法性之理，能生一切善法者。
所謂「了因」，指的是以智慧照了法性之理，為輔助生成之資緣者，
與緣因名異而義同。

四、全卦僅卦辭以「佛法釋」釋之，其餘無「佛法釋」者

1. （䷲）震，亨。震來虩虩，笑言啞啞。震驚百里，不喪匕鬯。[54]
   主重器者莫若長子，長子未有不奮動以出者也，故震則必亨。然

---

[54] 同註 1，頁 376－382。

其亨也，必有道以致之。方其初動而來，虩虩乎，如蠅虎之周環顧慮，仍不失其和，而笑言啞啞。夫惟存于己者既嚴且和，以此守重器而為祭主。縱遇震驚百里之大變，能不喪其匕鬯矣！佛法釋者，一念初動，即以四性四運而推簡之，[55] 名為「虩虩」。知其無性無生，名為「笑言啞啞」。煩惱業境種種魔事橫發，名為「震驚百里」，不失定慧方便，名為「不喪匕鬯」也。

象曰：「震，亨。震來虩虩，恐致福也。笑言啞啞，後有則也。震驚百里，驚遠而懼邇也。出可以守宗廟社稷，以為祭主也。」

恐懼乃能致福也，福不可以倖邀，所謂生于憂患也。啞啞亦非放逸，仍不失其法則也。惟其養之有素如此，故雖當驚遠懼邇之變，人皆退避，而偏能出此凝定之神以當之，可以守宗廟社稷而為祭主也。為祭主，即是不喪匕鬯註腳。

象曰：「洊雷震，君子以恐懼修省。」

君子不憂不懼，豈俟雷洊震而後恐懼修省哉？恐懼修省，正指平日不睹不聞慎獨功夫。平日功夫能使善長惡消，猶如洊雷能使陽

55　四性，指菩薩之四種性質：一、自性，謂菩薩之自性本來賢良。二、願性，謂菩薩發菩提心，願悟道成佛。三、順性，謂菩薩順六波羅蜜（即布施、持戒、忍辱、精進、禪定、智慧六波羅蜜）而修行。四、轉性，謂菩薩以修行之功而轉凡成聖；而所謂四運，則指心識運轉及進展的四個過程：一、未念，指名心未起。念雖未起，然仍為慾念。二、慾念，指名心慾起。三、念，名正緣境住。四、念已，名緣境謝。慾念雖滅，然仍非永滅。若能知此四念之運轉，知道過去已去，未來未至，而不住現在，則入一相無相，而達無生之境也。此謂之為「四運推撿觀」。

舒陰散也。惟其恐懼修省慣于平日，故雖遇洊雷，亦復不憂不懼矣！問曰：「孔子迅雷風烈必變，復云何通？」答曰：「此是與天地合德，變則同變，亦非憂懼。」

初九，震來虩虩，後笑言啞啞，吉。象曰：「震來虩虩，恐致福也。笑言啞啞，後有則也。

六爻皆明恐懼修省之道，而德有優劣，位有當否，故吉凶分焉。

初九剛正，為震之主，主器莫若長子，吉可知矣！

六二，震來厲，億喪貝，躋于九陵。勿逐，七日得。象曰：「震來厲，乘剛也。」

六二乘初九之剛，蓋嚴憚切磋之畏友也。藉此深自惕厲，以振刷我陰柔懦弱之習。舉吾平日所謂中正純善多種寶貝盡喪不顧，直躋于乾健高明之九陵，勿更留意求逐。然至于七日，復其故位，則中正純善之德仍在矣！

六三，震蘇蘇，震行无眚。象曰：「震蘇蘇，位不當也。」

三遠于初，初之所以驚發我者，蘇蘇而不切矣！三當自以震行，勿因遠于畏友　而緩其恐懼修省之功，則无眚也。

九四，震遂泥。象曰：「震遂泥，未光也。」

九四亦震主也，以陽居陰，復陷四陰之間，雖似洊至，遂失其威而入泥，豈能如虩虩啞啞之有光哉？

六五，震往來厲，億无喪有事。象曰：「震往來厲，危行也。其事在中，大无喪也。」

震六二者惟初九，故但云來厲。震六五者，則初九與九四也。初

震既往，四震復來，五得藉此以自惕屬。令所行日進于高明，故曰危行。猶所云邦有道危言危行也。以六居五，不過于柔，又得中道。故其德甚多，而毫无所喪，但有恐懼修省之事耳！

上六，震索索，視矍矍，征凶。震不于其躬，于其鄰，无咎。婚媾有言。象曰：「震索索，中未得也。雖凶无咎，畏鄰戒也。」

初九之剛，固不足以及我。九四震亦遂泥，聲已索索無餘威矣！而陰柔弱極，方且視矍矍而惶惑無措，以此征往，則中心無主，神已先亂，凶可知也。然震既不及其身，止及其鄰，即因震鄰而恐懼修省，亦可无咎。但禍未至而先防，乃明哲保身之道。儻與婚媾商之，必反以為迂而有言矣！君子可弗自勉乎？

2.（☶☴）漸，女歸吉，利貞。[56]

夫敦艮既非面牆，則止而不失其行之時矣！行之以巽，故名曰漸。君子將致身以有為，必如女之歸夫，始終以禮而非苟合，乃得吉耳！苟不利貞，則躁進固足取辱，雖漸進亦豈能正人哉？佛法釋者，理則頓悟，乘悟並銷，如震虩而艮敦。事非頓除，因次第盡，[57]如女歸而漸進。又次第禪門名之為「女」，[58]即事禪而達實相名之為「歸」，以圓解徧修事禪名之為「貞」。

---

[56] 同註 1，頁 389－396。

[57] 次第，順序之意，二十四不相應法之一，為因果——流轉中所立之假名。即一切有為法非同時俱轉，而有前後次序者，稱為次第。

[58] 次第禪門，即指（隋）智顗述、法慎記的《釋禪波羅蜜次第法門》（《大正新脩大藏經第四十六冊 No.1916》）的簡稱，又作禪波羅蜜、次第止觀。

彖曰:「漸之進也,女歸吉也。進得位,往有功也。進以正,可以正
邦也。其位,剛得中也。止而巽,動不窮也。」

　　進有頓漸,今明以漸而進,故如女歸則吉也。得位則往有功,儻
　　進不得位,則不可往明矣!以正則可正邦,儻進不以正,則不能
　　正邦明矣!然此卦何以為進得位?則由九五剛得中耳!何以為往
　　有功?則由止而巽故動不窮耳!止者動之源,設無止體,則一動
　　即窮,如溝澮因雨暫盈,可立待其涸也。

象曰:「山上有木,漸。君子以居賢德善俗。」

　　木在山上,以漸而長,觀者不覺。君子居德亦復如是。山有喬木,
　　則山益高。俗有居賢德之君子,則俗益善。

　　初六,鴻漸于干,小子厲。有言,无咎。象曰:「小子之厲,義无
　　咎也。」

　　洪覺山曰:「漸何以象鴻也?鴻,水鳥。木落南翔,冰泮北徂,出
　　則有時,居則有序。」蘇眉山曰:「鴻,陽鳥而水居。在水則以得
　　陸為安,在陸則以得水為樂者也。」初六陰爻,如鴻在水,上无
　　應與,故為漸于水涯。于人則為小子,正宜乾乾惕厲。且宜有言
　　以求人之切磋琢磨,如鴻在干,而哀鳴覓伴,乃无咎也。无應本
　　宜有咎,以當漸初,而能自厲,則其義可无咎矣!

　　六二,鴻漸于磐,飲食衎衎,吉。象曰:「飲食衎衎,不素飽也。」

　　二亦在水,而應九五,則如漸于磐石,飲啄皆和樂矣!養道以待
　　時,豈无事而食哉?

　　九三,鴻漸于陸,夫征不復,婦孕不育,凶。利禦寇。象曰:「夫征

不復，離群醜也。婦孕不育，失其道也。利用禦寇，順相保也。」

　　九三陽爻，如鴻在陸，上无應與，則无水矣！鴻不亂配，而六四
　　亦无應與，與三相鄰。設三征而從四，則為離鴻群而可醜。設四
　　俯而就三，則為失其道而雖孕亦不敢育，凶可知已。夫非配而私
　　相為配，以理言之則寇也。三若守正而禦之，則在我既无離群之
　　醜，在四亦无失道之凶，乃可順相保耳！

六四，鴻漸于木，或得其桷，无咎。象曰：「或得其桷，順以巽也。」

　　四亦在水，而乘九三之剛，不足安身。如漸于木，非鴻之所能棲，
　　以鴻之趾連　　不能握木故也。或得其橫而且大有如桷者，庶幾可
　　以无咎。意指上附九五言之，蓋以陰居陰則順，為巽之主則巽。
　　故可冀其无咎耳！

九五，鴻漸于陵，婦三歲不孕，終莫之勝，吉。象曰：「終莫之勝吉，
得所願也。」

　　五本在陸，而居尊位，則如高陵矣！下應六二之婦，方飲食衎衎
　　以自養，非九三之所能汙，故三歲不孕終莫之勝而吉也。聖王得
　　名世之臣，滿其夢卜求賢本願，不亦快乎？

上九，鴻漸于陸，其羽可用為儀，吉。象曰：「其羽可用為儀吉，不
可亂也。」

　　上亦在陸者也。但九三為木落南翔之陸，入于人中，故凶。上九
　　為冰泮北歸之陸，超于天外，故吉。所謂鴻飛冥冥，弋者何慕。
　　但可遠望其羽，用為高人達士之儀則耳！又凡鴻飛之時，成配者
　　以次在後，孤而无侶者獨在于前。今上九超然物外，下无應與，

如世間義夫，志不可亂，故吉也。以羽為儀，則其為用也大矣！故曰聖人百世之師。

3. (䷵) 歸妹，征凶，无攸利。[59]

夫漸而進者，未有不歸其所者也。以少女而歸長男，過以相與，亦既得其所歸。然一歸則當終身守之，若更他往則凶。又設以少女用事擅權，則无所利。佛法釋者，修次第禪，蓋攝世間事定而歸佛法正慧者也。儻直用此事定而設化儀，則必墮於愛見之網而凶。若耽著此定，則紆偏權曲徑而无所利也。

象曰：「歸妹，天地之大義也。天地不交，而萬物不興。歸妹，人之終始也。說以動，所歸妹也征凶，位不當也。无攸利，柔乘剛也。」

如人有正配而不育，則必取少女以育子，此亦天地之大義。以例國君用名世為宰輔，不妨用小才小德為百官。觀心用妙定合妙慧，不妨用次第諸禪助神通。設使天地不交，則萬物不興。故歸妹者，乃人道之以終而成始者也。夫如是，則歸妹何過？獨恨其以說而動，則名為繼嗣，實在情欲。如國君名為群寮，實在便嬖。觀心名為助道，實在味禪，故所歸者名為妹也。女捨夫而他適，臣捨君而他往，定捨慧而獨行，則必得凶。以卦中陰爻之位皆不當故，女恃愛而司晨，臣恃寵而竊柄，定久習而耽著，則无攸利。以卦中六三之柔，乘九二、初九之剛，六五、上六之柔，乘九四之剛故。

---

[59] 同註1，頁396－404。

象曰：「澤上有雷，歸妹。君子以永終知敝。」

　　方雷之動，必感于澤，而雷則易息，澤恆如故，此豈可為夫婦恆久之道？亦豈君臣相遇之道？亦豈定慧均平之道乎？君子之于事也，未暇問其所始，先慮永其所終。苟以永終為慮，則知歸妹之敝矣！昔有賢達，年高無子，誓不取妾。其妻以為防己之妒也，宛轉勸曰：「君勿忌我，以致無後。」賢達曰：「吾豈不知卿有賢德哉？吾年老矣！設取幼妾，未必得子。吾沒之後，彼當如何？是以誓弗為耳！」其妻猶未深信，乃密訪一少艾，厚價買之，置酒于房，誘其夫與之同飲。抽身出房，反鎖其門。賢達毅然從窗越出，喻其妻曰：「吾豈以衰頹之身汙彼童女，令彼後半世進退失措也，幸速還彼父母，勿追其價。」于是妻及親友无不歎服。未幾，妻忽受胎，連育三子，後皆顯達。此所謂永終知敝，以德動天者乎？聖人于〈象傳〉中，隨順恆情，則以天地大義許之。于〈大象〉中，勸修陰德，則以永終敝知醒之。知此義者，亦可治國，亦可觀心矣！

初九，歸妹以娣，跛能履，征吉。象曰：「歸妹以娣，以恆也。跛能履吉，相承也。」

　　此卦以下兌為妹，以震為所歸者也。兌三爻中，六三為妹，而初九、九二從嫁者為娣。震三爻中，九四為所歸主，而六五如帝乙之主婚，上六如宗廟之受祭。今初九以剛正之德，上從六三之妹，歸于九四，而為其娣。六三如跛，待初能履，故得征吉。娣之為德，貴在能恆，相承于三，則三吉而初亦吉矣！

九二，眇能視，利幽人之貞。象曰：「利幽人之貞，未變常也。」

以剛中之德，亦從六三而為娣。六三如眇，待二能視，夫不自有其明，而使人獲其視，非幽人之貞其孰能之？然亦止是娣德之常耳！

六三，歸妹以須，反歸以娣。象曰：「歸妹以須，未當也。」

為兌之主，恐其說之易動也，故誡之曰須待六五之命，勿令人輕我，而反重我之娣以歸也。由位未當，故誡之。

九四，歸妹愆期，遲歸有時。象曰：「愆期之志，有待而行也。」

三既須五命而後歸我，則我之歸妹不愆期乎？然雖遲歸，會須有時。如大舜不得父命，則待帝堯之命而行也。

六五，帝乙歸妹，其君之袂，不如其娣之袂良。月幾望，吉。象曰：「帝乙歸妹，不如其娣之袂良也。其位在中，以貴行也。」

五為帝乙，六三為妹，亦稱女君。初九、九二為娣，以袂而論，則三不如初之與二。以女而論，則如月幾望而圓滿矣！夫以帝女之貴，而能行嫁于下，不驕不亢，豈非吉之道乎？

上六，女承筐无實，士刲羊无血，无攸利。象曰：「上六无實，承虛筐也。」

震為兌所承之筐，兌為震所刲之羊。三承于六，筐則无實。六刲于三，羊則无血。故无攸利。蓋生不積德，死後無靈，不能使子孫繁衍，至于不獲。已而歸妹，此非女士之過，皆上六无實之過也。君子永終知敝，早見及于此矣！

　　由上引諸例，可知智旭注震（☳）、漸（☴）及歸妹（☳）三卦，僅卦辭有「佛法釋」，其他注彖辭、象辭及諸爻之辭，皆無以「佛法釋」釋之者。

五、全卦似無佛教相關字眼，然實仍引佛學概念釋之者

1.（☳）恆，亨，无咎。利貞，利有攸往。[60]

　　夫感應之機，不可一息有差，而感應之理，則亙古不變者也。依常然之理而為感應，故澤山得名為咸。依逗機之妙而論常理，故雷風得名為恆。澤山名咸，則常即无常。雷風名恆，則无常即常。又咸是澤山，則无常本常。恆是雷風，則常本无常。二鳥雙遊之喻，于此亦可悟矣！理既有常，常則必亨，亦必无咎。但常非一定死執之常，須知有體有用。體則非常非无常，用則雙照常與无常。悟非常非无常之體，名為「利貞」。起能常能无常之用，名「利有攸往」也。

象曰：「恆，久也。剛上而柔下，雷風相與。巽而動，剛柔相應。恆亨无咎利貞，久于其道也。天地之道，恆久而不已也。利有攸往，終則有始也。日月得天而能久照，四時變化而能久成。聖人久于其道而天下化，觀其所恆，而天地萬物之情可見矣！」

　　恆何以名久，以其道之可久也。震體本坤，則剛上而主之。巽體本乾，則柔下而主之。此剛柔相濟之常道也。雷以動之，風以鼓

---

[60] 同註 1，頁 266－271。

之，此造物生成之常道也。巽于其內，動于其外，此人事物理之常道也。剛柔相應，此安立對待之常道也。久于其道，即名為貞，便可亨而无咎，天地之道亦若是而已矣！始既必終，終亦必始，始終相代故非常，始終相續故非斷。非斷非常，故常與无常二義俱成，天地則有成住壞空，日月則有晝夜出沒，四時則有乘除代謝，聖道則有始終體用。皆常與无常二義相存，而體則非常非无常，強名為恆者也。

象曰：「雷風恆，君子以立不易方。」

方者，至定而至變，至變而至定者也。東看則西，南觀成北，不亦變乎？南決非北，東決非西，不亦定乎？立不易方，亦立于至變至定，至定至變之道而已。

初六，浚恆，貞凶，无攸利。象曰：「浚恆之凶，始求深也。」

夫居咸者，每患無主靜之操持。而居恆者，每患無變通之學問。今初六以陰居下，知死守而不知變通，求之愈深，愈失亨貞攸往之利，故凶。

九二，悔亡。象曰：「九二悔亡，能久中也。」

以剛居柔，且在中位，不偏不倚，無適無莫，乃久于中道。非固執不通之恆，故悔亡也。

九三，不恆其德，或承之羞，貞吝。象曰：「不恆其德，无所容也。」

過剛不中，以應上六，未免宜久而不肯久，正與初六相反。然過猶不及，且陽剛而反不恆，尤可羞矣！張慎甫曰：「三之不恆，藉口圓融變通而失之者也。」

九四，田无禽。象曰：「久非其位，安得禽也？」

　　四為震主，恆于動者也。動非可久之位，安能得禽？蓋靜方能有
　　獲耳！

六五，恆其德，貞。婦人吉，夫子凶。象曰：「婦人貞吉，從一而終
也。夫子制義，從婦凶也。」

　　柔中而應九二之賢，似得恆之正者。然大君宰化導之權，乃絕無
　　變通闔闢之用，不幾為婦道乎？

上六，振恆，凶。象曰：「振恆在上，大无功也。」

　　陰居動極，志大而才小，位尊而德薄，且下應九三不恆之友，其
　　何以濟天下哉？王安石、方孝孺似之。

2. (䷰) 革，巳日乃孚，元亨利貞，悔亡。[61]

　　夫邑改而井不改者，言其處也。井舊，則无禽而泥，可弗革乎？
　　學者以變化氣質為先，猶火之鍛金也。方其鍛也，金必苦之。既
　　鍛成器，而後信火之功也。此革之道，即乾坤之道，大亨以正者
　　也。未信故有悔，已孚則悔亡矣！

象曰：「革，水火相息。二女同居，其志不相得，曰革。巳日乃孚，
革而信之，文明以說，大亨以正。革而當，其悔乃亡。天地革而四
時成。湯武革命，順乎天而應乎人，革之時大矣哉！」

　　革而信之，明未革則人不信也。革而當，乃使人信。其悔乃亡，
　　明不當則悔不亡也。須如天地之革時，湯武之革命，方可取信于

---

[61] 同註 1，頁 366－370。

人耳！革何容易？

象曰：「澤中有火，革。君子以治曆明時。」

時無實法，依于色心分位假立。心無形像，依色表見。色有共相及不共相，共相之在上者為日月星宿。因日月星宿周行于天，據其所歷之度，以明春夏秋冬之時。春則萬物皆春，乃至冬則萬物皆冬。故知時惟心現，無在而無所不在。猶如火性無我，亦無在而無所不在。雖澤中亦自有之，彼大海中火光常起，即其驗也。

初九，鞏用黃牛之革。象曰：「革用黃牛，不可以有為也。」

離為能革，兌為所革。而初九居下，上無應與，此不可以有為者也。但用黃牛之革以自鞏固可耳！

六二，巳日乃革之，征吉无咎。象曰：「巳日革之，行有嘉也。」

陰柔中正，為離之主，得革物之全能者也。革必巳日乃孚，而上應九五，是其嘉配，故征吉而无咎。

九三，征凶貞厲，革言三就，有孚。象曰：「革言三就，又何之矣！」

過剛不中，而應上六。上六陰柔得正，乃君子而如文豹者也。何容更以剛燥革之？征則必凶。雖得其貞，亦仍危厲，但可自革以相順從。其言至于三就，庶亦可以取信也。

九四，悔亡，有孚改命吉。象曰：「改命之吉，信志也。」

兌金之質，本待鍛以成器，而九四无應于下，則无肯成我者，悔可知也。但剛而不過，又附近于離體之上，其志可信，故悔亡而有孚。可改其所秉之定命，而日進于自利利他之域矣！

九五，大人虎變，未占有孚。象曰：「大人虎變，其文炳也。」

以陽剛中正之大人，又得六二陰柔中正之應以輔助之，故如虎之神變，炳乎有文。不待占而足以取信于天下也。

上六，君子豹變，小人革面。征凶，居貞吉。象曰：「君子豹變，其文蔚也。小人革面，順以從君也。」

豹亦生而有文者也，但待時而變現耳！九三剛燥小人，既見其變，亦革言三就，以相順從。然僅革面，未始革心，君子正不必深求也。若欲令心革而往征之，未免得凶，惟居貞以默化之則吉。

3. (䷳) 艮其背，不獲其身。行其庭，不見其人。无咎。[62]

夫動與止，雖是相對待法，亦是相連屬法，又是無實性法，究竟是無二體法也。不動曰止，不止曰動，此約相對待言也。因動有止，因止有動，此約相連屬言也。止其動則為靜，止其靜則為動，動其止則為動，動其動則為止，此約無實性言也。止即是動，故即寂恆感；動即是止，故即感恆寂，此約無二體言也。知動止無二體者，始可與言止矣！夫人之一身，五官備于面，而五臟司之。五臟居于腹，而一背繫之。然玄黃朱紫陳于前，則紛然情起。若陳于背，則渾然罔知，故世人皆以背為止也。然背之止也，縱令五官競騖于情欲，而仍自寂然，逮情之動也。縱復一背原無所分別，而畢竟隨往。故以面從背，則背止而面亦隨止。以背從面，則面行而背亦隨行。究竟面之與背，元非二體，不可兩判。今此卦上下皆艮，止而又止，是艮其背者也。艮背何以能无咎哉？是

必不獲其身，行其庭不見其人，斯无咎耳！身本非實，特以情欲
錮之，妄見有身。今向靜時觀察，其中堅者屬地，潤者屬水，煖
者屬火，動者屬風。眼耳鼻舌異其用，四支頭足異其名，三百六
十骨節，八萬四千毫竅，畢竟以何為身？身既了不可得，即使歷
涉萬變，又豈有人相可得哉？故行其庭而亦不見其人。此則止不
礙行，即行恆止，故无咎也。

象曰：「艮，止也。時止則止，時行則行，動靜不失其時，其道光明。
艮其止，止其所也。上下敵應，不相與也。是以不獲其身，行其庭
不見其人，无咎也。」

止其行而為靜，止其止而為動。動靜以時，無非妙止，故其道光
明也。止非面牆之止，所非處所之所。特以法法本不相知，法法
本不相到，猶此卦之上下敵應而不相與，是以覓身了不可得。雖
行其庭，而亦了無人相可見，合于光明之道而无過也。

象曰：「兼山艮，君子以思不出其位。」

兩山並峙，各安其位者也。是故草木生之，禽獸居之，寶藏興焉，
位位無非法界故也。君子于此非不思也，知離此現前之位，別無
一法可得，故思不出其位。不出位而恆思，則非枯槁寂滅。思而
不出其位，則非馳逐紛紜。恆思則能盡其位之用，故一切旋乾轉
坤事業，無不從此法界流。不出則能稱其位之量，故一切位天育
物功能，無不還歸此法界。

初六，艮其趾，无咎。利永貞。象曰：「艮其趾，未失正也。」

居艮之下，其位為趾。止之于初，不令汩于所欲往，斯固未失正

而无咎矣！然必利于永貞，時止則止，時行則行，乃獲敦艮之吉耳！

六二，艮其腓，不拯其隨，其心不快。象曰：「不拯其隨，未退聽也。」

趾也，腓也，股也，皆隨心而為行止者也。然趾無力，不能自專。又正行時，趾元自止。今六二其位為腓，而以陰居陰。當艮之時，力能專止而不隨心動，故曰不拯其隨。此非動靜不失其時之道。蓋由未肯謙退，而聽命于天君，故令其心不快。

九三，艮其限，列其夤，屬薰心。象曰：「艮其限，危薰心也。」

三位在限，而以剛居剛，為艮之主，則腰臁硬直，不可屈申者也。夫上下本自相聯，猶如夤然。今分列而不相繫屬，其危不亦薰心矣乎？

六四，艮其身，无咎。象曰：「艮其身，止諸躬也。」

四位在於胸腹，象云艮其背，而此直云艮其身，身止則背不待言矣！夫千愆萬繆皆由身起。今陰柔得正，能止諸躬，何咎之有？楊龜山曰：「爻言身象言躬者，伸為身，屈為躬。屈伸在我不在物。」兼爻與象，是屈伸兼用矣！

六五，艮其輔，言有序，悔亡。象曰：「艮其輔，以中正也。」

五位在心，心之聲由輔以宣，而以陰居陽，又復得中，能于言未出口前豫定其衡，故言无妄發，發必有序，而口過終可免矣！

上九，敦艮，吉。象曰：「敦艮之吉，以厚終也。」

為艮之主，居卦之終，可謂止于至善，無所不用其極者矣！性德本厚，而修德能稱性復之，故曰以厚終也。震為長男，故舉乾之

全體大用而兆于其初。艮為少男，故舉乾之全體大用而敦于其上。

一始一終，知及仁守之功備，非動非靜之體復矣！

4.（䷶）豐，亨。王假之，勿憂，宜日中。[63]

家有妻妾則豐，國有多士則豐。觀心有事禪助道則豐，豐則必亨，

然非王不足以致豐。豐則可憂，而勿徒憂，但宜如日之明照萬彙

可也。

象曰：「豐，大也。明以動，故豐。王假之，尚大也。勿憂，宜日中，

宜照天下也。日中則昃，月盈則食。天地盈虛，與時消息，而況于

人乎？況于鬼神乎？」

明而不動，動不以明，皆非王者之道，皆不可以致豐，故惟王乃

能尚大耳！所謂勿憂宜日中者，亦非止之令其不昃，正宜用其明

以照天下，則不為豐所蔽也。至于昃食盈虛，雖天地不能違時，

徒憂何益？

象曰：「雷電皆至，豐。君子以折獄致刑。」

折獄如電之照，致刑如雷之威。天之雷電，偶一至焉。常至則物

必壞，君子之用刑獄，不得已爾，輕用則民必傷。天之雷電必在

盛夏，君子之用刑獄，必于豐樂康阜之時。」

初九，遇其配主，雖旬无咎，往有尚。象曰：「雖旬无咎，過旬災也。」

他卦六爻，每以陰陽相應為得，所謂沈潛剛克，高明柔克也。惟

豐六爻，則陽與陽相得，陰與陰相得，所謂強弗友剛克，燮友柔

克也。初九剛正，遇九四為其配主，互相砥礪，故雖旬无咎，而
往有尚。若不速往，至于過旬，不免日中則昃而有災矣！

六二，豐其蔀，日中見斗，往得疑疾，有孚發若，吉。象曰：「有孚
發若，信以發志也。」

六二為離之主，至明者也。上與六五柔中合德，可以互相資益。
而六五為九四所隔，如豐其蔀而日中見斗者焉。夫六五變友，可
以誠感，而不可以急應，故往則反得疑疾。惟有孚發若則吉，蓋
信以除疑，發以撤蔀也。蔀本無實，因疑故有。志發則疑除，疑
除，則蔀撤而見九二之日矣！五本賢君，故其志可發。

九三，豐其沛，日中見沬，折其右肱，无咎。象曰：「豐其沛，不可
大事也。折其右肱，終不可用也。」

以剛正而居離體，可以照天下者也。應于上六，陰陽交而霈然大
雨，故于日中但見水沬紛飛，失王假尚大之事，終不可以有為矣！
明莫若左，動莫若右。上六居震之極，妄動自傷，故在九三如折
右肱。此上之咎也，非三咎也。

九四，豐其蔀，日中見斗，遇其夷主，吉。象曰：「豐其蔀，位不當
也。日中見斗，幽不明也。遇其夷主，吉行也。」

以陽剛為震之主，興雲蔽日，故為豐蔀見斗。幸遇初九剛正，如
日方升而往有尚，力能等我而為夷主，相與催散陰霾，行照天下，
不失豐亨之義，故吉也。六二之豐蔀見斗，乃指六五被九四所蔽。
今九四則自豐其蔀，致使日中見斗，故以位不當幽不明責之。

六五，來章，有慶譽，吉。象曰：「六五之吉，有慶也。」

柔中居尊，而六二以信發之，雖全賴彼離明之德，亦實由我能來
之也。君臣合德，天下胥蒙其慶矣！

上六，豐其屋，蔀其家，闚其戶，闃其無人。三歲不覿，凶。象曰：
「豐其屋，天際翔也。闚其戶，闃其無人，自藏也。」

以陰居陰，處震之極，豐之上，拒絕離明，惟恐容光之或照及我
也。故豐其屋，則堂高數仞，飛檐斜桷，若欲翔于天際者。蔀其
家，則多設覆蔽，深自藏隱，縱闚戶而闃若無人者。此乃從闇至
闇，雖至三歲猶不相覿，凶何如哉？三歲言其甚久，亦以隔于九
三，共三爻故。

5. (䷼) 中孚，豚魚吉，利涉大川，利貞。[64]

四時有節，故萬物信之，而各獲生成。數度德行有節，故天下信
之，而成其感應。孚者，感應契合之謂。中者，感應契合之源也。
由中而感，故由中而應，如豚魚之拜風，彼豈有安排布置思議測
度也哉？中孚而能若豚魚拜風，則吉矣！然欲致此道，則利涉大
川，而又利貞。蓋不涉川，不足以盡天下之至變。不利貞，不足
以操天下之至恆。不涉川，則不能以境鍊心而致用。不利貞，則
不能以理融事而立本也。

象曰：「中孚，柔在內而剛得中。說而巽，孚乃化邦也。豚魚吉，信
及豚魚也。利涉大川，乘木舟虛也。中孚以利貞，乃應乎天也。」

合全卦而觀之，二柔在內，則虛心善順，毫無暴戾之私。分上下

---

[64] 同註1，頁437－445。

而觀之，兩剛得中，則篤實真誠，毫無情欲之雜。兌悅則感人以和，巽順則入人必洽，故邦不祈化而自化也。信及豚魚，猶言信若豚魚。蓋人心巧智多而機械熟，失无心之感應，不及豚魚之拜風者多矣！故必信若豚魚，而後可稱中孚也。巽為木，為舟，浮于澤上。內虛而木堅，故能無物不載，無遠不達。人之柔在內如虛舟，剛得中如堅木，斯可歷萬變而無敗也。夫中孚即天下之至貞，惟利貞乃成中孚，此豈勉強造作所成，乃應乎天然之性德耳！試觀颶風將作，豚魚躍波。魚何心于感風？風何心于應魚？蓋其機則至虛，其理則至實矣！吾人現在一念心性亦復如是。不在內，不在外，不在中間，不在過去，不在現在，不在未來，覓之了不可得，可謂至虛。天非此無以為覆，地非此無以為載，日月非此無以為明，鬼神非此無以為靈，萬物非此無以生育，聖賢非此無以為道。體物而不可遺，可謂至實。夫十方三世之情執本虛，而心體真實，決不可謂之虛。天地萬物之理體本實，而相同幻夢，決不可謂之實。是故柔與剛非二物，內與中非二處也。知乎此者，方可名貞，方可涉川，方信及豚魚而吉矣！

象曰：「澤上有風，中孚。君子以議獄緩死。」

澤感風而應，風施而澤受，隨感隨應，隨施隨受，此中孚之至也。君子知民之為惡也，蓋有出于不得已者焉。如得其情，則哀矜而勿喜，故于獄則議之，功疑惟重，罪疑惟輕也。于死則緩之，與其殺不辜，寧失不經也。如此，則殺一人而天下服，雖死不怨殺者矣！

初九，虞吉，有他不燕。象曰：「初九虞吉，志未變也。」

君子戒慎乎其所不睹，恐懼乎其所不聞，皆是向一念未生前下手。即本體即功夫，即功夫即本體，故能遯世不見知而不悔。而天地位焉，萬物育焉，所謂闇然而日章者也。纔起一念，則名為他，則志變而不燕矣！小人而無忌憚，行險徼倖，皆從此一念構出，可不虞之于初也哉？中孚以天地萬物為公，若專應六四，便名有他。

九二，鳴鶴在陰，其子和之。吾有好爵，吾與爾靡之。象曰：「其子和之，中心願也。」

剛得中而居二陰之下，此正闇然日章者也。鶴鳴子和，感應並出于天然，豈有安排勉強，故曰中心願也。子無專指，但取同德相孚之人。

六三，得敵，或鼓或罷，或泣或歌。象曰：「或鼓或罷，位不當也。」

若以卦體合觀，則三與四皆所謂柔在內者也。今以諸爻各論，則六三陰不中正，為兌之主。本應上九，而彼方登天獨鳴，不來相顧。近得六四，敵體同類，故有時欣其所得，則或鼓；有時怨其所應，則或罷。有時遙憶上九，則或泣；有時且娛六四，則或歌。皆由無德，不能當位故也。

六四，月幾望，馬匹亡，无咎。象曰：「馬匹亡，絕類上也。」

柔而得正，陰德之盛者也，故如月幾望焉。六三妄欲得我為匹，我必亡其匹，絕其類，乃上合于天地萬物為公之中孚而无咎也。

九五，有孚攣如，无咎。象曰：「有孚攣如，位正當也。」

陽剛中正，居于尊位，德位相稱，天下信之，擎如而不可移奪者
也。然亦止盡中孚之道而已，豈有加哉？故但曰无咎，亦猶圓滿
菩提歸无所得之旨歟！

上九，翰音登于天，貞凶。象曰：「翰音登于天，何可長也。」

剛不中正，居巽之上，卦之終，自信其好名好高情見，而不知柔
內得中之道者也。如雄雞捨其牝而登鳴于屋，已為不祥，況欲登
天？天不可登，必以怪而殺之矣！何可長也。

　　在上引諸卦中，可見智旭注恆卦（䷟）表面皆無「佛法釋」、「觀
心釋」、「以佛法釋之」、「約佛法」、「約佛化」等，明白以佛教教義
釋之的字眼，但其釋恆（䷟）卦辭時，或云：「依常然之理而爲感應，
故澤山得名爲咸。依逗機之妙而論常理，故雷風得名爲恆。」或謂：
「澤山名咸，則常即无常。雷風名恆，則无常即常。又咸是澤山，
則无常本常。恆是雷風，則常本无常。二鳥雙遊之喻，于此亦可悟
矣！」又云：「但常非一定死執之常，須知有體有用。體則非常非无
常，用則雙照常與无常。悟非常非无常之體，名爲利貞。起能常能
无常之用，名利有攸往也。」是又全以佛教教義釋《易經》卦爻之
義也。

　　而其注革卦（䷰）表面亦無「佛法釋」、「觀心釋」、「以佛法釋
之」、「約佛法」、「約佛化」等，明白以佛教教義釋之的字眼，但其

釋革（䷰）〈大象〉時，則以「色心分位假立」[65]及「共相、不共相」等佛教語言概念，[66]而云：「時無實法，依于色心分位假立。心無形像，依色表見。色有共相及不共相，共相之在上者爲日月星宿。因日月星宿周行于天，據其所歷之度，以明春夏秋冬之時。春則萬物皆春，乃至冬則萬物皆冬。故知時惟心現，無在而無所不在。猶如火性無我，亦無在而無所不在。雖澤中亦自有之，彼大海中火光常起，即其驗也。」注初九爻辭時，以佛教「能所」的概念，[67]而謂：「離爲能革，兌爲所革。」是又以佛教教義釋《易經》卦爻之義也。

其注艮卦（䷳）表面亦無「佛法釋」、「觀心釋」、「以佛法釋之」、「約佛法」、「約佛化」等，明白以佛教教義釋之的字眼，但其釋艮（䷳）之卦辭時，引佛教「相對待法、相連屬法、無實性法、無二體法」，[68]講艮之動與止之義，而謂：「夫動與止，雖是相對待法，亦是相連屬法，又是無實性法，究竟是無二體法也。不動曰止，不

---

[65] 色，指物質存在之總稱。分位，指時分與地位，謂事物或生變化之時分與地位。爲顯假立法之詞。如波爲水之鼓動分位，故波爲假立於水上之分位者，是離波則水無實法也。

[66] 所謂共相，指的是與自相（即自性，指自己特有之性質）相對的共同之相的概念，如無我、無常、空、苦等一切共通之義相。或指與不共相（則爲自身所受用之身體）相對的概念，爲眾人共同所感，共同受用之相，如山河大地等。

[67] 佛教用語，能爲動作之主體，所爲動作之客體（對象）。

[68] 相對待法，指世間一切皆相對而存在的。相連屬法，指世間一切皆具因果關係而成。無實性法，指世間一切皆非圓滿、成就、無漏者。無二體法，指真理唯一無二。

止曰動，此約相對待言也。因動有止，因止有動，此約相連屬言也。止其動則為靜，止其靜則為動，動其止則為動，動其動則為止，此約無實性言也。止即是動，故即寂恆感；動即是止，故即感恆寂，此約無二體言也。知動止無二體者，始可與言止矣！」又引佛教法界觀念，[69]而謂：「兩山並峙，各安其位者也。是故草木生之，禽獸居之，寶藏興焉，位位無非法界故也。」亦是以佛教教義釋《易經》卦爻之義也。

　　其注豐卦（䷶）表面亦無「佛法釋」、「觀心釋」、「以佛法釋之」、「約佛法」、「約佛化」等，明白以佛教教義釋之的字眼，但其釋豐（䷶）卦辭時，謂：「觀心有事禪助道則豐，豐則必亨，然非王不足以致豐。」亦是以佛教教義釋《易經》卦爻之義也。

　　其注中孚卦（䷼）表面皆無「佛法釋」、「觀心釋」、「以佛法釋之」、「約佛法」、「約佛化」等，明白以佛教教義釋之的字眼，但其釋中孚（䷼）〈象曰〉時，引佛教「現前一念心性，覓之了不可得」及「十方三世之情執本虛，而心體真實」的概念，而謂：「魚何心于感風？風何心于應魚？蓋其機則至虛，其理則至實矣！吾人現在一念心性亦復如是。不在內，不在外，不在中間，不在過去，不在現在，不在未來，覓之了不可得，可謂至虛。天非此無以為覆，地非此無以為載，日月非此無以為明，鬼神非此無以為靈，萬物非此無以生育，聖賢非此無以為道。體物而不可遺，可謂至實。夫十方三

---

[69] 法界，指意識所緣一切對象，泛指一切有為、無為之法。

世之情執本虛，而心體真實，決不可謂之虛。天地萬物之理體本實，而相同幻夢，決不可謂之實。是故柔與剛非二物，內與中非二處也。知乎此者，方可名貞，方可涉川，方信及豚魚而吉矣！」又在注初九時，引佛教「向一念未生前下手」的概念，而謂：「君子戒慎乎其所不睹，恐懼乎其所不聞，皆是向一念未生前下手。」注九五時謂：「故但曰无咎，亦猶圓滿菩提歸无所得之旨歟！」又皆引佛教義理釋《易經》卦爻辭者也。

六、以佛法釋而無可歸類者

蕅益智旭《周易禪解》「以佛解《易》」的語言模式，除上述五類外，亦有無法歸類，卻仍具某些個別特徵者，今說明如下，以求能完整認識《周易禪解》全貌。

(一)全卦爻辭以「六即」[70]釋之者

這類注《易》模式者有：

（䷯）井，改邑不改井，无喪无得，往來井井。汔至，亦未繘井。

---

[70] 六即，指與真理相即，成爲一體的六個階段，是天台宗另立圓教菩薩的六行位。一、理即：謂一切眾生皆住於佛性如來藏之理。二、名字即：指聽聞一實菩提之說，而於名字（名言概念）通達解了之位。三、觀行即：指既知名字而起觀行，心觀明了，理慧相應之位。四、相似即：指止觀愈趨明靜，而得六根清淨，斷除見思之惑，制伏無明，相似於真證者。五、分證即，又作分真即：謂分斷無明而證中道之位。六、究竟即：謂究竟諸法實相之位，爲圓教究竟之極果。此六位雖有六種之別，而其體性不二，彼此互即。

羸其瓶，凶。[71]

夫井者，居其所而遷者也。知井之居所而遷，則知困之窮而通矣！故次困而明井，邑可改，井不可改。可改則有喪有得，既不可改，何喪何得？食水者往，未食者來。人有往來，井何往來？下瓶將及于水曰「汔至」，得水收繩未盡曰「未繘井」。繘井則有功，未繘羸其瓶則凶。此皆人之得喪，非井之得喪也。知井无得喪，則知性德六而常即。知人有得喪，則知修德即而常六。故曰：「井，德之地也。」又曰：「井以辯義。」

象曰：「巽乎水而上水，井。井養而不窮也。改邑不改井，乃以剛中也。汔至亦未繘井，未有功也。羸其瓶，是以凶也。」

水輪含地，故鑿地者無不得水。喻如來藏性具一切陰界入等，故觀陰界入者無不得悟藏性，但貴以妙止觀力深入而顯發之。藏性一顯，自養養他更無窮盡也。困之貞大人吉，曰以剛中。今改邑不改井，亦曰乃以剛中。困似專指修德，其實發明全修在性。今似專指性德，其實要人全性起修。故隨明未有功而羸瓶則凶，其重修德甚矣！

象曰：「木上有水，井。君子以勞民勸相。」

夫擔水惠人，則所及者寡。鑿井任汲，則所潤者多。擔水者有作善，鑿井者无作善也。君子之慰勞于民也，則勸其交相為養焉。故養而不窮矣！

---

[71] 同註1，頁361－365。

初六，井泥不食，舊井无禽。象曰：「井泥不食，下也。舊井无禽，
時舍也。」

　井之六爻，三陰為井，三陽為泉。初居最下，故象如泥。不惟人
　不食之，禽亦不顧之矣！理即佛也。[72]

九二，井谷射鮒，甕敝漏。象曰：「井谷射鮒，无與也。」

　在下之中，故為井谷。有泉可以射鮒，而上无應與，如甕既敝漏，
　不能相汲也。此是名字即佛。薄有聞熏，未成法器。

九三，井渫不食，為我心惻，可用汲。王明，並受其福。象曰：「井
渫不食，行惻也。求王明，受福也。」

　以陽居陽，其泉潔矣！猶居下卦，不為人食，是可惻也。上六應
　之，故可用汲。蓋王既明而用賢，則賢者之福非止獨受而已。此
　是觀行即佛。圓伏五住故井渫，未證理水故不食。宜求諸佛加被，
　則可自利利他也。

---

[72] 智旭此處以天台宗就佛而判立之六即位，稱為六即佛，而論井卦六爻。一、
理即佛，又作理佛，指一切眾生。蓋因一切眾生本具佛性之理，故皆為佛。
二、名字即佛，又作名字佛，指或從善知識處聞知，或從經卷中聞得，而了
知「理即佛」之名，此等人於名字中通達解了一切諸法皆是佛法，故謂之。
三、觀行即佛，指既了知一切法皆是佛法，進而依教修行，達至心觀明了，
理慧相應，觀行相即之人。此等之人，言如所行，行如所言，故謂觀行即佛。
四、相似即佛，愈觀愈明，愈止愈寂，而得六根清淨，斷除見思之惑，制伏
無明之人。此等人雖未能真證其理，但於理彷佛，有如真證，故稱為相似即
佛。五、分證即佛，又作分真即佛，指分斷無明而證中道之位者。六、究竟
即佛，指究竟圓滿覺智，證入極果妙覺之佛位者。然此六者雖有六種之別，
而其體性不二而彼此互即也。

六四，井甃无咎。象曰：「井甃无咎，修井也。」

　　甃者，以磚石包砌其傍，所以禦汙而潔泉者也，故曰修井。此是
相似即佛。從思慧入修慧，禦二邊之汙，而潔中道之泉。

九五，井冽寒泉食。象曰：「寒泉之食，中正也。」

　　陽剛中正，泉之至潔而冷然者也。功及于物，故得食之。此是分
證即佛。中道理水，自利利他。

上六，井收勿幕，有孚元吉。象曰：「元吉在上，大成也。」

　　以陰居上，如井之收。收，即井欄。常露之而勿幕，眾皆汲之，
而所養無窮矣！此是究竟即佛。功德滿足，盡未來際恆潤眾生。

　　其注井卦（䷯）時，於六爻釋辭中，直接將六爻與六即相比附，
且謂六爻爲六即佛也。其云：「初六爲理即佛、九二爲名字即佛、九
三爲觀行即佛、六四爲相似即佛、九五爲分證即佛、上六爲究竟即
佛」。[73]

(二)六爻皆引他人之語以注之者

　　這類注《易》模式，除謙卦（䷎）（除六四外）各爻皆引蘇眉山

---

[73] 另外，智旭注觀卦，雖於六爻之中，並未以六即釋之，但於最後特立一段文
字，謂：「初是理即、二是名字即、三是觀行即、四是相似即、五是分證即、
六是究竟即。」（同註 1，頁 198）其注賁卦，亦與觀卦相同，雖於六爻之中，
未以六即釋之，亦於最後特立一段文字，謂：「初九爲理賁、六二爲名字賁、
九三爲觀行賁、六四爲相似賁、六五爲分證賁、上九爲究竟賁。」（同註 1，
頁 210）

注《易》之語，已歸他類外，尚有如：

（䷄）需，有孚，光亨貞吉。利涉大川。[74]

養蒙之法，不可欲速，類彼助苗，故必需其時節因緣。時節若到，
其理自彰。但貴因真果正，故有孚則光亨而貞吉也。始雖云需，
究竟能度生死大川，登于大般涅槃彼岸矣！

象曰：「需，須也。險在前也。剛健而不陷，其義不困窮矣！需有孚，
光亨貞吉。位乎天位，以正中也。利涉大川，往有功也。」

險在前而知須，乃是剛健之德，不妄動以自陷耳！坎何嘗拒乾哉？
且坎得乾之中爻，與乾合德。今九五位乎天位，素與乾孚，則乾
之利涉，往必有功，可无疑矣！佛法釋者，譬如五百由旬險難惡
道，名險在前，智慧之力不被煩惱所陷，故終能度脫而不困窮。
坎中一陽，本即乾體，喻煩惱險道之性本如來藏，以此不生不滅
之性為本修因。則從始至終，無非稱性天行之位。從正因性，中
中流入薩婆若海，故利涉大川。從凡至聖而有功也。

象曰：「雲上於天，需。君子以飲食宴樂。」

果行育德之後，更無餘事。但飲食宴樂，任夫雲行雨施而已。佛
法釋者，助道行行為飲，正道慧行為食，以稱性所起緣了二因莊
嚴一性，如雲上于天之象。全性起修，全修在性，不藉劬勞肯綮
修證，故名宴樂。此是善巧安心止觀，止觀不二，如飲食調適。

初九，需于郊，利用恆，无咎。

---

[74] 同註 1，頁 91－97。

溫陵郭氏云:「此如顏子之需。」佛法釋者,理即位中,不足以言需。名字位中,且宜恆以聞熏之力資其慧性,未與煩惱魔軍相戰也。

象曰:「需于郊,不犯難行也。利用恆,无咎,未失常也。」

九二,需于沙,小有言,終吉。

郭氏云:「此如孔子之需。」佛法釋者,觀行位中,既已伏惑,則魔軍動矣!故小有言。

象曰:「需于沙,衍在中也。雖小有言,以吉終也。」

九三,需于泥,致寇致。

郭氏云:「此如周公之需。」佛法釋者,相似位中,將渡生死大河,故有以致戎軍之來而後降之。

象曰:「需于泥,災在外也。自我致寇,敬慎不敗也。」

災既在外,故主人不迷,客不得便。但以願力使其來戰,以顯降魔成道之力。而三觀之功,敬而且慎,決無敗也。

六四,需于血,出自穴。

郭氏云:「此如文王之需。」佛法釋者,魔軍敗衂,超然從三界穴出而正覺矣!

象曰:「需于血,順以聽也。」

未嘗用力降魔,止是慈心三昧之力。魔軍自退,而菩提自成耳!

九五,需于酒食,貞吉。

郭氏云:「此如帝堯館甥之需。」佛法釋者,魔界如即佛界如。惟以定慧力莊嚴而度眾生,故為需于酒食。

象曰：「酒食貞吉，以中正也。」

上六，入于穴，有不速之客三人來，敬之，終吉。

　郭氏曰：「此如仁傑之結交五虎。」佛法釋者，不惟入佛境界，亦
　可入魔境界，還來三界，廣度眾生。觀三界依正因果諸法，無不
　現現成成即是一心三觀。故常為三界不請不請之友，而三界眾生
　有敬之者必終吉也。

象曰：「不速之客來，敬之終吉。雖不當位，未失大也。」

　既同流三界，雖不當佛祖之位，而隨類可以度生。設眾生有不知
　而不敬者，亦與遠作得度因緣，而未大失也。

　　智旭注需卦六爻，全引「郭氏」之語。而這位「郭氏」，恐怕是
智旭所謂問其《易》義，使他因之作此書的人。如《周易禪解・卷
第九・易解跋》云：[75]

　　憶曩歲幻遊溫陵，結冬月臺，有郭氏子來問《易》義，遂舉
　　筆屬稿。

---

[75] 同註1，頁578。另外，智旭在《靈峰宗論》中也有一篇〈周易禪解自跋〉，
　　亦提及此書成書經過，其內容為：「曩遊溫陵，有郭氏問《易》，遂舉筆屬
　　稿。先五傳，次上經，而下經。解未及半，以應請旋置。今商大乘止觀之餘，
　　拈示《易》學，始竟前稿。嗟嗟！從閩至吳，地不過三千餘里；從辛巳多至
　　今乙酉夏，時不過千二百餘日。乃世事幻夢，萬別千差。……因擱筆，復為
　　之跋。」（蕅益大師：《靈峰宗論》（臺中：青蓮出版社，1997年，頁1085
　　－1086）與前所引之〈易解跋〉，意義全同而文字較簡。

(三)一卦六爻皆引歷史人物以比附之者

這類注《易》的方式,除履、復二卦歸入他類外,尚有如:

(1) (䷠) 遯,亨,小利貞。[76]

夫世間之道,久則必變而後通,進則必退而後久。此卦剛而能正,是不以進為進,而正以退為進者也,故亨。然說一退字,便有似于自利之小道矣!若充此小道,不幾失立人達人之弘規乎?故誡以小利貞。言雖示同小道,而終利于大人之貞也。

象曰:「遯,亨。遯而亨也。剛當位而應,與時行也。小利貞,浸而長也。遯之時義大矣哉!」

尺蠖尚屈而後申,龍蛇亦蟄而後震,君子之學,欲自利利他者,豈不以遯而得亨哉?且九五剛當其位,以應六二之賢,乃與時偕行之道,所以亨也。所言小利貞者,慮其陰柔自守之志,漸漸浸而長也。夫善遯者,則退正所以為進。不善遯者,則退竟終于不進矣!所關顧不大哉?

象曰:「天下有山,遯。君子以遠小人不惡而嚴。」

外健內止,未嘗有意于遠小人,而小人自不能媚也。以小人為用,故不惡。小人不能擅權,故而嚴。約聖學者,天君為主,百骸聽命,耳目口腹之欲不能為亂也。

初六,遯尾厲,勿用有攸往。象曰:「遯尾之厲,不往何災也。」

處遯之時,須隨其德位以為進退,方不失亨貞之道。今初六陰柔

---

[76] 同註1,頁271-276。

居下，才位俱卑。惟固守為宜，不可妄往以取災也。此如樂正、裘牧仲。

六二，執之用黃牛之革，莫之勝說。象曰：「執用黃牛，固志也。」

柔順中正，非榮名利祿之所能牽。上應九五剛健中正之君以行其志，國有道，不變塞焉，故象以執用黃牛之革。此如伊尹。

九三，係遯，有疾厲，畜臣妾吉。象曰：「係遯之厲，有疾憊也。畜臣妾吉，不可大事也。」

剛而得正，可以有為。而居止極，則未免為遯之一字所係，此絕人忘世之道，君子之疾也。然雖不能大有所為，亦須厲勉其精神以畜臣妾則吉。所謂不能治國，亦且齊家以為天下風可也。丈人現二子于子路，亦是此意。但無援天下之大手段耳！

九四，好遯，君子吉，小人否。象曰：「君子好遯，小人否也。」

以剛居柔，上輔九五，下應初六，承天子之德，撫天下之民，休休有容，君子之吉道，非小人所能學也。此如衛武公。否，本音　　。（筆者按：此處似有缺字）

九五，嘉遯，貞吉。象曰：「嘉遯貞吉，以正志也。」

剛健中正，下應六二陰柔中正之賢。當此遯時，雖有英明神武作略，不自露其才華。遯之嘉美，貞而且吉者也。此如湯王。

上九，肥遯，无不利。象曰：「肥遯无不利，无所疑也。」

剛而不過，尊居師保之位，望隆于天下，而不自伐其德，故為肥遯而无不利。此如太公。

(2)（䷣）明夷，利艱貞。[77]

　　知進而不知退，則必有傷。夷者，傷也。明入地中，其光不耀，
　　知艱貞之為利，乃所謂用晦而明。合于文王箕子之德矣！

象曰：「明入地中，明夷。內文明而外柔順，以蒙大難，文王以之。
利艱貞，晦其明也。內難而能正其志，箕子以之。」

　　文明柔順，雖通指一卦之德，意在六二。內難正志，專指六五。
　　艱貞晦明，則文王箕子所同也。觀心釋者，煩惱惡業，病患魔事，
　　上慢邪見，無非圓頓止觀所行妙境。

象曰：「明入地中，明夷。君子以蒞眾，用晦而明。」

　　甯武子之愚不可及，兵法之以逸待勞，以靜制動，以闇伺明，皆
　　明夷之用也。聖學則闇然而日章。

初九，明夷于飛，垂其翼。君子于行，三日不食，有攸往，主人有
言。象曰：「君子于行，義不食也。」

　　此如太公伯夷之避紂也。先垂其翼，則不露其飛之形。及行之速，
　　則三日而不遑食。蓋義當遠避，不欲主人知之而有言耳！

六二，明夷，夷于左股，用拯馬壯吉。象曰：「六二之吉，順以則也。」

　　文明中正之德，當此明夷之時，雖左股業已受傷，猶往拯救，唯
　　馬壯故吉耳！羑里既囚之後，仍率三分天下之二以服事殷。順而
　　不忮，誠萬古人臣之則也。

九三，明夷于南狩，得其大首，不可疾貞。象曰：「南狩之志，乃大
得也。」

　　以剛居剛，在離之上。夜盡將旦之時也，正與上六闇主為應，如

77　同註 1，頁 287－291。

武王伐紂，得其大惡之首。然以臣伐君，事不可疾，當持之以貞耳！象云「南狩之志」，猶孟子所云「有伊尹之志則可，无伊尹之志則篡也。」辭義懔然。

六四，入于左腹，獲明夷之心，于出門庭。象曰：「入于左腹，獲心意也。」

已居坤體，入暗地矣！柔而得正，稍遠于上，故猶可獲明夷之心而出門庭，如微子抱祭器以行遁。但出門庭，遜于荒野，非歸周也。

六五，箕子之明夷，利貞。象曰：「箕子之貞，明不可息也。」

迫近暗君，身已辱矣！外柔內剛，居得其中，用晦而明，明照萬古。〈洪範九疇〉之燈誰能息之？

上六，不明晦，初登于天，後入于地。象曰：「初登于天，照四國也。後入于地，失則也。」

以陰居陰，處夷之極。初稱天子，後成獨夫者也。蓋下五爻皆明而示晦，故能用晦而明。此則不明而晦，故失則而終入地耳！

智旭注遯卦（䷠）謂：初六如樂正、裘牧仲，六二如伊尹，九三如子路，九四如衛武公，九五如湯王，上九如姜太公。其注明夷卦（䷣）時，引歷史人物的方式與前例稍有不同，其謂：初九如太公伯夷之避紂也；六二羑里既囚之後，仍率三分天下之二以服事殷；九三如武王伐紂，得其大惡之首。象云「南狩之志」，猶孟子所云「有伊尹之志則可，无伊尹之志則篡也」；六四如微子抱祭器以行遁，但出門庭，遜于荒野，非歸周也；六五則無歷史人物；（蓋因爻辭已明說「箕子之明夷矣！」）上六則謂初稱天子，後成獨夫者也。蓋此卦

引歷史人物，皆著眼於一代一事之前因後果的變化與各爻在卦中的變化吉凶相應而言，初九無位陽爻，故例以太公伯夷之避紂；六二雖陰爻居二之正位，卻仍為陰爻，且居下卦之中，故例以文王，於羑里既囚之後，仍率三分天下之二以服事殷；九三陽爻居陽位，剛健不已，故例以武王伐紂之事；六四於九三伐紂之後，位雖高而為陰爻，雖居正位，但與九三之志不同，故例以微子抱祭器以行遁，遯于荒野，非歸周也；六五爻辭明謂箕子之明夷，蓋指箕子在昏君之旁，身雖受辱，（陰爻）其志卻明照千古；（居五之尊位）上六高而無位，陰爻又處陰位之極，故謂此爻初稱天子，後成獨夫也。與其注遯卦（☴）單引個別歷史人物的方式不同。

七、全卦皆未以佛教教義釋之者

　　《周易禪解》雖明白表示其為以佛解《易》之書，然而在此書中，依然有許多地方的注釋是全卦皆無引用任何佛教教義的。如：

1. （☴）遯，亨，小利貞。[78]

> 夫世間之道，久則必變而後通，進則必退而後久。此卦剛而能正，是不以進為進，而正以退為進者也，故亨。然說一退字，便有似于自利之小道矣！若充此小道，不幾失立人達人之弘規乎？故誡以小利貞。言雖示同小道，而終利于大人之貞也。

象曰：「遯，亨。遯而亨也。剛當位而應，與時行也。小利貞，浸而

---

[78] 同註1，頁271－276。

長也。遯之時義大矣哉！」

尺蠖尚屈而後申，龍蛇亦蟄而後震，君子之學，欲自利利他者，豈不以遯而得亨哉？且九五剛當其位，以應六二之賢，乃與時偕行之道，所以亨也。所言小利貞者，慮其陰柔自守之志，漸漸浸而長也。夫善遯者，則退正所以為進。不善遯者，則退竟終于不進矣！所關顧不大哉？

象曰：「天下有山，遯。君子以遠小人不惡而嚴。」

外健內止，未嘗有意于遠小人，而小人自不能媚也。以小人為用，故不惡。小人不能擅權，故而嚴。約聖學者，天君為主，百骸聽命，耳目口腹之欲不能為亂也。

初六，遯尾厲，勿用有攸往。象曰：「遯尾之厲，不往何災也。」

處遯之時，須隨其德位以為進退，方不失亨貞之道。今初六陰柔居下，才位俱卑。惟固守為宜，不可妄往以取災也。此如樂正、裘牧仲。

六二，執之用黃牛之革，莫之勝說。象曰：「執用黃牛，固志也。」

柔順中正，非榮名利祿之所能牽。上應九五剛健中正之君以行其志，國有道，不變塞焉，故象以執用黃牛之革。此如伊尹。

九三，係遯，有疾厲，畜臣妾吉。象曰：「係遯之厲，有疾憊也。畜臣妾吉，不可大事也。」

剛而得正，可以有為。而居止極，則未免為遯之一字所係，此絕人忘世之道，君子之疾也。然雖不能大有所為，亦須厲勉其精神以畜臣妾則吉。所謂不能治國，亦且齊家以為天下風可也。丈人

現二子于子路，亦是此意。但無援天下之大手段耳！

九四，好遯，君子吉，小人否。象曰：「君子好遯，小人否也。」

以剛居柔，上輔九五，下應初六，承天子之德，撫天下之民，休休有容，君子之吉道，非小人所能學也。此如衛武公。否，本音　　。

（筆者按：此處似有缺字）

九五，嘉遯，貞吉。象曰：「嘉遯貞吉，以正志也。」

剛健中正，下應六二陰柔中正之賢。當此遯時，雖有英明神武作略，不自露其才華。遯之嘉美，貞而且吉者也。此如湯王。

上九，肥遯，无不利。象曰：「肥遯无不利，无所疑也。」

剛而不過，尊居師保之位，望隆于天下，而不自伐其德，故為肥遯而无不利。此如太公。

2.（䷿）未濟，亨。小狐汔濟，濡其尾，无攸利。[79]

既有既濟，必有未濟，以物本不可窮盡故也。既有未濟，必當既濟，以先之既濟，原從未濟而濟故也。是以有亨道焉。然未濟而欲求濟，須老成，須決斷，須首尾一致。倘如小狐之汔濟而濡其尾，則无所利矣！

象曰：「未濟亨，柔得中也。小狐汔濟，未出中也。濡其尾无攸利，不續終也。雖不當位，剛柔應也。」

六五之柔得中，所謂老成決斷，而能首尾一致者也。未出中，言尚未出險中，此時正賴老成決斷之才識，首尾一致之精神，而不

---

[79] 同註1，頁459－464。

可續終如小狐乎？然雖不當位，而剛柔相應，則是未濟所可亨之由。

象曰：「火在水上，未濟。君子以慎辨物居方。」

物之性不可不辨，方之宜不可不居，故君子必慎之也。如火性炎上，水性潤下，此物之不可不辨者也。炎上而又居于上，不已亢乎？是宜居下以濟水。潤下而又居于下，將安底乎？是宜居上以濟火，此方之不可不居者也。如水能制火，亦能滅火。火能濟水，亦能竭水。又水火皆能養人，亦皆能殺人，以例一切諸物無不皆然。辨之可弗詳明，居之可弗斟酌耶？

初六，濡其尾，吝。象曰：「濡其尾，亦不知極也。」

陰柔居下，无濟世才，將終于不濟而可羞矣！豈知時勢已極，固易為力者哉？

九二，曳其輪，貞吉。象曰：「九二貞吉，中以行正也。」

剛而不過，以此曳輪而行，得濟時之正道者也。由其在中，故能行正。可見中與正不是二理。

六三，未濟征凶，利涉大川。象曰：「未濟征凶，位不當也。」

陰不中正，才德俱劣，故往必得凶。然時則將出險矣！若能乘舟以涉大川，不徒自恃其力，則險可濟也。

九四，貞吉悔亡，震用伐鬼方，三年有賞于大國。象曰：「貞吉悔亡，志行也。」

剛而不過，如日方升，得濟時之德之才之位者也，故貞吉而悔亡。于以震其大明之用，伐彼幽闇鬼方，三年功成，必有賞于大國矣！

濟時本隱居所求之志，今得行之。

六五，貞吉无悔，君子之光，有孚吉。象曰：「君子之光，其暉吉也。」

　　柔中離主以居天住，本得其正，本无有悔，此君子之光也。又虛
　　己以孚九二，而其暉交映，天下仰之，吉可知矣！

上九，有孚于飲酒，无咎。濡其首，有孚失是。象曰：「飲酒濡首，
亦不知節也。」

　　六五之有孚吉，天下已既濟矣！故上九守其成，而有孚于飲酒，
　　乃與民同樂，无咎之道也。然君子之于天下也，安不忘危，存不
　　忘亡，治不忘亂。苟一任享太平樂，而無競業惕屬之心，如飲酒
　　而濡其首，吾信其必失今日此樂，以彼不知節故。節者，如天地
　　之四時必不可過，亦謂之極。初六柔疑太過，故云亦不知極。上
　　九剛信太過，故云亦不知節。知極知節，則未濟者得濟，已濟者
　　可常保矣！

　　由上引諸卦之例可知，智旭注遯卦（☷），全以其所謂「世法」
注之，而無「佛法釋」、「觀心釋」、「以佛法釋之」、「約佛法」、「約
佛化」等，與前面幾類一樣明白以佛教教義釋之的字眼。又智旭注
此卦時，亦將六爻皆配歷史人物，以喻《易經》所含之深意。如：
初六如樂正、裘牧仲，六二如伊尹，九三如子路，九四如衛武公，
九五如湯王，上九如姜太公。

　　另外，在未濟（☷）之例中，如果我們不先知此為僧人之作，
或此書名為《周易禪解》，單看其注《易》之字句，則很可能會以為

這是宋明儒者以義理解《易》的作品。這一方面可由智旭年少學儒時，曾誓滅釋老的經歷來理解；另一方面，也可視爲僧人以佛解《易》運動的尚未全部完成。

除上舉二卦之外，如升（䷭）[80]、困（䷮）[81]、鼎（䷱）[82]、兌（䷹）[83]、渙（䷺）[84]、節（䷻）[85]、小過（䷽）[86]、既濟（䷾）[87]等八卦，也是全卦都沒有以任何佛教教義釋之者。所以在《易經》六十四卦裏，還有十卦智旭尚未能以佛教教義詮釋，可知此書在嚴格的定義上，雖還不能算是完全以佛解《易》之作。但《周易禪解》做爲現存首部中國僧人從頭至尾，以佛教概念詮釋《易經》之作，爲佛門會通《易》佛的巔峰展現，則已是無庸置疑的。

第三節　小結

總結上述所說，可知蕅益智旭《周易禪解》的編排方式是：凡屬《周易》經傳本文部份，皆頂格排列，而智旭所作註解，則低一

---

[80] 同註 1，頁 351－355。
[81] 同註 1，頁 355－360。
[82] 同註 1，頁 371－376。
[83] 同註 1，頁 422－426。
[84] 同註 1，頁 427－432。
[85] 同註 1，頁 432－437。
[86] 同註 1，頁 445－453。
[87] 同註 1，頁 453－459。

格以示分別。此書共分十卷，卷一至卷四的上經部份，始於乾（☰）、坤（☷），終於坎（☵）、離（☲）；卷五至卷七的下經部份，由咸（☶）、恆（☳）二卦爲始，而終於既濟（☲）與未濟（☲）；卷八及卷九則爲〈繫辭傳上、下〉、〈說卦傳〉、〈序卦傳〉、〈雜卦傳〉五傳，另有一篇智旭所寫的〈易解跋〉，附在卷九之末；卷十則爲〈圖說〉。至於此書的寫作過程，乃是智旭先寫完卷八及卷九的〈易傳〉部份，接著又完成了上經及下經中不到一半的部份，之後因爲應他人之請而雲遊他處，解《易》之事也因之暫停。下經中的後半部份，則是在時隔三年半，地歷千里遠之後才完成的，所以全書體例未能完全統一。

就此書的寫作模式而言，全書自履（☱）、泰（☷）、否（☰），一直到最後的既濟（☲）、未濟（☲），（除小畜（☰）外）皆是將爻辭與小象連而並釋的，智旭以這種模式書寫其注解全《易》六十四卦中的五十五卦（除了第二類的屯、蒙、需、訟、師、比六卦，第三類的小畜，以及有〈文言〉及〈用九〉、〈用六〉的乾、坤二卦）。另外還有將爻辭與小象分而釋之者，如：屯（☵）、蒙（☶）、需（☵）、訟（☰）、師（☷）、比（☵）六卦；亦有先將爻辭與小象並置，再統一以一大段文字注釋者，全書僅於小畜（☰）見之。就這三種模式的數量多寡來看，可知第一類的「以爻辭與小象連而並釋」爲其主要注《易》的書寫模式。此外，從表面來看，第一類的「爻辭與小象連而並釋」與第二類的「爻辭與小象分而釋之」，似只是排版問題，然若實際進入到這些個別卦爻之中，則可發現，其往往牽涉到

智旭詮釋此卦內容的多寡。一般而言,第二類「爻辭與小象分而釋之」時,釋辭較多;而第一類的「爻辭與小象連而並釋」時,則釋辭較簡。這中間的主要原因應是由於智旭認為屯(䷂)之上卦為坎,蒙(䷃)之下卦為坎,需(䷄)之上卦為坎,訟(䷅)之下卦為坎,師(䷆)之下卦為坎,比(䷇)之上卦為坎,此六卦皆有坎象於其中。而坎為二陰包一陽之象,此陽為卦主,得之於乾之中爻,是為「中道妙慧」之意,故特於此六卦用「爻辭與小象分而釋之」的方式表現,並以較多的文字解釋之,以呈現聖人將這六卦安排在乾(䷀)、坤(䷁)二父母卦之後,所含藏的深意。

再就其引用佛教教義注釋《易經》的語言模式來說,最主要的是:卦辭以「約世道」、「約佛法(化)」、「約觀心」注之的模式。而在這類模式之中,又有在以「約世道、約佛法(化)、約觀心」釋卦辭後,再於全卦最後統論六爻者,此例共有十三卦,如泰、大有、觀等三卦謂「約佛法釋六爻者」;否、豫、隨、賁、无妄等五卦謂「佛法釋者」;同人、噬嗑二卦則謂「觀心釋者」;謙則云「佛法釋此六爻者」;蠱則謂「統論六爻、約世道、約佛化、約觀心」,以及小畜的分說六爻而沒有統一的名詞。亦有卦辭以「約世道」、「約佛法(化)」、「約觀心」注之後,其他六爻皆引他人注《易》語或引歷史人物以比附者,如注謙卦(䷎)除六四爻外,皆引蘇眉山之語;注履卦(䷉)謂:初九如伯夷叔齊之履,九二如柳下惠、蘧伯玉之履,六三如項羽、董卓之履,九四如周公吐握勤勞之履,九五如湯武反身之履,亦如堯舜危微允執之履,上九如堯舜既薦舜禹于天,舜禹

攝政，堯舜端拱無爲之履；注復卦（䷗）謂：初九爲顏子，六二爲曾子，六三爲子路，六四爲蘧伯玉，六五爲周宣王、漢文帝、宋仁帝，上六爲王安石、方孝孺。統論蕅益智旭以「約世道、約佛法（化）、約觀心」釋卦辭的語言模式而注《易》者，共有小畜（䷈）、泰（䷊）、否（䷋）、同人（䷌）、大有（䷍）、謙（䷎）、豫（䷏）、隨（䷐）、蠱（䷑）、觀（䷓）、噬嗑（䷔）、賁（䷕）、无妄（䷘）、復（䷗）、頤（䷚）、大過（䷛）、履（䷉）、臨（䷒）、剝（䷖）、大畜（䷙）、坎（䷜）、離（䷝）、咸（䷞）、夬（䷪）、姤（䷫）等二十五卦。

除了以「約世道、約佛法（化）、約觀心」釋卦辭的主要語言模式外，蕅益智旭注《易》尚有在全卦以世法疏釋後，再以「佛法釋」釋之者，如其注屯（䷂）、師（䷆）、比（䷇）、家人（䷤）等四卦；亦有僅卦辭有「佛法釋」，其他注彖辭、象辭及諸爻之辭，皆無以「佛法釋」釋之者，如：震（䷲）、漸（䷴）及歸妹（䷵）三卦；還有表面皆無以「佛法釋」、「觀心釋」、「約佛法」、「約佛化」等明白以佛教教義釋之的字眼，但其實則仍是全以佛教教義釋《易經》卦爻之義者，共有恆（䷟）、革（䷰）、艮（䷳）、豐（䷶）、中孚（䷼）等五卦；又有全卦皆無以任何佛教教義釋之者，如遯（䷠）、升（䷭）、困（䷮）、鼎（䷱）、兌（䷹）、渙（䷺）、節（䷻）、小過（䷽）、既濟（䷾）、未濟（䷿）等十卦；其他如注井（䷯）卦時，直接將六爻與六即相比附，且謂六爻爲六即佛。

端以其幾種注《易》主要語言模式來看，以「約世道、約佛法（化）、約觀心」釋卦辭者有二十五卦，遠較其他各類，如：在全卦

以世法疏釋後，再以「佛法釋」釋之者四卦；僅卦辭有「佛法釋」者三卦；表面無以「佛法釋」、「觀心釋」等佛教字眼，而實則仍全以佛教教義釋之者五卦，及全卦皆無以任何佛教教義釋之者十卦的比例來看，可以推斷，智旭這部時隔三年半，地歷千里遠之後才完成的《周易禪解》，或因時空相隔太久而導致有語言模式不一之狀，然其所建立起的理想佛門《易》學語言模式，應仍是以「約世道、約佛法（化）、約觀心」釋卦辭後，再於全卦最後統論六爻者。（此類共有十三卦）因為這種語言模式，除了數量最多之外，其能在卦辭開始，便明白的標舉出固定的佛教用語，可確立此部《易》學著作是用佛教教義疏釋的；而若能於全卦最後以佛教教義再統論六爻，則更能將《易》、佛之間的會通，達到完整而精密的地步，且對不熟悉佛學的一般儒者，亦兼具教育之功能。

總的來說，智旭在《周易禪解》中所呈現出的各種書寫形式與語言模式，如去掉其因全書非於一時一地完成，故有多種模式出現的環境干擾因素，而專以其於此書中所呈現的，以「一念心」之變化做為全書中心觀念，又隨機的融以「約觀心」、「隨機施設」、「六即」、「四悉檀」等佛教概念，且以「陽爻表慧、觀、性，陰爻表定、止、修」，上卦表出世間，下卦表世間的方法論，詮釋整部《易經》的卦爻變化，以論斷其吉、凶、悔、吝的方式為佛門《易》學的血肉，再加之以本章所分析出的「以爻辭與小象連而並釋」主要注《易》書寫模式，及以「約世道、約佛法（化）、約觀心」釋卦辭後，再於全卦最後統論六爻的理想佛門《易》學語言模式為骨架，則可謂智

旭已為後人建立起一套可行的、完整的、有骨架、有血肉的「以佛解《易》」的佛門《易》學方法論，並在僧人會通《易》、佛史上，達到了前所未有的巔峰。

第七章　結論

　　其實以佛教基本教理因緣觀來看，世出世間一切都是相依相存的，沒有獨立存在的事物。如當代人間佛教的倡導者－－印順導師在〈契理契機之人間佛教〉中說道：[1]

> 佛法是直從現實身心去了解一切，知道身心、自他、物我，一切是相依的，依因緣而存在。在相依而有的身心延續中，沒有不變的——非常，沒有安穩的——苦，沒有自在的（自己作主而支配其他）——無我。

從個人的身心關係，乃至於個人與其他人的自他關係，以及人與人以外的萬事萬物的物我關係，都是依因緣而相依相存的。在相依而有的狀態之下，世出世間的一切沒有「不變的、安穩的、自在的」，這觀念與《易經》六十四卦以未濟（☲☵）爲終，表中國聖人所觀察

---

[1]　印順導師：《人間佛教論集・契理契機之人間佛教》（新竹：正聞出版社，2001 年 5 月 1 日初版二刷），頁 36。

到的世間萬物亦是沒有不變的、固定的、終止的現象，其意義自有
不言可喻的相通之處。

　　雖然佛教談及出世，而儒家重在現世，但佛家所謂出世，並非
專指離棄世間家庭，到深山寺廟裏去修行的表象；其更深的含義，
正如印順導師在〈人間佛教要略〉中所說的：[2]

> 出世，不是到另一世界去，是出三界煩惱，不再受煩惱所繫
> 縛，得大自在的意思。

出世的內在要義，乃是要出三界煩惱，得大自在。以此來看，佛教
菩薩與儒家聖人所提出的說法、教義，其實都是立足在現世當下的
人間，爲了解決當下人間的煩惱，是經由細微的觀察、思考，而提
出爲人解決問題的方法。佛教的義理如是，《易經》既有預知未來，
又有道德義涵的內容亦如是。《易經》與佛教能否會通，應在此一關
懷人類生命的苦惱與不確定感的基礎上去看待；而歷代僧人之所以
引《易》喻佛，智旭之所以作《周易禪解》，以佛解《易》，亦皆應
在此一立足點上去看待，方不致於蹈空而淪爲純粹的學術思辯，反
失去了我們所討論的佛教與《易經》，原本皆在爲了解決人生問題而
存在的原意。

　　如漸益智旭在《靈峰宗論·卷四之二·說·作法說》中所說的：

2　同上註，頁186。

3

> 破戒雖惡，覆藏尤惡。無過雖善，改過尤善。改過一塗，三
> 世諸佛，證菩提之通津也。故五悔法門，凡夫迄等覺，無不
> 藉為進趣方便。憂悔吝者存乎介，震无咎者存乎悔。福禍無
> 門，惟人自召。

他引用《易經・繫辭傳上》所云：[4]

> 憂悔吝者存乎介，震无咎者存乎悔。

將佛教中視為「三世諸佛，證菩提之通津」的因破戒而知改過的「五
悔法門」，（懺悔、勸請、隨喜、迴向、發願）與《易經》中的「悔、
吝、无咎」合看。蓋以《易經》所強調的「吉、凶、悔、吝、厲、
无咎」等判詞而言，除了吉、凶、无咎等語似為終極判準之外，就
「悔、吝、厲」等語在《易經》的功用來看，無非是《易》辭做吉
凶判斷前的轉圜之用，為的便是給予問者重新反省思考的機會。而
這《易經》中的「悔」字之作用，其實亦正可與佛教裏「戒、定、
慧」三無漏學中的「戒」字作用等同來看。[5]不論是強調佛陀本懷，

3　　蕅益大師：《靈峰宗論》（臺中：青蓮出版社，1997年），頁631。

4　　《十三經注疏・1・周易、尚書》（臺北：藝文印書館，1989年1月11版），
　　　頁146。

5　　智旭強調戒與律在佛門中的重要性之語，在《靈峰宗論》中俯拾即是。如其
　　　於〈卷六之四・序四・法海觀瀾自序〉云：「戒為佛法初門。儒不學禮無以
　　　立，釋不受戒，不許聽教參禪。……夫八萬四千，乃至塵沙法門，未有不具

主張「緣起性空」的人間佛教領袖——印順導師，還是中國化了的，強調「妙有佛性」的大乘佛教——天台、華嚴、禪宗、淨土等，皆強調了人的可能性，即是「人能成佛」的特色。（姑不論其如何成佛的方便分別）而其成佛的方法，主要是透過外在的「戒」的規範，以達成修行者由定生慧的證覺。佛教中「戒」的外在規範有著讓學人不致有犯錯而無所知覺的作用，正如同《易經》裏的「悔、吝、厲」等字之警惕人們的心行，而予以改過提示的作用。僧人犯戒而不知懺悔改過，則必無可能得有定慧之證覺；人們犯錯而不知悔吝之警惕，則亦必至於凶險之境。若僧人能因知守戒而得生定慧，則正與世人能因知悔改而轉危爲安，轉凶爲无咎，乃至於爲吉的情形是相同的。

以《易經》與佛教皆重改悔作用一例，便可見此二者實是爲了解決人生問題而存在的原意，而此原意，便是《易》、佛會通可能的根柢。

在這個基本說明後，我們綜合本書各章節對龐大史料所做的分析與歸納，可以得到如下的結論：

戒者。」（同註 3，頁 1039－1043）在〈卷五之一・書一・囑徹因比丘〉中則說道：「總以律爲指歸，則無過矣！」其心心念念，皆在告訴僧人，戒律爲一切之基，一切之指歸也。（同註 3，頁 749）

一、僧人會通《易》、佛自魏晉開始便不曾中斷

　　《易經》與佛教雖在不同的文化土壤中孕育出來，卻因爲它們同樣都是站在對生命及自然世界（即後人討論儒〔《易》〕佛會通時，必須面對的「本體論」與「宇宙論」的爭論）不斷變化的觀察、描述、理解、分析及省思的角度上，逐漸的形成了一套理解生命與自然世界的方式與法則，分別爲兩個不同民族提供了生命本質的思考，因而它們之間遂有了共同的對話場域與主題。佛門僧人面對其教初傳東土時，中國正盛行清談「《老》、《莊》、《易》」三玄，三玄中屬於儒家經典的只有《易經》，而《易經》又與其教同樣是關切內在生命與外在世界的變化關係，是以佛門僧人在藉著會通儒、佛，以進入中國士人階層，方便其傳教的目的上，不論就外在所流行的經典來看，還是以其經典內部所關懷的主題是否相應來說，佛門僧人選擇《易經》做爲其溝通儒、佛的橋樑自是十分當然的事。

　　以本文所引《高僧傳》、《續高僧傳》、《宋高僧傳》、《補續高僧傳》、《五燈會元》、《佛祖統紀》、《佛祖歷代通載》、《釋氏稽古略》等主要僧史的資料來看，第一位借引《易》語與佛教教義會通的是晉僧康僧會。他以《易經・坤・文言》（䷁）的「積善之家必有餘慶，積不善之家必有餘殃」與佛門因果報應之說相配合，然而這只能會通當世因果，卻不能解決現實中因果關係往往不一定相應的矛盾。而唐代大顛和尚再加之以《易經・謙》卦（䷎）所云：「鬼神害盈而福謙。」論現世報應；以《易經・繫辭傳》所謂：「无思，无爲」、「寂

然不動，感而遂通」及「原始要終」，與佛門三世因果報應的輪迴生
死觀相配合，遂解決了康僧會無法解決的現世因果不相應的問題，
同時也完成了佛教三世因果報應說與《易經》內涵完全會通之舉。
此外，晉僧慧遠回應殷仲堪所問，而謂「《易》以感為體」之語，乃
引自《易經・繫辭傳》「寂然不動，感而遂通天下之故」中的「感」
字。他以《易經》中的「寂然不動」因「感」而能「通」（感而遂通）
的關係，與釋氏強調的「體與用」、「定與慧」、「性與修」、「寂與照」
等關係相應而論。蓋「體、定、性、寂」，其特性皆為「不動」；而
「用、慧、修、照」，其特性則為「動」（即《易經》所謂的「通」）。
是以釋教「寂然不動」的「體、定、性、寂」遂與《易經》一樣，
經由「感」的作用，而能成為「動」的「用、慧、修、照」。釋慧遠
不僅藉「《易》以感為體」會通《易》、佛的內涵，更以「感」字，
精妙的將佛教教義中如何能夠由「不動」而「動」，「動」而「不動」
的「體用不二」、「定慧雙運」、「性修兼具」、「寂照雙遣」等，做了
最佳的注解。

　　其次，在佛門僧人引用《易》語的模式上，有引《易》語以為
禪門話頭者，如：天童慈航了朴與仰山慧寂通智同引《易經》卦爻
變化的：「適來攃得雷天大壯，如今變作地火明夷」；有在日常生活
行文用語中引《易》語者，如：神秀引《易經・乾・九五・文言》
（䷀）中的「雲從龍，風從處，聖人作而萬物覩」；有以《易經》用
語而為自己命名字者，如：與咸虛中、來復見心；有善以《易經》
占卜未來而知名者，如：釋曇遷、釋曇瑩。而僧人善《易》、讀《易》

的記載，則有如：齊僧釋道盛的「兼通《周易》」，那禪師的「居東
海，講《禮、易》」，唐僧釋曇一的「常問《周易》於左常侍褚無量」，
宋僧釋鑒律「深於《易》」。而徐遵明、崔覲等《易》學名家，亦曾
向齊僧釋僧範請教學問。由這些例子可以推知，僧人學《易》、論《易》
之風，在佛門中一直是流行著的。而這種學《易》、論《易》風氣的
流行，在內聚力強盛且講究師承的佛門來說，對於傳承法統的後輩
僧人，影響自是十分深遠。

二、佛門《易》自有其內在發展理路，未必遠承心學《易》

　　由本書所論可知，不管是在思想理論的相互會通，還是各種引
用《易》語的模式上，在在都顯示著《易經》雖然多以片段的、無
系統的、隨機引用的模式在佛門出現，（釋慧通的《爻象記》與釋希
覺的《會釋記》除外）然而卻透顯出僧人會通《易》、佛的行為，自
佛教初傳中土，便已默默進行的歷史事實。因此，四庫館臣認為明
末以禪解《易》之風，直可追至宋人楊簡、王宗傳、沈作喆諸人以
心學解《易》的影響，其說雖非全錯，然若以僧人史傳資料來看，
不論是南朝宋釋慧通即有《爻象記》，還是五代釋希覺即作《會釋
記》，[6]通釋全經，並傳授給釋贊寧的史實來看，雖然今日已看不到

6　關於釋希覺所作《會釋記》，除僧史記載之外，（宋）鄭樵：《通志二十略‧
　　藝文略第一》中亦載云：「《周易會釋記》，二十卷。偽吳僧陸希覺。」（北
　　京：中華書局，1995年11月第1版，頁1452）而（清）朱彝尊著，林慶彰
　　師等編審：《點校補正經義考‧第一冊‧卷十五‧易十四》中亦載云：「釋

他們的書，卻足以看出，明末以禪解《易》之風，實自有佛門《易》學系統的內在理路可尋。更何況心學《易》的代表楊簡，並不信〈繫傳〉的某些文字為孔子所作，而明末佛門《易》的完成者智旭，則不斷批判不信〈易傳〉為孔子所作的儒者，是不知聖人之深心，違背聖人之旨意的。由心學《易》與佛門《易》的兩個代表性人物，在對待〈易傳〉的態度上如此不同，（一以我揀經，一以我從經）更足以證明學人如黃壽祺、朱伯崑等，因信四庫館臣之語，而謂明末以禪解《易》之風，乃受宋人心學《易》的影響，實是不完全正確的論斷。而自清初四庫館臣，乃至於今日學人，他們對佛門《易》之所以會有這種誤解，多半是因為對於《易經》在僧人間流傳發展情形不甚了解之故。[7]

希覺《周易會釋記》，《通志》：『二十卷。』佚。鄭樵曰：『偽吳僧陸希覺撰。』按：《紹興書目》有之。」（臺北：中央研究院中國文哲研究所籌備處，1997 年 6 月初版，頁 340－341）另《通志二十略·藝文略第一》又載有唐僧一行之《易論》三卷，（頁 1453）《大衍玄圖》一卷。（頁 1456）《經義考·第一冊·卷十五·易十四》載云：「釋一行《易傳》十二卷。佚。校記：馬國翰有輯本。」（頁 337）《經義考·第三冊·卷七十·易六十九》中又載云：「釋一行《大衍論》，《唐志》：『二十卷。』舊史本傳云：『三卷。』佚。《大衍玄圖》，《唐志》：『一卷。』佚。《義決》，《唐志》：『一卷。』佚。」（頁 56－57）唐僧一行之《易》學著作與佛教義理無涉，故五代釋希覺《周易會釋記》更是彌足珍貴，惜已不得見。

[7] 僧人《易》學相關著作，在（清）朱彝尊著，林慶彰等編審：《點校補正經義考·第三冊·卷六十九·易六十八》中，尚載有：「釋法通《周易乾坤義》，《七錄》：『一卷。』佚。」（同上註，頁 19）「釋契嵩《異說》，一篇。存。載《鐔津集》。」（同上註，頁 32）釋法通之《周易乾坤義》今亦已亡

三、蕅益智旭繼承前人之說並全面性大量引用《易》語

　　蕅益智旭由儒入釋，以釋說儒，因明末狂禪暗證之僧特多，故特重僧人的戒律，欲以戒律治禪病；又欲兼通諸宗，而不囿只作天台子孫，故對各宗經律論之說，皆極力涉獵，著作極豐；其最終，仍歸向念佛求生西方的淨土宗。他認為只要不昧本心，則三教其實皆同，但若論至究竟，則仍以佛為最高。並以為世出世間的道，皆由孝所積，故孝道乃是該括世出世間一切萬行的。若能悟得同體法性，了知世出世孝皆不離此心此理，則雖世孝只是出世孝的始步初階，然世出世孝實是一而二、二而一的。

　　在佛經注疏相關著作中，他有著不少引用《易》語，會通《易》佛的情形：有以《易經》個別名辭與佛理會通者，如在《楞嚴經玄義》中，以《易經・繫辭傳上》的「寂然」、「感而遂通」、「縕」會通「如來藏」；以《易經・乾・文言》（☰）的「先天而天弗違」會通「妙真如性」；以《易經・繫辭傳上》「陰陽不測之謂神」的「神」釋「妙」字之義。在《楞嚴經文句》中，引《易經・繫辭傳上》中「《易》有太極」的概念，會通「隨緣不變，不變隨緣之藏心」；以「四象」比地、水、火、風「四大」。在《四十二章經解》中，引《易

　　佚，然由其書名，可推知應只釋乾、坤二卦而已；（宋）釋契嵩《異說》則只有一篇，且只專就異卦而說。然由（南朝宋）釋慧通《爻象記》、釋法通《周易乾坤義》、（唐）釋一行《易傳、大衍論、大衍玄圖》、（五代）釋希覺《周易會釋記》、（宋）釋契嵩《異說》這些記載，亦可得見佛門《易》學自有其內在淵源。

經・乾・九五》（☰）的「飛龍在天，利見大人」喻佛陀「西方大聖人」降生事。在《重治毗尼事義集要》中，引《易經・乾・彖曰》（☰）的「時乘六龍以御天」贊佛陀世尊如乘龍御天也。亦有以《易經》「五行、八卦」與佛理會通者：如在《楞嚴經文句》中，以「五行、八卦」會通佛教世界相續之說；以《易經・說卦傳》「坎爲水，離爲火」釋「精行仙」。在論世出世占卜法時，雖謂僧人有《圓覺經》、《占察經》、《大灌頂經・梵天神策百首》等爲之決疑，不應隨逐世間卜筮之法。然若達實相法印，或爲「見機益物」，則僧人隨順世間卜筮亦無違妨。

而他的雜著總集《靈峰宗論》，亦可見其時常借引《易》語以申說己意之例。如在《靈峰宗論》中，共有三十六處對於《易經》旁徵博引，將《易經》卦爻變化與《易》辭背後的含義，與佛教教理相會通者。其主要會通《易》佛的方式有：以「乾知大始，坤作成物」、「天地之大德曰生」、「範圍天地，曲成萬物」、「神无方而《易》无體」、「不可爲典要，唯變所適」、「乾剛坤柔」、「形而上者謂之道，形而下者謂之器」、「謙尊而光，卑而不可踰」、「洗心，退藏於密」、「乾坤其《易》之蘊邪」、「介于石，不終日」、「《大易》略思辯，益以寬居」、「寂然不動，感而遂通」、「通乎晝夜之道而知」及《易經》「變易、不易」之義與卦爻變化等，會通佛教「不一不二、界界互具」之旨；以「先天而天弗違，後天而奉天時」、「積善餘慶，積不善餘殃」、「憂悔吝者存乎介，震無咎者存乎悔」等，會通「因果報應」之說；亦有引《易》語或抒己懷，或喻他人者，如：以「天地

閉，賢人隱」嘆佛法之不振；以「遯世无悶，確不可拔」謂佛法存乎固守；以「兼山艮」、「夕惕乾」贊頓謝塵緣，肩負佛法；以「居德則忌」、「果行育德」、「履霜堅冰」贊佛教之戒與貴；以「損，德之修；益，德之裕」喻病爲隨緣消業之良藥；以「百姓用而不知」喻大徹大悟人，始可與談念佛三昧；以「形而上者謂之道，形而下者謂之器」喻緣生無性；以「剝必復，否必泰」勸人動心忍性；以中孚、夬、履與「麗澤、豐蔀」喻交友之道；以「謙尊而光，卑而不可踰」贊新伊法師壽等等。

　　另外，蕅益智旭在繼承前代僧人會通《易》、佛的事實上有：如在《靈峰宗論》中引《易經・繫辭傳上》之「寂然不動，感而遂通」，而謂「正寂時萬感炳現，正感時當體寂然」，寂感互通，獨省兼具，會通《易》、佛皆有不一不二，界界互具互攝之說；又在《楞嚴經玄義・卷下》以世間法簡《楞嚴經》的「如來藏」義時，以「寂然不動，感而遂通天下之故」中的「寂然」比「如來藏」的「如」義，以「感而遂通」比「如來藏」的「來」義，將《易經・繫辭傳》的「寂然不動，感而遂通」與佛教的「如來」（自在來去而無所拘滯）會而通之。他這種引用《易經・繫辭傳上》「《易》，无思也，无爲也。寂然不動，感而遂通天下之故。」以會通《易經》之「寂然、感通」與佛教「界界互具、如來自在」之義的方法，其實在前代僧人中已不斷引之。如《高僧傳・卷第六・義解三・晉廬山釋慧遠》與《世說新語・文學第四》已記載著，釋慧遠觀察到〈繫辭傳〉「寂然不動，感而遂通天下之故」中，由「不動」以至「感而遂通」的特色，正

可與釋氏強調的體與用、定與慧、性與修、寂與照、一與一切的關係相應而論，故對殷仲堪云：「《易》以感為體。」而在《佛祖歷代通載・卷二十一》中也記載了（唐）大顛和尚引「寂然不動，感而遂通天下之故」，來說明孔子之言道是「无思，无為」、「寂然不動，感而遂通」，一如佛所說的「無我、無心、無生。」在《靈峰宗論・復錢元沖》中與〈刻占察行法助緣疏〉中，蕅益智旭皆引《易經・坤・文言》（䷁）所云「積善之家，必有餘慶。積不善之家，必有餘殃。」證明儒家也談因果，並以此會通《易經》與佛教。而引用《易經》「積善餘慶」語以論儒佛皆談因果者，在《高僧傳・卷第一・譯經上・魏吳建業建初寺康僧會》中，便記載著康僧會以此語對孫皓說儒與佛皆談因果；在《佛祖歷代通載・卷二十一》則記載唐僧大顛亦引「積善之家，必有餘慶，積不善之家，必有餘殃」，告訴韓愈因果報應之說非佛家獨有。

從蕅益智旭不論是在嚴肅的佛經注疏相關著作中，還是在平時日常書信文字用語裏，皆大量且流暢的引用《易》語的情形，以及其在會通《易》、佛時，亦承繼著前代僧人的用語、觀念來看，《易》、佛會通的史實一直是存在於佛門之中，而且是不斷的繼承與開展著。在這佛門《易》的繼承與開展史裏，明末的蕅益智旭無疑是佛門《易》學發展的高峰。

四、《周易禪解》雖有天台特色，卻不應忽視其兼融世出世間學的全貌

智旭在《周易禪解》中注釋《易經》的主要中心觀念爲：《法華》天台的「圓具一切法之圓具」、「開權顯實，發迹顯本」，在「不斷斷」中「一念三千」所成立的「一念無明法性心」（一念心）；而其主要的語言模式爲：以「約世道」、「約佛法（化）」、「約觀心」注《易》。在這個主要模式中，以「約觀心」釋《易經》卦爻辭之例，又是仿自智者大師以「約觀心」明四教之義之例；又其注《易》，或以「六即」，或借「四悉檀」說之，皆與天台教義有關。然而若只強調其《易》學中的天台宗特色，而忽略了他以「約世道」、「約佛法」、「佛法釋」等釋《易》之舉，則又恐有「洞見外的不見」之憾。蓋「約世道」乃以世法說《易》，其中多有言卦爻變化與借引士人（如郭子、蘇軾、楊心齋）之說者；而「約佛法」、「佛法釋」則是以普遍的佛教教義釋《易》，非專以天台教義釋之者。正如印順導師在〈人間佛教緒言〉一開頭便明說：[8]

---

[8]　同註 1，頁 87。又智旭以「四悉檀」解《易》之舉，亦可由此處所謂「契理契機」去理解，如印順導師在〈從依機設教來說明人間佛教〉所云：「佛法是適應眾生的根機而安立的，需要什麼，就爲他說什麼。如《智論》所說的四悉檀，即是佛陀應機說法的四大宗旨。說法的宗旨雖多，但總括起來，不出此四。……弘揚佛法而要得到機教相契的效果，就得深切地注意四悉檀的運用才行，把握方便（前三悉檀）與究竟的差別才行。尤其是不能誤解方便爲究竟，從根本上破壞了佛法的綱宗。」（同註 1，頁 99～102）前三悉檀（世界、爲人、對治）的「方便」是爲了契眾生之根機所說，而第一義悉檀則是

> 契理與契機：佛法所最著重的，是應機與契理。契機，即所
> 說的法，要契合當時聽眾的根機，使他們能於佛法，起信解，
> 得利益。契理，即所說的法，能契合徹底而究竟了義的。佛
> 法要著重這二方面，才能適應時機，又契於佛法的真義。

印順導師在這裏提出的「契理與契機」以說佛法，其實正與智旭作
《周易禪解》，欲藉以佛解《易》的方式，誘儒者因《易》爲其必讀
之經書而知佛教義理之舉相同。其或以天台教義解《易》，或以一般
佛法解《易》，更或以世間象數義理、卦爻變化、引蘇軾、楊心齋等
儒者之說解《易》，其所做所爲，正如印順導師所云之「契理與契機」
而已。是以說蕅益智旭《周易禪解》有天台特色可，但若只強調其
天台特色而忽略其普世出世間「約世道」、「約佛法」、「佛法釋」等
「契理契機」之舉，則不只有以偏概全之弊；就以智旭雖拈得天台
之鬮，而又兼通諸宗，不囿爲天台子孫；且其一生主張禪、教、律，
不一不二；儒、釋、道，本同迹異，一切差別只源於自我分別心的
生命歷程來看，專提其《易》學之天台特色，不只在理上說不通，
就智旭私心所屬之情感，亦必不爲其所肯也。

五、《周易禪解》建立起佛門《易》的方法論及語言模式，達到僧人會通《易》、佛的巔峰

專論《周易禪解》一書，以版本言，今日所見刊本，除了最早

了義「究竟」，是契理的原則。

的明崇禎原刻本外，只有民國四年南京金陵刻經處依明崇禎本重刻的線裝本。而今日坊間流行之本，皆是依南京金陵刻經處刻本所影印的。

以其編排方式言，凡屬《周易》經傳本文部份，皆頂格排列，而智旭所作註解，則低一格以示其分別。全書共分十卷，卷一至卷四的上經部份，始於乾（☰）、坤（☷），終於坎（☵）、離（☲）；卷五至卷七的下經部份，是由咸（☶）、恆（☳）二卦爲始，而終於既濟（☵）與未濟（☲）；卷八及卷九則爲〈繫辭傳上、下、說卦傳、序卦傳、雜卦傳〉五傳，另有一篇智旭所寫的〈易解跋〉，附在卷九之末；卷十則爲〈圖說〉。至於此書的寫作過程，乃是智旭先寫完卷八及卷九的〈易傳〉部份，接著又完成了上經及下經中不到一半的部份，之後應他人之請，雲遊他處，解《易》之事因而暫停。下經的後半部份，則是在時隔三年半，地歷千里遠之後才完成的。所以此書的寫作模式，有將爻辭與小象分而釋之者，有將爻辭與小象連而並釋者，亦有先將爻辭與小象並置，再統一以一大段文字注釋者，其體例尚未能完全統一。

以蕅益智旭作《周易禪解》的動機與思想、方法言，其目的在：「以禪入儒，誘儒知禪」。在這個誘儒知禪的過程中，他以佛教教義疏釋整部《易經》，逐漸的將《易經》與佛教教義做了完整的會通，使得佛門《易》學達到了歷史的最高峰。他認爲《易經》是聖人極深而研幾者，聖人之道是寄乎其中的，因此特別重視《易經》。並認爲儒、佛之分，實來自分別之心而非實相，若能知此心此理，聖凡

皆同，則世出世間的一切，皆無差別。最重要的是，蕅益智旭除了
建立起以「一念心」的變化，做爲《周易禪解》的中心觀念外，更
以「陽爻表智慧、表觀、表性，陰爻表禪定、表止、表修」，與上卦
表出世間，下卦表世間的方法論，從頭到尾，實際的去注解《易經》
的每卦每爻，將《易經》的卦爻變化及吉、凶、悔、吝、厲、无咎，
全與這套佛教基本概念融而爲一，建立起一個真正可行的「以佛解
《易》」方法論。[9]

　　《周易禪解》全書自履（☲）、泰（☷）、否（☴），一直到最後
的既濟（☵）、未濟（☳），（除小畜（☲）外）皆是將「爻辭與小象
連而並釋」的的書寫模式，（共五十五卦）可知此爲《周易禪解》的
主要書寫模式；而其引用佛教教義注釋《易經》的主要語言模式則
爲：卦辭以「約世道」、「約佛法（化）」、「約觀心」注之。這個模式
說明了蕅益智旭會通《易》、佛的成就與努力。他先以「約世道」的

---

[9]　關於蕅益智旭《周易禪解》以陰表定，陽表慧，而於戒、定、慧三無漏學中，
　　獨未專論戒表《易》中何義，可以印順導師在〈佛在人間〉一文中所說：「佛
　　陀在定慧的實踐中，觀緣起的如幻而證悟緣起的寂滅。」（同註 1，頁 74）
　　以及在〈契理契機之人間佛教〉中說：「對出家眾，佛制有學處－戒條，且
　　有團體的與經濟的規制。」（同註 1，頁 34）得知，在戒、定、慧三者之中，
　　戒本是爲了僧伽制度而設，是以外在的條律來規範人的內在身心；而定與慧，
　　是佛陀觀緣起的如幻而證悟緣起的寂滅過程中，由其內在生命的實踐修行中
　　展現出來的。故相對於定與慧內在於人的生命而言，戒無疑是屬於外在的。
　　但這並不是說戒不重要，而是相對於《易經》因陰、陽二爻的變化而成六十
　　四卦言，定、慧之於人身，正可與陰、陽之於《易經》相應。故智旭特以定、
　　慧與陰、陽相配而解《易》也。

世間一般解《易》法釋之，然後再加之以一般佛教教義的「約佛法」，最後再以天台宗「一心三觀」爲主要概念的「約觀心」等佛教義理疏釋之，將世出世間的注《易》之法，並置於一卦一爻中，讓讀者在閱讀、理解過程中，自然的將佛教教義融入《易經》每卦每爻中。其不僅會通了《易》、佛二家，同時也達到了他作《周易禪解》「以禪入儒，誘儒知禪」的目的。

　　是以我們如果將上面各章所論，智旭以「一念心」之變化做爲全書中心觀念，又隨機的融以「約觀心」、「隨機施設」、「六即」、「四悉檀」等佛教概念，且以「陽爻表慧、觀、性，陰爻表定、止、修」，上卦表出世間，下卦表世間的方法論，詮釋整部《易經》的卦爻變化，以論斷其吉、凶、悔、吝的結論，與「以爻辭與小象連而並釋」的主要注《易》書寫模式，及以「約世道、約佛法（化）、約觀心」釋卦辭後，再於全卦最後統論六爻的理想佛門《易》學語言模式合而用之，則可謂蕅益智旭已爲後人建立起一套可行的、完整的、「以佛解《易》」的佛門《易》學方法論。

　　這是蕅益智旭《周易禪解》對整個《易》學詮釋史，最最重要的貢獻。其不僅在千餘年來，前輩僧人隨機引《易》的基礎上，建立起一套完整而可以被理解的，「以佛解《易》」的佛門《易》學方法論及語言模式，找到了在象數、義理、圖說之外，第四種詮釋理解《易經》的方法；同時也因他「契理契機」的用「以佛解《易》」的方法寫出《周易禪解》，終於在系統性的從頭到尾注解《易經》的實踐過程中，達到僧人會通《易》、佛的巔峰。可惜的是，佛門《易》

的傳統並沒有因爲蕅益智旭《周易禪解》的出現而持續向上發展，反而隨著佛教發展的沒落而逐漸消聲匿跡，回到了從前僧人片段的、隨機引用《易》語的模式，黯然的在佛門內不爲世人所知的流傳下去。或許有志於此的佛門僧人，可以在本書所揭示的佛門《易》方法論下，完成一部真正從頭到尾，以佛解《易》的書也未可知。[10]

---

[10] 以筆者所見，蕅益智旭之後佛門僧人的《易》學專著，如釋本光（1906－1991）有《周易禪觀頓悟指要》（成都：巴蜀書社，1999 年 5 月第 1 版），其書共分十二章，書名雖爲「《周易禪觀頓悟指要》」，然僅在〈十一·周易禪觀－－方山易笈、易傳三評〉共不到 50 頁的篇幅，謂其《易》學乃傳自唐朝李長者，而對〈說卦傳〉、〈繫辭傳〉及乾、坤二卦的〈文言〉提出了看法，其他十一章皆只是論禪，與《易》義無涉。佛門《易》的衰弱由此可見一般。又另有潘雨廷（1925－1991）的《易與佛教、易與老莊》（瀋陽：遼寧教育出版社，1998 年 12 月第 1 版），其雖共約有 110 頁專論《易》佛，然而他並非僧人，且文中論《易》佛關係，也只是將《易經》與佛教的《華嚴經》、《維摩詰經》、《觀無量壽佛經》、《寶鏡三昧》及禪宗、唯識、顯密等置於一處，比附而論。觀其所言，則恐怕是比附的太多，而合於情理者太少。無怪乎鄭吉雄在〈從經典詮釋傳統論二十世紀易詮釋的分期與類型〉，總論二十世紀《易》學詮釋的類型時，亦只能在〈伍·近代學者詮釋周易的三種類型·三·以思想觀念爲中心的詮釋〉中的「第三類整合式的詮釋，即將《周易》與其他思想流派整合一起探究」中，謂張立文氏的《和合學概論》「似結合釋道二家思想」，（《人文學報》，1999 年 12 月－2000 年 6 月，第 20、21 期合刊，頁 175－240）略爲提及《易經》與佛教相關之語。而在其歸納研究中，全無僧人「以佛解《易》」的佛門《易》系統的蹤影了。

參考書目

本參考書目，前四項爲書，第五項則爲學位及期刊論文。其中第一、二、三項乃以類分，第四之「今人專著」，由於內容較爲繁雜，故依時代先後順序而分爲（一）、佛學相關著作，（二）、非佛學相關著作兩類。

一、蕅益智旭之著作

《靈峰宗論》，臺中：青蓮出版社，1997 年

《周易禪解》，臺北：自由出版社，1996 年

《大乘起信論裂網疏》，《大正新修大藏經第四十四冊　NO.1850》，臺北：白馬精社印經會，1992 年

《楞嚴經玄義》，《卍續藏經・20 冊》，臺北：中國佛教會影印卍續藏經委員會，1967 年

《楞嚴經文句》，《卍續藏經・20 冊》，臺北：中國佛教會影印卍續藏經委員會，1967 年

《楞伽經玄義》，《卍續藏經・26 冊》，臺北：中國佛教會影印卍續

藏經委員會，1967 年

《楞伽經義疏》，《卍續藏經・26 冊》，臺北：中國佛教會影印卍續
　　藏經委員會，1967 年

《占察善惡業報經義疏》，《卍續藏經・35 冊》，臺北：中國佛教會
　　影印卍續藏經委員會，1967 年

《占察善惡業報經義疏》，《卍續藏經・35 冊》，臺北：中國佛教會
　　影印卍續藏經委員會，1967 年

《盂蘭盆經新疏》，《卍續藏經・35 冊》，臺北：中國佛教會影印卍
　　續藏經委員會，1967 年

《金剛經破空論》，《卍續藏經・39 冊》，臺北：中國佛教會影印卍
　　續藏經委員會，1967 年

《金剛經觀心釋》，《卍續藏經・39 冊》，臺北：中國佛教會影印卍
　　續藏經委員會，1967 年

《般若心經釋要》，《卍續藏經・41 冊》，臺北：中國佛教會影印卍
　　續藏經委員會，1967 年

《法華經玄義節要》，《卍續藏經・44 冊》，臺北：中國佛教會影印
　　卍續藏經委員會，1967 年

《法華經綸貫》，《卍續藏經・50 冊》，臺北：中國佛教會影印卍續
　　藏經委員會，1967 年

《法華經會義》，《卍續藏經・50 冊》，臺北：中國佛教會影印卍續
　　藏經委員會，1967 年

《遺教經解》，《卍續藏經・59 冊》，臺北：中國佛教會影印卍續藏
　　經委員會，1967 年

《四十二章經解》，《卍續藏經・59 冊》，臺北：中國佛教會影印卍

續藏經委員會，1967 年

《八大人覺經略解》，《卍續藏經・59 冊》，臺北：中國佛教會影印
　　卍續藏經委員會，1967 年

《梵網經玄義》，《卍續藏經・60 冊》，臺北：中國佛教會影印卍續
　　藏經委員會，1967 年

《梵網經合註》，《卍續藏經・60 冊》，臺北：中國佛教會影印卍續
　　藏經委員會，1967 年

《菩薩戒本箋要》，《卍續藏經・61 冊》，臺北：中國佛教會影印卍
　　續藏經委員會，1967 年

《菩薩戒羯磨文釋》，《卍續藏經・61 冊》，臺北：中國佛教會影印
　　卍續藏經委員會，1967 年

《毗尼珍敬錄》，《卍續藏經・61 冊》，臺北：中國佛教會影印卍續
　　藏經委員會，1967 年

《重治毗尼事義集要》，《卍續藏經・63 冊》，臺北：中國佛教會影
　　印卍續藏經委員會，1967 年

《四分律藏大小持戒犍度略釋》，《卍續藏經・71 冊》，臺北：中國
　　佛教會影印卍續藏經委員會，1967 年

《佛說齋經科註》，《卍續藏經・71 冊》，臺北：中國佛教會影印卍
　　續藏經委員會，1967 年

《起信論裂網疏》，《卍續藏經・72 冊》，臺北：中國佛教會影印卍
　　續藏經委員會 1967 年

《百法明門論直解》，《卍續藏經・76 冊》，臺北：中國佛教會影印
　　卍續藏經委員會，1967 年

《成唯識論觀心法要》，《卍續藏經・82 冊》，臺北：中國佛教會影

印卍續藏經委員會，1967 年

《成唯識三十論直解》，《卍續藏經‧83 冊》，臺北：中國佛教會影印卍續藏經委員會，1967 年

《觀所緣緣論直解》，《卍續藏經‧83 冊》，臺北：中國佛教會影印卍續藏經委員會，1967 年

《觀所緣緣論釋直解》，《卍續藏經‧83 冊》，臺北：中國佛教會影印卍續藏經委員會，1967 年

《因明入正理論直解》，《卍續藏經‧87 冊》，臺北：中國佛教會影印卍續藏經委員會，1967 年

《真唯識量略解》，《卍續藏經‧87 冊》，臺北：中國佛教會影印卍續藏經委員會，1967 年

《阿彌陀經要解便蒙鈔》，《卍續藏經‧91 冊》，臺北：中國佛教會影印卍續藏經委員會，1967 年

《八識規矩直解》，《卍續藏經‧98 冊》，臺北：中國佛教會影印卍續藏經委員會，1967 年

《教觀綱宗》，《卍續藏經‧101 冊》，臺北：中國佛教會影印卍續藏經委員會，1967 年

《教觀綱宗釋義》，《卍續藏經‧101 冊》，臺北：中國佛教會影印卍續藏經委員會，1967 年

《沙彌十戒威儀錄要》，《卍續藏經‧106 冊》，臺北：中國佛教會影印卍續藏經委員會，1967 年

《在家律要廣集》，《卍續藏經‧106 冊》，臺北：中國佛教會影印卍續藏經委員會，1967 年

《律要後集》，《卍續藏經‧106 冊》，臺北：中國佛教會影印卍續藏

經委員會，1967 年

《梵網經懺悔行法》，《卍續藏經・107 冊》，臺北：中國佛教會影印
　　卍續藏經委員會，1967 年

《占察善惡業報經行法》，《卍續藏經・129 冊》，臺北：中國佛教會
　　影印卍續藏經委員會，1967 年

《讚禮地藏菩薩懺願儀》，《卍續藏經・129 冊》，臺北：中國佛教會
　　影印卍續藏經委員會，1967 年

二、儒家經典史傳

《周易注疏》，臺北：藝文印書館十三經注疏本，1989 年 1 月 11 版

《論語注疏》，臺北：藝文印書館十三經注疏本，1989 年 1 月 11 版

《孝經注疏》，臺北：藝文印書館十三經注疏本，1989 年 1 月 11 版

（南朝宋）劉義慶著，徐震堮校箋：《世說新語校箋》，臺北：文史
　　哲出版社，1989 年 9 月再版

（宋）程頤、朱熹：《易程傳、易本義》，臺北：世界書局，2001 年
　　6 月初版

（清）《欽定四庫全書總目》，臺北：藝文印書館，1997 年 9 月初版

《續修四庫全書總目提要》，北京：中華書局，1993 年 7 月第 1 版

《四庫未收書總目提要》，臺北：商務印書館，1939 年 12 月簡編印
　　行

（漢）司馬遷撰、（日）瀧川龜太郎：《史記會注考證》（學人版），
　　臺北：洪氏出版社，1986 年出版

（漢）班固撰、（唐）顏師古注：《漢書》，臺北：鼎文書局，1995
　　年 1 月 8 版

（南北朝）范曄撰、（唐）李賢注：《後漢書》，臺北：鼎文書局，1994
　　年 3 月 7 版

（晉）陳壽：《三國志》，臺北：鼎文書局，1993 年 2 月 7 版

（梁）沈約：《宋書》，臺北：鼎文書局，1984 年元月 4 版

（梁）蕭子顯：《南齊書》，臺北：鼎文書局，1993 年 5 月 7 版

（唐）李延壽：《南史》，臺北：鼎文書局，1994 年 9 月 8 版

（唐）房玄齡：《晉書》，臺北：鼎文書局，1992 年 11 月 7 版

（唐）姚思廉：《梁書》，臺北：鼎文書局，1993 年 1 月 7 版

（唐）魏徵：《隋書》，臺北：鼎文書局，1993 年 10 月 7 版

（後晉）劉昫：《舊唐書》，臺北：鼎文書局，1994 年 10 月 8 版

（宋）歐陽修：《新唐書》，臺北：鼎文書局，1994 年 10 月 8 版

（宋）薛居正：《舊五代史》，臺北：鼎文書局，1992 年 4 月 7 版

（宋）歐陽修：《新五代史》，臺北：鼎文書局，1994 年 6 月 6 版

（元）托托：《宋史》，臺北：鼎文書局，1994 年 6 月 8 版

（明）宋濂：《元史》，臺北：鼎文書局，1992 年 7 月 5 版

（清）張廷玉：《明史》，臺北：鼎文書局，1975 年臺 1 版

趙爾巽、柯紹忞：《清史稿》，臺北：新文豐出版公司，1981 年

（宋）鄭樵：《通志二十略》，北京：中華書局，1995 年 11 月第 1
　　版

（清）朱彝尊著，林慶彰師等編審：《點校補正經義考》，臺北：中
　　央研究院中國文哲研究所籌備處，1997 年 6 月初版

陳友諒、李心莊：《重編宋元學案》，臺北：正中書局，1987 年 5 月
　　臺第 6 次印行

（明）黃宗羲：《明儒學案》，臺北：中華書局，1984 年臺 4 版

樓宇烈：《老子、周易王弼注校釋》，臺北：華正書局，1983 年 9 月
　　初版

（清）龔自珍：《龔自珍全集》，上海：上海人民出版社，1975 年 2
　　月新 1 版

三、佛門經典史傳

龍樹作，（姚秦）鳩摩羅什譯：《中論》，《大正新修大藏經第三十冊
　　NO.1564》，臺北：白馬精社印經會，1992 年

（東晉）法顯譯：《大般涅槃經》，《大正新修大藏經第一冊　NO.7》，
　　臺北：白馬精社印經會，1992 年

（隋）智顗：《妙法蓮華經玄義》，《大正新修大藏經第三十三冊
　　NO.1716》，臺北：白馬精社印經會，1992 年

（隋）智顗：《維摩經玄疏》，《大正新修大藏經第三十八冊
　　NO.1777》，臺北：白馬精社印經會，1992 年

（隋）智顗：《摩訶止觀》，《大正新修大藏經第四十六冊
　　NO.1911》，臺北：白馬精社印經會，1992 年

（隋）智顗述、法慎記：《釋禪波羅蜜次第法門》，《大正新修大藏經
　　第四十六冊　NO.1916 冊》，臺北：白馬精社印經會，1992 年

（梁）釋慧皎撰，湯用彤校注，湯一玄整理：《高僧傳》，北京：中
　　華書局，1997 年 10 月第 3 次印刷

（梁）釋寶唱、（明）釋明河：《名僧傳鈔、補續高僧傳》，臺北：新
　　文豐出版公司，1995 年 4 月 1 版

（唐）釋道宣：《續高僧傳》，《大正新修大藏經第五十冊
　　NO.2060》，臺北：白馬精社印經會，1992 年

（宋）釋贊寧撰，范祥雍點校：《宋高僧傳》，北京：中華書局，1997年10月第4次印刷

（宋）釋志磐：《佛祖統紀》，《大正新修大藏經第四十九冊　NO. 2035冊》，臺北：白馬精社印經會，1992年

（宋）普濟：《五燈會元》，臺北：文津書局，1995年4月初版

（宋）慧洪：《禪林僧寶傳》，《卍續藏經‧137冊》，臺北：中國佛教會影印卍續藏經委員會，1967年

（宋）祖琇：《僧寶正續傳》，《卍續藏經‧137冊》，臺北：中國佛教會影印卍續藏經委員會，1967年

（元）釋念常：《佛祖歷代通載》，《卍續藏經‧132冊》，臺北：中國佛教會影印卍續藏經委員會，1967年

（元）寶州覺岸：《釋氏稽古略》，《大正新修大藏經第四十九冊　NO. 2037》，臺北：白馬精社印經會，1992年

（明）釋如惺：《大明高僧傳》，《大正新修大藏經第五十冊　NO.2062冊》，臺北：白馬精社印經會，1992年

（明）幻輪：《釋氏稽古略續集》，《大正新修大藏經第四十九冊NO.2038》，臺北：白馬精社印經會，1992年

（清）自融撰，性磊補輯：《南宋元明禪林僧寶傳》，《卍續藏經‧137冊》，臺北：中國佛教會影印卍續藏經委員會，1967年

喻昧庵：《新續高僧傳四集》，臺北：廣文書局，1977年12月初版

（明）雲棲株宏：《蓮池大師全集》，臺北：中華佛教文化館，1972年

（明）錢謙益纂閱：《紫柏尊者別集》，《卍續藏經‧127冊》，臺北：中國佛教會影印卍續藏經委員會，1967年

（明）德清閱：《紫柏尊者全集》，《卍續藏經‧126、127 冊》，臺北：
　　中國佛教會影印卍續藏經委員會，1967 年

（明）福善日錄、通炯編輯：《憨山大師夢遊全集》，《卍續藏經‧127
　　冊》，臺北：中國佛教會影印卍續藏經委員會，1967 年

四、今人專著

(一)佛學相關著作

梁啓超：《佛學研究十八篇》，臺北：臺灣中華書局，1985 年 5 月臺
　　5 版

湯用彤：《漢魏兩晉南北朝佛教史》，臺北：佛光文化事業有限公司，
　　2001 年 4 月初版

湯用彤：《隋唐佛教史稿》，臺北：佛光文化事業有限公司，2001 年
　　4 月初版

呂澂：《中國佛學源流略講》，臺北：里仁書局，1998 年 1 月 15 日
　　初版

印順導師：《中國禪宗史》，新竹：正聞出版社，1998 年 1 月

印順導師：《人間佛教論集》，新竹：正聞出版社，2001 年 5 月 1 日
　　初版 2 刷

印順導師：《印度佛教思想史》，新竹：正聞出版社，2003 年 4 月 15
　　日

（日）忽滑谷快天著、朱謙之譯：《中國禪學思想史》，上海：上海
　　古籍出版社，1994 年 5 月第 1 版

陳垣：《釋氏疑年錄》，北京：中華書局，1988 年第 1 版第 3 次印刷

牟宗三：《佛性與般若》，臺北：臺灣學生書局，1989 年 2 月修訂 5
　　版

傅偉勳：《從傳統到現代－佛教倫理與現代社會》，臺北：東大圖書
　　股份有限公司，1990 年 10 月初版

傅偉勳：《佛教思想的現代探索》，臺北：東大圖書股份有限公司，
　　1995 年 3 月初版

張曼濤：《佛教與中國思想及社會》，臺北：大乘文化出版社，1978
　　年 12 月初版

張曼濤：《中國佛教史論集（六）－－明清佛教史篇》，臺北：大乘
　　文化出版社，1977 年 11 月初版

釋本光：《周易禪觀頓悟指要》，成都：巴蜀書社，1999 年 5 月第 1
　　版

釋聖嚴：《明末佛教研究》，臺北：東初出版社，1992 年 2 月 2 版

釋聖嚴（關世謙譯）：《明末中國佛教之研究》，臺北：臺灣學生書局，
　　1988 年 11 月初版

任繼愈、杜繼文：《佛教史》，臺北：曉園出版社有限公司，1995 年
　　1 月初版

關世謙譯：《佛學研究指南》，臺北：東大圖書股份有限公司，1993
　　年 1 月再版

關世謙譯：《中國禪宗史》，臺北：東大圖書股份有限公司，1991 年
　　4 月再版

方立天：《中國佛教與傳統文化》，臺北：桂冠圖書股份有限公司，
　　1994 年 4 月初版 2 刷

楊惠南：《佛教思想新論》，臺北：東大圖書股份有限公司，1998 年

2 月 4 版

楊惠南:《佛教思想發展史論》,臺北:東大圖書股份有限公司,1997
　　年 8 月再版

楊惠南:《禪史與禪思》,臺北:東大圖書股份有限公司,1995 年月
　　初版

楊惠南:《龍樹與中觀哲學》,臺北:東大圖書股份有限公司,1992
　　年 10 月再版

杜繼文、魏道儒:《中國禪宗通史》,江蘇:江蘇古籍出版社,1995
　　年 2 月第 1 版

陳揚炯:《中國淨土宗通史》,江蘇:江蘇古籍出版社,2000 年 1 月
　　第 1 版

魏道儒:《中國華嚴宗通史》,江蘇:江蘇古籍出版社,2001 年 5 月
　　第 1 版

牟鍾鑒、張踐:《中國宗教通史》,北京:社會科學文獻出版社,2000
　　年 1 月第 1 版

潘桂明:《中國居士佛教史》,北京:中國社會科學出版社,2000 年
　　9 月第 1 版

王仲堯:《隋唐佛教判教思想研究》,成都:巴蜀書社,2000 年 9 月
　　第 1 版

陳德述注釋、施維點校:《周易四書禪解》,北京:團結出版社,1996
　　年 12 月 1 版

夏金華:《佛學與易學》,臺北:新文豐出版公司,1997 年 4 月 1 版

王仲堯:《易學與佛教》,北京:中國書店,2001 年 7 月第 1 版

潘雨廷:《易與佛教、易與老莊》,瀋陽:遼寧教育出版社,1998 年

12 月第 1 版

蔣義斌：《宋儒與佛教》，臺北：東大圖書股份有限公司，1997 年 9 月初版

蔣義斌：《宋代儒釋調和論及排佛論之演進》，臺北：臺灣商務印書館，1997 年 10 月初版第二次印刷

龔鵬程師：《佛教與佛學》，臺北：新文豐出版公司，1996 年臺 1 版

夏清瑕：《憨山大師佛學思想研究》，《法藏文庫·中國佛教學術論典·29》，高雄：佛光山文教基金會，2001 年初版

周學農：《出世、入世與契理契機》，《法藏文庫·中國佛教學術論典·8》，高雄：佛光山文教基金會，2001 年初版

彭自強：《佛教與儒道的衝突與融合》，《法藏文庫·中國佛教學術論典·8》，高雄：佛光山文教基金會，2001 年初版

崔森：《憨山思想研究》，《法藏文庫·中國佛教學術論典·29》，高雄：佛光山文教基金會，2001 年初版

恒毓：《佛道儒心性論比較研究》，《法藏文庫·中國佛教學術論典·36》，高雄：　佛光山文教基金會，2001 年初版

韓煥忠：《佛性論與儒家人性論重建》，《法藏文庫·中國佛教學術論典·36》，高雄：佛光山文教基金會，2001 年初版

陳永革：《晚明佛學的復興與困境》，《法藏文庫·中國佛教學術論典·39》，高雄：佛光山文教基金會，2001 年初版

林朝成、郭朝順：《佛學概論》，臺北：三民書局，2000 年 2 月初版

(二)非佛學相關著作

朱彝尊：《經義考》，臺北：中央研究院中國文哲研究所籌備處，1999

年 8 月初版

皮錫瑞：《經學歷史》，臺北：臺灣商務印書館，1984 年臺 4 版

皮錫瑞：《經學通論》，臺北：臺灣商務印書館，1989 年臺 5 版

馬宗霍：《中國經學史》，臺北：臺灣商務印書館，1992 年 11 月臺 1
　　版第七次印刷

牟宗三：《周易的自然哲學與道德函義》，臺北：文津出版社，1998
　　年 8 月初版

牟宗三：《心體與性體》，臺北：正中書局，1989 年 5 月臺初版

牟宗三：《中國哲學十九講》，臺北：臺灣學生書局，1989 年 2 月第
　　3 次印刷

牟宗三：《心體與性體》，臺北：正中書局，1989 年 5 月臺初版

高懷民：《先秦易學史》，臺北：中國學術著作獎助委員會，1986 年
　　再版

高懷民：《兩漢易學史》，臺北：中國學術著作獎助委員會，1983 年
　　3 版

黃壽祺、張善文：《周易研究論文集・1》，北京：北京師範大學出版
　　社，1988 年第 2 次印刷

黃壽祺、張善文：《周易研究論文集・2》，北京：北京師範大學出版
　　社，1989 年第 1 次印刷

黃壽祺、張善文：《周易研究論文集・3》，北京：北京師範大學出版
　　社，1990 年第 1 次印刷

黃壽祺、張善文：《周易研究論文集・4》，北京：北京師範大學出版
　　社，1990 年第 1 次印刷

錢穆：《國史大綱》，臺北：臺灣商務印書館，1988 年 12 月修訂 15

版

徐復觀：《中國經學史的基礎》，臺北：學生書局，1922 年初版

勞思光：《新編中國哲學史·一》，臺北：三民書局，1988 年增訂 4
版

勞思光：《新編中國哲學史·二》，臺北：三民書局，1987 年增訂 3
版

勞思光：《新編中國哲學史·三上》，臺北：三民書局，1987 年 3 版

勞思光：《新編中國哲學史·三下》，臺北：三民書局，1987 年增訂
4 版

朱伯崑：《易學哲學史》，臺北：藍燈文化事業股份有限公司，1991
年 9 月初版

侯外廬、邱漢生、張豈之：《宋明理學史》，北京：人民出版社，1984
年 4 月第 1 版

姜亮夫：《歷代名人年里碑傳總表》，臺北：臺灣商務印書館，1993
年 11 月臺 1 版第 4 次印刷

李威熊：《中國經學發展史論·上》，臺北：文史哲出版社，1988 年
12 月初版

余英時：《歷史與思想》，臺北：聯經出版事業公司，1987 年 1 月第
12 次印行

余英時：《中國思想傳統的現代詮釋》，臺北：聯經出版事業公司，
1990 年 4 月第 4 次印行

董金裕主編：《十三經論著目錄》，臺北：洪葉文化事業有限公司，
2000 年 6 月初版一刷

陳來：《宋明理學》，臺北：洪葉文化事業有限公司，1994 年 9 月初

版 1 刷

廖名春：《周易經傳與易學史新論》，濟南：齊魯書社，2001 年 8 月
　　第 1 版

張其成：《易道：中華文化主幹》，北京：中國書店，1999 年 1 月第
　　1 版

鄭志明：《明代三一教主研究》，臺北：臺灣學生書局，1988 年 8 月
　　初版

龔鵬程師：《晚明思潮》，臺北：里仁書局，1994 年 11 月 30 日初版

劉瀚平：《宋象數易學研究》，臺北：五南圖書出版公司，1994 年 2
　　月初版

趙中偉：《易經圖書大觀》，臺北：洪葉文化事業有限公司，1999 年
　　3 月初版

（美）柯文著，（林同奇譯）：《在中國發現歷史》，臺北：稻鄉出版
　　社，1991 年 8 月初版

黃進興：《歷史主義與歷史理論》，臺北：允晨文化實業股份有限公
　　司，1999 年 11 月初版 4 刷

蔣秋華主編：《乾嘉學者的治經方法》，臺北：中研院文哲所籌備處，
　　2000 年

五、學位及期刊論文

(一)學位論文

鄧繼盈：《蕅益智旭淨土思想之研究》，國立政治大學中國文學研究
　　所碩士論文，1980 年

張瑞佳:《明末蕅益大師之生平及其佛學思想研究》,華梵大學東方
　　人文思想研究所碩士論文,1990 年

江燦騰:《晚明佛教叢林改革與佛學諍辯之研究－以憨山德清的改革
　　生涯爲中心》,國立臺灣大學歷史學研究所碩士論文,1990 年

連瑞枝:《錢謙益與明末清初的佛教》,清華大學歷史研究所碩士論
　　文,1993 年

陳進益:《清焦循易圖略、易通釋之研究》,國立中央大學中國文學
　　研究所碩士論文,1994 年

羅永吉:《四書蕅益解研究》,成功大學中國文學研究所碩士論文,
　　1995 年

簡瑞銓:《四書蕅益解研究》,東吳大學中國文學研究所碩士論文,
　　1996 年

釋見曄:《明末佛教發展之研究》,中正大學歷史研究所碩士論文,
　　1997 年

張玲芳:《釋德清以佛解老莊思想之研究》,中興大學中國文學研究
　　所碩士論文,1999 年

黃馨儀:《釋智旭援佛解易思想研究》,中興大學中國文學研究所碩
　　士論文,2003 年

(二)期刊論文

古正美:〈大乘佛教孝觀的發展背景〉,傅偉勳主編:《從傳統到現代
　　－佛教倫理與現代社會》,臺北:東大圖書股份有限公司,1990
　　年 10 月初版

冉雲華:〈中國佛教對孝道的受容及後果〉,傅偉勳主編《從傳統到

現代－佛教倫理與現代社會》，臺北：東大圖書股份有限公司，1990 年 10 月初版

康樂：〈孝道與北魏政治〉，《中央研究院歷史語言研究所集刊・1993 年 3 月，第 64 卷・第 1 期》

林麗真：〈論魏晉的孝道觀念及其與政治、哲學、宗教的關係〉，《文史哲學報・1993 年 6 月，第 40 期》

夏金華：〈蕅益大師與周易禪解〉，《圓光佛學學報・1993 年 12 月，創刊號》

王志楣：〈試論中國文化對佛教孝道觀的融攝―對古正美：大乘佛教孝觀的發展背景一文的商榷〉，《中華學苑・1994 年 4 月，第 44 期》

陳英善：〈蕅益智旭思想的特質及其定位問題〉，《中國文哲研究期刊・1996 年 3 月，第 8 期》

蘇樹華：〈儒佛文化的比較研究〉，《宗教哲學・1998 年 7 月，第 4 卷・第 3 期》

洪順隆：〈梁武帝作品中的「儒佛會通」論〉，《國立編譯館館刊・1999 年 6 月，第 28 卷・第 1 期》

鄭吉雄：〈從經典詮釋傳統論二十世紀易詮釋的分期與類型〉，《人文學報・1999 年 12 月－2000 年 6 月，第 20、21 期合刊》

何澤恆：〈孔子與易傳相關問題覆議〉，《臺大中文學報・2000 年 5 月，12 期》

戴璉璋：〈王陽明與周易〉，《中國文哲研究集刊・2000 年 9 月，第 17 期》

馮錦榮：〈「格義」與六朝周易義疏學－以日本奈良興福寺藏講周易

　　疏論家義記殘

卷爲中心〉,《新亞學報‧2001 年 11 月,第 21 卷》

林文彬:〈試論智旭周易禪解天台學之特色〉,《興大人文學報‧2002
　　年 6 月,第 32 期》

劉澤亮:〈周易禪解哲學智慧觀〉,《哲學與文化‧2003 年 6 月,第
　　30 卷‧第 6 期》

杜保瑞:〈蕅益智旭溝通儒佛的方法論探究〉,《哲學與文化‧2003
　　年 6 月,第 30 卷‧第 6 期》

蘇樹華:〈從儒與禪的比較上來看儒家的道統傳承〉,《哲學與文化‧
　　2003 年 6 月,第 30 卷‧第 6 期》

國家圖書館出版品預行編目資料

當僧人遇見易經 / 陳進益著.-- 初版.-- 臺北市：蘭臺, 2012.12面
; 公分. -- (蘭臺國學研究叢刊. 第一輯 ; 9)

ISBN：978-986-6231-93-6（平裝）

1.(明)釋智旭 2.易經 3.易學 4.學術思想 5.研究考訂

121.17   98023189

蘭臺國學研究叢刊 第一輯 9

當僧人遇見易經

作　　者：陳進益
編　　輯：郭鎧銘
封面設計：鄭荷婷
出 版 者：蘭臺出版社
發　　行：蘭臺出版社
地　　址：台北市中正區重慶南路1段121號8樓之14
電　　話：(02)2331-1675或(02)2331-1691
傳　　真：(02)2382-6225
E—MAIL：books5w@yahoo.com.tw或books5w@gmail.com
網路書店：http://store.pchome.com.tw/yesbooks/
　　　　　http://www.5w.com.tw/lanti/
　　　　　http://www.5w.com.tw、華文網路書店、三民書局
總 經 銷：成信文化事業股份有限公司
劃撥戶名：蘭臺出版社 帳號：18995335
網路書店：博客來網路書店 http://www.books.com.tw
香港代理：香港聯合零售有限公司
地　　址：香港新界大蒲汀麗路36號中華商務印刷大樓
　　　　　C&C Building, 36, Ting, Lai, Road, Tai, Po, New, Territories
電　　話：(852)2150-2100　傳真：(852)2356-0735
出版日期：2012年12月 初版
定　　價：新臺幣1200元整（精裝）
ISBN：978-986-6231-93-6
套書定價：新臺幣12000元整（精裝）
ISBN：978-986-6231-56-8